W0194028

HERZLICHEN GLÜCKWUNSCH

Und Dankeschön für den Kauf dieses Buches. Als besonderes Schmankerl* finden Sie unten Ihren persönlichen Code, mit dem Sie das Buch exklusiv und kostenlos als eBook erhalten.

Beachten Sie bitte die Systemvoraussetzungen auf der letzten Umschlagseite!

3r65p-6w570-
18101-ida39

Registrieren Sie sich einfach in nur zwei Schritten unter **www.hanser.de/ciando** und laden Sie Ihr eBook direkt auf Ihren Rechner.

KOMPETENZ
HANSER
GEWINNT

*Bayrisch für eine leckere Kleinigkeit; ein Leckerbissen

Piepmeyer

Grundkurs Datenbanksysteme

Bleiben Sie einfach auf dem Laufenden:
www.hanser.de/newsletter
Sofort anmelden und Monat für Monat
die neuesten Infos und Updates erhalten.

Lothar Piepmeyer

Grundkurs Datenbanksysteme

Von den Konzepten bis zur Anwendungsentwicklung

HANSER

Der Autor:
Prof. Dr. Lothar Piepmeyer, Donaueschingen

Alle in diesem Buch enthaltenen Informationen, Verfahren und Darstellungen wurden nach bestem Wissen zusammengestellt und mit Sorgfalt getestet. Dennoch sind Fehler nicht ganz auszuschließen. Aus diesem Grund sind die im vorliegenden Buch enthaltenen Informationen mit keiner Verpflichtung oder Garantie irgendeiner Art verbunden. Autor und Verlag übernehmen infolgedessen keine juristische Verantwortung und werden keine daraus folgende oder sonstige Haftung übernehmen, die auf irgendeine Art aus der Benutzung dieser Informationen – oder Teilen davon – entsteht, auch nicht für die Verletzung von Patentrechten und anderen Rechten Dritter, die daraus resultieren könnten. Autor und Verlag übernehmen deshalb keine Gewähr dafür, dass die beschriebenen Verfahren frei von Schutzrechten Dritter sind. Die Wiedergabe von Gebrauchsnamen, Handelsnamen, Warenbezeichnungen usw. in diesem Buch berechtigt deshalb auch ohne besondere Kennzeichnung nicht zu der Annahme, dass solche Namen im Sinne der Warenzeichen- und Markenschutz-Gesetzgebung als frei zu betrachten wären und daher von jedermann benutzt werden dürften.

Bibliografische Information Der Deutschen Bibliothek:

Die Deutsche Bibliothek verzeichnet diese Publikation in der Deutschen Nationalbibliografie; detaillierte bibliografische Daten sind im Internet über http://dnb.ddb.de abrufbar. Dieses Werk ist urheberrechtlich geschützt.

Alle Rechte, auch die der Übersetzung, des Nachdruckes und der Vervielfältigung des Buches, oder Teilen daraus, vorbehalten. Kein Teil des Werkes darf ohne schriftliche Genehmigung des Verlages in irgendeiner Form (Fotokopie, Mikrofilm oder ein anderes Verfahren) – auch nicht für Zwecke der Unterrichtsgestaltung – reproduziert oder unter Verwendung elektronischer Systeme verarbeitet, vervielfältigt oder verbreitet werden.

© 2011 Carl Hanser Verlag München Wien (www.hanser.de)
Lektorat: Margarete Metzger
Copy editing: Manfred Sommer, München
Layout: der Autor mit LaTeX
Herstellung: Irene Weilhart
Umschlagkonzept: Marc Müller-Bremer, www.rebranding.de, München
Umschlagrealisation: Stephan Rönigk
Datenbelichtung, Druck und Bindung: Kösel, Krugzell
Ausstattung patentrechtlich geschützt. Kösel FD 351, Patent-Nr. 0748702
Printed in Germany

Print-ISBN: 978-3-446-42354-1
e-book-ISBN: 978-3-446-42875-1

Inhaltsverzeichnis

Vorwort

Datenbanken begleiten mich seit etwa 25 Jahren: als Student in Form von Lehrveranstaltungen, in der Praxis zunächst als Trainer und Consultant bei Informix Software und später als Manager im Bereich Datenbanken bei IBM. Gerade in der Praxis habe ich gesehen, über welches technische Wissen Mitarbeiter verfügen, die erfolgreich mit Datenbanken und Datenbanksystemen arbeiten. Bei der Konzeption meiner Datenbankvorlesungen und Praktika an der Hochschule Furtwangen habe ich diese Sicht nie aus den Augen gelassen. Studenten haben mir geraten, ein Lehrbuch zum Thema Datenbanken zu schreiben, das diese Lehrveranstaltungen als Grundlage hat.

Das Buch enthält natürlich vieles, was man bereits in anderen Lehrbüchern zum Thema Datenbanken findet, doch scheint mir die vorliegende Darstellung neuartig zu sein. Die Theorie ist auf ein Minimum reduziert. So fallen nur die drei Kapitel 3, 4 und 8 etwas aus dem praxisorientierten Rahmen. Ganz ohne die Grundlagen geht es einfach nicht. Auch der Praktiker muss sich mit der Normalisierung (Kapitel 8) auskennen. Die Darstellung ist in diesen Kapiteln sehr ausführlich und sollte daher für Leser mit ganz grundlegenden Mathmatikkenntnissen nachvollziehbar sein. Einige interessante klassische Themen wie das Zwei-Phasen-Sperrprotokoll oder die systematische Diskussion der Isolationsstufen wurden nicht aufgenommen. Zum vollständigen Verständnis einiger Kapitel muss der Leser sich etwas mit Java auskennen. Dies ist heute keine sehr spezielle Voraussetzung.

Zum Buch gibt es die Webseite www.grundkurs-datenbanksysteme.de, die Aufgabenmaterial zu ausgewählten Kapiteln und die Möglichkeit für Rückmeldungen enthält. Ich freue mich über Anregungen und Kritik.

Meinen Kollegen Frau Kettern und Herrn Prof. Dr. Fleischer danke ich für die Durchsicht der mathematisch orientierten Kapitel. Meine Familie hat auch bei diesem Projekt wieder unendliche Geduld mit mir bewiesen – was sicher oft nicht einfach war. Danke schön! Für die erfreuliche Zusammenarbeit und die professionelle Unterstützung bei der Entwicklung des Buchs danke ich Frau Margarete Metzger und Frau Irene Weilhart vom Hanser Verlag.

Furtwangen im Juli 2011   *Lothar Piepmeyer*

Teil I

Einleitung

Was sind eigentlich Datenbanken?

Menschen sammeln. Die einen sammeln Briefmarken, die anderen Musik und andere wiederum Geld. Wir alle haben aber die Gemeinsamkeit, mit unseren Sinnesorganen Daten zu sammeln, die wir dann zu Informationen verdichten; aus den Informationen wird Wissen. Wissen, das uns hilft, unsere Welt zu verstehen und zu kontrollieren. Die Grenzen zwischen Daten, Informationen und Wissen sind unscharf und sollen hier nicht weiter abgesteckt werden. Daten, die wir so aufnehmen, lagern wir in unserem Gehirn. Unwichtige Daten vergessen wir, wichtige Daten notieren wir vielleicht, eben um sie nicht zu vergessen. Die Vielzahl von Daten wächst zu einem Datenchaos, das seinerseits kaum beherrschbar ist. Darum haben Menschen auch immer wieder praktische Hilfsmittel erfunden, um Daten zu konservieren, zu strukturieren oder auszuwerten. Bereits vor der Erfindung der Schrift fing das an, ging über Kartei- und Zettelkästen, Registraturen, Tabelliermaschinen hin zu Computern. Im Kontext moderner IT wurde dabei im Laufe der Zeit der Begriff „Datenbank" (dt. für *database*) geprägt.

Definition: Datenbanken

Eine Datenbank ist eine Sammlung von Daten, die von einem Datenbankmanagementsystem (DBMS) verwaltet wird.

1.1 Konsistenz ist Grundvoraussetzung

Die Daten der Datenbank sind die Grundlage vieler Entscheidungen: Bei Rezeptdatenbanken bestimmen sie die Qualität unserer Mahlzeiten, bei unternehmensweiten Datenbanken hängen teilweise riesige Investitionen von Informationen ab, die wir aus der Datenbank beziehen. Wenn die Daten nicht korrekt sind, werden die Informationen, die wir aus ihnen ableiten, nutzlos oder sogar schädlich. Die Konsequenz aus inkorrekten Daten kann ein schlechtes Essen ebenso wie eine erhebliche Fehlinvestition sein. Wir werden im Laufe des Kapitels erfahren, dass die Eigenschaften eines DBMS keinesfalls einheitlich, sondern sehr produktspezifisch sind. Über allem steht aber die Anforderung, dass der Datenbestand stets konsistent – also logisch korrekt – sein muss. Wie das mit Hilfe eines DBMS erreicht werden kann, sehen wir bald.

Definition: Konsistenz

Jede Änderung des Datenbestands überführt die Datenbank von einem logisch korrekten Zustand in einen anderen logisch korrekten Zustand.

1.2 Keine Datenbank ohne Datenbankmanagementsystem

Das DBMS ist dabei eine Software, die die Rolle übernimmt, die wir Menschen bei der manuellen Kontrolle der Daten gespielt haben. Es gibt heute eine so große Zahl von DBMS mit so verschiedenen Charakteristika, dass eine weitere Präzisierung nicht ganz leicht fällt. Fast immer, wenn wir den Begriff DBMS genauer fassen wollen, entgeht uns wieder ein Spezialfall, der auch mit Fug und Recht als Eigenschaft eines DBMS bezeichnet werden kann.

Wir werden auch beobachten, dass der Begriff der *Datenbank* vage bleibt und unser Interesse vielmehr der Verwaltungssoftware gilt. In diesem Kapitel wollen wir die grundlegenden Eigenschaften eines typischen DBMS beschreiben und uns am Ende des Kapitels mit den gewonnenen Einsichten einen Überblick über den weiteren Verlauf des Buches verschaffen.

Die Hauptaufgabe eines DBMS besteht darin, seinen Anwendern die Möglichkeit zu geben,

- Daten in die Datenbank einzufügen,
- Daten aus der Datenbank zu löschen,
- Daten in der Datenbank zu ändern und
- Daten in der Datenbank zu suchen.

Das alleine ist immer noch eine sehr allgemeine Beschreibung eines DBMS. Diese elementaren Operationen können auch mit Datenstrukturen realisiert werden, wie sie uns der Java-Collection-Framework zur Verfügung stellt. Der folgende Java-Code zeigt eine einfache Implementierung.

```
import java.util.*;

public class SimpleDB {
 public static void main(String[] args) {
  List<String> database = new ArrayList<String>();
  database.add("Elvis Presley");
  database.add("Beatles");
  database.add("Rolling Stones");
  database.remove(database.indexOf("Beatles"));
  int index=database.indexOf("Rolling Stones");
  database.set(index, "The Rolling Stones");
  System.out.println(database.contains("Elvis Presley"));
  System.out.println(database);
 }
}
```

Wir erzeugen ein Objekt `database` vom generischen Typ `List<String>` und fügen nach und nach drei Objekte in diese Datenbank ein. Um ein Objekt zu löschen, ermitteln wir zunächst seinen Index, also die Position in der Liste. Da die Zählung bei 0 beginnt, ist das im Fall der Beatles die 1. Mit der Methode `remove` löschen wir hier das Objekt mit dem Index 1. Indem wir den Index des Textes `"Rolling Stones"` ermitteln und diesen Index zusammen mit dem Text `"The Rolling Stones"` der Methode `set` übergeben, führen wir eine Änderung durch. Die Methode `contains` prüft, ob ein Objekt in unserer Liste vorhanden ist. Wir nutzen sie zur Suche in unserer Datenbank. Das Java-Programm hat also die folgende Ausgabe:

```
true
[Elvis Presley, The Rolling Stones]
```

1.3   Dauerhafte Speicherung

Wir sehen, dass wir mit wenigen Codezeilen ein einfaches DBMS entwickeln können. Alle Daten werden hier im Hauptspeicher gehalten, so dass die Datenbank nur während der Laufzeit unseres Programms existiert. Das bedeutet, dass diese Form eines DBMS nicht zur *dauerhaften* Datenhaltung genutzt werden kann. *Flüchtige* Daten sind Daten, die nur in dem Kontext existieren, in dem sie erzeugt wurden. Gelegentlich werden sie auch als **volatil** bezeichnet. **Persistente** Daten dagegen werden auf Speichermedien wie Festplatten gehalten und überleben den Kontext ihrer Erzeugung. Sie sind verfügbar, auch wenn die Software, mit der sie angelegt wurden, bereits das Zeitliche gesegnet hat und der Rechner, auf dem sie erzeugt wurden, ausgeschaltet ist. Eine Eigenschaft eines DBMS lautet demnach:

Hinweis

Ein DBMS kann Daten persistieren, also dauerhaft verfügbar machen.

Es sei aber darauf hingewiesen, dass es verbreitete DBMS wie H2[1] gibt, bei denen die volatile Datenhaltung durchaus möglich ist. Die Datenhaltung im Hauptspeicher hat nämlich den großen Vorteil, dass sie wesentlich effizienter ist als die Datenhaltung auf Festplatten. Die Ein- und Ausgabe, also der Datentransport zwischen Hauptspeicher und Festplatte, ist ein signifikanter Engpass für persistierende DBMS. Wenn die Daten nicht für die Ewigkeit geschaffen werden, spricht eigentlich nichts gegen flüchtige Datenhaltung.

1.4   Alle auf einen

Viele Daten sind nur für unseren persönlichen Gebrauch bestimmt. Wenn wir etwa Kochrezepte oder unsere CDs verwalten wollen, benötigen wir diese Informationen in der Regel für uns alleine. Auch wenn noch Freunde, Familien- oder Haushaltsmitglieder davon profitieren sollen, handelt es sich doch um eine sehr private Datensammlung. Da Anwender sich zunächst eher mit privaten Datenbanken beschäftigen, übersehen sie oft, dass dies *nicht* der typische Fall ist. Die Inhalte der meisten Datenbanken werden vielen, zum Teil sogar sehr vielen Personen zur Verfügung gestellt: Der Datenbestand des Internet-Kaufhauses Amazon wird täglich von mehreren Millionen Personen genutzt.

Hinweis

Ein DBMS kann mehreren Anwendern gleichzeitig den Zugriff auf Daten ermöglichen.

Da wir es mit gleichzeitigen Zugriffen auf den gleichen Datenbestand zu tun haben, müssen wir – wenn wir selbst ein DBMS entwickeln wollen – auch die Tücken des gleichzeitigen Zugriffs auf unsere Daten berücksichtigen, um fehlerhafte Datenbestände zu vermeiden. Wenn wir uns beispielsweise für eine CD interessieren, die auf der Webseite unseres Händlers mit dem Hinweis „Auf Lager" versehen ist, dann wollen wir nicht, dass gerade dann ein anderer Kunde das letzte Exemplar kauft, während wir die Beschreibung der CD lesen. Auch wenn die Mehrbenutzerfähigkeit eine typische Eigenschaft eines DBMS ist, so gibt es doch Datenbanksysteme, die nicht für den Zugriff durch mehrere Benutzer entwickelt wurden.

---

[1] www.h2database.com

1.5 Auf Nummer sicher

Nur weil mehrere Benutzer auf den gleichen Datenbestand zugreifen dürfen, heißt das noch lange nicht, dass sie alles mit den Daten machen dürfen. Einige Anwender sollen vielleicht Daten nur lesen, aber nicht verändern dürfen. Einige Daten, wie etwa die Mitarbeitergehälter in einer Firma, sind sogar so sensibel, dass sie nur wenigen Nutzern zugänglich sein sollen. Und selbstverständlich wollen wir auch nicht sämtlichen Personen, die Zugang zum Netzwerk unserer Firma haben, den Zugriff auf unsere Daten erlauben.

Hinweis

Ein DBMS kann die Sicherheit der verwalteten Daten sicherstellen, indem es die Definition feingranularer Zugangsbeschränkungen zu den Daten ermöglicht.

Die Granularität reicht also vom vollständigen Ausschluss nicht autorisierter Anwender über spezifische Rechte zum Lesen, Ändern, Einfügen und Löschen von Daten bis hin zur „Generalvollmacht", also dem Recht zur unbeschränkten Bearbeitung der Daten unserer Datenbank. Datenbanksysteme, wie man sie in Unternehmen findet, haben selbstverständlich diese Eigenschaft. Andere Systeme, wie SQLite[2], haben ihren Fokus auf einfacher Handhabung und schneller Verarbeitung. Sie verzichten dafür auf administrativen Ballast wie eine Benutzerverwaltung. Das Handy-Betriebssystem Android verfügt beispielsweise über dieses DBMS: Hier kommt es auf eine zügige und ressourcenschonende Verarbeitung an. Mehrere Benutzer sind dagegen bei Mobiltelefonen nicht vorgesehen, eine Benutzerverwaltung ist dementsprechend überflüssig.

1.6 Damit alles stimmt

Eine Datenbank hilft uns nur, wenn wir uns auf ihren Inhalt verlassen können. Insbesondere erwarten wir, dass die Daten logisch korrekt sind. So wollen wir beispielsweise bei Daten über Mitarbeiter sicherstellen, dass das Datum ihrer Entlassung zeitlich nach dem Datum der Einstellung liegt. Dabei bestimmen *wir* bereits bei der Definition unserer Datenbank, was „logisch korrekt" bedeutet. Der Begriff „Konsistenz" ist in unserem Kontext semantisch zu verstehen, das heißt, er enthält Bedeutung.

Bei Gehältern wollen wir gewährleisten, dass sie nicht negativ werden. Wenn wir eine Sammlung von Musiktiteln haben, wollen wir vermeiden, dass es Lieder ohne einen Interpreten gibt. Diese Beispielliste von Anforderungen an die Datenkonsistenz können wir fortsetzen. Allen Regeln ist aber gemeinsam, dass sie nicht

---

[2] www.sqlite.org

von einem Stück Software, wie etwa dem DBMS, gefunden werden können. Wir formulieren, was in *unserem* Kontext und für *unseren* Datenstand der Begriff „Konsistenz" bedeutet. So mag es in anderen Szenarien etwa Datenbanken mit Liedern geben, deren Interpret niemanden interessiert. Unsere Anforderungen an einen konsistenten Datenbestand formulieren wir in Form so genannter **Integritätsregeln**.

Hinweis

Ein DBMS überwacht die Einhaltung von Integritätsregeln.

Wenn wir also die Regel formulieren, dass es keine negativen Gehälter geben darf, dann kann niemand – auch wenn er noch so viele Rechte hat – mit Hilfe des DBMS eine Operation ausführen, die den Datenbestand so ändert, dass er negative Gehälter enthält. Die Menge aller Integritätsregeln definiert die Konsistenz unserer Daten. Chris Date, einer der Datenbank-Gurus, hat das einmal sehr treffend (siehe [Dat03]) so formuliert:

> *„Security means protecting the data against unauthorized users. Integrity means protecting the data against authorized users."*

Die Integritätsregeln sind also unabhängig von der Sicherheit. *Wie* diese Regeln formuliert werden, hängt wieder sehr stark vom Datenbanksystem ab. Da Integritätsregeln die Korrektheit der Daten sicherstellen, gelten sie für *alle* Anwender und sind in keinem Fall nur auf bestimmte Anwender oder Anwendergruppen beschränkt. *Niemand* darf die Konsistenz unserer Daten zerstören.

Die wesentlichen Aufgaben eines DBMS kann man etwa wie folgt in einem Satz zusammenfassen:

Hinweis

Ein DBMS versorgt berechtigte Anwender mit konsistenten Daten.

Wir haben bisher einige typische Eigenschaften eines DBMS gesehen, aber auch gelernt, dass nicht jedes DBMS jede dieser Eigenschaften hat. Hinsichtlich der Konsistenz des Datenbestandes gibt es aber keine Kompromisse. Ein – auch teilweise – inkonsistenter Datenbestand ist wertlos. Inkonsistenzen können nur durch Änderungen des Datenbestandes entstehen. Das DBMS muss also immer dann die Konsistenz sicherstellen, wenn Anwender Daten ändern.

Wenn mehrere Anwender mit den Daten arbeiten, müssen auch Probleme, die sich aus dem gleichzeitigen Zugriff ergeben, berücksichtigt werden.

1.7 Tornadosicher

Da der laufende Betrieb immer wieder durch Störungen unterbrochen werden kann, muss das DBMS fehlertolerant arbeiten. Bei Stromausfällen darf es beispielsweise nicht passieren, dass Datensätze nur teilweise auf die Festplatte geschrieben wurden. Die Daten müssen nicht nur logisch, sondern auch physikalisch konsistent sein. Im Idealfall reagiert unser DBMS auf praktisch jeden denkbaren Fehlerfall so, dass der laufende Betrieb stets gewährleistet ist. Für Unternehmen wie das Internet-Kaufhaus Amazon ist dies von erheblicher Bedeutung (siehe [DeC07]):

> „... customers should be able to view and add items to their shopping cart even if disks are failing, network routes are flapping, or data centers are being destroyed by tornados."

In den meisten Fällen ist es wichtig, dass unsere Anwender störungsfrei, also ohne Unterbrechungen, auf Daten zugreifen können. Wenn Kunden nicht auf Artikel zugreifen können, führt das zu Umsatzeinbußen; wenn Mitarbeiter die Hände in den Schoß legen müssen, weil das DBMS gerade nicht läuft, führt das zu erhöhten Kosten. Welchen Aufwand wir betreiben, um unser DBMS unterbrechungsfrei zu betreiben, hängt im Wesentlichen von den potenziellen Umsatzeinbußen und den entstehenden Kosten eines Ausfalls ab. Wenn wir bereit sind, genug zu investieren, können wir ein praktisch beliebig hohes Maß an so genannter Fehlertoleranz erzielen.

Hinweis

Ein DBMS arbeitet zuverlässig und fehlertolerant.

Diese Eigenschaft ist natürlich auch nicht unbedingt erforderlich: Einfache Anwendungen mit privater Nutzung können einen Ausfall leicht wegstecken, ohne dass die Welt zusammenbricht.

1.8 Der Mensch

Ganz ohne menschliche Unterstützung kommt ein DBMS aber in den meisten Fällen noch nicht aus: Der Datenbankadministrator (**DBA**) legt die Struktur des Datenbestandes fest, er definiert die Integritätsregeln der Datenbank und vergibt und entzieht Zugangsberechtigungen. Der DBA bildet die Schnittstelle zur Supportorganisation des DBMS-Herstellers. Bei Störungen weiß er, was zu tun ist, um das DBMS wieder in den laufenden Betrieb zurückzubringen.

1.9   Warum nicht selber machen?

So schlüssig und vollständig sich diese Anforderungen an ein DBMS auch an-
hören, es fehlt doch eine ganz entscheidende Zutat. Um das zu verstehen, implementieren wir im folgenden Java-Code ein eigenes, sehr einfaches DBMS zur
Verwaltung von Personen, für die wir eine eigene Java-Klasse (`Person`) definieren.

Listing 1.1: Die Klasse `Person`

```java
public class Person {
 private String firstName, lastName;

 public Person(String firstName, String lastName) {
  super();
  this.firstName = firstName;
  this.lastName = lastName;
 }
 static Person toPerson(String text) {
  String[] attributes=text.split("\\|");
  if(attributes.length!=2) throw new RuntimeException();
  else return new Person(attributes[0], attributes[1]);
 }
 public String getFirstName() {
  return firstName;
 }
 public void setFirstName(String firstName) {
  this.firstName = firstName;
 }
 public String getLastName() {
  return lastName;
 }
 public void setLastName(String lastName) {
  this.lastName = lastName;
 }
 public String toString() {
  return firstName + "|" + lastName+"\n";
 }
 public boolean equals(Object o){
  throw new RuntimeException();
 }
}
```

Die Klasse besteht nur aus einem Konstruktor, einer `toString`-Methode, die
unsere Personen in Text umwandelt, und einer statischen Methode, die aus

einem Text der Form "Mickey|Mouse" eine Person mit Vornamen "Mickey" und Nachnamen "Mouse" macht. Eine solche statische Methode wird auch als Factory bezeichnet. In unserem Fall passt sie sogar genau zur toString-Methode: Wenn p ein Objekt vom Typ Person ist, so ist dieses Objekt gleich Person.toPerson(p.toString). Der Typ Person kann natürlich um weitere Methoden und Attribute ergänzt werden.

Bei einem wirklich einfachen System ist auch die Schnittstelle des DBMS sehr einfach gehalten. Das Interface unseres DBMS besteht aus Methoden zum Öffnen und Schließen der Datenbank sowie je einer Methode zum Einfügen und Suchen der Datensätze:

Listing 1.2: Die Klasse DBMS

```
public interface DBMS {
 void open() throws IOException;
 void close() throws IOException;
 void insert(Person person) throws IOException;
 List<Person> selectByFirstName(String firstName);
}
```

Die Implementierung ist ebenfalls einfach gehalten: Die Datensätze werden im Format von toString in eine Datei geschrieben, aus der sie wieder mit Hilfe der Methode toPerson ausgelesen werden. Zum Schreiben verwenden wir die Klasse BufferedWriter, zum Lesen die Klasse Scanner aus der Java-API, die einfach handhabbar ist.

Listing 1.3: Die Klasse SimpleDBMS

```
public class SimpleDBMS implements DBMS {
 private String file;
 private Writer out;
 private Scanner in;

 public SimpleDBMS(String file) {
  this.file = file;
 }
 public void open() throws IOException {
  out = new BufferedWriter(new FileWriter(file, true));
  in = new Scanner(new File(file));
 }
 public void close() throws IOException {
  out.close();
  in.close();
 }
 public void insert(Person person) throws IOException {
```

```
  out.append(person.toString());
  out.flush();
}
public List<Person> selectByFirstName(String firstName) {
 List<Person> result = new ArrayList<Person>();
 while (in.hasNext()) {
  Person person = Person.toPerson(in.next());
  if (person.getFirstName().equals(firstName))
   result.add(person);
 }
 return result;
}
}
```

Das System arbeitet eigentlich ganz zufriedenstellend: Wenn wir unter 100 000
Datensätzen nach dem zuletzt eingefügten Datensatz suchen, benötigen wir dazu
nicht einmal eine Sekunde. Gute DBMS sind da möglicherweise schneller, aber für
einen ersten Wurf ist das gar nicht schlecht. Auf der Basis dieses einfachen Programms könnten wir jetzt eine klassische Software mit Anwendungslogik und
GUI entwickeln. Bis auf einige Ausnahmen, wie etwa die Mehrbenutzerfähigkeit,
sind auch die Charakteristika eines DBMS erfüllt. Integritätsregeln können formuliert werden, wenn wir beispielsweise im Konstruktor der Klasse `Person` die
Parameter auf Plausibilität prüfen. Wir sehen aber bereits hier, dass wir immer
dann, wenn sich diese Spielregeln ändern, auch den Code ändern müssen.

Irgendwann wollen wir in unserer Datenbank auch weitere Daten verwalten:
Möglich sind Adressen oder Aufträge, die wir von den Personen erhalten haben. Wir bemerken bald, dass wir nicht nur GUI und Anwendungslogik unserer
Software, sondern auch die Datenhaltung signifikant ändern müssen. Für einen
beliebigen Datentyp `T` können wir Teile unseres DBMS – wie etwa die Methode
`insert` – in Java generisch implementieren. Die Signatur muss nur in

```
  void <T> insert()
```

geändert werden. Objekte wie Adressen ziehen einen ganzen Rattenschwanz an
Entscheidungen nach sich: Soll zu jeder Person die Adresse in einer Datei zusammen mit dem Datensatz der Person gespeichert werden, oder kommen alle
Adressdaten in eine eigene Datei? Im ersten Fall müssen wir die Möglichkeit berücksichtigen, dass eine Person mehrere Adressen haben kann. Im zweiten müssen wir eine eigene Klasse für Adressen definieren und noch vereinbaren, wie
Adressen und Personen miteinander verknüpft werden, wie unser DBMS also
zu einer Person die zugehörigen Adressen ermittelt. Die Definition einer eigenen
Klasse für die Adressen stellt uns vor keine großen Probleme, da sie der Klasse
`Person` sehr ähnelt. Der Typ `DBMS` muss jedoch um einige Methoden, wie die
Abfrage `selectByStreet`, erweitert werden.

Wenn wir also Eingriffe in den Code unseres DBMS nicht scheuen, können wir grundsätzlich jede Anforderung an unsere Datenbank umsetzen, müssen aber damit rechnen, dass Änderungen im Einzelfall erhebliche Eingriffe in den Code nach sich ziehen können.

So haben wir in unserem Java-Beispiel bisher die Operation zum Löschen von Daten vermieden. Auch hier müssen Algorithmen entwickelt werden, die eine effiziente Arbeit mit unseren Daten ermöglicht. Beim Entfernen der Daten liegt die Lösung nicht auf der Hand: Soll die Datei unmittelbar nach dem Löschen reorganisiert werden, indem die Lücke, die der gelöschte Datensatz hinterlässt, sofort geschlossen wird? Oder sollen Datensätze nur als gelöscht markiert und die Datei in regelmäßigen Intervallen reorganisiert werden?

Lange Zeit waren Lösungen im Sinne unseres DBMS der Standard: Benutzer greifen mit Hilfe einer API (Application Programming Interface) aus einem Programm heraus direkt auf den Datenbestand zu. Zwei Nachteile liegen auf der Hand:

- ■ Mit Änderungen der Datenstrukturen können auch Änderungen der API einhergehen, die dann wiederum Auswirkungen auf die Anwendungslogik und möglicherweise auf die GUI des Gesamtsystems haben.

- ■ Da die API im Allgemeinen nicht vollständig generisch definiert werden kann, muss sich der Anwender des DBMS um interne Details der Datenorganisation kümmern. Er muss ähnlich wie beim Java-Collection-Framework verstehen, wie das DBMS intern arbeitet.

Diese Nachteile scheinen nicht gravierend, führten Ende der 1960er-Jahre aber zum „Application Backlog", einer Situation, in der die IT-Abteilungen von Unternehmen die Anforderungen der Fachabteilungen nicht mehr umsetzen konnten. Bruce Lindsay, ein weiterer Datenbank-Pionier, erinnert sich (siehe [Win05]):

„It was a good deal to be a DBA, because you controlled what got done next. It was necessary for anybody that wanted anything to get done to bring you gifts, you know, bottles of things. And therefore it was a good deal to be a DBA, because of this application backlog."

1.10   Das ANSI SPARC-Modell als Lösung

Der Umstand, dass Änderungen bei den für die Daten verantwortlichen Algorithmen und Datenstrukturen zu signifikanten Änderungen an der logischen Struktur der Daten einer Software führen können, wird auch als **physikalische Datenabhängigkeit** bezeichnet.

Die Änderungen verlaufen zwar oft nach gleichen Mustern, müssen aber durchgeführt werden und können jedes Mal zu Fehlern führen. In den 1970er-Jahren erarbeitete das Standards Planning and Requirements Committee (SPARC) des

American National Standards Institute (ANSI) eine Referenzarchitektur für Datenbanksysteme, die Datenunabhängigkeit gewährleisten sollte. Die Architektur sieht drei Schichten in Form einer physikalischen, einer logischen und einer externen Ebene vor.

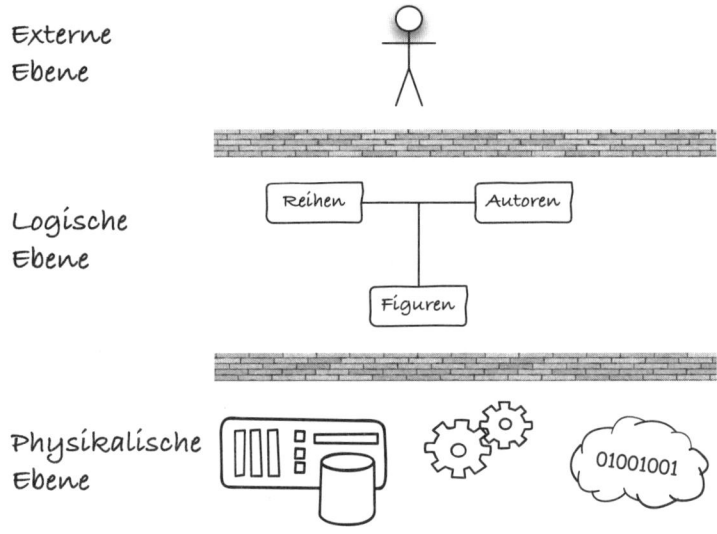

Abbildung 1.1: Das ANSI SPARC-Modell

Die physikalische Ebene: Wenn wir Daten auf Platten schreiben oder über Netzwerke anfordern, greifen wir dazu nicht direkt auf Geräte wie den Festplatten-Controller oder die Netzwerkkarte zu, sondern übertragen diese Aufgaben dem Betriebssystem. Wie das Betriebssystem diese Aufgaben erfüllt, müssen wir dazu nicht wissen. Für uns sind das *Implementierungsdetails*. Die Schnittstellen, die uns das Betriebssystem liefert, ermöglichen so eine höhere Abstraktion. Diese Idee wird auch vom ANSI SPARC-Modell aufgegriffen. Die Implementierungsdetails des DBMS werden auf der so genannten physikalischen Ebene definiert: Dies sind etwa das Speicherformat der Daten, Algorithmen zum Einfügen, Löschen, Ändern und Suchen von Daten oder die Verwaltung von Sperren, die im Mehrbenutzerbetrieb nötig sind. All diese Details werden vom DBMS verborgen. Die physikalische Ebene beinhaltet, anders als unser selbstgebautes System zur Verwaltung von Personen, keinerlei Semantik. Auf der physikalischen Ebene können daher auch keine Integritätsregeln vereinbart werden. Ihre Funktionalität stellt die physikalische Ebene über eine Schnittstelle zur Verfügung. So können auf der physikalischen Ebene gravierende Änderungen durchgeführt werden, ohne dass sich die Schnittstelle ändert und wir als Anwender etwas davon merken.

Das DBMS gewinnt so an Robustheit: Auf der physikalischen Ebene kann beispielsweise das Speicherverfahren für Datensätze komplett ausgetauscht werden, ohne dass der Anwender davon betroffen ist. Die physikalische Ebene ist das Reich der Bits und Bytes, in dem es keine *Semantik* gibt. Der Inhalt der Daten ist bedeutungslos. Die Isolierung der physikalischen Ebene vom Rest des DBMS stellt ein hohes Maß an physikalischer Datenunabhängigkeit sicher.

Die logische Ebene: Auch wenn uns die physikalische Ebene bereits einige Abstraktion liefert, reicht uns das noch nicht. Es fehlt die Semantik, also die Bedeutung der Daten. Welche Arten von Daten (Personen, Gegenstände oder Termine) gibt es eigentlich in unserer Datenbank, und in welcher Beziehung stehen sie zueinander? Wenn wir diese konzeptionellen Begriffe im Code der Anwendungslogik definieren, werden wir nie einen Gesamtüberblick darüber haben, wie unsere Datenbank konzipiert ist. Überall in unserer Software könnten neue Daten definiert werden, so dass am Ende kein Mensch mehr einen Gesamtüberblick hat. Die Semantik ist in diesem Chaos auch irgendwo vorhanden, jedoch möglicherweise nicht mehr überschaubar. Da aber in einem Softwareprojekt neben den Anwendungsentwicklern mehrere Parteien wissen müssen, um was es in der Datenbank eigentlich geht, ist es wichtig, über ein zentrales Verzeichnis der Daten und ihres Beziehungsgeflechts – also ein Modell der Datenbank – zu verfügen.

Auf der logischen Ebene wird definiert, welche Daten in der Datenbank gespeichert werden. Hier spielt die Semantik der Daten die zentrale Rolle. Die logische Struktur der Daten wird beschrieben und die Beziehung der Daten untereinander vereinbart. So sollen beispielsweise, Daten über CDs und die Lieder in der Datenbank abgelegt werden. Es wird festgelegt, dass

- CDs durch ihren Titel und ihren Interpreten und
- Lieder durch ihren Titel und ihre Position innerhalb der CD

charakterisiert werden. Die Beziehung zwischen CDs und Liedern besteht darin, dass jedes Lied zu einer CD gehört und jede CD mindestens ein Lied enthält. Das alles kann beschrieben werden, ohne das kleinste Detail über die physikalische Ebene zu kennen; Änderungen auf physikalischer Ebene haben damit auch keine Konsequenzen für die logische Ebene.

Die externe Ebene: Datenbanksysteme werden häufig von Sachbearbeitern innerhalb der Firma aber natürlich auch von Kunden genutzt, die nicht zur Firma gehören. Eine weitere Nutzergruppe stellen die Anwendungsentwickler dar, diejenigen also, die mit Hilfe von Entwicklungsumgebungen Software schreiben, die auch mit unserem DBMS kommuniziert und so auf unsere Datenbank zugreift. Diese Software wird dann dem Endanwender zur Verfügung gestellt.

Der Anwendungsentwickler muss sich daher gut mit der Datenbank auskennen. Das Leben ist leider nicht immer so überschaubar wie im Fall von Liedern und CDs. Eine Enterprise-Software wie SAP R/3 nutzt beispielsweise eine Datenbank mit weit über 10 000 Tabellen, die für den einzelnen Anwender unüberschaubar ist. Da jeder Anwender – auch der Anwendungsentwickler – nur einen bestimmten Teilbereich der Datenbank kennen muss, ist eine vollständige Sicht auf die logische Ebene weder notwendig noch wünschenswert. Die externe Ebene des ANSI SPARC-Modells stellt **Sichten** (dt. für *views*) zur Verfügung, die einzelnen Anwendern oder ganzen Anwendergruppen diejenigen Ausschnitte aus der *logischen* Ebene geben, die sie benötigen. Diese Sichten können dabei das logische Modell weiter abstrahieren. Neben dieser Anpassung an individuelle Erfordernisse kann so auch die logische Ebene gekapselt werden. Die Sichten sind damit die Schnittstellen der externen Ebene zur logischen Ebene. Bei Änderungen auf logischer Ebene müssen nur die Sichten angepasst werden. Diejenigen Teile der Anwendungslogik, die die Sichten nutzen, bleiben unverändert. Diese Art der Datenunabhängigkeit wird als **logische Datenunabhängigkeit** bezeichnet.

Das ANSI SPARC-Modell gilt noch heute weitgehend als die ideale Software-Architektur für ein DBMS. Die klare Trennung der Schichten, die nur sehr kontrolliert miteinander kommunizieren können, ist Grundlage für die logische und physikalische Datenunabhängigkeit. Sie wird aber in dieser Form selten erreicht, insbesondere gibt es mit Sichten einige sehr fundamentale Probleme, mit denen wir uns noch in Kapitel 15 beschäftigen werden. Dennoch findet man bei modernen Datenbanksystemen die Trennung der drei Ebenen, auch wenn sie nicht vollständig gegeneinander gekapselt sind. Wer sich zum ersten Mal mit Datenbanken beschäftigt, kann die mehrschichtige Architektur des ANSI SPARC-Modells vielleicht nicht ganz einfach nachvollziehen. Vieles wird sich aber in den folgenden Kapiteln ergeben, wenn wir die einzelnen Ebenen eingehender diskutieren und anhand von Beispielen illustrieren.

Da es heutzutage eine Vielzahl von leistungsstarken DBMS gibt, die teilweise auch kostenfrei genutzt werden können, gibt es auch keinen Grund mehr, eigene Softwarekomponenten für die Verwaltung von Daten zu entwickeln. Jedes Mal, wenn wir in unserer Software Daten in Dateien eintragen oder aus Dateien lesen, sollten wir den Einsatz einer Standardsoftware in Form eines DBMS erwägen. Tatsächlich können wir sogar den Einsatz von In-Memory-Datenbanken erwägen, wenn wir speicherresidente Daten intensiv nutzen. Dabei wird der Zugriff auf langsame Speichermedien, wie Festplatten, vermieden. Die Geschwindigkeit steht möglicherweise nur wenig hinter einer selbstentwickelten Lösung zurück; in jedem Fall ist die Standardsoftware aber ausgereifter als unsere selbstgestrickte Datenverwaltung.

1.11   Wie alles anfing

Die Idee, Programme zu entwickeln, mit deren Hilfe die Datenhaltung einer Software nicht jedes Mal aufs Neue erfunden werden muss, begann mit der zunehmenden Verbreitung der entsprechenden Hardware in Form von Festplatten in den 1960er-Jahren.

Das erste marktreife Produkt, das wir aus heutiger Sicht als DBMS bezeichnen können, ist wohl der Integrated Data Store (IDS), den Charles Bachman bei General Electric entwickelte. Die Daten werden in einer netzwerkähnlichen Struktur abgespeichert, die aus Datenknoten und Kanten zwischen diesen Knoten besteht. Entwickler integrieren das DBMS mit Hilfe einer API in ihre eigene Software. Die API ermöglicht es, durch das Netzwerk zu navigieren und so die Daten zu verwalten. Diese Form des DBMS galt seinerzeit als ausgesprochen solide: Die Conference on Data Systems Languages (CODASYL), der wir auch die Entwicklung der Programmiersprache COBOL zu verdanken haben, setzte es sich etwa zum Ziel, Sprachen zu entwickeln, um Daten für Netzwerk-DBMS zu definieren und diese Daten zu bearbeiten. So wundert es nicht, dass noch weitere DBMS für Netzwerkdatenbanken entwickelt wurden. Im Laufe der Zeit wurden diese Produkte immer perfekter, so dass sie auch heute noch ausgesprochen stabil betrieben werden, auch wenn der Support bereits seit vielen Jahren ausgelaufen ist. Dass es bereits frühzeitig diese Art von DBMS gab, heißt noch lange nicht, dass sie auch in vielen Firmen genutzt wurde. In vielen Firmen fand der Umschwung zu dedizierten DBMS erst in den 1990er-Jahren statt. Gelegentlich werden auch heute noch selbstgebaute Systeme mit direktem Zugriff auf das Dateisystem verwendet.

1.12   Mit IMS zum Mond

„Ich glaube, dass dieses Land sich dem Ziel widmen sollte, noch vor Ende dieses Jahrzehnts einen Menschen auf dem Mond landen zu lassen und ihn wieder sicher zur Erde zurück zu bringen." (J. F. Kennedy)

Das amerikanische Apollo-Programm hatte in den 1960er-Jahren einen wesentlichen Einfluss auf die Entwicklung der Technologie. Dazu gehört die Erfindung von Alltagsgegenständen wie der Quarzuhr oder dem Akkubohrer, aber auch die Entwicklung eines DBMS durch IBM in den Jahren 1966–1968, das für die Verwaltung der für die Apollo-Mission eingesetzten Bauteile entwickelt wurde. IMS (Information Management System) ist ein so genanntes hierarchisches DBMS, das hierarchisch organisierte Daten verwalten kann. Komplexe Geräte, wie etwa die Saturn V-Rakete, bestehen aus vielen Einzelteilen, die wiederum aus weiteren Teilen zusammengesetzt sind. Wie bei einer russischen Matrjoschka-Puppe kann diese Zerlegung bis hin zum kleinsten Bauteil weitergeführt werden. Genau für diese Art von hierarchischen Daten wurde IMS ursprünglich gemacht. Hinzu kommen eine ausgesprochen hohe Verarbeitungsgeschwindigkeit und eine sehr hohe Ausfallsicherheit. Diese angenehmen Eigenschaften haben dafür gesorgt, das IMS das Apollo-Programm überlebt hat und bis heute von Banken, Versicherungen und in der Automobilindustrie eingesetzt wird. Auch wenn hierarchische Datenbanksysteme unternehmenskritische Daten verwalten, haben sie heute für die meisten Entwickler keine Bedeutung mehr: Die historisch gewachsenen Systeme (Legacy-

Systeme), in die IMS-Systeme integriert sind, arbeiten zuverlässig und benötigen kaum Wartung.

1.13   Und heute?

Software, die in den letzten zwanzig Jahren entwickelt wurde, nutzt überwiegend relationale DBMS, die eigentlich auf einer ganz einfachen Idee beruhen. Einen ersten Eindruck davon werden wir im nächsten Kapitel bekommen.

Außer dem Netzwerk-, dem hierarchischen und dem relationalen Modell gibt es eine Menge weiterer Konzepte, von denen wir einige im letzten Kapitel des Buches kennenlernen.

Wir haben gesehen, dass es eine Vielzahl von DBMS mit zahlreichen Eigenschaften gibt. Einfache DBMS benötigen nur wenige Ressourcen und können auch für kleine Anwendungen eingesetzt werden; große DBMS sind Tausendsassas mit einem ständig wachsenden Leistungsspektrum. Eigentlich ist für jeden Anwendungsbereich das geeignete DBMS dabei, so dass nur selten Grund besteht, Daten im Dateisystem zu lagern oder sie von dort auszulesen. Systeme wie SQLite schlagen bei der Installation mit weniger als einem Megabyte zu Buche und sind wesentlich zuverlässiger als selbstgeschriebener Code, der Daten in Dateien verwaltet.

Wie wird ein DBMS eigentlich benutzt? Es gibt natürlich einfache Szenarien, in denen die Endanwender mit einem Werkzeug direkt auf die Datenbank zugreifen. Wir werden das selbst im folgenden Kapitel ausprobieren. In der Praxis ist das DBMS mit seinen Datenbanken aber Baustein einer Software-Architektur (siehe Abb. 1.2).

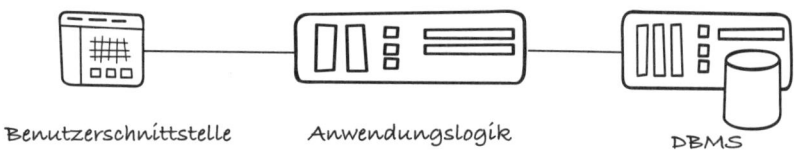

Benutzerschnittstelle   Anwendungslogik   DBMS

Abbildung 1.2: Einfache Software-Architektur mit DBMS

Weitere Bausteine sind die Anwendungslogik und die Benutzerschnittstelle der Software. Typischerweise finden wir die zentralen Aufgaben der Software in der Anwendungslogik. Hier werden Preise kalkuliert oder Schachkombinationen ermittelt. Um Daten zu persistieren oder auf persistente Daten zuzugreifen, kommuniziert die Anwendungslogik mit dem DBMS. Die Benutzerschnittstelle verbindet die Anwendungslogik mit den Endanwendern. Sie greift nicht auf den Datenbestand zu, sondern stellt die Resultate der Anwendungslogik dar oder fordert

Eingaben vom Benutzer ein, die dann von der Anwendungslogik weiterverarbeitet werden.

1.14   Wie geht es weiter?

Wir haben in diesem Kapitel in lockerer Reihenfolge einige Ideen, Konzepte und Hintergründe zum Thema Datenbanken und Datenbankmanagementsysteme kennengelernt. In diesem Buch konzentrieren wir uns auf relationale Datenbanken. Warum diese Fokussierung sinnvoll ist, zeigen die nächsten Seiten. Dort tasten wir uns Schritt für Schritt in die Welt der Relationen vor. In den Kapiteln 3 und 4 unterfüttern wir unsere Erfahrungen mit einer Theorie, die uns über weite Strecken des Buches immer wieder begegnen wird.

Der zweite Teil des Buches umfasst die Aspekte der logische Ebene des ANSI SPARC-Modells. In Kapitel 6 lernen wir eine Methode kennen, die uns nicht nur hilft, den Überblick über unseren Datenbestand zu behalten, sondern Projektteams eine Kommunikation über die Daten ermöglicht. Diese Form der Modellierung kann nicht unmittelbar mit Hilfe von relationalen DBMS umgesetzt werden. Wir lernen deshalb in Kapitel 5, wie wir in der Praxis Daten und Integritätsregeln definieren, und eignen uns anschließend in Kapitel 7 eine Methode an, um unser Modell praktisch umzusetzen. Trotz dieser bewährten Techniken kann unsere Datenbank noch schwere Designfehler enthalten. In Kapitel 8 begegnen wir so genannten Anomalien. Schon das Wort hört sich nicht gut an. Wir sehen Beispiele für Anomalien und bekommen mit der Normalisierung ein Werkzeug an die Hand, mit dem wir sie vermeiden können.

Der folgende Teil widmet sich vollständig der Abfragesprache SQL: Wir verschaffen uns zunächst in Kapitel 9 einen allgemeinen Überblick und arbeiten uns dann in den Kapiteln 10 bis 14 in die Tiefen von `select`, der wichtigsten und komplexesten SQL-Anweisung, ein. Wie Sichten (siehe Abschnitt 1.10) in relationalen Datenbanken realisiert und mit Hilfe von SQL definiert werden, erfahren wir in Kapitel 15.

Im vorherigen Abschnitt 1.13 haben wir gesehen, dass das DBMS nur Teil einer Software-Lösung ist. Dabei ist der Begriff der **Transaktion** von zentraler Bedeutung. Was darunter zu verstehen ist und warum Transaktionen so wichtig sind, lernen wir in Kapitel 17. Wie andere Komponenten auf relationale DBMS zugreifen können, erfahren wir anhand der Programmiersprache Java in den Kapiteln 18 und 19. Im letztgenannten Kapitel stoßen wir auf ein Werkzeug, das den objektorientierten Ansatz von Java und die mengenorientierte Perspektive von SQL harmonisiert. Ein abschließendes Kapitel vermittelt dann noch einige Hintergründe zu der physikalischen Ebene. Wir erfahren, wie ein relationales DBMS arbeitet, wie die Daten organisiert sind und wie das System Konsistenz und einen zuverlässigen Betrieb erreicht. Mit diesem Hintergrundwissen ausgestattet, verstehen wir dann auch den Index, ein wichtiges Instrument zur Leistungssteigerung relationaler DBMS.

Mit Netzwerk- und hierarchischen Datenbanken haben wir uns bereits in diesem Kapitel (siehe Abschnitt 1.11 und 1.12) beschäftigt. Objekt- und XML-Datenbanken fristen zusammen mit einer Vielzahl von NoSQL-Datenbanken[3] nur ein Nischendasein. Da es aber in der Praxis durchaus Fälle geben kann, in denen diese Arten von Datenbanken besser sind als traditionelle SQL-basierte, relationale Datenbanken, gibt der letzte Teil des Buches einen kurzen praxisorientierten Überblick zu jedem dieser drei Typen.

Alles klar?

- Datenbanken sind Datensammlungen.

- Datenbanken werden mit Hilfe einer Software, dem Datenbankmanagementsystem (DBMS), verwaltet.

- Es gibt keinen einheitlichen Anforderungskatalog an ein DBMS. Einige typische Eigenschaften sind

    - Dauerhafte Speicherung der Daten

    - Überwachung von Integritätsregeln

    - Authentifizierung und Rechtevergabe

    - Fehlertoleranz

- Im ANSI SPARC-Modell werden die physikalische, die logische und die externe Ebene unterschieden.

- Die physikalische Ebene enthält im Wesentlichen die Algorithmen und Datenstrukturen, die das DBMS nutzt.

- Auf der logischen Ebene werden die Daten unabhängig von der physikalischen Ebene modelliert.

- Die externe Ebene stellt Sichten auf das Datenmodell zur Verfügung.

- Physikalische Datenunabhängigkeit bezeichnet die Eigenschaft, dass Änderungen innerhalb der physikalischen Ebene für die logische und die externe Ebene transparent sind.

- Logische Datenunabhängigkeit bezeichnet die Eigenschaft, dass Änderungen innerhalb der logischen Ebene für die externe Ebene transparent sind.

- Die historische Entwicklung der Datenbanken führt von Netzwerk- über hierarchische zu relationalen DBMS. Neben diesen Paradigmen existiert eine Vielzahl weitere Typen von DBMS.

---

[3] NoSQL ist dabei ein Akronym für „not only SQL".

Relationale Datenbanken – eine kurze Übersicht

Ende der 1960er-Jahre hatte der IBM-Mitarbeiter Edgar F. „Ted" Codd die Idee, Tabellen zur Strukturierung von Daten zu nutzen. Auch wenn dieser Gedanke auf den ersten Blick nicht besonders originell erscheint, können wir Datenbanken mit Hilfe von Tabellen auf ein solides theoretisches Fundament stellen. Codds Verdienst besteht in der Entdeckung des Zusammenhangs zwischen Datenbanken, Mathematik und Logik. Wie die Verbindung genau aussieht, sehen wir in den Kapiteln 3 und 4. Codd bezog dazu viele Jahre später in einem Interview Stellung (siehe etwa [Cel99] p. 35):

> „I did my studies in logic and mathematics and it occurred to me as a natural thing for queries. Then it occurred to me – and I can't say why ideas occurred to me, but they keep doing so, and I'm not short of them even now, I can tell you – why limit to queries? Why not take it to database management in general?"

2.1 Relationen gibt es schon lange

Was wir gewöhnlich als Tabelle bezeichnen, haben die Mathematiker bereits seit dem 19. Jahrhundert unter dem Begriff **Relation** intensiv untersucht. Weil Tabellen sich zudem algorithmisch gut handhaben lassen, kann ein *relationales* DBMS (RDBMS) eine Softwarekomponente werden, in die viele theoretische Grundlagen einfließen. Da sich so auch ein hoher praktischer Nutzen ergibt, sind relationale Datenbanken seit fast vierzig Jahren sehr erfolgreich. Ein Ende dieser Erfolgsgeschichte ist nicht absehbar.

Codd hat seine Gedanken 1969 zunächst firmenintern bei IBM verbreitet und anschließend 1970 in dem berühmten Artikel *„A Relational Model of Data for Large Shared Data Banks"* [Cod70] publiziert.

In zahlreichen weiteren Arbeiten und Vorträgen machte Codd das relationale Modell im Laufe der Jahre immer bekannter und sorgte so dafür, dass relationale Datenbanken rasch die bekanntesten Vertreter ihrer Art geworden sind.

2.2   Die zwölf Gebote

Solange es die Idee der relationalen Datenbank gibt, haben einzelne Hersteller von Software ihre Produkte als RDBMS bezeichnet, auch wenn sie gar nichts mit Codds Ideen zu tun hatten. Codd formulierte im Jahr 1985 zwölf Kriterien, mit deren Hilfe diese Art von Etikettenschwindel durchschaut werden konnte (siehe [Cod85b] und [Cod85a]). Jeder kann mit dem Regelwerk des Altmeisters prüfen, ob ein DBMS sich zu Recht „relational" nennt. Die Regeln definieren in sehr prägnanter Form einige charakteristische Eigenschaften eines RDBMS. Wir werden ihnen im Laufe des Buches – in lockerer Reihenfolge und unabhängig von Codds ursprünglicher Nummerierung – an mehreren Stellen begegnen. Codds erste Regel trifft die Grundeigenschaft eines RDBMS sehr genau:

Codds 1. Regel: Die Informationsregel

In einer relationalen Datenbank werden *alle* Informationen in Tabellen abgelegt.

Was das für die Praxis bedeutet, werden wir sehr bald sehen. Codd berücksichtigte in seinem Regelwerk aber auch Konzepte, die in jedem DBMS relevant sind und die wir bereits in Kapitel 1 kennengelernt haben:

Codds 8. Regel: Physikalische Datenunabhängigkeit

Der Anwender ist von der physikalischen Realisierung der Datenspeicherung isoliert. Auf physikalischer Ebene können Änderungen durchgeführt werden, ohne dass der Anwender davon betroffen ist.

Codds 9. Regel: Logische Datenunabhängigkeit

Die Sicht des Anwenders auf die Daten ändert sich nicht, wenn sich die Datenbank – etwa in Form von Änderungen der Struktur einzelner Tabellen – auf logischer Ebene ändert.

2.3   Funktioniert das überhaupt?

Auch wenn es heute viele verschiedene RDBMS gibt: In den 1970er-Jahren war Codd den Nachweis der praktischen Umsetzbarkeit seiner Ideen noch schuldig. Er brauchte einige Jahre, um innerhalb von IBM Förderer, die geeigneten Ressourcen und qualifizierte Mitarbeiter zu finden und „System/R" – den Prototyp eines relationalen DBMS – zu verwirklichen.[1]

Ende der 1970er-Jahre wurde das Projekt System/R beendet und konnte zwei wesentliche Erfolge verbuchen:

1. Die Brauchbarkeit des relationalen Modells war bewiesen.

2. Die – später in SQL (Structured Query Language) umbenannte – Abfragesprache für relationale Datenbanken „Structured English Query Language" (SEQUEL) war entwickelt.

Für seine Verdienste erhielt Codd 1981 den Turing Award, die höchste Auszeichnung, die ein Informatiker bekommen kann. Aber die Konkurrenz schlief nicht. Zwischenzeitlich hatten zwei weitere Personen das Potenzial erkannt, das in Codds Arbeiten steckte:

■ Michael Stonebraker von der University of Berkley stellte bereits Mitte der 1970er-Jahre seine Implementierung eines RDBMS namens Ingres[2] vor. Ingres wurde zeitnah vermarktet und erfreute sich bis Mitte der 1990er-Jahre großer Beliebtheit. Die Verbreitung von Ingres ist zwar im Laufe der Jahre immer weiter zurückgegangen, doch gewinnt Ingres derzeit zunehmend im Open-Source-Bereich wieder an Bedeutung.

■ Eine Gruppe von Ingenieuren, die sich für Codds Arbeiten und System/R interessierte, gründete 1977 unter der Leitung von Lawrence („Larry") Ellison die Firma „Software Development Laboratories", die später in „Oracle"[3] umbenannt wurde und sich in kurzer Zeit zum Marktführer für RDBMS entwickelte. Heute ist Oracle fast ein Synonym für relationale Datenbanken geworden, ähnlich wie es die Marke „Tempo" für Papiertaschentücher ist.

Und was wurde aus System/R? Bei IBM zögerte man noch einige Zeit – man hatte ja noch IMS (siehe Abschnit 1.12) als etabliertes Produkt im Markt – und begann erst 1983 mit dem Vertrieb eines RDBMS namens DB2.

---

[1] Wer den Pioniergeist, der damals im System/R-Projekt herrschte, nachempfinden möchte, sollte einen Blick auf [McJ97] werfen.

[2] www.ingres.com

[3] www.oracle.com

2.4   Wo bekommt man ein RDBMS?

Es fällt schwer, Aussagen darüber zu treffen, welches RDBMS das beste ist, zumal es außer den drei genannten weitere Datenbanken-Hersteller gibt. Zwar stellt das Transaction Processing Council (TPC) [4] verschiedene Benchmark-Suiten zur Leistungsmessung zur Verfügung und publiziert die Ergebnisse, doch ist deren Aussagekraft eher begrenzt: Es wird sehr leistungsstarke Hardware benutzt, wie man sie in „normalen" IT-Landschaften selten findet. Außerdem kennen die Hersteller der RDBMS die Benchmarks. Teilweise integrieren sie bestimmte Features nicht wegen ihres praktischen Nutzens in die Produkte, sondern um gute Benchmark-Ergebnisse zu erzielen.

Hinweise auf die Verbreitung der RDBMS-Produkte liefern etwa die weltweit mit den einzelnen DBMS-Produkten erzielten Umsätze. Hier liefern Marktforscher wie Gartner jedes Jahr aktuelle Zahlen. Für das Jahr 2005[5] hatten Oracle, IBM und Microsoft in dieser Reihenfolge einen Marktanteil von 47,1%, 21,1% und 17,4%. Andere Hersteller kommen demnach auf insgesamt knapp 15%. Dies sind aber, wie gesagt, Umsatzzahlen; über die Verbreitung ist damit nichts gesagt. Beliebte freie DBMS wie MySQL oder der Ingres-Nachfolger PostgreSQL sind hier nicht mit von der Partie.

In diesem Grundkurs werden wir uns fast ausschließlich mit relationalen Datenbanken beschäftigen. Erst im letzten Teil werden in Kurzform weitere Datenbanktypen vorgestellt, die dem Praktiker „in freier Wildbahn" begegnen können.

2.5   Ein RDBMS zum Anfassen

Für unsere praktische Arbeit benötigen wir ein geeignetes RDBMS. Hier hat sich H2[6] als ein RDBMS erwiesen, das sich gut für Ausbildungszwecke eignet. Die Produkte der großen Hersteller (Microsoft, Oracle und IBM) gibt es zwar auch in leistungsstarken und *kostenfreien* Varianten (zum Teil werden sie als „Express"-Versionen bezeichnet), doch ist hier etwa das Betriebssystem festgelegt, oder die Handhabung ist für Einsteiger ohne persönliche Einweisung schwierig. Hinzu kommt, dass ein RDBMS in der Praxis meistens exklusiv auf einer Maschine betrieben wird und sich deren Ressourcen nicht mit anderer Software teilen muss. Die Installationsroutinen tragen diesem Umstand Rechnung, so dass teilweise erhebliche Betriebsmittel von den Computern angefordert werden. Bei H2 finden wir keines dieser Probleme: Das RDBMS ist kostenlos, der Quellcode frei verfügbar, und die Installation geht leicht von der Hand. Im Wesentlichen wird neben einem kurzen Shell-Script ein Java-Archiv mit etwa 1,2 MB installiert. Der Rest der Installation besteht im Wesentlichen aus Dateien mit Quellcode und Doku-

---

[4] www.tpc.org
[5] www.gartner.com/it/page.jsp?id=507466
[6] www.h2database.com

mentation. Die Beispiele im Buch wurden – sofern nicht anders vermerkt – mit H2 entwickelt. H2 orientiert sich so weit am SQL Standard, dass die meisten Beispiele auch auf anderen RDBMS lauffähig sein sollten.

Um mit H2 arbeiten zu können, benötigen wir eine Java-Installation ab Java Version 5 (teilweise auch als Java 1.5 bezeichnet). Hier reicht ein JRE (Java Runtime Environment). Ob unser System geeignet konfiguriert ist, erfahren wir, wenn wir

- in einem Terminal (Unix-Betriebssysteme) oder

- in einer Win32-Konsole (Microsoft-Betriebssysteme)

das Kommando `java -version` eingeben. Hier sollte gemeldet werden, dass mindestens die Java-Version 5 installiert ist.

Auf der Website von H2 finden wir Links zum Download für das RDBMS. Für Microsoft-Betriebssysteme gibt es ein eigenes Installationsprogramm; für Unix-Derivate wie Linux oder Mac OS X lädt man ein zip-Archiv herunter und packt es aus.

- Unter Windows hat die Installationsroutine H2 bereits so eingerichtet, dass es sich unter dem Punkt „Programme" im Start-Menü eingenistet hat und von dort gestartet werden kann.

- Unter Unix öffnen wir ein Terminal und wechseln in das Unterverzeichnis `bin` der H2-Installation. Dort starten wir H2 entweder mit dem Befehl `./h2.sh` oder `. ./h2.sh`.

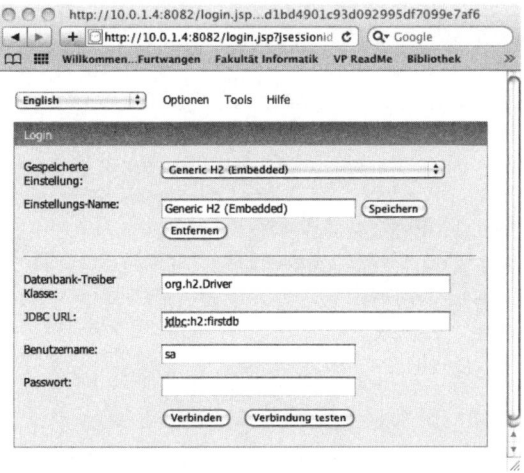

Abbildung 2.1: Die Anmeldeseite der H2-Console

Jetzt sollte automatisch ein Browser öffnen, der, wie in Abbildung 2.1, gezeigt, bereits die Anmeldemaske für H2 enthält. Ist dies nicht der Fall, starten wir den Browser selbst und rufen die URL `127.0.1.1:8082` auf. In das Formular werden Informationen wie „Datenbank-Treiber Klasse" oder „JDBC URL" eingetragen. Diese Begriffe erarbeiten wir uns erst in Kapitel 18. Bis dahin arbeiten wir mit Treibern und JDBC-URLs, ohne ihre Bedeutung vollständig erfasst zu haben. Bis auf die JDBC-URL übernehmen wir alle Standardeinträge. Für die URL tragen wir

```
jdbc:h2:firstdb
```

ein. Der Name `firstdb` ist dabei der Name unserer ersten eigenen Datenbank. Diese Datenbank wird erzeugt, sobald wir den Button mit der Aufschrift „Verbinden" anklicken. Das wollen wir auch gleich verifizieren und prüfen, ob es im Verzeichnis `bin` unserer H2-Installation eine Datei namens `firstdb.h2.db` gibt. Anstatt `firdstdb` können wir in der JDBC-URL natürlich auch einen anderen Namen für unsere Datenbank verwenden. Da das `bin`-Verzeichnis der H2-Installation in der Regel nicht der richtige Ort für unsere Datenbankdateien ist, können wir selbstverständlich auch relative oder absolute Pfadangaben in der JDBC-URL nutzen.

2.6   Erste Schritte mit SQL

Nach der Verbindung sehen wir wie in Abbildung 2.2 ein weiteres Formular mit einem großen Textfeld, in das wir die Anweisung

```
create table personen(
  fname varchar(20),
  lname varchar(20)
);
```

eintragen und durch Betätigen des Buttons „Ausführen" zum RDBMS schicken, wo sie dann abgearbeitet wird.

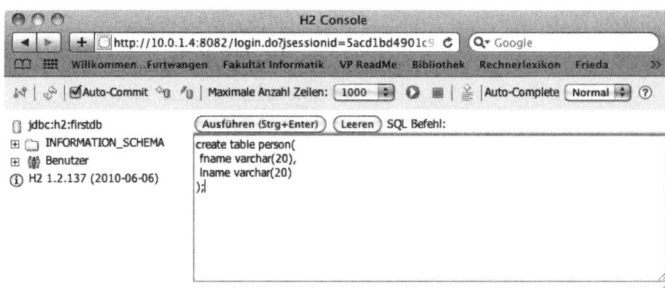

Abbildung 2.2: Der SQL-Editor der H2-Console

Wir haben unsere erste Tabelle namens `personen` definiert. Die Tabelle hat die beiden Spalten `fname` und `lname` für die Vor- und Zunamen der Personen, die in dieser Tabelle abgelegt werden sollen. Als Datentyp haben wir für beide Spalten Texte mit maximal 20 Buchstaben gewählt. Eine systematische Diskussion der Syntax für die `create table`-Anweisung und die Datentypen findet in Kapitel 5 statt. Bemerkenswert ist, dass wir hier mit einer einzigen – fast natürlichsprachlichen – Anweisung formulieren, *was* wir vom RDBMS brauchen. Wir haben nicht spezifiziert, *wo* die Tabelle abgelegt wird oder *wie* sie in einer Datei repräsentiert ist. Diese ganzen Details überlassen wir dem RDBMS. Das Web-Frontend der H2 ist übrigens so freundlich, die Struktur der Tabelle mit ihren Spalten und Datentypen ganz links in der H2-Console graphisch darzustellen.

Mit der Anweisung

```
insert into personen values('Donald', 'Duck')
```

fügen wir einen Datensatz in unsere Tabelle ein. Vorsicht beim Anführungszeichen: Wir müssen *gerade Anführungszeichen* verwenden, die wir auf der deutschen Tastatur über dem #-Zeichen finden.

Eine Übersicht über sämtliche Datensätze unserer Tabelle `personen` erhalten wir wie folgt:

```
select *
from personen
```

Wir sehen das Ergebnis – das in unserem Fall genau einen Datensatz enthält – direkt unterhalb der Textbox, in die wir die Anweisungen eingeben. Ändern können wir Datensätze mit Hilfe des Befehls `update`:

```
update personen
set fname='Daisy'
```

Die Änderung, wie wir sie formuliert haben, bezieht sich auf alle Datensätze der Tabelle. Mit Hilfe der Anweisung

```
select *
from personen
```

stellen wir fest, dass die Änderungen tatsächlich ausgeführt wurden und aus unserem Donald auch wirklich eine Daisy geworden ist. Bemerkenswert ist noch, dass wir zweimal den gleichen Datensatz einfügen können:

```
insert into personen  values('Donald', 'Duck');
insert into personen  values('Donald', 'Duck')
```

Jetzt haben wir drei Datensätze. Mit `select`-Anweisungen können wir auch einzelne Datensätze auswählen:

```
select *
from personen
where fname='Daisy'
```

Wir sehen alle Datensätze, für die die Spalte `fname` den Wert `Daisy` hat. Auf ganz ähnliche Weise löschen wir auch einen Teil unserer Datensätze:

```
delete from personen
where fname='Daisy'
```

Beachten Sie, dass alle drei Datensätze gelöscht worden wären, wenn wir den `where`-Teil ausgelassen hätten. Wir haben jetzt noch zwei Donalds in der Tabelle. Das Problem mit den Dubletten besteht darin, dass wir entweder keine oder beide Datensätze, die zu Donald gehören, löschen können. Es gibt keine Anweisung, um nur genau einen der beiden Datensätze zu löschen. Für das RDBMS sind die Datensätze nicht unterscheidbar.

Bei Objekten – etwa in der Java-Programmierung – ist eine Unterscheidung möglich: Dort kann jedes Objekt durch seine Referenz *eindeutig* identifiziert werden. Referenzen, mit denen wir Datensätze voneinander unterscheiden können, gibt es in relationalen Datenbanken nicht – Datensätze können wir nur aufgrund ihrer Werte voneinander unterscheiden.

Wir haben einfache Anweisungen genutzt, um Datensätze einzufügen, zu ändern und zu löschen. Wie H2 diese Anweisungen umgesetzt hat, wissen wir nicht. Die physikalische Ebene ist transparent. Wenn wir nur mit der browsergestützten H2-Console[7] auf H2 zugreifen, wissen wir noch nicht einmal, ob wir es mit einem Windows- oder Unix-System zu tun haben. Vergleichen wir diese ersten Kontakte mit H2 mit der Handhabung unserer einfachen selbstgeschriebenen Datenverwaltung (siehe Abschnitt 1.9), bekommen wir ein sehr anschauliches Verständnis vom Begriff der physikalischen Datenunabhängigkeit (siehe Abschnitt 1.10).

2.7 Der Systemkatalog

Auch die Bedeutung von Codds erster Regel können wir uns mit einigen Anweisungen leicht vor Augen führen: Die folgende Anweisung findet eine ganze Menge Datensätze:

```
select *
from information_schema.tables
```

Es gibt also offensichtlich Tabellen, die das RDBMS mitbringt, ohne dass wir sie selbst angelegt hätten. Interessant ist vor allem der Inhalt der Spalte `table_name`: Hier sehen wir einen Eintrag, der uns bekannt vorkommen dürfte (siehe Abbildung 2.3).

Für einen der Datensätze ist hier `PERSON` verzeichnet, also der Name der Tabelle, die wir selbst erzeugt haben. Die Tabelle `information_schema.tables` ist Teil

---

[7] Alternativ können wir auch aus einer Terminal-Sitzung mit H2 arbeiten. Informationen dazu finden Sie in der Dokumentation zu H2.

TABLE_CATALOG	TABLE_SCHEMA	TABLE_NAME	TABLE_TYPE
FIRSTDB	PUBLIC	PERSON	TABLE
FIRSTDB	INFORMATION_SCHEMA	HELP	SYSTEM TABLE
FIRSTDB	INFORMATION_SCHEMA	VIEWS	SYSTEM TABLE
FIRSTDB	INFORMATION_SCHEMA	CONSTRAINTS	SYSTEM TABLE
FIRSTDB	INFORMATION_SCHEMA	RIGHTS	SYSTEM TABLE
FIRSTDB	INFORMATION_SCHEMA	FUNCTION_COLUMNS	SYSTEM TABLE
FIRSTDB	INFORMATION SCHEMA	SETTINGS	SYSTEM

Abbildung 2.3: Ausschnitt aus einer Systemtabelle

des so genannten **Systemkatalogs**, in dem die Datenbank Informationen über sich selbst verwaltet.

Hinweis

Vorsicht beim Systemkatalog! Die meisten SQL-Anweisungen, die auf einem RDBMS funktionieren, werden auch von anderen RDBMS ohne Murren akzeptiert. Die Standardisierung gilt aber nicht für den Systemkatalog: Jedes RDBMS hat zwar einen eigenen Katalog, doch sind die Strukturen der Systemtabellen nicht vereinheitlicht.

Wir führen einen zweiten Versuch durch:

```
select *
from information_schema.columns
```

Beim Blick auf Abbildung 2.4 fallen uns die beiden Spalten `table_name` und `column_name` auf:

TABLE_CATALOG	TABLE_SCHEMA	TABLE_NAME	COLUMN_NAME
FIRSTDB	PUBLIC	PERSON	FNAME
FIRSTDB	PUBLIC	PERSON	LNAME
FIRSTDB	INFORMATION_SCHEMA	HELP	ID
FIRSTDB	INFORMATION_SCHEMA	HELP	SECTION
FIRSTDB	INFORMATION_SCHEMA	HELP	TOPIC
FIRSTDB	INFORMATION_SCHEMA	HELP	SYNTAX

Abbildung 2.4: Ausschnitt aus einer Systemtabelle

In unserem Fall enthält die erste der beiden Spalten zweimal den Wert PERSON und die zweite – entsprechend den beiden Spalten unserer Tabelle – einmal FNAME und einmal LNAME. Was hat das mit Codds erster Regel zu tun? Wir erinnern uns: *„In einer relationalen Datenbank werden* alle *Informationen in Tabellen abgelegt."* Es werden also nicht nur die Nutzdaten wie „Donald" oder „Duck" in Tabellen

gespeichert, sondern auch die Namen aller Tabellen und Spalten, die es in der
Datenbank gibt, die so genannten **Metadaten**.

2.8   Was kann SQL?

Soweit unser kleiner Exkurs in H2, in dem wir auch erste Kontakte mit der Abfragesprache SQL gemacht haben, die – wie weiter oben berichtet – im Rahmen des
System/R-Projektes entwickelt wurde. Kein Wunder also, dass auch für Abfragesprachen wie SQL eines von Codds Geboten gilt:

Codds 5. Regel: Die umfassende Untersprache für Daten

In einem RDBMS muss es immer mindestens eine Sprache geben, deren Anweisungen sich über eine wohl definierte Syntax ausdrücken
lassen und die die folgenden Möglichkeiten bietet:

■ Definition der Daten

■ Definition von Sichten (Views)

■ Datenverarbeitung

■ Definition von Integritätsregeln

■ Definition von Berechtigungen

■ Definition von Transaktionsgrenzen

Der Begriff **Untersprache** (dt. für *sublanguage*) wirkt etwas sperrig. Gemeint ist
damit eine formale Sprache, die für ein spezielles Anwendungsgebiet (hier sind es
die relationalen Datenbanken) entwickelt wurde. In heutiger Terminologie würde man von einer domänenspezifischen Sprache (dt. für *domain specific language*)
oder kurz DSL sprechen.

Mit der Definition der Daten sind `create table` und verwandte Anweisungen
gemeint. Dieser Teil der Sprache wird – zumindest bei SQL – als DDL (Data Definition Language) bezeichnet. Die DDL wird in Kapitel 5 diskutiert. Anweisungen
zur Definition von Sichten (dt. für *views*) kann man ebenfalls zur DDL zählen.
Das Thema „Sichten" haben wir ja bereits in Abschnitt 1.10 bei der Einführung
der externen Ebene des ANSI SPARC-Modells tangiert. Vertieft wird es in Kapitel 15.

Daten werden in SQL mit Hilfe der vier Anweisungen `select`, `insert`, `update`
und `delete` verarbeitet. Wir haben diese auch unter dem Kürzel DML (Data Manipulation Language) zusammengefassten Anweisungen gerade in unseren Ver-

suchen genutzt. Insbesondere das facettenreiche `select`-Statement nehmen wir uns im dritten Teil dieses Buches vor. Integritätsregeln (siehe auch Abschnitt 1.6) werden zusammen mit den DDL-Anweisungen in Kapitel 5 eingebracht. In den Kapiteln 16 und 17 kommen dann auch die beiden letzten Punkte aus Codds 5. Regel zum Zuge.

Als die relationalen Datenbanken laufen lernten, hatten einzelne Produkte wie Ingres mit QUEL ihre eigenen Abfragesprachen. Alternativ zu SQL wurde Mitte der 1970er-Jahre QBE (Query-By-Example) entwickelt. Mit der zunehmenden Verbreitung von SQL durch IBM und Oracle hatten andere Sprachen aber keine Chance. Heute ist SQL konkurrenzlos.

Seit 1987 gibt es alle paar Jahre eine von Komitees der ISO (der internationalen Vereinigung von Normungsorganisationen) überarbeitete Version der Structured Query Language. Auf Kritikpunkte an SQL gehen wir bereits frühzeitig in Kapitel 5 ein. Dort wird das relationale Modell entwickelt und aufgezeigt, wie weit SQL sich von dieser reinen Lehre entfernt hat.

Alles klar?

- Relationen sind Gegenstände aus der Mathematik und Logik.
- Tabellen sind eine Möglichkeit für die Darstellung von Relation.
- Relationale Datenbanken strukturieren Daten tabellenförmig.
- Codd gilt als Erfinder der relationalen Datenbanken.
- Die 12 Coddschen Regeln sind eine knappe, aber präzise Beschreibung eines RDBMS.
- RDBMS dominieren heute die Datenbankwelt.
- H2 ist das einfache und freie RDBMS, mit dem wir in diesem Buch arbeiten.
- SQL ist *die* Abfragesprache für relationale Datenbanken.
- Ein RDBMS verwaltet Metadaten in speziellen Tabellen, dem so genannten Systemkatalog.

3

Das relationale Modell

In Kapitel 2 haben wir bereits einen ersten Eindruck von der relationalen Abfragesprache SQL bekommen. Wir werden unsere Kenntnisse in SQL bald vertiefen, wollen aber zunächst ihre Grundlagen kennenlernen: Es gibt einige Eigenarten in SQL, die man versteht, wenn man das relationale Modell als theoretische Grundlage verstanden hat. Es ist wie bei vielen Dingen: Wir können zwar auch ohne die Grundlagen auskommen, ein tiefes Verständnis entwickelt sich aber erst, wenn wir auch die Ideen erfasst haben, die sich unter der Oberfläche befinden. Man kann dem Rest des Buches zwar folgen, auch wenn man die beiden folgenden Kapitel nicht gelesen hat; ein tiefergehendes, umfassendes Verständnis wird in diesem Fall eher ausbleiben.

Dieses Kapitel ist weitgehend in sich geschlossen: Um es zu verstehen, müssen wir nicht einmal wissen, was ein Computer ist; ein bisschen elementare Mengenlehre reicht bereits. Auch wenn die Theorie der relationalen Datenbanken beliebig vertieft werden kann, beschränken wir uns hier auf das Notwendige. Wer beim Lesen auf den Geschmack kommt und mehr wissen will, findet in [Buf03] weitergehende Ausführungen mit zahlreichen Quellen.

3.1 Mengen

Die Menge ist wohl einer der ersten Begriffe aus der „höheren Mathematik", den man oft bereits als Schüler kennenlernt. Meistens ist er so selbstverständlich, dass ganz grundlegende Eigenschaften von Mengen in Vergessenheit geraten sind. Eine Menge[1] besteht aus *unterscheidbaren Elementen*.

Insbesondere

---

[1] Bis auf kleine einfache Beispiele mit reellen Zahlen werden ausschließlich endliche Mengen betrachtet.

■ enthalten Mengen *keine Dubletten*;

■ gibt es in Mengen *keine Anordnung* der Elemente.

Wenn wir als Menge C etwa die möglichen Farbwerte eines Satzes von Spielkarten wählen, dann gilt

$$C = \{Karo, Herz, Pik, Kreuz\}$$

Insbesondere gelten für diese Mengen:

$$C = \{Karo, Herz, Pik, Kreuz, Kreuz\}$$

und

$$C = \{Kreuz, Pik, Karo, Herz\}$$

Die Reihenfolge spielt keine Rolle; Dubletten werden nicht berücksichtigt. Wir können bei der Aufzählung der Elemente einer Menge in geschweiften Klammern zwar identische Elemente aufführen, sie gelten aber, da sie nicht unterscheidbar sind, als eines. Alles, was irgendwie unterscheidbar ist, kann also Element einer Menge sein. Die Anzahl der Elemente einer Menge M bezeichnen wir mit $|M|$; in unserem Beispiel gilt $|C| = 4$.

3.2   Das kartesische Produkt

Die Elemente zweier Mengen können wir zu Paaren kombinieren. Wenn wir die dreizehn möglichen Kartenwerte einer Spielkarte zu der Menge

$$F = \{2, 3, 4, 5, 6, 7, 8, 9, 10, Bube, Dame, König, Ass\}$$

zusammenfassen, dann können wir die Elemente der Mengen C und F paaren: So repräsentiert das Paar $(Herz, Ass)$ beispielsweise die Karte Herz-Ass. *Herz* ist das erste und *Ass* das zweite **Attribut** des Paares.

Die beiden Mengen, aus denen wir Paare bilden, können auch gleich sein: Wenn wir mit $\mathbb{R}$ die Menge der reellen Zahlen bezeichnen, dann entspricht ein Paar solcher Zahlen einem Punkt in der Ebene. So steht das Paar $(47, 11)$ für einen Punkt mit x-Koordinate 47 und y-Koordinate 11. Da der Punkt $(47, 11)$ etwas anderes ist als der Punkt $(11, 47)$, erkennen wir hier auch, dass die Reihenfolge der Attribute relevant ist. Paare sind keine Mengen!

Auf diese Weise können wir die Elemente zweier Mengen auf jede nur erdenkliche Weise miteinander kombinieren. Wenn wir etwa je zwei Elemente der Mengen $T_1 = \{1, 2, 3\}$ und $T_2 = \{a, b\}$ kombinieren, so ergibt sich die Menge

$$\{(1, a), (1, b), (2, a), (2, b), (3, a), (3, b)\}$$

mit insgesamt $3 * 2$ Elementen. Diese Ergebnismenge wird auch **kartesisches Produkt** oder kurz Produkt der Mengen T_1 und T_2 genannt und mit $T_1 \times T_2$ bezeichnet. Die Mengen T_1 und T_2 sind die **Faktoren** des Produktes. Da die Reihenfolge der beiden Attribute wichtig ist, muss sie auch bei der Produktbildung berücksichtigt werden. In unserem Fall gilt $T_1 \times T_2 \neq T_2 \times T_1$.

Hinweis

„Ich denke, also bin ich."
Das bekannte Zitat stammt von dem Universalgelehrten René Descartes (1596–1650). Wie zu seiner Zeit üblich, publizierte Descartes seine Ergebnisse auf Latein und latinisierte auch seinen Nachnamen zu *Cartesius*. Da die Idee, Punkte durch Zahlentupel zu repräsentieren, auch auf ihn zurückgeht, sprechen wir heute noch von *kartesischen* Koordinaten.

Die Menge aller Punkte in der Ebene ergibt sich zu $\mathbb{R} \times \mathbb{R}$ und die Menge aller Spielkarten zu $F \times C$. Die Anzahl der Paare des kartesischen Produkts zweier endlicher Mengen entspricht dem Produkt der Elementeanzahlen der beiden beteiligten Faktoren. Da der Faktor T_1 drei und der Faktor T_2 zwei Elemente enthält, gibt es im kartesischen Produkt $T_1 \times T_2$ genau sechs Paare. Wegen $|C| = 4$ und $|F| = 13$ folgt analog, dass es insgesamt 52 verschiedene Spielkarten gibt.

Diese Produktbildung können wir natürlich auch auf eine beliebige Anzahl von Faktoren ausdehnen. So besteht $\mathbb{R} \times \mathbb{R} \times \mathbb{R}$ aus allen Punkten des Raumes: Das Tripel $(47, 11, 23)$ repräsentiert also einen räumlichen Punkt mit der x-Koordinate 47, der y-Koordinate 11 und der z-Koordinate 23.

Die Elemente eines kartesischen Produktes heißen **Tupel**. Teilweise geht die Anzahl der Komponenten in die Bezeichnung ein. So werden Paare als 2-Tupel und Tripel als 3-Tupel bezeichnet.

Wir kommen zu unserem nächsten Beispiel: Eine CD oder Schallplatte bezeichnen wir als Album. Auf einem Album sind Lieder enthalten, die innerhalb des Albums eine bestimmte Reihenfolge haben. Wenn wir die vier Mengen L_1, L_2, L_3 und L_4 in dieser Reihenfolge für die Mengen aller Liedtitel, Interpreten, Albumtitel und Titelnummern verwenden, können wir jedes Lied durch ein 4-Tupel repräsentieren. In dem bekannten Album „Let It Be" der Beatles finden wir beispielsweise das Lied „Get Back" als 12. Titel. Wir notieren es daher als das 4-Tupel

$$(Get\ Back, The\ Beatles, Let\ It\ Be, 12)$$

Dieses 4-Tupel ist ein Element aus dem kartesischen Produkt $L_1 \times L_2 \times L_3 \times L_4$. Unabhängig von seiner Existenz in der „wirklichen" Welt enthält das Produkt jedes 4-Tupel, das wir aus den Elementen der vier Mengen bilden können. So ist also auch

$$(Satisfaction, Frank\ Sinatra, The\ Dark\ Side\ Of\ The\ Moon, 23)$$

ein Element dieses Produktes, obwohl es das Lied – zumindest bisher – in dieser Form gar nicht gibt.

Definition: Kartesisches Produkt

Für das kartesische Produkt $A_1 \times A_2 \times \ldots \times A_n$ der Mengen $A_1, \ldots, A_n$ gilt

$$A_1 \times A_2 \times \ldots \times A_n = \{(a_1, a_2, \ldots, a_n) | a_i \in A_i; \ 1 \leq i \leq n\}$$

Das kartesische Produkt besteht also aus allen n-Tupeln, die wir in dieser Reihenfolge aus den Elementen der Mengen $A_1, \ldots, A_n$ bilden können. Die Anzahl der Tupel wächst mit der Faktorenzahl des Produktes und beträgt $|A_1| * |A_2| * \ldots * |A_n|$

3.3   Relationen

Als Nächstes lernen wir den für den Rest des Buches wichtigen Begriff der Relation und somit die Grundlage des Begriffes „Relationale Datenbank" kennen. Vermutlich sind wir überrascht, wie einfach alles eigentlich ist:

Definition: Relation

Eine Relation ist eine Teilmenge eines kartesischen Produktes.

Wenn wir etwa die beiden Mengen C und F für die Farb- und Kartenwerte von Spielkarten verwenden, dann ist das folgende „Full House"

$$\{(Pik, Ass), (Kreuz, Ass), (Herz, Ass), (Herz, K\ddot{o}nig), (Karo, K\ddot{o}nig)\}$$

eine Relation über dem (kartesischen) Produkt der Mengen C und F.

Die ebenen Punkte auf der x-Achse $\{(0, x) | x \in \mathbb{R}\}$ sind ebenfalls eine Relation über dem kartesischen Produkt $\mathbb{R} \times \mathbb{R}$.

Die Menge aller Lieder L, die jemals auf einem Album erschienen sind, bildet eine Relation über dem Produkt $L_1 \times L_2 \times L_3 \times L_4$. Das 4-Tupel (*Get Back, The Beatles, Let It Be*, 4) gehört zu dieser Relation L, das 4-Tupel (*Satisfaction, Frank Sinatra, The Dark Side Of The Moon*, 23) dagegen nicht: Es gibt von Frank Sinatra kein Album dieses Namens. Wir sehen hier bereits, dass der Inhalt einer Relation kontextabhängig sein kann: Die Menge der Punkte auf der x-Achse bleibt immer die gleiche, dagegen ändert sich im Laufe der Zeit die Menge der Titel, die jemals auf einem Album erschienen sind.

Wir erfahren jetzt, warum die Begriffe „Tabelle" und „Relation" oft synonym verwendet werden. Endliche Relationen lassen sich nämlich tabellenförmig *darstellen*. Für das „Full House" aus dem Beispiel erhalten wir so

farbe	karte
Pik	Ass
Kreuz	Ass
Herz	Ass
Herz	König
Karo	König

Ein Ausschnitt aus unserer Relation mit Liedern könnte in tabellarischer Form wie folgt aussehen:

Tabelle 3.1: Ein kleiner Teil der Relation L aller Lieder

liedtitel	interpret	album	titel
Get Back	The Beatles	Let It Be	12
Satisfaction	The Rolling Stones	Out of Our Heads	7
Like A Rolling Stone	Bob Dylan	Highway 61 Revisited	1

Tabellen sind aber nur *Darstellungen*. Sie reflektieren wichtige Eigenschaften der Relation, dürfen aber nicht mit ihnen gleichgestellt werden. Was unterscheidet Tabellen von Relationen? Jede Relation ist als Teil*menge* eines kartesischen Produktes selbst eine Menge. Wenn Relationen aber Mengen sind, dann enthalten sie *keine Dubletten*, und ihre Elemente sind *ungeordnet*.

Genau diese beiden grundlegenden Charakteristika fehlen bei Tabellen: Zu unserer Tabelle mit fünf Spielkarten könnten wir ein *weiteres* Pik-Ass als sechste Karte hinzufügen. An unserer zweiten Tabelle erkennen wir eine Anordnung für die Lieder: „Get Back" ist das erste, „Satisfaction" das zweite und „Like A Rolling Stone" das letzte Lied der Tabelle.

Wir *könnten* den Begriff der Tabelle jetzt anpassen und Dubletten sowie mögliche Ordnungen ausschließen. Das Problem besteht dabei darin, dass SQL genau das nicht macht. In Abschnitt 2.6 haben wir bereits praktische Erfahrungen mit doppelten Datensätzen gemacht: Hier orientiert sich SQL an Tabellen im umgangssprachlichen Sinn und nicht an Relationen. Ebenso bietet SQL die Möglichkeit, Datensätze zu sortieren, und verabschiedet sich dabei weiter von der Mengenstruktur. Die Diskussion innerhalb des SQL-Komitees über Dubletten ist unter dem Begriff „cat food argument" in die Literatur[2] eingegangen und soll hier nicht wiederbelebt werden. Kritiker von SQL bezeichnen die gängigen relationalen Datenbanksysteme daher auch als „SQL- Datenbanksysteme". Chris Date [Dat03] gibt diese Auffassung sehr prägnant wieder:

---

[2] Siehe www.orafaq.com/usenet/comp.databases.theory/2002/02/24/0187.htm oder auch [Cel10]

„SQL is extremely important from a commercial point of view but it is very far from being the 'perfect' relational language."

Die Komponenten einer Relation heißen **Attribute**. So ist L_1 das *erste* Attribut der Relation L. Praktischer als die Nummerierung der Attribute ist aber eine Bezeichnung mit Namen. Die **Attributnamen** entsprechen dann in der Tabellendarstellung den Spaltennamen. Als Attributnamen für die Relation L verwenden wir *liedtitel, interpret, album* und *nummer*. Zu jedem Tupel und zu jedem Attributnamen einer Relation gibt es also genau einen Wert. Es versteht sich von selbst, dass Attributnamen innerhalb einer Relation eindeutig sein müssen. Der Wert des Attributs *album* im Tupel $t = (Get\ Back, The\ Beatles, Let\ It\ Be, 12)$ ist beispielsweise *Let It Be*. Wir schreiben auch $album(t) = Let\ It\ Be$. Die Anzahl der Attribute einer Relation wird auch als ihr **Grad** bezeichnet. Die Relation L hat den Grad *4*.

3.4   Die Projektion

Wenn wir ein 4-Tupel wie

$$t = (Get\ Back, The\ Beatles, Let\ It\ Be, 12)$$

haben, können wir dieses Tupel auch reduzieren. Wenn uns nur die Attribute *liedtitel* und *interpret* interessieren, ergibt sich das Paar

$$t' = (Get\ Back, The\ Beatles)$$

Diese Vorgehensweise wollen wir verallgemeinern: Das Tupel

$$a = (liedtitel, interpret, album, nummer)$$

enthält die Namen der Attribute der Relation L. Das Paar $a' = (liedtitel, interpret)$ ist ein **Teiltupel** von a. Für unsere Einschränkung t' gilt also

$$t' = (liedtitel(t), interpret(t))$$

Diese Operation können wir für jede Relation und für jedes Tupel von Attributen durchführen.

> **Definition: Projektion**
>
> Wenn a das Tupel der Attributnamen einer Relation R und $a' = (a'_1, \ldots, a'_m)$ ein Teiltupel von a ist, dann heißt das *Tupel*
>
> $$\pi_{a'}(t) = (a'_1(t), \ldots, a'_m(t))$$
>
> die **Projektion** von t auf a'.
> Die *Relation*
>
> $$\pi_{a'}(R) = \{\pi_{a'}(t) \mid t \in R\}$$
>
> heißt Projektion von R auf a'.

In unserem Beispiel gilt somit

$$\pi_{titel, interpret}(t) = (Get\ Back, The\ Beatles) = t'$$

Der Ausdruck $\pi_{titel, interpret}(t)$ ist die Projektion von t auf die Attribute *titel* und *interpret*.

In der Tabellendarstellung einer Relation entspricht die Projektion dem Streichen aller Spalten, die zu keinem Namen aus a' gehören. Die tabellenförmige Darstellung der Projektion von L auf die Attribute *titel* und *interpret* sehen wir in der folgenden Tabelle:

titel	interpret
Get Back	The Beatles
Satisfaction	The Rolling Stones
Like A Rolling Stone	Bob Dylan

Im folgenden Kapitel werden wir noch weitere Operationen für Relationen kennenlernen. Wir beobachten aber bereits jetzt, dass Relationen in Verbindung mit der Projektion **abgeschlossen** sind: Das Ergebnis einer Projektion ist wieder eine Relation.

3.5 Superschlüssel

Bevor wir den nächsten wichtigen Begriff für die Theorie der Relationen kennenlernen, betrachten wir zunächst eine einfache Relation R wie in Tabelle 3.2.

Wenn wir die Projektion von R auf das Attribut a_1 bilden, ergibt sich die Menge $\{1, 2, 3, 5, 8\}$. Projizieren wir auf a_2, erhalten wir die Werte $\{x, y, z\}$.

■ In der ersten Projektion ist die Anzahl der projizierten Tupel gleich der Anzahl der Tupel in R. Wenn wir also den Wert des Attributs a_1 kennen, kennen wir

Tabelle 3.2: Eine Relation vom Grad 2

a_1	a_2
1	x
2	y
5	x
8	z
3	y

bereits das dazugehörige Tupel aus R; das Attribut a_1 *identifiziert* die Tupel der Relation R. Wenn der Wert 8 gegeben ist, dann gehört dazu das Paar $(8, z)$.

 Das ist nicht selbstverständlich: Weil das Attribut a_2 Dubletten enthält, gibt es in der Projektion auf a_2 nur *drei* verschiedene Werte. Das Attribut a_2 identifiziert die Tupel von R also nicht eindeutig. Zum Wert x gehören beispielsweise die Paare $(1, x)$ und $(5, x)$. Eine eindeutige Zuordnung ist nicht möglich.

Die Eigenschaft, Tupel mit Hilfe einzelner Attribute oder auch mit Kombinationen mehrerer Attribute innerhalb einer Relation identifizieren zu können, ist so fundamental, dass wir dazu einen neuen Begriff einführen:

> **Definition: Superschlüssel**
>
> Ein Teiltupel a der Attribute einer Relation R heißt genau dann Superschlüssel, wenn
> $$|\pi_a(R)| = |R|$$
> gilt.

Jedes Tupel aus der Projektion auf einen Superschlüssel ist einmalig und identifiziert „sein" Tupel aus R bereits eindeutig. In unserem Beispiel ist a_1 also ein Superschlüssel, a_2 hingegen nicht.

> **Hinweis**
>
> Für je zwei Tupel s und t aus R mit $s \neq t$ und für jeden Superschlüssel a gilt
> $$\pi_a(s) \neq \pi_a(t)$$

Da die Relation R eine Menge ist und daher jedes Tupel genau einmal enthält, ist auch das Tupel, das aus *allen* Attributen von R besteht, ein Superschlüssel. Jede Relation hat also mindestens einen Superschlüssel. Weil Relationen keine Dubletten enthalten, ist die vollständige Attributmenge einer Relation *immer* ein Superschlüssel.

3.6   Schlüsselkandidaten

Wir schauen uns das folgende Beispiel an: Mit C_1 bezeichnen wir die Menge aller Kfz-Länderzeichen, also $\{D, A, CH, F, I, \ldots\}$, und mit C_2 die Menge aller Länder. Die Relation K ist die Teilmenge von $C_1 \times C_2$, die alle gültigen Paare von Länderzeichen und den dazugehörigen Landesnamen enthält. Das Paar $(D, Deutschland)$ gehört also dazu, das Paar $(A, Schweiz)$ nicht. Wir sehen ein weiteres Mal, dass die Werte einer Relation kontextabhängig sein können. Die beiden Attribute von K versehen wir mit den Namen *kürzel* und *land*.

- Länder und mit ihnen die Länderkennungen „kommen und gehen". Was heute ein „gültiges" Paar ist, kann morgen schon kein Gegenstück in der Wirklichkeit mehr haben.

- In Paaren wie $(D, Deutschland)$ haben wir deutsche Ländernamen verwendet, in anderen Regionen der Welt enthält das Attribut *land* fremdsprachliche Namen.

Wenn wir davon ausgehen, dass es zu jedem Kürzel genau ein Land gibt und doppelte Kürzel somit nicht auftreten, dann ist das Attribut *kürzel* ein Superschlüssel der Relation K. Zum Kürzel D gehört hier das Paar $(D, Deutschland)$, und es gibt kein weiteres Paar, dessen Attribut *kürzel* den Wert D hat. Mit Hilfe der Werte des Superschlüssels können wir jedes Tupel eindeutig identifizieren.

Wenn wir außerdem annehmen, dass es zu jedem Land nicht mehrere verschiedene Kürzel geben kann, dann ist das Attribut *land* ebenfalls ein Superschlüssel von K.

Weil das Paar $(kürzel, land)$ auch Teiltupel der Attributnamen von K ist und die Kombination aus diesen beiden Attributen selbstverständlich alle Tupel eindeutig identifiziert, ist $(kürzel, land)$ definitionsgemäß auch ein Superschlüssel. Diesem Superschlüssel können wir ein Attribut entnehmen, und er bleibt weiterhin Superschlüssel. Im Folgenden interessieren uns diese reduzierbaren Superschlüssel weniger. Uns interessiert eher ihre *Essenz*: Welche Attribute reichen aus, um die Tupel innerhalb einer Relation zu identifizieren?

Definition: Schlüsselkandidat

Ein Teiltupel a der Attribute einer Relation R heißt genau dann Schlüsselkandidat (dt. für *candidate key*), wenn

- a ein Superschlüssel von R und

- kein echtes Teiltupel von a ein Superschlüssel ist.

Dabei ist ein Teiltupel t' eines Tupel t genau dann ein **echtes** Teiltupel von t, wenn $t' \neq t$ gilt. Schlüsselkandidaten sind also Superschlüssel, die nicht weiter reduziert werden können; sie sind irreduzibel[3]. In praktischen Fällen gibt es meistens nur einen einzigen Schlüsselkandidaten.

Wir haben bereits gesehen, dass in der Relation K jedes der beiden Attribute *kürzel* und *land* ein Superschlüssel ist. Weil die leere Menge die einzige echte Teilmenge dieser einelementigen Superschlüssel ist, erweist sich in unserem Beispiel jeder dieser beiden Superschlüssel auch als Schlüsselkandidat. Der dritte Superschlüssel, den wir in K identifiziert haben, besteht aus der Kombination $(kürzel, land)$. Da aber jedes seiner einelementigen Teiltupel ebenfalls Superschlüssel ist, ist er reduzibel und somit kein Schlüsselkandidat. Wir haben also erkannt, dass jede Relation einen Superschlüssel enthält und haben ein Beispiel für eine Relation mit drei Superschlüsseln und zwei Schlüsselkandidaten kennengelernt.

Aus einem Superschlüssel erhalten wir Schlüsselkandidaten, indem wir seine Attribute so lange reduzieren, wie sie Tupel identifizieren. Da es in jeder Relation einen Superschlüssel gibt, enthält jede Relation auch einen Schlüsselkandidaten.

Sowohl Superschlüssel als auch Schlüsselkandidaten identifizieren Tupel eindeutig. Es kann aber – wie in der Relation K – verschiedene solcher minimaler identifizierender Attributtupel geben.

Als weiteres Beispiel betrachten wir die Relation L aller Lieder (siehe auch Tabelle 3.1). Hier gibt es keinen Schlüsselkandidaten mit nur einem Attribut:

- Jeden Liedtitel kann es mehrfach geben. Man denke etwa an die zahllosen Versionen von „Yesterday".

- Jeder Künstler hat in der Regel mehrere Lieder interpretiert.

- Praktisch jedes Album enthält mehrere Lieder.

- Titelnummern wie die 1 gibt es auf jedem Album.

Durch systematisches Überlegen erkennen wir auch, dass es keine zweielementigen Superschlüssel gibt. Kombinationen wie $(album, nummer)$ sind alleine wegen der vielen „Greatest Hits"-Alben nicht eindeutig. Nehmen wir aber das Attribut *interpret* hinzu, so ergibt sich ein Superschlüssel, der zugleich auch Schlüsselkandidat ist. Die einzige Annahme, die wir hier machen, besteht darin, dass die Alben eines Interpreten immer verschiedene Titel haben. Anhand dieses Beispiels verstehen wir zweierlei:

1. Es kann Relationen geben, die Superschlüssel und Schlüsselkandidaten mit mehr als einem Attribut enthalten. Solche Schlüsselkandidaten werden **zusammengesetzt** genannt. Schlüsselkandidaten, die aus genau einem Attribut bestehen, heißen **einfach**.

2. Ob eine Attributmenge ein Schlüsselkandidat ist, kann teilweise nicht *formell* entschieden werden: In unserem Beispiel der Relation R mit den beiden Attributen c_1 und c_2 konnte die Entscheidung durch einfaches Durchmustern

---

[3] Anstatt „irreduzibel" wird oft auch der Begriff „minimal" verwendet. Das führt aber gelegentlich zu dem Missverständnis, dass eine numerisch minimale Anzahl von Attributen gemeint ist.

getroffen werden. Im Fall der Lieder ist dazu die genaue Kenntnis des Kontextes nötig. Die Definition von Schlüsselkandidaten ergänzt eine Relation um Semantik. Wenn das Tripel (*interpret, album, nummer*) Schlüsselkandidat der Relation *L* ist, darf es niemals einen Interpreten geben, der mehrmals ein Album gleichen Namens veröffentlicht.

In praktischen Fällen haben Relationen oft nur einen einzigen Schlüsselkandidaten. Wir haben aber auch gesehen, dass es Relationen mit mehreren Schlüsselkandidaten geben kann. Aus der Menge der Schlüsselkandidaten einer Relation wählen wir einen aus und bezeichnen ihn als **Primärschlüssel** (dt. für *primary key*). Da in jeder Relation ein Schlüsselkandidat existiert, gibt es in *jeder* Relation einen Primärschlüssel. Mit dem Wert des Primärschlüssels einer Relation können wir also jedes Tupel der Relation identifizieren. Für das relationale Modell ist es unerheblich, welchen Schlüsselkandidaten wir zum Primärschlüssel befördern.

Die Begriffe „Superschlüssel", „Schlüsselkandidat" und „Primärschlüssel" sind zusammenfassend in Abbildung 3.1 dargestellt.

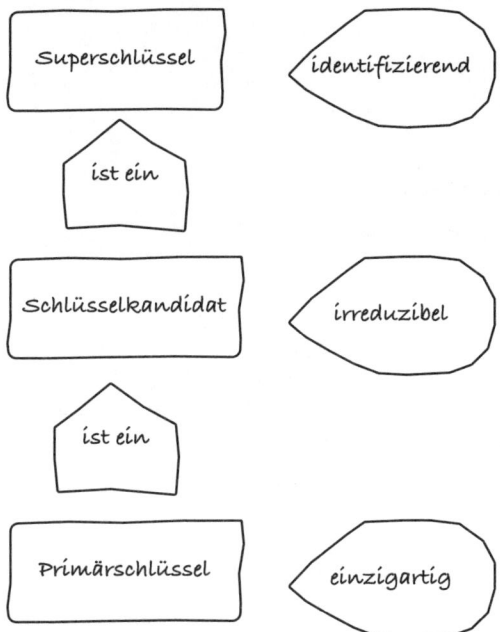

Abbildung 3.1: Verschiedene Arten von Schlüsseln

3.7   Relationentyp

In der Relation, deren Tabellendarstellung im Folgenden abgebildet ist, sind will-kürlich vier Spielkarten ausgewählt.

farbe	karte
Herz	Ass
Pik	7
Karo	2
Kreuz	Ass

Das erste Attribut ist der einzige Schlüsselkandidat und somit auch Primärschlüs-sel. Da es aber viele Auswahlen von 4 Karten aus 52 möglichen Karten gibt, ist die-se eine Relation nicht für *alle* Quartette repräsentativ. Die einzelne Relation liefert uns keine allgemeinen Informationen, deshalb betrachten wir nicht das einzelne Exemplar, sondern abstrahieren es und bekommen so alle möglichen Relationen.

Definition: Relationentyp

Ein **Relationentyp** ist eine Menge von Relationen

- über dem gleichen kartesischen Produkt;

- mit den gleichen Attributnamen.

Ähnlich wie bei den Werten von Variablen in Programmiersprachen wie Java fas-sen wir auch hier mehrere Relationen als Werte zu einem Typ zusammen.

Der Typ *quartett* repräsentiert etwa alle möglichen Relationen mit den Attribut-namen *farbe* und *karte*, die vier Spielkarten enthalten. Dieser Typ enthält natürlich Relationen, in denen – wie im Beispiel – das Attribut *farbe* Schlüsselkandidat ist. Es gibt dort auch Relationen, in denen dass Attribut *karte* Schlüssel ist. Wir überzeu-gen uns aber leicht davon, dass auch dieser Typ Relationen enthält, in denen kein *einfacher* Schlüssel existiert. Dieses Beispiel motiviert die Definition eines Schlüs-selkandidaten für Relationentypen.

> **Definition: Schlüsselkandidat eines Relationentyps**
>
> Ein Teiltupel *a* der Attributnamen eines Relationentyps *T* heißt genau
> dann Schlüsselkandidat,
>
> - wenn *a* für jede Relation aus *T* ein Superschlüssel ist und
>
> - wenn es zu jedem echten Teiltupel von *a* eine Relation aus *T* gibt,
>   für die *a* kein Superschlüssel ist.

Für den Typ *quartett* ist das Attributpaar *(farbe, karte)* ein Schlüsselkandidat, auch
wenn es – wie im Beispiel – durchaus *Relationen* gibt, für die dieser Schlüsselkandidat
reduzibel ist. Die Begriffe „Schlüsselkandidat" und „Primärschlüssel" ergeben sich für *Relationentypen* analog zu ihren Namensvettern für Relationen. So ist
der einzige Schlüssel des Relationentypen *quartett* auch sein Primärschlüssel des
Typen.

Der Relationentyp *lieder* ist eine Menge von Relationen und repräsentiert unabhängig vom Kontext alle jemals auf einem Album erschienenen Lieder. Diesen
Typ notieren wir in der Form

lieder(liedtitel, interpret, album, nummer)

Die unterstrichenen Attribute bilden den Primärschlüssel des Typen. Da kein konkreter „Stichtag" für die Erfassung der Alben angegeben ist, enthält der Typ mehrere Relationen.

3.8 Fremdschlüssel

In diesem Abschnitt lernen wir eine Möglichkeit kennen, um den Zusammenhang zwischen Relationen zu entwickeln: Wir betrachten die Relationentypen
personen(id, name) und *spielkarten(farbe, karte, spieler)*. Beide Typen zusammen
enthalten Informationen über eine Verteilung der 52 verschiedenen Spielkarten
eines Kartenspiels an Personen. In den beiden folgenden Tabellen finden wir Beispiele für Relationen dieser beiden Typen.

id	name
0	Daniel
1	Donald
2	Daisy
3	Daniel

farbe	karte	spieler
Herz	Ass	0
Pik	7	2
Pik	B	2
Karo	Ass	3

An dem Beispiel sehen wir, dass das Attribut *name* des Typen *personen* kein Schlüssel, geschweige denn ein Schlüsselkandidat ist: Weil es zwei Spieler namens „Daniel" gibt, identifiziert das Attribut *name* die Tupel nicht eindeutig. Um die Tupel unterscheidbar zu machen, wird daher mit dem Attribut *id* ein so genannter **künstlicher Schlüssel** (dt. für *surrogate key*) eingeführt. Künstliche Schlüssel sind in den meisten Fällen ganze, für jedes Tupel einer Relation eindeutige Zahlen. Schlüssel, die sich aus der Semantik eines Relationentyps ergeben, werden im Gegensatz dazu häufig als **natürliche Schlüssel** bezeichnet. In der Praxis wird sehr oft mit künstlichen Primärschlüsseln gearbeitet, selbst wenn es natürliche Schlüssel gibt. Mehr dazu in Kapitel 5. Das Attribut *id* ist in unserem Beispiel der einzige Schlüssel und somit auch Primärschlüssel des Relationentypen *personen*.

An der Beispieltabelle zum Typen *spielkarten* können wir ablesen, dass in jedem einzelnen Attribut Dubletten möglich sind und es keinen einelementigen Schlüsselkandidaten gibt. Für die dazugehörige Beispielrelation sind *(farbe, karte)* und *(karte, spieler)* Schlüsselkandidaten. Man überzeugt sich aber auch hier rasch davon, dass das Paar *(karte, spieler)* nicht repräsentativ für den *Typen*, sondern nur im vorliegenden Spezialfall ist. Der einzige Schlüsselkandidat des Typen *spielkarten* besteht somit aus dem Paar *(farbe, karte)*. Da es keine weiteren Schlüsselkandidaten gibt, ist dieses Paar auch zugleich der Primärschlüssel des Relationentypen.

Wir bestimmen jetzt den Zusammenhang zwischen den beiden Typen. Zunächst beobachten wir, dass es zu jedem Wert des Attributs *spieler* des Typen *spielkarten* ein Tupel im Typen *personen* gibt, dessen Primärschlüsselattribut genau diesem Wert entspricht. An unserer Beispielrelation lesen wir etwa ab, dass zu der Spielkarte Herz-Ass der Spieler mit dem Attribut $id = 0$, also Daniel gehört. Zu den Spielkarten Pik-7 und Pik-Bube gehört die Person mit dem Wert $id = 2$, also Daisy. Es gibt also zu jedem Wert des Attributs *spieler* mindestens einen passenden Schlüssel in der Relation *personen*. Die Umkehrung gilt allerdings nicht: Zum Wert $id = 1$ finden wir keine passende Karte in der Relation *spielkarten*. So wird ausgedrückt, dass Donald keine Spielkarte hat.

Diese Beziehung zwischen Relationen findet man oft; sie ist so wichtig, dass wir ihr einen eigenen Namen geben:

Definition: Fremdschlüssel

Ein Teiltupel a der Attribute einer Relation R_1 heißt genau dann Fremdschlüssel für eine Relation R_2, wenn es in R_2 einen Schlüsselkandidaten b gibt, so dass zu jedem Tupel t_1 aus R_1 ein Tupel t_2 aus R_2 mit $\pi_a(t_1) = \pi_b(t_2)$ existiert.
Ein Teiltupel a der Attribute des Typen T_1 heißt Fremdschlüssel zum Typen T_2, wenn es zu jeder Relation R_1 aus T_1 eine Relation R_2 in T_2 gibt, für die a Fremdschlüssel ist.

Wenn der Typ T_1 einen Fremdschlüssel für den Typ T_2 enthält, sagen wir auch, dass der Typ T_1 den Typen T_2 **referenziert**.

In unserem Beispiel übernimmt der Typ *spielkarten* die Rolle von T_1 und *personen* die von T_2. Der Fremdschlüssel (dt. für *foreign key*) besteht aus dem Attribut *spieler*, der zugehörige Schlüsselkandidat ist das Attribut *id*.

Wir hätten den Begriff „Fremdschlüssel" übrigens noch knapper definieren können: Ein Teiltupel a der Attribute einer Relation R_1 heißt genau dann Fremdschlüssel für eine *Relation* R_2, wenn es in R_2 einen Schlüsselkandidaten b gibt, so dass $\pi_a(R_1) \subset \pi_b(R_2)$ gilt.

Auch wenn im Begriff „Fremdschlüssel" das Wort „Schlüssel" auftaucht: Fremdschlüssel sind nur selten Schlüssel. In unserer Beispieltabelle zum Typen *spielkarten* enthält die Spalte *spieler* zweimal den gleichen Wert. Dieser Fremdschlüssel ist daher sicher kein Schlüssel.

Ein Fremdschlüssel *kann* aber ein Schlüssel oder Teil eines Schlüssels sein: Wenn wir einen weiteren Typen *kartenpunkte* für die Punktwerte unserer Spielkarten vereinbaren, könnte eine seiner Relationen wie die folgende Tabelle aussehen:

karte	punkte
2	2
...	...
10	10
Bube	2
Dame	3
König	4
Ass	11

Hier gibt es mit dem Attribut *karte* genau einen Schlüsselkandidaten, der dann auch Primärschlüssel des Typen ist. Die Spalte *karte* des Relationentypen *spielkarten* ist Fremdschlüssel für den Typ *punkte*: Zu jedem Wert des Attributs *karte* in *spielkarten* enthält das Attribut *karte* des Typen *punkte* (genau) einen passenden Wert.

Der Typ *spielkarten* enthält also die beiden Fremdschlüssel *spieler* und *karte*, von denen einer Teil eines Schlüssels ist. Anhand dieses Beispiels sollte auch klarwerden, dass ein Relationentyp beliebig viele Fremdschlüssel enthalten und somit beliebig viele Typen referenzieren kann. Ein Fremdschlüssel kann Schlüssel sein, er muss es aber nicht.

Anhand eines weiteren Beispiels wollen wir zeigen, dass eine Relation auch *sich selbst* referenzieren kann. Zum Relationentyp *mitarbeiter*(*id, name, chef*) finden wir in Tabelle 3.3 eine beispielhafte Relation.

Hier ist Dagobert der Chef von Donald und Donald der Chef von Tick, Trick und Track. Der Primärschlüssel *id* des Typen *mitarbeiter* wird vom Fremdschlüssel

Tabelle 3.3: Eine hierarchische Relation

id	name	chef
0	Dagobert	0
1	Donald	0
2	Tick	1
3	Trick	1
4	Track	1

chef des gleichen Typen referenziert. Im Beispiel hat Dagobert keinen Vorgesetzten. Diesen Sachverhalt können wir nur ausdrücken, indem wir dem Attribut *chef* im zugehörigen Tupel den Wert 0 geben, ihn also mit dem Wert des Primärschlüssels dieses Tupels versehen.

Abschließend definieren wir, worum es in diesem Buch im Grunde genommen geht.

Definition: Datenbank und Datenbankschema

■ Eine relationale Datenbank ist eine Menge von Relationen. Für jeden Fremdschlüssel einer Relation enthält die Datenbank auch die referenzierte Relation.

■ Ein relationales Datenbankschema ist eine Menge von Relationentypen. Für jeden Fremdschlüssel eines Relationentypen enthält das Datenbankschema auch den referenzierten Typen.

3.9   Alles nur graue Theorie?

Auch wenn dieses Kapitel recht abstrakt gewesen ist, haben wir schon einen Vorgeschmack darauf bekommen, worauf es ankommt. In Kapitel 5 erfahren wir, wie wir in der Praxis mit Hilfe von SQL eigene Tabellen definieren.

Aus diesem Kapitel sollten wir mitgenommen haben, dass wir uns beim Entwurf unserer Datenbank nicht von einzelnen Beispieltabellen leiten lassen dürfen, sondern alle möglichen Belegungen – eben den Typ – der zugrunde liegenden Relation berücksichtigen müssen.

Um einzelne Datensätze später mit einer `select`-Anweisung wieder zu finden, müssen wir uns frühzeitig Gedanken über identifizierende Spalten unserer Tabellen – also die Schlüssel des zugehörigen Relationentyps – machen.

Da wir es in der Regel nicht nur mit einer – einzigen – Tabelle zu tun haben, ist es wichtig, den Zusammenhang zwischen den Tabellen zu kennen. Der Fremdschlüssel ist das einzige Instrument, das uns das relationale Modell dafür bietet. Um Zusammenhänge herstellen zu können, suchen wir nach Fremdschlüsseln und ihren referenzierten Tabellen.

Das relationale Modell, wie wir es uns in diesem Kapitel erarbeitet haben, ist allerdings ein Ideal. Die bescheidenen Möglichkeiten der Abfragesprache SQL können dieses Ideal nur annähern.

Alles klar?

- Die Elemente einer Menge sind voneinander unterscheidbar.

- In einer Menge gibt es keine Ordnung.

- Relationen sind Teilmengen von kartesischen Produkten.

- In Tabellen haben die Zeilen eine Reihenfolge, doppelte Datensätze sind möglich.

- Die Tupel einer Relation sind nicht geordnet; Relationen enthalten keine doppelten Tupel.

- Projektionen einer Relation ergeben sich durch Entfernen von Attributen.

- Superschlüssel bestehen aus Attributen, die Tupel eindeutig identifizieren.

- Schlüsselkandidaten sind minimale Superschlüssel.

- Jede Relation enthält mindestens einen Schlüsselkandidaten.

- Einer der Schlüsselkandidaten einer Relation wird als Primärschlüssel ausgezeichnet.

- Jede Relation hat einen Primärschlüssel.

- Ein Fremdschlüssel einer Relation besteht aus Attributen, die einen Schlüsselkandidaten einer anderen Relation referenzieren.

- Ein Relationentyp ist eine Menge ähnlicher Relationen.

4

Die Relationenalgebra

Im vorhergehenden Kapitel haben wir Relationen als formale Grundlage für Tabellen kennengelernt und dabei den Begriff der Relation weiter zum Relationentypen abstrahiert. Relationentypen werden uns wieder in Kapitel 8 begegnen. In diesem Kapitel geht es um Relationen und wie man aus ihnen neue Relationen gewinnt.

Wir wissen jetzt zwar, dass wir in unserer Datenbank jeden einzelnen *Wert* beschreiben können, wenn wir nur

- seine Relation,

- seinen Attributnamen und

- den Wert des Primärschlüssels seiner Relation kennen.

Für praktische Belange ist dies jedoch unzureichend. In der Regel interessieren den Praktiker weniger einzelne Werte als vielmehr „Zusammenstellungen" wie die Namen aller Alben, die zwischen 1970 und 1974 erschienen sind, oder die Gehälter aller Mitarbeiter unter zwanzig Jahren. Der Weg, den uns die Informatik wies, bevor es relationale Datenbanken gab, bestand im Einsatz von Programmiersprachen. Ganz ähnlich wie in unserem selbstentwickelten DBMS werden Schleifen genutzt, um Datensätze durchzumustern, und in Abhängigkeit von bestimmten Bedingungen geeignet im Programmcode verzweigt. Universelle Sprachen[1] wie C, COBOL oder Java, die man so für die Datensuche einsetzt, können wir auch für alle anderen algorithmischen Probleme einsetzen.

Codd verzichtete auf universelle Sprachen und ging bei der Entwicklung des relationalen Modells einen anderen Weg: Der Anwender soll keinen Algorithmus entwerfen, sondern die Ergebnisse aus Relationen durch die Kombination einiger sehr grundlegender Operationen gewinnen. Um genau diese Operationen geht

---

[1] Gemeint sind damit die so genannten Turing-vollständigen Sprachen.

es in diesem Kapitel. Wir sehen dabei, dass wir mit einer Handvoll Operationen schon sehr weit kommen. Zunächst beschreiben wir diese Basisoperationen und machen sie uns anhand einiger Beispiele klar. Anschließend kombinieren wir diese Operationen zu mächtigeren Operationen.

In diesem Kapitel arbeiten wir mit Operationen aus der elementaren Mengenlehre wie Durchschnitt ($\cap$), Vereinigung ($\cap$), Differenz ($\setminus$) und kartesisches Produkt ($\times$). Aus der formalen Logik benötigen wir die Operationen „und" ($\wedge$), „oder" ($\vee$) und „nicht" ($\neg$).

4.1 Die Projektion

Mit der Projektion haben wir bereits im vorhergehenden Kapitel eine grundlegende Operation kennengelernt. Wir wiederholen hier nur die Definition. Beispiele und Erläuterungen finden Sie in Abschnitt 3.4.

Definition: Projektion

Es sei a das Tupel der Attributnamen einer Relation R und $a' = (a'_1, \ldots, a'_m)$ ein Teiltupel von a.

■ Das *Tupel*
$$\pi_{a'}(t) = (a'_1(t), \ldots, a'_m(t))$$
heißt Projektion von t auf a'.

■ Die *Relation*
$$\pi_{a'}(R) = \{\pi_{a'}(t) | t \in R\}$$
heißt Projektion von R auf a'.

Wenn also *lieder1* eine Relation mit den Attributen *titel* und *interpret* ist, wie in Tabelle 4.1 dargestellt, dann liefert die Projektion

$$\pi_{interpret}(lieder1)$$

die Relation, die wir in Tabelle 4.2 finden.

Tabelle 4.1: Die Relation *lieder1*

titel	interpret
Get Back	The Beatles
Satisfaction	The Rolling Stones
Like A Rolling Stone	Bob Dylan

Tabelle 4.2: Die Relation $\pi_{interpret}(lieder1)$

interpret
The Beatles
The Rolling Stones
Bob Dylan

In der *tabellarischen* Darstellung der Relation erhalten wir die Projektion, indem wir alle Spalten streichen, die *nicht* zu den projizierten Attributen gehören. Insbesondere erhalten wir wieder eine *Tabelle*, wenn wir die Projektion anwenden. Der folgenden Definition entnehmen wir, dass es sich für *Relationen* genauso verhält:

Hinweis

Das Ergebnis der Projektion einer Relation ist wieder eine Relation. Die Menge der Relationen ist hinsichtlich der Projektion **abgeschlossen**.

Wenn wir die Tabelle 4.1 wie in Tabelle 4.3 etwas modifizieren, stellen wir noch eine weitere Eigenschaft der Projektion fest.

Tabelle 4.3: *lieder2*

titel	interpret
Help	The Beatles
Get Back	The Beatles
Satisfaction	The Rolling Stones
Like A Rolling Stone	Bob Dylan

Tabelle 4.4: $\pi_{interpret}(lieder2)$

interpret
The Beatles
The Rolling Stones
Bob Dylan

Die Projektion $\pi_{interpret}(lieder2)$ auf das zweite Attribut *interpret* liefert jetzt eine Relation, die weniger *Tupel* als *lieder2* enthält. Die Projektion reduziert also nicht nur die Anzahl der Attribute, sondern möglicherweise auch die Anzahl der Tupel einer Relation.

4.2   Abgeschlossenheit

Wenn wir die Operationen + und * auf ganze Zahlen anwenden, erhalten wir
wieder eine ganze Zahl. Mit unseren Relationen verfahren wir ganz ähnlich. Wir
definieren in diesem Kapitel den folgenden Satz aus fünf **primitiven Operationen
für Relationen**:

- Projektion
- Produkt
- Vereinigung
- Differenz
- Selektion

Alle fünf Operationen, haben eine oder mehrere Relationen als Operanden und
liefern als Ergebnis wieder eine Relation. Die Menge aller Relationen ist also hinsichtlich dieser Operationen **abgeschlossen**. Die Anwendung der Operationen ka-
tapultiert uns niemals aus der Menge der Relationen, sondern liefert immer eine
Relation als Ergebnis.

Diese Operationen werden wir zu weiteren Operationen kombinieren und erhalten so ein ganzes Universum an Operationen, mit denen wir unsere Relationen
bearbeiten können.

> **Definition: Relationenalgebra**
>
> Die Relationenalgebra besteht
>
> - aus der Menge aller Relationen und
>
> - den fünf primitiven Operationen sowie
>
> - allen Operationen, die sich durch die Verknüpfung aus den primi-
>   tiven Operationen ableiten lassen.

Tatsächlich ist die Relationenalgebra *die* Referenz für Abfragesprachen; aber dazu später mehr. Die Operationen bilden die formale Grundlage für die Abfragesprache SQL. Wir werden in Teil III sehen, wie jede dieser Operationen in SQL
realisiert ist.

4.3 Produkt, Vereinigung und Differenz

Wer das kartesische Produkt zweier Mengen verstanden hat, für den ist das Produkt zweier Relationen ein Kinderspiel. Die beiden folgenden Tabellen stellen zwei Relationen dar, denen wir in ähnlicher Form bereits in Abschnitt 3.8 über den Weg gelaufen sind:

Tabelle 4.5: *personen*

id	name
0	Daniel
1	Donald

Tabelle 4.6: *spielkarten*

farbe	karte	spieler
Herz	Ass	0
Pik	7	2
Pik	B	2

Aus den Tabellen können wir je zwei Zeilen – wie beim kartesischen Produkt – miteinander kombinieren. Es ergibt sich Tabelle 4.7 mit $6 = 2 * 3$ Zeilen:

Tabelle 4.7: Die Relation *personen* $\times$ *spielkarten*

id	name	farbe	karte	spieler
0	Daniel	Herz	Ass	0
1	Donald	Herz	Ass	0
0	Daniel	Pik	7	2
1	Donald	Pik	7	2
0	Daniel	Pik	B	2
1	Donald	Pik	B	2

Ganz analog können wir auch mit Relationen arbeiten. Wir überlegen uns zunächst, wie wir aus zwei Tupeln ein einziges machen können. Wenn wir uns aus den beiden Relationen die beiden Tupel

$$t_1 = (0, Daniel) \text{ und } t_2 = (Pik, 7, 2)$$

exemplarisch herausgreifen, so können wir sie auch miteinander durch Aneinanderhängen zu dem Tupel $(0, Daniel, Pik, 7, 2)$ verbinden. Wir notieren das ähnlich wie bei der Multiplikation zweier Zahlen:

$$t_1 \cdot t_2 = (0, Daniel, Pik, 7, 2)$$

Diese Operation können wir für je zwei Tupel aus den beiden Relationen durchführen und erhalten wieder eine Relation. Die Menge der Relationen ist also hinsichtlich der Produktbildung *abgeschlossen*. Das alles fassen wir noch einmal in der folgenden Definition zusammen.

Definition: Produkt

■ Wenn $t_1 = (u_1, u_2 \ldots, u_m)$ und $t_2 = (v_1, v_2 \ldots, v_n)$ *Tupel* sind, dann wird $t_1 \cdot t_2 = (u_1, u_2 \ldots, u_m, v_1, v_2 \ldots, v_n)$ als Produkt von t_1 und t_2 bezeichnet.

■ Für zwei *Relationen* R_1 und R_2 wird mit

$$R_1 \times R_2 = \{t_1 \cdot t_2 | t_1 \in R_1 \wedge t_2 \in R_2\}$$

das Produkt von R_1 und R_2 bezeichnet.

Bei der Definition der Attributnamen auf Seite 38 haben wir vorausgesetzt, dass die Attributnamen innerhalb einer Relation eindeutig sein müssen. Wenn die beiden an der Produktbildung beteiligten Relationen jedoch *gleichnamige* Attribute enthalten, so enthält auch das Produkt zwei gleichnamige Attribute. Um die Attribute weiterhin voneinander unterscheiden zu können, müssen wir sie in diesem Fall umbenennen. Wenn wir etwa die Relation *personen* aus Tabelle 4.5 mit sich selbst „multiplizieren", kann das Ergebnis nach geeigneter Umbenennung wie in Tabelle 4.8 aussehen.

Tabelle 4.8: Umbenannte Attribute

id1	name1	id2	name2
0	Daniel	0	Daniel
1	Donald	0	Daniel
0	Daniel	1	Donald
1	Donald	1	Donald

Wenn p die Anzahl der Attribute von $R1$ und q die Anzahl der Attribute von $R2$ bezeichnet, dann gelten die beiden folgenden einfachen Eigenschaften:

■ $R1 \times R2$ hat den Grad $p + q$.

■ $|R1 \times R2| = |R1| \cdot |R2|$.

Diese Eigenschaften kann man sich durch Abzählen etwa anhand der Tabelle 4.7 klarmachen.

Die beiden folgenden Definitionen sind aus der elementaren Mengenlehre bekannt und bedürfen daher keiner weiteren Erläuterung.

Definition: Vereinigung und Differenz

Wenn R_1 und R_2 zwei *Relationen* über dem gleichen kartesischen Produkts sind, die beide die gleichen Attributnamen haben, dann wird mit

- $R_1 \cup R_2 = \{t | t \in R_1 \vee t \in R_2\}$ die Vereinigung von R_1 und R_2 und mit

- $R_1 \setminus R_2 = \{t | t \in R_1 \wedge t \notin R_2\}$ die Differenz von R_1 und R_2 bezeichnet.

Wir bezeichnen die Relationen, die zu den Tabellen 4.9 und 4.10 gehören, in dieser Reihenfolge mit *lieder3* und *lieder4*:

Tabelle 4.9: *lieder3*

titel	interpret
Get Back	The Beatles
Satisfaction	The Rolling Stones
Like A Rolling Stone	Bob Dylan

Tabelle 4.10: *lieder4*

titel	interpret
Imagine	John Lennon
What's Going On	Marvin Gaye
Respect	Aretha Franklin
Like A Rolling Stone	Bob Dylan

Die Differenz *lieder3* \ *lieder4* und die Vereinigung *lieder3* ∪ *lieder4* sehen dann wie in Tabelle 4.11 und 4.12 aus.

Tabelle 4.11: *lieder3* \ *lieder4*

titel	interpret
Get Back	The Beatles
Satisfaction	The Rolling Stones

Tabelle 4.12: *lieder*3 $\cup$ *lieder*4

titel	interpret
Get Back	The Beatles
Satisfaction	The Rolling Stones
Like A Rolling Stone	Bob Dylan
Imagine	John Lennon
What's Going On	Marvin Gaye
Respect	Aretha Franklin

Wir beobachten einige Eigenschaften von Vereinigung und Differenz:

- Die Relationen *lieder*3 und *lieder*4 haben mit

$$t = (\textit{Like A Rolling Stone}, \textit{Bob Dylan})$$

  ein gemeinsames Tupel. Da *lieder*3 und *lieder*4 Mengen sind, deren Vereinigung wieder eine Menge ist, kann es in der Vereinigung keine Dubletten geben. In *lieder*3 $\cup$ *lieder*4 tritt *t* daher nur ein einziges Mal auf.

- Ähnlich ist es bei der Differenz: Hier müssen diejenigen Tupel aus *lieder*3 entfernt werden, die auch in *lieder*4 enthalten sind. Da dies nur für *t* zutrifft, enthält *lieder*3 \ *lieder*4 bis auf *t* alle Tupel aus *lieder*3.

- In der folgenden Tabelle sehen wir, dass *lieder*3 \ *lieder*4 andere Tupel als *lieder*4 \ *lieder*3 enthält. Die Differenzenbildung ist – wie bei den ganzen Zahlen und anders als die Vereinigung – *nicht kommutativ*.

Tabelle 4.13: *lieder*4 \ *lieder*3

titel	interpret
Imagine	John Lennon
What's Going On	Marvin Gaye
Respect	Aretha Franklin

4.4   Prädikate

Die Projektion hat *eine* Relation als Operanden, die Operationen Produkt, Vereinigung und Differenz haben jeweils *zwei*. Unseren Grundstock an Operationen werden wir im nächsten Abschnitt mit der Selektion – einer Operation mit einer Relation als Operanden – vervollständigen. Ein Bestandteil der Selektion und Gegenstand dieses Abschnitts sind Prädikate.

Bei der Projektion haben wir – bildlich gesprochen – *vertikal* ausgewählt, weil das Ergebnis nur einen Teil der Attribute enthält. Die zugehörigen Tabellen erhalten wir, indem wir einzelne *Spalten* streichen.

In Abfragesprachen ist es für praktische Anwendungen aber auch wichtig, dass wir aus Relationen einzelne Teilmengen von Tupeln auswählen können. Bildlich gesprochen, soll hier eine *horizontale* Auswahl stattfinden. In Abschnitt 2.6 haben wir das bereits mit der Anweisung

```
select *
from personen
where fname='Daisy'
```

gemacht. Genau diejenigen Datensätze, die der Bedingung `fname='Daisy'` genügen, gehören zur Ergebnismenge. Genauer gesagt, sind es genau die Datensätze, für die der Ausdruck `fname='Daisy'` den Wahrheitswert „wahr" hat.

Ausdrücke, die nur einen der beiden Werte „wahr" oder „falsch" annehmen können, werden in der Logik auch als **Prädikate** bezeichnet. Wir wollen hier nicht weiter präzisieren, was wir unter „Ausdrücken" verstehen, da uns Prädikate nur im Zusammenhang mit Relationen interessieren. Daher vereinbaren wir zunächst, was wir unter einem „einfachen Prädikat" verstehen und geben dann im folgenden Abschnitt 4.5 die Definition des Selektions-Operators, mit dessen Hilfe wir horizontal auswählen können. Einfache Prädikate erweitern wir später zu zusammengesetzten Prädikaten.

Definition: Einfache Prädikate

Es sei R eine Relation des kartesischen Produktes der Mengen $A_1, A_2, \ldots, A_n$ mit den Attributen $a_1, a_2, \ldots, a_n$. Eine Abbildung $p : R \to \{wahr, falsch\}$ ist genau dann ein einfaches Prädikat für R, wenn eine der folgenden Bedingungen erfüllt ist:

- Es gibt ein Attribut a_i und einen Wert v aus A_i, so dass $p(t) = \Theta(a_i(t), v)$ gilt.

- Es gibt zwei Attribute a_i und a_j, so dass $p(t) = \Theta(a_i(t), a_j(t))$ gilt.

Dabei repräsentiert der Θ einen der Vergleichsoperatoren $=, <, >, \leq$ oder $\geq$.

In Abschnitt 3.8 haben wir mit der in Tabelle 4.14 dargestellten Beispielrelation M aus dem Relationentypen *mitarbeiter(id, name, chef)* gearbeitet. In der Definition für einfache Prädikate finden wir zwei verschiedene Arten von Prädikaten, die wir uns im Folgenden anhand dieser Beispielrelation klarmachen wollen.

Tabelle 4.14: Die Relation M

id	name	chef
0	Dagobert	0
1	Donald	0
2	Tick	1
3	Trick	1
4	Track	1

■ Im ersten Fall werden Attribute mit Werten verglichen. Das können wir uns in etwa so vorstellen wie den Booleschen Ausdruck `v==4711` in Programmiersprachen wie Java. Das Prädikat $p(t) = (name(t) = Donald)$ ist ein Beispiel für die erste Art. Wenn wir uns an der Notation aus der Definition orientieren, dann ist $a_i = name$, $v = Donald$ und Θ hat den Wert $=$. Für das Tupel, das der zweiten Zeile in Tabelle 4.14 entspricht, ist das Prädikat wahr, für alle anderen falsch.

■ Im zweiten Fall werden zwei Attribute miteinander verglichen. Wenn wir wieder Java zum Verständnis bemühen wollen, dann kommen Boolesche Ausdrücke wie `v<w` dieser Art von Prädikaten nahe. So wird im Prädikat $p(t) = (id(t) = chef(t))$ nicht das Attribut $id(t)$ nicht mit einem einzelnen Wert, wie im ersten Fall, sondern mit den Werten eines anderen *Attributs* verglichen. In unserem Beispiel genügt nur das Tupel, das der ersten Zeile entspricht, dem Prädikat.

Mit Hilfe der drei Booleschen Operatoren $\neg$, $\wedge$ und $\vee$ können wir die einfachen Prädikate kombinieren:

Definition: Zusammengesetzte Prädikate

Es sei R eine Relation. Eine Abbildung $p : R \to \{wahr, falsch\}$ ist genau dann ein (zusammengesetztes) Prädikat für R, wenn eine der folgenden Bedingungen erfüllt ist:

■ Das Prädikat p ist ein einfaches Prädikat.

■ Es gibt ein Prädikat q, so dass $p = \neg q$ gilt.

■ Es gibt zwei Prädikate $p1$ und $p2$, so dass $p = p1 \wedge p2$ gilt.

■ Es gibt zwei Prädikate $p1$ und $p2$, so dass $p = p1 \vee p2$ gilt.

4.5   Die einfache Selektion

Mit Hilfe von einfachen Prädikaten definieren wir die fünfte und letzte Basisoperation aus der Relationenalgebra.

Definition: Einfache Selektion

Wenn R eine *Relation* und p ein einfaches Prädikat für R ist, dann heißt

$$\sigma_p(R) = \{t \in R | p(t) = wahr\}$$

die Selektion von R für p.

Die Selektion ist also nur die Anwendung eines Prädikats auf eine Relation. Das Ergebnis der Selektion ist Teilmenge einer Relation und somit wieder eine Relation. Die Relationenalgebra ist also auch hinsichtlich dieser Operation abgeschlossen.

Die Selektion reduziert nicht – wie die Projektion – die Anzahl der Attribute, in den meisten Fällen aber die Anzahl der Datensätze. Im Extremfall sieht das so aus:

- Für Prädikate p, die für *alle* Tupel den Wert *wahr* liefern, gilt $\sigma_p(R) = R$.

- Für Prädikate p, die für *kein* Tupel den Wert *wahr* liefern, gilt $\sigma_p(R) = \emptyset$.

Wir verwenden die beiden exemplarischen Prädikate aus Abschnitt 4.4 für eine Selektion. Für

- $p(t) = (name(t) = Donald)$ ergibt sich Tabelle 4.15, für

- $p(t) = (id(t) = chef(t))$ ergibt sich Tabelle 4.16.

Tabelle 4.15: $\sigma_{name=Donald}(R)$

id	name	chef
1	Donald	0

Tabelle 4.16: $\sigma_{id=chef}(R)$

id	name	chef
0	Dagobert	0

Wir haben jetzt mit den fünf primitiven Operationen die Bausteine für viele weitere Operationen definiert. Diese Operationen werden als **primitiv** bezeichnet, weil sich keine der fünf Operationen aus den vier anderen ergibt. Wir sehen, dass wir die einfache Selektion noch erheblich erweitern können, indem wir im Folgenden einige Operationen aus den primitiven Operationen ableiten. Insgesamt ergibt sich eine formale Sprache zur Beschreibung von Tupeln. Die *Basis* für diese Sprache sind die fünf Operationen, mit denen wir uns bisher beschäftigt haben.

4.6   Der Durchschnitt

Aus den beiden, in Tabelle 4.9 und 4.10 dargestellten Relationen *lieder3* und *lieder4* können wir – wie bei anderen Mengen auch – die Schnittmenge bilden. Das funktioniert problemlos, weil beide Relationen die gleichen Attributnamen haben. Das Ergebnis sehen wir in Tabelle 4.17.

Tabelle 4.17: *lieder3* ∩ *lieder4*

titel	interpret
Like A Rolling Stone	Bob Dylan

Die Bildung von Schnittmengen ist für uns nichts Neues. Der Durchschnittsoperator gehört aber nicht zu unseren fünf primitiven Operationen, da wir ihn, wie auch in der elementaren Mengenlehre, mit Hilfe der Vereinigung und der Differenz zweier Mengen formulieren können.

Definition: Durchschnitt

Wenn R_1 und R_2 zwei *Relationen* des gleichen kartesischen Produktes sind, die beide die gleichen Attributnamen haben, dann wird mit

$$R_1 \cap R_2 = R_1 \setminus R_2 = R_2 \setminus R_1$$

der Durchschnitt von R_1 und R_2 bezeichnet.

4.7   Die allgemeine Selektion

Selektion haben wir wir bisher nur für einfache Prädikate definiert. Jetzt sehen wir, wie wir die Operationen Vereinigung, Durchschnitt und Differenz nutzen können, um die allgemeine Form der Selektion zu definieren.

Die Selektionen der Relation M für die beiden Prädikate $p(t) = (name(t) = Donald)$ und $p(t) = (id(t) = chef(t))$ aus Abschnitt 4.5 finden wir, wie gehabt, in den Tabellen 4.15 und 4.16. Die Vereinigung dieser Selektionen ist in Tabelle 4.18 dargestellt, die Differenz $M \setminus \sigma_{name=Donald}(M)$ in Tabelle 4.19.

Tabelle 4.18: $\sigma_{name=Donald}(M) \cup \sigma_{id=chef}(M)$

id	name	chef
0	Dagobert	0
1	Donald	0

Tabelle 4.19: $M \setminus \sigma_{name=Donald}(M)$

id	name	chef
0	Dagobert	0

Bei genauerer Betrachtung entdecken wir, dass die Datensätze in Tabelle 4.18 alle dem Prädikat *name = Donald* ∨ *id = chef* genügen. Es gilt also

$$\sigma_{name=Donald}(M) \cup \sigma_{id=chef}(M) = \sigma_{name=Donald \vee id=chef}(M)$$

In der Tabelle 4.19 sind hingegen genau jene Datensätze enthalten, die *nicht* dem Prädikat *name = Donald* genügen. Hier gilt

$$M \setminus \sigma_{name=Donald}(M) = M_{\neg name=Donald}$$

Außer den beiden logischen Operatoren ∨ und ¬ gibt es noch die „und"-Verknüpfung ∧. In Tabelle 4.20 finden wir alle Zeilen aus Tabelle 4.14, die dem zusammengesetzten Prädikat *chef = 1* ∧ *id ≠ 4* genügen. Man erkennt leicht, dass dies gerade der Durchschnitt der beiden einfachen Selektionen $\sigma_{chef=1}(M)$ und $\sigma_{id \neq 4}$ ist. Somit gilt:

$$\sigma_{chef=1 \wedge id \neq 4}(M) = \sigma_{chef=1}(M) \cap \sigma_{id \neq 4}(M)$$

Tabelle 4.20: $\sigma_{chef=1}(M) \cap \sigma_{id \neq 4}(M)$

id	name	chef
2	Tick	1
3	Trick	1

Die folgende Definition beruht auf diesen Beobachtungen:

Definition: Selektion

Wenn R eine *Relation* und *p* ein zusammengesetztes Prädikat von R ist, dann gilt:

- $\sigma_{\neg p}(R) = R \setminus \sigma_p(R)$

- Für $p = p1 \vee p2$ gilt $\sigma_p(R) = \sigma_{p1}(R) \cup \sigma_{p2}(R)$

- Für $p = p1 \wedge p2$ gilt $\sigma_p(R) = \sigma_{p1}(R) \cap \sigma_{p2}(R)$

Wir haben die allgemeine Form der Selektion auf die Komposition bekannter Operationen zurückgeführt. Jede Selektion, die mit Hilfe zusammengesetzter Prädikate formuliert werden kann, gehört also auch zur Relationenalgebra.

4.8   Der Join

In Abschnitt 4.3 haben wir aus zwei Relationen, die ähnlich wie die Relationen aus den Tabellen 4.5 und 4.6 zusammengesetzt waren, beispielhaft die Produktbildung beobachtet. Dabei haben wir gesehen, dass aus den Tupeln der beiden Relationen *alle möglichen* Kombinationen gebildet werden.

In diesem Abschnitt nehmen wir die – ganz ähnlichen – Tabellen 4.21 und 4.22 als Beispiele für die Produktbildung.

Tabelle 4.21: *personen*

id	name
0	Daniel
1	Donald
2	Daisy
3	Daniel

Tabelle 4.22: *spielkarten*

farbe	karte	spieler
Herz	Ass	0
Pik	7	2
Pik	B	2
Karo	Ass	3

Aus praktischer Sicht erscheint diese Produktbildung weniger sinnvoll: Zwischen beiden Relationen besteht eine Schlüssel-Fremdschlüsselbeziehung (siehe Abschnitt 3.8), die bei der Verknüpfung berücksichtigt werden kann. Die Spielkarten werden dabei den passenden Personen zugeordnet. Da für Daisy beispielsweise $id = 2$ gilt, sollte sie eigentlich auch mit den Karten Pik-7 und Pik-Bube ausgestattet werden. Es ergibt sich die Tabelle 4.23 als Ergebnis.

Tabelle 4.23: Natürlicher Join zwischen *personen* und *spielkarten*

id	name	farbe	karte	spieler
0	Daniel	Herz	Ass	0
2	Daisy	Pik	7	2
2	Daisy	Pik	B	2
3	Daniel	Karo	Ass	3

Die zugehörige Relation ist nur ein Teil der Relation *personen* × *spielkarten*. Ihre Darstellung gewinnt noch weiter, wenn wir mit Hilfe einer Projektion das Attribut *spieler* ausblenden. Zusätzlich zur Produktbildung haben wir das Prädikat $id = spieler$ für eine Selektion aus *Person* × *Spielkarte* verwendet. Die in Tabelle 4.23 dargestellte Relation ist also gerade

$$\sigma_{id=spieler}(personen \times spielkarten)$$

Man kann sich vorstellen, wie bedeutsam diese Operation für den Praktiker ist. Sie ist unter dem Namen „Join" bekannt, den wir in der folgenden Definition präzisieren wollen.

> **Definition: Einfacher Θ-Join**
>
> Gegeben seien zwei Relationen R_1 und R_2, ein Attribut a aus R_1 und ein Attribut b aus R_2.
>
> - Jedes einfache Prädikat der Form $a\Theta b$ für $R_1 \times R_2$ heißt Join-Bedingung. Dabei repräsentiert Θ einen der Vergleichsoperatoren $=, <, >, \leq$ und $\geq$.
>
> - Die Operation
>
> $$R_1 \bowtie_{a\Theta b} R_2 = \sigma_{a\Theta b}(R_1 \times R_2)$$
>
> heißt einfacher Θ-Join.

Ein einfacher Θ-Join (Theta-Join), bei dem wir mit Hilfe des $=$-Operators vergleichen, heißt **Equi-Join**. Die am Equi-Join beteiligten Attribute sind in der Praxis oft der Fremdschlüssel der einen und ein Schlüsselkandidat der anderen Relation. Auf diese Weise werden die beiden Tabellen – wie auch im Beispiel – auf natürliche Weise miteinander verbunden. Diese oft genutzte Variante wird daher auch als **natürlicher Join** bezeichnet.

Einfache Join-Bedingungen sind Spezialfälle von Prädikaten, wie wir sie in Abschnitt 4.4 definiert haben:

- In einer einfachen Join-Bedingung werden Attribute immer untereinander, aber nie mit anderen Werten verglichen.

- Zu einer einfachen Join-Bedingung gehören zwei Relationen. Aus jeder der beiden Relationen geht jeweils genau ein Attribut in den Vergleich ein.

Aufgrund der Abgeschlossenheit können Joins ganz einfach auf mehr als zwei Relationen erweitert werden:

$$R_1 \bowtie_{p1} R_2 \bowtie_{p2} R_3 = R_1 \bowtie_{p1} (R_2 \bowtie_{p2} R_3)$$

Da Fremdschlüssel nicht immer aus nur einem Attribut bestehen, sondern auch zusammengesetzt sein können, reicht ein einfacher Equi-Join oft nicht aus. In der folgenden Definition leiten wir ein weiteres Mal eine Operation mit hoher praktischer Bedeutung aus unseren fünf primitiven Operationen ab. Wir beachten dabei, dass einfache Join-Bedingungen über dem gleichen kartesischen Produkt $R_1 \times R_2$ immer mit dem $\wedge$ und niemals mit dem $\vee$-Operator zusammengesetzt werden.

Definition: Zusammengesetzter ⊖-Join

Gegeben seien zwei Relationen R_1 und R_2.

■ Ein Prädikat p ist genau dann eine Join-Bedingung, wenn eine der beiden folgenden Bedingungen erfüllt ist: 1. p ist eine einfache Join-Bedingung.

2. Es gibt zwei Join-Bedingungen $p1$ und $p2$ mit $p = p1 \land p2$.

■ Wenn das Prädikat p eine Join-Bedingung ist, dann heißt die Operation

$$R_1 \bowtie_p R_2 = \sigma_p(R_1 \times R_2)$$

(zusammengesetzter) ⊖-Join.

4.9   Wo sind die Grenzen?

In unserer Mitarbeitertabelle 4.14 ist eine Hierarchie abgebildet: Zu jedem Mitarbeiter gibt es einen Chef und zu diesem Chef wieder einen Chef. Bei der Beispieltabelle ist es nicht schwer, zu einem der Mitarbeiter den Namen desjenigen Mitarbeiters zu ermitteln, der am weitesten in der Hierarchie über ihm steht. Für Track sieht der zugehörige Ausdruck so aus:

$$\pi_{name1}(\sigma_{name=Track}(M \bowtie_{id1=chef2} M))$$

Bei Attributen wie *name1* handelt es sich um eine Umbenennung, die durch die Produktbildung erforderlich geworden ist, um die Namen der Attribute eindeutig zu halten (siehe auch die Bemerkungen zu Tabelle 4.8). Weil in der Beispieltabelle 4.14 eine sehr flache Hierarchie abgebildet ist, haben wir leichtes Spiel. Wenn wir es aber mit *irgendeiner* Relation des Relationentyps *mitarbeiter(id, name, chef)* zu tun haben, ist das nicht mehr so einfach. Da wir die Anzahl der Hierarchieebenen nicht kennen, wissen wir auch nicht, wie oft wir die Tabelle mit sich selbst verbinden müssen. Mit einer universellen Sprache wie C oder Java wäre das alles kein Problem. In der Relationenalgebra gibt es keinen Ausdruck, der die oberste Ebene einer Hierarchie unbekannter Höhe ermittelt.

4.10 Was soll das?

Das relationale Modell und die Relationenalgebra sind abstrakt und – zumindest wenn man sich das erste Mal damit beschäftigt – nicht einfach zu verstehen. Es stellt sich schnell die Frage, welchen praktischen Nutzen die Relationenalgebra hat.

■ So wie die Turing-Maschine *das* Referenzmodell für universelle Programmiersprachen ist, so ist die Relationenalgebra eine Referenz für Abfragesprachen. Wir wissen sehr genau, welche Ausdrücke sich mit der Algebra formulieren lassen. Wenn wir eine Abfragesprache haben, die zur Relationenalgebra äquivalent ist, dann kennen wir auch ihre Möglichkeiten und Grenzen.

■ Die fünf primitiven Operationen können effizient implementiert werden. Selbst wenn die Operationen kombiniert werden, gewährleisten die Algorithmen, dass die Laufzeiten nicht ins Uferlose wachsen. Die Relationenalgebra ist den universellen Programmiersprachen zwar hinsichtlich ihrer Ausdrucksfähigkeit unterlegen, doch haben diese Sprachen auch den Nachteil, dass wir bei Programmen, die in diesen Sprachen entwickelt wurden, mit exponentiellen Laufzeiten rechnen müssen. Bei Sprachen, deren Referenz die Relationenalgebra ist, kann es so etwas nicht geben.

■ Jedes RDBMS enthält eine Komponente, die als Optimierer bezeichnet wird (siehe auch Kapitel 20.6). Sie ist dafür verantwortlich, dass SQL-Anweisungen effizient ausgeführt werden. Etwas bösartig kann man behaupten, dass der Optimierer dieses Ziel erreicht, indem er Ausdrücke der Relationenalgebra geschickt umformt.

Die Relationenalgebra hat also durchaus eine praxisrelevante Bedeutung. Sprachen, die zur Relationenalgebra äquivalent sind, werden auch **relational vollständig** genannt. Die Abfragen, die sich mit relational vollständigen Sprachen formulieren lassen, können also anders als in Sprachen wie C oder Java *keine* exponentiellen Laufzeiten haben. Nur in seltenen Fällen reichen die Mittel der Algebra nicht aus, um eine Abfrage zu formulieren, die für *praktische* Belange von Interesse ist. Die Relationenalgebra stellt somit einen Kompromiss zwischen effizienten Laufzeiten und hinreichender Ausdrucksfähigkeit dar.

Diese positive Bilanz muss allerdings noch um zwei Bemerkungen ergänzt werden.

■ Laufzeiten von SQL-Abfragen können die Geduld des Anwenders auf eine harte Probe stellen: Wenn die Abfrage sehr komplex ist und der Datenbestand sehr groß wird, bedarf es keiner exponentiellen Komplexität, um ein RDBMS tagelang mit einer einzigen Abfrage zu beschäftigen. Relational vollständige Sprachen sind *keine Garantie* für kurze Laufzeiten. Nur – mit universellen Sprachen sähe es noch schlimmer aus.

■ Die Relationenalgebra, wie wir sie in diesem Kapitel kennengelernt haben, entspricht in etwa dem Ur-Modell, wie es Codd vor über 40 Jahren vorgestellt hat. Um praxistauglich zu sein, fehlen beispielsweise Operationen zur Bildung von Aggregaten – wie Summen und Durchschnittswerten – oder Gruppen. Wie das in der Praxis aussieht, erfahren wir in den Kapiteln 11 und 12; die erforderliche Theorie ersparen wir uns.

4.11   Atomare Werte

Wir schließen das Kapitel mit einigen Überlegungen zu den Wertemengen ab, die zu den Attributen unserer Relationen gehören. Oft wird die Forderung erhoben, dass sämtliche Werte einer Relation **atomar** sein sollen, ohne diese Atomizität weiter zu präzisieren.

Die Tabelle 4.23 enthält für *jede* Karte, die einem Spieler zugeordnet wird, eine Zeile. Dabei könnten wir die Kartenverteilung eigentlich viel einfacher wie in Tabelle 4.24 darstellen.

Tabelle 4.24: Ein mengenwertiges Attribut

id	name	spielkarten
0	Daniel	Herz-A
2	Daisy	Pik-7, Pik-B
3	Daniel	Karo-A

Die Werte des Attributs *spielkarten* sind jetzt Mengen. In Abschnitt 3.8 haben wir Relationen definiert, mit deren Hilfe Personen ihre Spielkarten zugeordnet werden können. Dazu haben wir mit Fremdschlüsseln gearbeitet. Wenn wir etwa wissen wollen, welcher Spieler nur ein Herz-Ass auf der Hand hat, brauchen wir dazu keinen Join mehr, sondern nehmen den Ausdruck

$$\pi_{name}\left(\sigma_{spielkarten=\{Herz-A\}}\right)$$

Die Namen aller Spieler, die *auch* ein „Karo-Ass" auf der Hand halten, ermitteln wir mit

$$\pi_{name}\left(\sigma_{Karo-A\in spielkarten}\right)$$

Genau hier tritt ein Problem auf: In unseren Definitionen für Prädikate sind wir immer davon ausgegangen, dass dort ausschließlich *Vergleichsoperationen* wie $<$, $>$ oder $=$ verwendet werden. Von dem „ist Element von"-Operator $\in$ war nie die Rede. Würden wir uns für praktische Belange zu sehr auf diese sehr strenge Definition berufen, wäre der Nutzen des relationalen Modells sehr begrenzt. Gerade in Abfragesprachen wie SQL sind zahlreiche Vergleichsoperationen hinzugekommen.

So werden Prädikate gelegentlich in der Form $p(t) = startsWith('D', name)$ für Texte genutzt, die genau dann den Wert „wahr" haben, wenn ein Name mit „D" anfängt. Man kann sich vorstellen, dass mit komplexeren Funktionen und Vergleichsoperatoren auch die Verarbeitungsdauer, die das RDBMS benötigt, zunimmt. Doch sind dies „nur" praktische Aspekte. Das relationale Modell ist für beliebige Wertemengen und ihre Vergleichsoperatoren geeignet. Probleme gibt es nur mit Attributen, deren Werte wieder Relationen sind.

4.12 Wiederholungsgruppen

Bei der aus Westernfilmen bekannten Poker-Variante *Five Card Draw* hält jeder Spieler immer genau fünf Karten in der Hand. Einen passenden Relationentyp können wir folgendermaßen definieren:

$$spieler(\underline{id}, name, karte1, karte2, karte3, karte4, karte5)$$

Wir haben eine solche Lösung mit nur einem Relationentyp und benötigen keine Joins. Für die Praxis ist die Anwendung dieser Wiederholungsgruppen (dt. für *repeating groups*) allerdings nicht zu empfehlen:

■ Am offensichtlichsten ist die mangelnde Robustheit: Wenn wir uns doch für ein anderes Kartenspiel – etwa mit einer variablen Anzahl von Karten je Spieler – interessieren, ist der Typ *spieler* ungeeignet.

■ Viel unangenehmer ist es aber, Ausdrücke mit der Relationenalgebra zu formulieren. Der Leser mag sich die Mühe machen und eine Selektion formulieren, die alle Spieler ermittelt, die ein Herz-Ass auf der Hand haben.

Hinweis
Meiden Sie Wiederholungsgruppen.

Anders sieht die Sache aus, wenn sich die Attribute lediglich ähneln, aber doch eine unterschiedliche Semantik haben. Beim Schach gibt es immer einen Spieler, der die weißen, und einen Spieler, der die schwarzen Figuren führt. Denkbar wäre hier der Relationentyp

$$spiel(\underline{id}, spielerweiss, spielerschwarz, zuege)$$

Ob zwei Attribute semantisch verschieden sind, ist im Allgemeinen sehr vom Kontext abhängig.

Alles klar?

- ■ Die Relationenalgebra besteht aus den Relationen sowie fünf Operationen für Relationen.

- ■ Das Ergebnis dieser Operationen ist wieder eine Relation.

- ■ Die Projektion einer Relation ergibt sich durch Entfernen von Attributen.

- ■ Das Produkt zweier Relationen besteht aus den Kombinationen ihrer Tupel.

- ■ Prädikate sind logische Ausdrücke, die den Wert „wahr" oder „falsch" haben.

- ■ Die Selektion enthält alle Tupel, die einem Prädikat genügen.

- ■ Der Join ist eine Kombination aus Produkt und Selektion.

- ■ Sprachen wie SQL, die Operationen enthalten, die zu denen der Relationenalgebra äquivalent sind, heißen relational vollständig.

- ■ Relationen enthalten nur atomare Werte.

- ■ Ein Menge von Attributen einer Relation mit der gleichen Bedeutung heißt Wiederholungsgruppe. Wiederholungsgruppen sind für die Praxis ungeeignet.

Teil II

Die Datenbank wird erschaffen

5

Tabellen und Constraints

In den beiden vorhergehenden Kapiteln haben wir die Idee der Tabelle mit Hilfe des relationalen Modells auf ein solides mathematisch-logisches Fundament gestellt und sind jetzt mit Begriffen wie „Relation" und „Relationentyp" sowie „Schlüssel", „Schlüsselkandidaten", „Primärschlüssel" und „Fremdschlüssel" vertraut. Dieses Wissen wenden wir in diesem Kapitel an und entdecken die praktischen Seiten des relationalen Modells.

5.1 Die Wirklichkeit ist nicht vollkommen

Wir stehen zunächst vor einem grundsätzlichen Problem: Wenn wir etwa – wie in Abschnitt 3.7 – den Relationentyp *lieder* für alle Lieder definieren, die jemals auf einem Album veröffentlicht wurden oder werden, so ist das in der Mathematik kein Problem: Der Relationentyp besteht aus Teilmengen des kartesischen Produktes der Mengen *aller* Liedtitel, Interpreten, Albumtitel und Titelnummern. Diese Wertemengen müssen wir bei der Definition des Typen nicht näher beschreiben.

Im wirklichen Leben und insbesondere in einer Sprache wie SQL müssen wir uns dagegen mit einem vergleichsweise kleinen Fundus an Datentypen – also den Mengen, zu denen die Werte unserer Tabellen gehören – begnügen.

SQL ist nicht so vollkommen wie die Mathematik: Wir können die Wertemengen unserer Attribute nur annähern.

5.2   Keine Relationentypen in SQL

Im relationalen Modell gibt es Relationentypen und Relationen. Das steht in Analogie zu Programmiersprachen mit ihren Datentypen und Werten. Diese klare Trennung wurde im ursprünglichen SQL nicht berücksichtigt. Wir machen uns das an der folgenden Anweisung klar, die eine Tabelle für Spielkarten definiert:

```
create table spielkarten(
  farbe varchar(20),
  karte varchar(20)
)
```

■ In diese Tabelle können wir jetzt Datensätze einfügen und erhalten so Strukturen, die mit Relationen vergleichbar sind.

■ Andererseits haben wir in der `create table`-Anweisung bereits Regeln definiert: Für `farbe` und `karte` sind nur Texte mit maximal zwanzig Zeichen zulässig. Die möglichen Relationen gehören also zu einem Relationentyp
   spielkarten(farbe, karte)
   dessen Attribute Texte mit höchstens 20 Zeichen sind. So gesehen wirkt die `create table`-Anweisung wie die Definition eines Relationentyps.

In SQL wird der Relationentyp nicht explizit mit einer `create type`-Anweisung definiert, sondern ergibt sich implizit aus der `create table`-Anweisung.

Hinweis

Machen Sie sich zu den Relationentypen Ihrer Datenbank Gedanken, bevor Sie die `create table`-Anweisung formulieren. Ihre SQL-Tabellen sollten sich diesen Typen so gut wie möglich annähern.

Eine Äquivalenz zwischen SQL-Tabellen und Relationentypen werden wir in den meisten Fällen allein schon aufgrund des endlichen Vorrats an Datentypen für Attribute nicht erreichen. Im vorliegenden Fall haben wir den Relationentyp *spielkarten* nur sehr grob angenähert. Der wesentliche Inhalt dieses Kapitel besteht darin, aufzuzeigen, welche Instrumente SQL für die Annäherung an das Ideal des Relationentyps zur Verfügung stellt.

Es ist vielleicht ganz interessant, dass SQL3[1] die Möglichkeit bietet, Typen zu definieren, die sich dann für konkrete Tabellen nutzen lassen. Dieses Feature ist aber – wie viele weitere Neuerungen – in der Praxis nie richtig angekommen.

---

[1] So wird der 1999 von der ISO verabschiedete Standard auch oft genannt.

5.3 Domänen – ein selten besuchtes Gebiet

Einen systematischen Überblick über SQL-Datentypen verschaffen wir uns in Abschnitt 5.16. Zunächst können wir gut mit den beiden Typen `varchar` für Texte und `int` für ganze Zahlen leben; der Typ `varchar` wird dabei noch mit einer oberen Grenze für die maximale Anzahl von Zeichen im Text versehen. In der Beispieltabelle beträgt diese obere Grenze 20.

Die Werte der vorgegebenen SQL-Datentypen können wir wie folgt einschränken:

```
create domain farbwerte as
varchar(20) check(value in ('Karo', 'Herz', 'Pik', 'Kreuz'));
create domain kartenwerte as
varchar(20) check(value in ('2','3','4','5','6',
'7','8','9','10','Bube','Dame','Koenig','Ass'))
```

Diese Bereiche können dann wie SQL-eigene Typen genutzt werden:

```
create table spielkarten(
  farbe farbwerte,
  karte kartenwerte
)
```

Der Versuch, mit

```
insert into spielkarten values('Eichel', 'Koenigin')
```

einen Datensatz einzufügen, dessen Werte nicht im Definitionsbereich von `farbwerte` und `kartenwerte` liegen, misslingt selbstverständlich.

Auch wenn die genauere Syntax der Anweisung `create domain` noch im Laufe des Kapitels klarer wird, sei schon jetzt darauf hingewiesen, dass längst nicht alle RDBMS diesen Teil des SQL-Standards unterstützen.

5.4 Der Typ ist wichtig

Bereits am einfachen Beispiel der Tabelle `spielkarten` haben wir gesehen, dass die Wahl des geeigneten Datentyps ein wesentlicher Faktor für die Konsistenz unserer Daten ist. Wir führen uns die Konsequenzen eines ungeeigneten Datentyps an einem weiteren Beispiel vor Augen. Mit der folgenden Anweisung definieren wir eine Tabelle für Personen mit ihren Namen und Telefonnummern:

```
create table personen(
  name varchar(20),
  telefon int
)
```

Anschließend fügen wir drei Personen ein:

■ Donald mit einer Rufnummer im lokalen Ortsnetz, also ohne führende 0,

■ Daisy, die in einer Stadt mit Vorwahl 04711 lebt, und

■ Dagobert, der in ein Land mit der internationalen Vorwahl 0047 umgezogen ist.

Die entsprechenden Anweisungen lauten:

```
insert into personen values('Donald', 471123815);
insert into personen values('Daisy', 0471123815);
insert into personen values('Dagobert', 00471123815)
```

Wenn wir uns die Datensätze mit der Anweisung

```
select *
from personen
```

anschauen, sehen wir, dass die führenden Nullen – wie es sich für Zahlen gehört – ignoriert werden.

name	telefon
Donald	471123815
Daisy	471123815
Dagobert	471123815

Wir haben somit Informationen *verloren* und Daisy und Dagobert falsche Telefonnummern zugeordnet. Der Datenbestand ist inkonsistent. Für das Attribut `telefon` ist der Typ `varchar` besser geeignet. In Abschnitt 5.16 bekommen wir weitere Hinweise, welcher Datentyp sich für welche Situation eignet.

5.5   Die reine Lehre

Eine Tabelle löschen wir wie folgt:

```
drop table personen
```

Zusammen mit der Tabelle werden auch alle in ihr enthaltenen Datensätze gelöscht.

In Abschnitt 3.3 haben wir bereits erfahren, dass Relationen auch Mengen sind und somit weder eine Ordnung haben noch Dubletten enthalten. Bei Tabellen ist das anders. Die folgende `select`-Anweisung liefert uns eine *sortierte* Tabelle:

```
select *
from spielkarten
order by farbe
```

Die beiden `insert`-Anweisungen aus Listing 5.1 fügen zweimal den gleichen Datensatz in die Tabelle `spielkarten` ein. Wir stellen fest, dass es in Tabellen, die wir mit SQL definieren, anders als in Relationen, durchaus Dubletten geben kann.

Listing 5.1: Doppeltes Einfügen des gleichen Datensatzes

```
insert into spielkarten values('Pik', '7');
insert into spielkarten values('Pik', '7')
```

Da wir sie nicht unterscheiden können, ist es nicht möglich, genau einen der beiden Datensätze zu löschen. Man mag jetzt lange darüber streiten, ob es sinnvoll ist, Dubletten zuzulassen (siehe Abschnitt 3.3). In dieser Hinsicht hat sich SQL aber deutlich vom relationalen Modell entfernt.

5.6   Dubletten verhindern

Wenn Dubletten in einer Tabelle zulässig sind, haben wir – anders als in Relationen – keine Garantie mehr für die Existenz von Schlüsselkandidaten und Primärschlüsseln. Da dies aber ganz elementare Konzepte des relationalen Modells sind, *muss* SQL auch die Möglichkeit bieten, Dubletten auszuschließen. Wir beginnen mit der Einfachsten:

Listing 5.2: Doppelte Datensätze verbieten

```
drop table spielkarten;
create table spielkarten(
  farbe varchar(20),
  karte varchar(20),
  unique(farbe, karte)
)
```

Das Schlüsselwort `unique` kann zur Definition von Schlüsselkandidaten genutzt werden: In der Tabelle `spielkarten` kann es keine zwei Datensätze geben, die in den Spalten `farbe` *und* `karte` übereinstimmen. Von den beiden identischen `insert`-Anweisungen aus Listing 5.1 wird also nur die erste fehlerfrei bearbeitet.

Der Tabelle `spielkarten` liegt ein Relationentyp – nennen wir ihn *spielkarten* – zugrunde (siehe Abschnitt 5.2). Aus ihm können wir verschiedene Eigenschaften ableiten:

- Spielkarten werden durch Texte repräsentiert; dieser Eigenschaft haben wir bereits Rechnung getragen, indem wir den SQL-Datentyp `varchar` für beide Spalten nutzten.

- Bei der Diskussion des relationalen Modells haben wir gelernt, dass jede Relation (mindestens) einen Schlüsselkandidaten enthält. Wir identifizieren die Schlüsselkandidaten des Relationentyps und berücksichtigen sie in der Tabellendefinition mit Hilfe des Schlüsselwortes `unique`.

Ein Charakteristikum der Schlüsselkandidaten – nämlich die Irreduzibilität – kann das RDBMS natürlich nicht überprüfen. Der Grund besteht in einem weiteren wesentlichen Unterschied zwischen SQL-Tabellen auf der einen und Relationen und Relationentypen auf der anderen Seite.

- Änderungen sind in Relationen und Relationentypen nicht vorgesehen.

- Tabellen können sich dagegen sehr wohl ändern.

Wenn die Tabelle `spielkarten` zunächst aus den beiden Datensätzen besteht, die den Karten Herz-Ass und Pik-Ass entsprechen, kann man auf die Idee kommen, dass die Spalte `farbe` bereits die Datensätze identifiziert und der Schlüssel (`farbe`, `karte`) somit reduzierbar ist. Das ändert sich aber rasch, wenn wir etwa den Datensatz einfügen, der der Karte Herz-Dame entspricht. Das RDBMS kann im Allgemeinen nicht „wissen", welche Daten künftig eingefügt werden, und kann somit auch nicht prüfen, ob der Schlüssel irreduzibel ist. Genau genommen

- gewährleistet das *RDBMS*, dass (`farbe`, `karte`) eindeutig und somit ein Superschlüssel ist;

- garantieren *wir* aufgrund unseres Wissens über den Relationentypen, dass (`farbe`, `karte`) irreduzibel und somit Schlüsselkandidat ist.

Ganz ähnlich wie im vorigen Beispiel erlaubt uns die SQL-Syntax, die Spalte `farbe` zum Schlüsselkandidaten zu machen:

Listing 5.3: Eine anonyme `unique`-Constraint

```
create table spielkarten(
  farbe varchar(20),
  karte varchar(20),
  unique(farbe)
)
```

Dieser Tabelle entspricht ein *anderer* Relationentyp als der Tabelle in Listing 5.2. Wir können nach der folgenden Anweisung

```
insert into spielkarten values('Pik', '7')
```

mit

```
insert into spielkarten values('Herz', '7');
```

einen weiteren Datensatz einfügen: beide Datensätze stimmen ja nur in der Spalte `karte` nicht aber im Schlüsselkandidaten `farbe` überein. Jedoch schlägt die folgende Anweisung fehl, da die Farbe Pik bereits in der Tabelle vorhanden ist:

```
insert into spielkarten values('Pik', 'Ass')
```

Die Definition der Schlüsselkandidaten mit `unique` stellt eine Einschränkung (dt. für *constraint*) für die Daten der Tabelle dar. Sie erhöht aber auch die Integrität des Datenbestandes. Auf Tabellenebene bezeichnen wir syntaktische Komponenenten wie `unique` als Integritätsregeln (siehe Abschnitt 1.6); in der SQL-Syntax werden sie **Constraints** genannt. Jeder Integritätsregel können wir einen Namen geben:

Listing 5.4: Integritätsregel mit Namen

```
create table spielkarten(
  farbe varchar(20),
  karte varchar(20),
  constraint ukarten unique(farbe)
)
```

Wir haben der Integritätsregel den Namen `ukarten` gegeben und können sie so auch später einfach wieder löschen:

```
alter table spielkarten drop constraint ukarten
```

Mit der `alter table`-Anweisung können wir Tabellen noch ändern, nachdem wir sie erzeugt und mit Datensätzen bestückt haben. Weitere Erläuterungen zu `alter table` finden wir noch in den folgenden Abschnitten. Mit dieser Anweisung lassen sich übrigens nicht nur Constraints, sondern auch Spalten hinzufügen und löschen:

```
alter table spielkarten add column spieler varchar(20);
alter table spielkarten drop column spieler;
```

Es gibt die folgende syntaktische Variante, um zunächst die Tabelle und *anschließend* die Integritätsregeln zu definieren:

```
create table spielkarten(
  farbe varchar(20),
  karte varchar(20)
);
alter table spielkarten add constraint ukarten unique(farbe)
```

Tatsächlich hat jede Integritätsregel einen Namen: Wenn wir uns nicht selbst – wie in Listing 5.4 – um die Namensgebung kümmern, dann erledigt dies das RDBMS. Der Systemkatalog (siehe Abschnitt 2.7), der ja das „Zentralregister" der Metadaten ist, enthält auch Informationen zu unserem Schlüsselkandidaten. Im Ergebnis von

```
select *
from information_schema.constraints
```

finden wir auch einen Datensatz, der zu unserer Tabelle `spielkarten` passt. In der verwendeten Installation von H2 hat die anonyme Regel aus Listing 5.3 den Namen `constraint_1`, und in der Tat löschen wir unseren Schlüsselkandidaten mit der Anweisung

```
alter table spielkarten drop constraint constraint_1
```

In H2 können wir die Regelnamen vergleichsweise bequem ermitteln. Andere RDBMS haben komplexere Katalogstrukturen, die entsprechend komplexe `select`-Anweisungen nach sich ziehen können.

Die kürzeste Form der Definition eines Schlüsselkandidaten sieht so aus:

```
create table spielkarten(
   farbe varchar(20) unique,
   karte varchar(20)
)
```

Das Schlüsselwort `unique` wird in der Spaltendefinition einfach hinter den Datentypen geschrieben. Diese vereinfachte Notation ist bei *zusammengesetzten* Schlüsselkandidaten nicht möglich und erlaubt auch nicht die explizite Vergabe von Namen für Integritätsregeln.

Da Relationentypen mehre Schlüsselkandidaten enthalten können, sind in einer Tabelle mehrere `unique`-Constraints möglich:

```
create table spielkarten(
   farbe varchar(20) unique,
   karte varchar(20) unique
)
```

Diese Anweisung ist syntaktisch korrekt und definiert zwei Schlüsselkandidaten. Jede der beiden Spalten ist also bereits eindeutig. Datensätze, die den Spielkarten Herz-Ass und Herz-König entsprechen, können also ebensowenig in einer Tabelle koexistieren wie Pik-Sieben und Herz-Sieben. Das ist eine andere Qualität als in der Tabelle aus Listing 5.2: Dort werden Pik-Sieben und Herz-Sieben problemlos eingefügt, da die *Kombination* der Attribute `farbe` und `karte` eindeutig sein muss.

Durch unterschiedliche Definitionen der Schlüsselkandidaten einer Tabelle werden verschiedene Relationentypen definiert.

5.7 Primärschlüssel

Analog zum relationalen Modell wählen wir einen der Schlüsselkandidaten aus und machen ihn zum Primärschlüssel:

Listing 5.5: Ein zusammengesetzter Primärschlüssel

```
create table spielkarten(
  farbe varchar(20),
  karte varchar(20),
  primary key (farbe, karte)
)
```

Die Syntax ist wie die von `unique`. Einfache (also nichtzusammengesetzte) Primärschlüssel können auch in die Spaltendefinition integriert werden:

Listing 5.6: Definition eines Primärschlüssels

```
create table spielkarten(
  farbe varchar(20) primary key,
  karte varchar(20)
)
```

In Übereinstimmung mit dem relationalen Modell sind je Tabelle zwar mehrere Schlüsselkandidaten, aber nur *ein* Primärschlüssel möglich. Im Gegensatz zum relationalen Modell ist die Vergabe eines Primärschlüssels allerdings keine Pflicht. Wir haben bereits gesehen, dass SQL auch Tabellen zulässt, für die wir überhaupt keinen Schlüssel vereinbart haben. Wir sollten uns aber in unseren Projekten an die folgende wichtige Regel halten:

Hinweis

Definieren Sie für jede Tabelle einen Primärschlüssel!

5.8 Fremdschlüssel

Konzepte wie Schlüsselkandidaten und Primärschlüssel können wir in SQL syntaktisch umsetzen; zum Fremdschlüssel bietet die SQL-Syntax ebenfalls ein Gegenstück. Wir erinnern uns (siehe Abschnitt 3.8): Ein Fremdschlüssel ist ein Attribut oder eine Kombination von Attributen, die einen Schlüsselkandidaten referenziert. Als Beispiel erzeugen wir eine neue Tabelle und bestücken sie mit den vier möglichen Farben von Spielkarten:

```
create table farben(
  farbe varchar(5) primary key
);
insert into farben values('Karo');
insert into farben values('Herz');
insert into farben values('Pik');
insert into farben values('Kreuz')
```

Da nur diese vier Farben zulässig sind, muss es in der Tabelle `spielkarten` aus Listing 5.5 in der Spalte `farbe` zu jedem Wert einen passenden Eintrag in der Tabelle `farben` geben. In der Tabelle `spielkarten` ist das Attribut `farbe` Fremdschlüssel für die Tabelle `farben`. Mit unseren bisherigen SQL-Kenntnissen können wir diese Regel nicht abbilden. Bislang sind die Tabellen `spielkarten` und `farben` voneinander unabhängig. Noch können wir die Tabelle `spielkarten` problemlos in einen inkonsistenten Zustand transformieren:

Listing 5.7: Einfügen von unzulässigen Farbwerten

```
insert into spielkarten values('Eichel', 'Ass')
```

Der Datensatz wird eingefügt, obwohl es die Farbe „Eichel" in der Tabelle `farben` gar nicht gibt. Wie bereits bei Schlüsselkandidaten und Primärschlüsseln gibt es gleich mehrere Möglichkeiten, um Fremdschlüssel zu vereinbaren.

```
create table spielkarten(
  farbe varchar(20),
  karte varchar(20),
  primary key(farbe, karte),
  constraint fk_farbe foreign key(farbe) references farben(farbe)
)
```

In diesem Beispiel haben das Fremdschlüsselattribut und sein zugehöriger Schlüssel beide den gleichen Namen `farbe`. Zu dieser Namensgleichheit besteht aber ebensowenig Notwendigkeit wie zur expliziten Vergabe eines Constraint-Namens wie `fk_farbe`. Auch den Namen des referenzierten Schlüssels müssen wir nicht angeben, wenn es sich um den Primärschlüssel der referenzierten Tabelle handelt. Vereinfacht können wir die referenzierende Tabelle also auch wie folgt definieren:

```
create table spielkarten(
  farbe  varchar(20),
  karte varchar(20),
  primary key(farbe , karte),
  foreign key(farbe ) references farben
)
```

Zu jedem Wert in der Spalte `farbe` dieser Tabelle muss es jetzt einen passenden Wert in der Primärschlüsselspalte der Tabelle `farben` geben. Die `insert`-

Anweisung aus Listing 5.7 schlägt fehl; wir haben die Möglichkeit von Inkonsistenzen weiter eingeschränkt. Ein *einfacher* Fremdschlüssel kann alternativ in stark verkürzter Syntax zusammen mit seiner Spalte vereinbart werden:

```
create table spielkarten(
  farbe  varchar(20) references farben,
  karte varchar(20),
  primary key(farbe , karte)
)
```

Gelegentlich erkennen wir Fremdschlüssel erst, wenn die Tabelle bereits existiert. Eine nachträgliche Definition ist mit `alter table` möglich:

```
create table spielkarten(
  farbe varchar(20),
  karte varchar(20),
  primary key(farbe, karte)
);
alter table spielkarten
add constraint fk_farben foreign key(farbe) references farben
```

Die Integritätsregel, die eine Schlüssel-Fremdschlüssel-Regel ausdrückt, wird auch als **referenzielle Integrität** bezeichnet. Wir sehen hier, wie die referenzielle Integrität einen Beitrag zur logischen Konsistenz der Tabellen leistet: Es kann keine Verweise ins Nirwana geben. Zu jedem Wert der Spalte `farbe` in der Tabelle `spielkarten` muss es ein passendes Tupel in der Tabelle `farben` geben. Das RDBMS akzeptiert nichts anderes.

Zwischen welchen Tabellen referenzielle Integritätsregeln bestehen, bestimmt einzig und allein die Semantik: Wir selbst haben dem Attribut `farbe` seine Bedeutung gegeben. Ebensogut hätte es aber auch eine der vier Grundfarben Rot, Gelb und Blau repräsentieren können. *Wir* haben das Attribut `farbe` in den Kontext der Farbwerte von Spielkarten gestellt.

Eine referenzierte Tabelle kann nicht gelöscht werden: Das RDBMS weigert sich, die Anweisung

```
drop table farben
```

auszuführen. Zuvor muss entweder die Tabelle `spielkarten` oder die Integritätsregel gelöscht werden:

```
alter table spielkarten drop constraint fk_farben
```

So weit ist das alles schlüssig. Im folgenden Abschnitt werden wir jedoch sehen, dass wir bei der Definition der beiden Tabellen `spielkarten` und `farben` etwas übersehen haben.

5.9   Natürliche Schlüssel

Wenn sich die Anforderung ergibt, die Sprache der Farbwerte unserer Spielkarten von Deutsch auf Englisch umzustellen, so geht das mit einigen Klimmzügen einher: Wir können die Bezeichnungen in den Datensätzen der Tabelle `spielkarten` nicht ändern, weil die referenzielle Integrität verletzt wird.

Die referenzielle Integrität steht wie eine Mauer: Es gibt keine SQL-eigene Möglichkeit, mit der wir Integritätsregeln unterlaufen können. Diesen Sachverhalt hat Codd wie folgt formuliert:

Codds 12. Regel: Kein Unterlaufen der Integritätsregeln

Über die Datenbanksprache definierte Integritätsregeln können nicht über öffentliche Schnittstellen des DBMS umgangen werden.

Auch wenn die Syntax der folgenden Anweisung

```
update farben
set farbe='diamonds'
where farbe='Karo'
```

korrekt ist, verletzt sie die referenzielle Integrität und wird als fehlerhaft zurückgewiesen. Aus dem gleichen Grund können wir nicht in der Tabelle `spielkarten` mit Änderungen wie

```
update spielkarten
set farbe='diamonds'
where farbe='Karo'
```

anfangen. Bevor wir ändern, müssen wir die *Verbindung* zwischen den beiden Tabellen lösen, indem wir die zugehörige Integritätsregel löschen:

```
alter table spielkarten drop constraint fk_farben
```

Wenn wir jetzt versuchen, Änderungen durchzuführen und in der Tabelle `farben` die Farbe `Karo` durch den 8 Zeichen langen Text `diamonds` zu ersetzen, ergeben sich weitere Probleme, da die Spalte genau passend als `varchar(5)` angelegt wurde. Je nach Datenbanksystem wird

- unser Änderungsversuch jetzt mit einer Fehlermeldung quittiert oder

- der Text einfach nach dem fünften Buchstaben abgeschnitten.

Wir löschen daher die Tabelle und legen eine frische an.[2]

---

[2] Die meisten Datenbanksysteme bieten allerdings auch Varianten der Anweisung `alter table` an, um den Typ einer Spalte zu ändern.

```
drop table farben;
create table farben(
  farbe varchar(8) primary key
);
insert into farben values('diamonds');
insert into farben values ('hearts');
insert into farben values ('spades');
insert into farben values('clubs')
```

Nach Anpassung der Tabelle `farben` kommt die Tabelle `spielkarten` an die Reihe:

```
update spielkarten set farbe='diamonds' where farbe='Karo';
update spielkarten set farbe='hearts' where farbe='Herz';
update spielkarten set farbe='spades' where farbe='Pik';
update spielkarten set farbe='clubs' where farbe='Kreuz'
```

Anschließend werden die Tabellen wieder über eine referenzielle Integritätsregel miteinander verbunden:

```
alter table spielkarten
add constraint fk_farben
foreign key(farbe) references farben
```

Für eine so kleine Änderung sind das viele Verarbeitungsschritte. Das ist aber nicht das Schlimmste:

■ Weil die referenzielle Integritätsregel zeitweilig aufgehoben wurde, gibt es ein Zeitfenster, in dem Datensätze in die Tabelle `spielkarten` eingefügt werden können, die nicht der referenziellen Integrität genügen.

■ Konsistenzverletzungen können wir nur vermeiden, wenn wir die Tabelle `spielkarten` für die Dauer der Änderungen sperren (siehe auch Kapitel 17). Das ist zwar möglich, hält die Anwender aber bei großen und stark genutzten Tabellen möglicherweise lange von der Arbeit ab.

Hinweis

Änderungen am Tabellenschema mit `alter table` können im laufenden Betrieb problematisch sein!

Das ganze Theater wäre vermeidbar gewesen, wenn wir auf `farbe` als natürlichen Primärschlüssel verzichtet hätten.

Unsere ganze Datenbank gewinnt stark an Robustheit gegenüber Änderungen, wenn wir den Einsatz natürlicher Primärschlüssel vermeiden. In unserer einfachen Datenbank erscheint die Wahl der Spalte `farbe` zum Primärschlüssel ganz vernünftig, da es ja mangels Spalten auch keine Alternative gibt. Die Übersetzung der Farbennamen wäre wesentlich geschmeidiger verlaufen, wenn wir mit einem *künstlichen* Schlüssel gearbeitet hätten:

```
create table farben(
   id int primary key,
   farbe varchar(5) unique
)
```

Durch den Einsatz eines künstlichen Schlüssels ist die Spalte `farbe` natürlich weiterhin Schlüsselkandidat und wird mit `unique` als solcher gekennzeichnet. Wir fügen jetzt die Farbe Karo ein:

```
insert into farben values(1, 'Karo')
```

In der Tabelle `spielkarten` ändern wir den Datentyp der Spalte `farbe`, dem Primärschlüssel der referenzierten Tabelle entsprechend, auf `int`.

```
create table spielkarten(
   farbe int references farben,
   karte varchar(20),
   primary key(farbe, karte)
)
```

Wenn wir jetzt das Karo-Ass einfügen wollen, referenzieren wir die Farbe über ihren künstlichen Schlüssel

```
insert into spielkarten values(1,'Ass')
```

Die Übersetzung vom Deutschen ins Englische ist jetzt kein Problem mehr. Wir ändern jetzt den Datentyp von `farben` auf `varchar(8)` und dann die vier Datensätze aus der Tabelle `farben`.

```
alter table farben alter column farbe varchar(8);
update farben set farbe='diamonds' where id=1;
update farben set farbe='hearts' where id=2;
update farben set farbe='spades' where id=3;
update farben set farbe='clubs' where id=4
```

Diese Erfahrungen motivieren die folgende Regel:

Hinweis

Meiden Sie natürliche Primärschlüssel, nutzen Sie künstliche Primärschlüssel!

Tabellen wie `farben` werden auch **Lookup**-Tabellen genannt: sie bestehen aus nur zwei Spalten. Davon ist

- die eine der Primärschlüssel in Form einer laufenden Nummer und

- die andere der zugehörige Wert.

In aller Regel ist die Spalte, die den Wert enthält, ein Schlüsselkandidat; wir dürfen nicht vergessen, sie als `unique` zu markieren! Eine solche Lookup-Tabelle könnten wir natürlich auch für die Spalte `karte` anlegen. Wenn wir dieser neuen Tabelle den Namen `karten` geben, dann sieht die Tabelle `spielkarten` jetzt so aus:

```
create table spielkarten(
   farbe int references farben,
   karte int references karten,
   primary key(farbe, karte)
)
```

Neben den bereits besprochenen Vorteilen ergibt sich der weitere Vorteil, dass jeder Datensatz in der Tabelle `spielkarten` nicht mehr 40, sondern nur noch 8 Byte benötigt.

5.10 Künstliche Schlüssel leicht gemacht

Das einzig Lästige an künstlichen Primärschlüsseln scheint zu sein, dass wir bei `insert`-Anweisungen jedes Mal einen neuen Wert für den Primärschlüssel des neuen Datensatzes finden müssen. Mit `select`-Anweisungen können wir zu einer Tabelle den maximalen bisher vergebenen Primärschlüsselwert ermitteln und daraus den nächsten Primärschlüsselwert errechnen. Im Mehrbenutzerbetrieb – der Regelfall – müssen wir aber damit rechnen, dass andere Anwender die gleiche Idee hatten, *bevor* wir unseren neuen Datensatz eingefügt haben. Dann gibt es gleich mehrere Anwender, die einen Datensatz mit dem gleichen Primärschlüssel einfügen wollen – keine guten Aussichten. Der SQL-Standard bietet die Möglichkeit, künstliche Schlüssel vom RDBMS verwalten zu lassen. Wenn wir unsere Tabelle `farben` wie folgt anlegen:

```
create table farben(
   id int generated always as identity primary key,
   farbe varchar(5) unique
)
```

und dann in den `insert`-Anweisungen den Wert für die Spalte `id` einfach auslassen:

```
insert into farben(farbe) values('Karo');
insert into farben(farbe) values('Herz');
```

```
insert into farben(farbe) values('Pik');
insert into farben(farbe) values('Kreuz')
```

werden die Datensätze *automatisch* mit Werten für die `id` von 1 bis 4 durchnum-
meriert. Je nach SQL-Dialekt gibt es zahlreiche Variationen für den Einsatz von
`generated`. Teilweise kann man den Anfangswert oder die Inkremente angeben,
teilweise werden anstatt `generated` auch andere proprietäre Schlüsselworte wie
`serial` oder `auto_increment` verwendet.

5.11   Statische Regeln

Aus einem Relationentyp können wir weitere Integritätsregeln ableiten. Für den
Relationentyp

mitarbeiter(id, name, geschlecht, email, zugehörigkeit, gehalt)

können wir etwa geeignete Datentypen für die Spalten ermitteln und ein passendes Tabellenschema anlegen:

```
create table mitarbeiter(
   id int generated always as identity primary key,
   name varchar(20),
   geschlecht varchar(1),
   email varchar(20) unique,
   zugehoerigkeit int,
   gehalt int
)
```

Wir nehmen an, dass es neben dem Primärschlüssel `id` und dem Schlüsselkandidaten `email` noch die folgenden Einschränkungen für unsere Daten gibt:

1. Das Gehalt und die Dauer der Firmenzugehörigkeit sind größer als 0.

2. Die E-Mail-Adressen enthalten immer ein @-Zeichen.

3. Für das Attribut `geschlecht` sind nur die Werte `W` und `M` zulässig.

4. Das Gehalt von Mitarbeitern, die weniger als 10 Jahre in der Firma arbeiten,
   ist auf 100 000 begrenzt.

Solche so genannten **statischen Integritätsregeln** können wir in SQL mit Hilfe des
Schlüsselwortes `check` formulieren. Wir setzen die erste Regel beispielhaft um:

Listing 5.8: Statische Integritätsregeln

```
create table mitarbeiter(
   id int generated always as identity primary key,
   name varchar(20),
   geschlecht varchar(1),
```

```
    email varchar(30) unique,
    zugehoerigkeit int check (zugehoerigkeit>0),
    gehalt int check (gehalt>0)
)
```

Jede der Bedingungen `zugehoerigkeit>0` und `gehalt>0` liefert uns einen Wahrheitswert. Das RDBMS sorgt dafür, dass nur Datensätze, die beiden Bedingungen genügen, in die Tabelle eingefügt werden. Wenn wir die folgende `insert`-Anweisung

```
insert into mitarbeiter
values(0, 'Donald', 'M', 'donald@entenhausen.de', 50, -2000)
```

an H2 übergeben, wird sie mit der folgenden Meldung zurückgewiesen:

```
Bedingung verletzt: "(GEHALT > 0)"
Check constraint violation: "(GEHALT > 0)";
```

In statische Integritätsregeln, die wir so wie in Listing 5.8 in Verbindung mit einer Spalte vereinbaren, kann auch nur der Name dieser einen Spalte in die Regel eingehen. Eine Regel, in die Gehalt *und* Zugehörigkeit eingehen, können wir so nicht formulieren. Ganz ähnlich wie bei Schlüsselkandidaten und Fremdschlüsseln können statische Integritätsregeln – wie in Listing 5.8 – zusammen mit einer Spalte, aber auch wie im folgenden Beispiel unabhängig von der Spaltendefinition vereinbart werden:

```
create table mitarbeiter(
    id int generated always as identity,
    name varchar(20) unique,
    geschlecht varchar(1),
    email varchar(20),
    zugehoerigkeit int check (zugehoerigkeit>0),
    gehalt int check (gehalt>0),
    constraint mw_ok check(geschlecht='W' or geschlecht='M'),
    check(not (zugehoerigkeit<10 and gehalt>100000))
)
```

Der Definition der Spalte `gehalt` folgen hier noch zwei statische Regeln, die jede für sich Besonderheiten aufweisen:

▪ Die zulässigen Werte der Spalte `geschlecht` begrenzen wir auf `M` und `W`. Zwei Bedingungen werden mit der logischen Verknüpfung `or` verbunden. Zusätzlich haben wir der Regel noch den Namen `mw_ok` gegeben. Dies Regel hätte – bis auf die Namensgebung – auch zusammen mit der Spaltendefinition durchgeführt werden können.

▪ In der letzten Regel vereinbaren wir, dass es keine Mitarbeiter mit einer geringeren Betriebszugehörigkeit als 10 und einem Gehalt von mehr als 100 000 gibt. Hier sehen wir den Einsatz der beiden logischen Operationen not und and. Da in diese Regel *zwei* verschiedene Attribute eingehen, müssen wir sie losgelöst von den Spalten definieren.

SQL verfügt über eine Vielzahl von Funktionen und Operatoren, mit denen wir uns in Kapitel 11 noch intensiver auseinandersetzen. Wenn wir die Spalte email wie folgt definieren

```
email varchar(20) unique check(0<position('@',email))
```

stellen wir sicher, dass alle E-Mail-Adressen auch ein @-Zeichen enthalten. Die Funktion position liefert die Position des @-Zeichens im Text und 0, wenn das @-Zeichen nicht auftritt. Wir werden aber in Kapitel 10 noch weitere, mächtigere Möglichkeiten kennenlernen, um Muster für Texte zu formulieren. Als Vorausblick sei der in-Operator erwähnt. Mit seiner Hilfe können wir die Regel

```
check(geschlecht = 'W' or geschlecht = 'M')
```

zu

```
check(geschlecht in ('W', 'M'))
```

verkürzen. Zwischen den Klammern steht eine Liste von Werten. Der Operator in liefert den Wert true, wenn der Wert auf seiner linken Seite mit mindestens einem der Elemente der Liste auf der rechten Seite übereinstimmt. Den in-Operator haben wir bereits in Beispielen für die Anweisung create domain genutzt (siehe Abschnitt 5.3).

5.12 Es muss nicht immer statisch sein

Wir können bei Spalten wie geschlecht fragen, ob wir nicht besser die referenziellen Integritätsregeln anstatt statischer Regeln oder Wertebereiche nutzen sollen. Die wie folgt definierte Tabelle

```
create table geschlechter(
   id int generated always as identity primary key,
   geschlecht varchar(1) unique
);
insert into geschlechter(geschlecht) values('M');
insert into geschlechter(geschlecht) values('W')
```

muss dann nur über einen Fremdschlüssel in der Tabelle mitarbeiter referenziert werden. Das erledigen wir gleich in einem Aufwasch mit der Definition der Spalte:

```
geschlecht int references geschlechter
```

Wir haben hier mehr Flexibilität als mit statischen Integritätsregeln: Bei statischen Regeln ist bei Änderungen der zulässigen Werte sofort ein `alter table` fällig. Dabei kann die mit `alter table` einhergehende Reorganisation – je nach RDBMS-Produkt – große Tabellen lange lahmlegen. Durch diese Flexibilität wird es aber auch ebenso leicht, versehentlich *unzulässige* Werte in die Lookup-Tabelle `geschlechter` einzufügen. Dennoch: die Vorteile der referenziellen Integrität überwiegen.

Eine weitere Alternative zu statischen Integritätsregeln stellen mit `create domain` definierte eigene Wertebereiche (siehe Abschnitt 5.1) dar:

```
create domain gehaelter as
   int check(value>0)
```

Der Wertetyp `gehaelter` enthält nur ganze Zahlen, die größer als 0 sind. Wenn wir den `gehaelter` in der Spaltendefinition in `mitarbeiter` nutzen, müssen wir uns nicht mehr um die Formulierung von Integritätsregeln kümmern. Die Nutzung von Wertebereichen hat zwei weitere Vorteile:

■ Wenn Spalten mit der gleichen Semantik gebraucht werden, reicht dafür eine einzige `create domain`-Anweisung. So lassen sich Redundanzen vermeiden und der Datenbestand wird konsistenter.

■ Wenn der Wertebereich geändert werden muss, ist dazu nur eine einzige Anweisung wie `alter domain` und kein aufwändiger `alter table` nötig.

Gegen die Nutzung von `create domain` spricht eigentlich nur die vergleichsweise geringe Verbreitung.

Mit Hilfe von Integritätsregeln formulieren wir, was wir unter einem konsistenten Datenbestand verstehen. Integrität hat eine *semantische* Qualität – ein RDBMS kann diese Regeln daher nicht selbstständig finden. SQL liefert nur die sprachlichen Mittel zur Definition der Regeln. Sobald die Regeln definiert sind, wacht das RDBMS über ihre Einhaltung. Es können aber nur Regeln überwacht werden, die wir zuvor formuliert haben. Wenn wir Regeln übersehen, laufen wir Gefahr, dass unser Datenbestand inkonsistent wird!

Hinweis

Nehmen Sie sich Zeit für die Suche nach geeigneten Integritätsregeln. Ein gutes Regelwerk wird sich schnell bezahlt machen und Ihnen die Reparatur inkonsistenter Daten ersparen.

5.13   Tabellen mit gleichen Namen

In der Softwareentwicklung tritt gelegentlich der Fall ein, dass es Datentypen mit gleichem Namen gibt. In der Java-API ist etwa der Typ `Document` mindestens

zweimal vertreten. Bei Datenbanken kann es aus folgenden Gründen Namenskonflikte bei Tabellen geben:

- Es gibt mehr als einen Datenbankadministrator, möglicherweise in verschiedenen Firmenbereichen. Namenskonventionen oder Absprachen bei jedem
  `create table` erschweren die Arbeit.

- SQL-Skripte von Fremdfirmen werden als Teil einer Datenbanklösung einge-
  spielt. Weil die zugehörige Anwendungs-Software die Tabellen unter ihrem
  Namen anspricht, können Namenskonflikte nicht durch einfache Umbenennung gelöst werden.

In Java werden Namenskonflikte durch Pakete bereinigt, in SQL mit so genannten **Schemata**. Zu jeder Tabelle gibt es ein Schema. Wir haben bereits explizit mit
Schemata gearbeitet, als wir in Abschnitt 2.7 den Systemkatalog abgefragt haben:

```
select *
from information_schema.tables
```

Hier ist `information_schema` der Schemaname und `tables` der Tabellenna-
me. Für jeden Anwender gibt es ein Standardschema. Werden Tabellen aus diesem Schema verwendet, muss der Name des Schemas nicht explizit angegeben
werden. Viele Systeme legen für jeden Anwender ein Schema mit dem Namen
des Benutzers als Standardschema an, H2 verwendet für alle Anwender das Standardschema `public`. Die Anweisung

```
select * from personen
```

ist äquivalent zu

```
select * from public.personen
```

Immer, wenn wir eine Tabelle mit `create table` ohne Angabe des Schemas erzeugen, wird sie dem Standardschema zugeordnet. Wir können selbstverständlich
ein anderes Schema explizit angeben:

```
create table information_schema.personen(
  id int primary key,
  name varchar(20) not null
)
```

Wenn wir viele Anweisungen für Tabellen schreiben, die nicht zum Standardschema gehören, können wir das Standardschema in H2 auch – maximal bis zum Ende
der Verbindung mit dem RDBMS – ändern:

```
set schema information_schema;
```

Alle verwendeten Tabellen gehören jetzt implizit zum Schema `information_schema`. Wollen wir mit Tabellen aus unserem Standardschema `public` arbeiten, so müssen wir den Namen explizit angeben.

```
select *
from tables;
select *
from public.personen
```

5.14   `null` – die unbekannte Dimension

In der Praxis kommt es immer wieder vor, dass man den Wert eines Attributs für einzelne Datensätze nicht kennt. Beim Erfassen von Personendaten kann es beispielsweise passieren, dass

- der Vorname noch unbekannt ist;

- das Todesdatum naturgemäß noch nicht feststeht, wenn es sich um lebende Personen handelt;

- der Name des Ehegatten bei ledigen Personen nicht aufgenommen werden kann.

Diese drei Beispiele von unvollständigen Informationen haben verschiedene Qualitäten. Weitere Szenarien werden etwa in [Dat90] aufgezählt.

Es gibt für das praktische Problem der unvollständigen Information keine befriedigende Lösung. Wir stellen zunächst zwei einfache Lösungen vor und diskutieren dann die Probleme der Lösung, die SQL anbietet.

1. Lösung (Datenverteilung): Für die Vornamen von Personen könnten wir eine eigene Tabelle `vornamen` anlegen, die die zugehörigen Personen über einen Fremdschlüssel referenziert. Für Personen, zu denen der Vorname unbekannt ist, gibt es dann in `vornamen` keinen Eintrag:

```
create table personen(
  id int primary key,
  name varchar(20),
);
create table vornamen(
  pid int primary key references personen
  vorname varchar(20);
)
```

Indem wir die Daten über zwei Tabellen verteilen, stellen wir sicher, dass es zu jeder Person nur maximal einen Vornamen gibt.

Dieser Ansatz würde aber in letzter Konsequenz dazu führen, dass alle potenziell unbekannten Spalten unserer Tabelle `personen` ausgelagert werden. Die Datensätze müssen bei jedem Zugriff umständlich aus den Tabellen – von denen
es dann je Spalte eine gibt – zusammengesetzt werden. Auch wenn Schlüssel-
Fremdschlüsselbeziehungen ein wahrer Segen sind, darf ihr Einsatz nicht aus-
ufern.

2. Lösung (Standardwerte): Für jedes Attribut kann ein Standardwert gewählt
werden, der dann unvollständige Informationen repräsentiert. Dieser Ansatz
wird auch von SQL unterstützt:

Listing 5.9: Eine Tabellendefinition mit Standardwerten

```
create table personen(
  id int primary key,
  name varchar(20) default ''
)
```

Ist der Name einer Person nicht bekannt, kann er bequem eingefügt werden:

```
insert into personen values(23, default)
```

Ein anschließender `select` zeigt uns, dass hier in die Spalte `name` tatsächlich ein
leerer Text eingetragen wurde. Wenn wir uns bei unbekannten Namen auf leere
Texte festgelegt haben, dann muss diese Konvention auch den Anwendern unserer Datenbank mitgeteilt werden, da sie sonst an anderer Stelle für Spalten, die
ebenfalls Namen repräsentieren, mit anderen Standardwerten arbeiten. Irgendwann geht der Überblick über die verschiedenen Standards für Namen verloren.
Standardwerte für unbekannte Daten bergen also auch einige Risiken, die durch
einen alten Bekannten reduziert werden können:

```
create domain name_t as varchar(20) default '';
create table personen(
  id int primary key,
  name name_t
)
```

Durch den Wertebereich `name_t` erhalten wir eine einheitliche Behandlung aller
Namen. Um Datensätze in die Tabelle einzufügen, in denen der Standardwert
verwendet wird, gibt es zwei Möglichkeiten:

Listing 5.10: Daten mit Standardwerten einfügen

```
insert into personen values(4711, default);
insert into personen(id) values(42)
```

Im ersten Fall verwenden wir das Schlüsselwort `default` als Repräsentanten des Standardwertes. Im zweiten Fall geben wir nur für die Spalte `id` einen expliziten Wert an. Für die nicht genannten Spalten vergibt das RDBMS implizit den Standardwert. Dennoch müssen wir immer wissen, welcher Wert den Standard repräsentiert: Wenn wir etwa wissen wollen, wessen Name unbekannt ist, erfahren wir das mit Hilfe der folgenden Anweisung:

```
select *
from personen
where name = ''
```

Für Texte liegt die Wahl der leeren Zeichenkette als Standard auf der Hand. Anders sieht es bei Spalten aus, die etwa einen Kontostand repräsentieren: Hier sind grundsätzlich alle Zahlen möglich. Das kann schnell dazu führen, dass Anwender „echte" Werte nicht von Standardwerten unterscheiden können.

3. Lösung (`null` als universeller Standardwert): Mit dem Problem der unvollständigen Informationen hat sich natürlich auch Codd beschäftigt. Seine Ansicht hat er zu der folgenden Regel verdichtet:

 Codds 3. Regel: Die Behandlung von `null`-Werten

`null`-Werte stellen in Attributen, die nicht Teil des Primärschlüssels sind, fehlende Informationen dar und werden unabhängig vom Datentyp des Attributs behandelt.

Codds Anmerkung zum Primärschlüssel erläutern wir später. Wir stellen aber fest, dass `null` ein datentypübergreifender und *einheitlicher* Repräsentant für unbekannte Informationen ist. Wir haben es also nicht mehr mit jeweils einem individuellen Standardwert für jeden Datentypen zu tun. Wer bereits Programmiersprachen wie Java kennt, muss aufpassen, dass er `null`-Referenzen nicht mit den `null`-Werten aus SQL verwechselt. Die Namensgleichheit ist etwas unglücklich.

Um in einer Tabellenspalte den Wert `null` einzusetzen, arbeiten wir analog zu Listing 5.9 und 5.10:

```
create table personen(
  id int primary key
  name varchar(20)
);
insert into personen values(4711, null);
insert into personen(id) values(42)
```

Um uns einige Konsequenzen aus der Existenz von `null`-Werten vor Augen zu führen, fügen wir einen dritten Datensatz ein:

```
insert into personen values(0, 'Donald')
```

Selbst mit den sehr begrenzten SQL-Kenntnissen, die wir in Kapitel 2 erworben haben, ist uns klar, dass die folgende `select`-Anweisung genau einen Datensatz liefert.

```
select *
from personen
where name='Donald'
```

Überraschenderweise liefert die Anweisung

```
select *
from personen
where name !='Donald'
```

keinen einzigen Datensatz. Das liegt daran, dass `null` unvollständige Informationen repräsentiert. Damit *kann* `null` also durchaus den Wert `Donald` haben. Wir wissen es einfach nicht. Das erklärt auch, warum das Ergebnis von Ausdrücken wie `2+null` den Wert `null` hat: Weil wir nicht wissen, welchen konkreten Wert der zweite Summand hat, kennen wir auch das Ergebnis nicht. Das Ergebnis eines Vergleiches mit `null` wie in

```
name=null
```

ist also weder wahr noch falsch, sondern `null`. Genau diese Eigenschaft von `null` hat aber verheerende Auswirkungen. Wir sind es seit Aristoteles gewohnt, dass eine Aussage wahr oder falsch ist. Wenn eine Aussage nicht wahr ist, wissen wir sicher, dass sie falsch ist. Mit `null` bekommen wir jetzt einen *dritten* Wahrheitswert. Wenn eine Aussage nicht wahr ist, dann ist sie falsch *oder* `null`. Auch wenn man sich mit dieser so genannten dreiwertigen Logik intensiv beschäftigt hat, bereitet sie in der Praxis doch oft Probleme und ist immer wieder für eine Überraschung gut.[3]

Wenn wir nicht entscheiden können, ob `null` einem bestimmten Wert entspricht, kann `null` natürlich auch zu keiner Menge gehören: eine der Voraussetzungen für die Elemente einer Menge ist, dass sie von anderen Elementen unterschieden werden können. Somit kann `null` auch zu keiner Wertemenge gehören. Dass `null` kein Wert ist, merkt man auch an der SQL-Syntax für `null`. So wird die Anweisung

```
select *
from person
where name = null
```

als syntaktisch falsch zurückgewiesen, da der Ausdruck `name=null` niemals wahr sein kann. Die korrekte Syntax lautet vielmehr

---

[3] Siehe dazu insbesondere Abschnitt 14.3.

```
select *
from personen
where name is null
```

Wollen wir alle Personen ermitteln, deren Namen bekannt sind, geht das so:

```
select * from personen
where name is not null
```

Auch wenn null immer wieder eine Ursache für Fehler und Probleme ist, kommt man in der Praxis nur sehr schlecht ohne diesen Repräsentanten des Unbekannten aus. Die Diskussion über Sinn und Unsinn von null wird teilweise sehr akademisch geführt. Dennoch müssen wir die Hintergründe kennen, um die überraschenden Ergebnisse einzelner SQL-Anweisungen zu verstehen. Wir haben bereits gesehen, dass SQL uns null als Standardwert für unbekannte Werte anbietet; wenn wir die Verwendung unterbinden wollen – um etwa mit eigenen Standardwerten zu arbeiten –, gibt es dazu mit not null eine eigene Integritätsregel:

```
create table personen(
   id int primary key,
   name varchar(20) not null default ''
)
```

Wenn es null aber nun schon einmal gibt, sollten wir auch einige Regeln für Situationen zur Hand haben, in denen wir Verwendung zulassen oder verbieten:

Der Wert des Primärschlüssels repräsentiert genau einen Datensatz. In der Tabelle spielkarten aus Listing 5.5 repräsentiert jede Kombination aus farbe und wert genau eine Spielkarte. Wenn wir null hier zulassen, dann würden Kombinationen wie (Karo, null) auch *genau eine* Karte repräsentieren. Die Tabelle enthält also keinen zweiten Datensatz mit dem Primärschlüsselwert (Karo, null). Eine zweite Karte, von der nur der Farbwert Karo bekannt ist, gibt es demnach nicht. Diese Einschränkung wirkt sehr künstlich.

Für den Primärschlüssel als Repräsentanten seines Datensatzes wird generell gefordert, dass seine Attribute niemals null werden dürfen.

Definition: Entitätsintegrität

null ist für kein Attribut eines Primärschlüssels zulässig.

Die Entitätsintegrität wird von SQL unterstützt. In Tabellen ist jedes Primärschlüsselattribut implizit mit einem not null Constraint versehen.

Die Argumentation, die wir für das Verbot von null für Primärschlüssel eingesetzt haben, lässt sich so auch sinngemäß auf Schlüsselkandidaten übertragen. Der SQL-Standard sieht hier allerdings vor, dass Attribute, die mit unique als Attribute eines Schlüsselkandidaten markiert wurden, auch explizit mit `not null` Einschränkung versehen werden *müssen*.

```
create table personen(
  id int primary key,
  name varchar(20) not null unique
);
insert into personen values(23, null);
insert into personen values(42, null)
```

Auf den ersten Blick gibt es keinen Grund für diese Regel, an die sich RDBMS wie Apache Derby[4] halten. Vernünftiger erscheint ein implizites Verbot von `null`, wie bei der Entitätsintegrität. Es gibt aber eine Variante im SQL-Standard, die `null` für Schlüsselkandidaten beliebig oft zulässt. Diese Variante wird beispielsweise von H2 umgesetzt. Dort werden die folgenden Anweisungen problemlos ausgeführt:

```
create table personen(
  id int primary key,
  name varchar(20) unique
);
insert into personen values(23, null);
insert into personen values(42, null)
```

Einige RDBMS, wie etwa der SQL-Server oder IBM Informix, haben dabei eine etwas eigene – vom Standard abweichende – Implementierung: `null` ist für Schlüsselkandidaten zwar zulässig, darf aber nur maximal einmal je Spalte genutzt werden. Hier wird `null` also wie ein ganz normaler Wert behandelt, der nicht mehrfach auftreten darf. Dieser Variantenreichtum gibt uns auch einen Eindruck davon, wie einheitlich SQL in Wirklichkeit ist.

Die Frage `null` oder nicht `null` *scheint* für Fremdschlüssel klar zu sein: Da Fremdschlüssel auch Primärschlüssel referenzieren können und `null` für Primärschlüssel unzulässig ist, muss `null` für Fremdschlüssel verboten werden. Am folgenden Beispiel sehen wir, dass dieser erste Eindruck täuscht:

Listing 5.11: Eine einfache Schlüssel-Fremdschlüsselbeziehung

```
create table personen(
  id int primary key,
  name varchar(20) not null
);
create table spielkarten(
  farbe varchar(20),
  karte varchar(20),
  primary key(farbe, karte),
```

---

[4] db.apache.org/derby

```
    pid int references personen
)
```

Hier sollen einige der 52 möglichen Spielkarten eines Kartenspiels an Spieler ausgeteilt werden, die wir zuvor in die Tabelle `personen` eingefügt haben. Die übrigen Karten gehören zum Vorrat, der im Spielverlauf weiter verteilt wird. Die referenzielle Integrität, so wie wir sie in Abschnitt 3.8 definiert haben, sieht hier vor, dass es zu *jedem* Wert der Spalte `pid` eine passende Person gibt. Wenn wir also Karten haben, die an keine Person ausgeteilt werden, müssen wir mit Standardwerten arbeiten und konsequenterweise auch mit einer Art „Dummy-Person", die diesem Standardwert entspricht. Die angepasste Fassung der Tabelle `spielkarten` und der Dummy-Datensatz könnten dann so aussehen:

```
create table spielkarten(
   farbe varchar(20),
   karte varchar(20),
   primary key(farbe, karte),
   pid int default -1 references personen
);
insert into personen values(-1, 'Dummy')
```

Ob uns diese Lösung gefällt, hängt auch vom persönlichen Geschmack ab, doch wirkt die Lösung mit `null` knapper und eleganter. Wenn etwa die Pik-7 nicht ausgeteilt worden ist, setzen wir den `pid` Wert einfach auf `null`:

```
insert into spielkarten values('Pik', '7', null)
```

Und in der Tat erlaubt es die SQL-Syntax, dass wir `null` für Fremdschlüssel nutzen.

Hinweis

■ Wenn `null` als Fremdschlüssel verwendet wird, überprüft das RDBMS die referenzielle Integrität nicht.

■ Wenn ein Fremdschlüssel nicht `null` ist, muss es einen passenden Schlüsselkandidaten in der referenzierten Tabelle geben.

Bei zusammengesetzten Fremdschlüsseln bietet SQL auch die Möglichkeit, Teile des Fremdschlüssels auf `null` zu setzen. Aus der weiter oben geführten Argumentation zur Entitätsintegrität ergibt sich, dass diese Variante problematisch ist: In den meisten Fällen wird der Primärschlüssel referenziert. Entweder keine Komponente eines Fremdschlüsselwertes, oder alle Fremdschlüsselwerte *sollten* daher `null` sein.

5.15 Änderungen von referenzierten Daten

Tabellen, die von anderen Tabellen referenziert werden, können wir nicht löschen. Wenn also zwei Tabellen wie in Listing 5.11 miteinander verbunden wurden, schlägt die Anweisung

```
drop table personen
```

fehl. Die referenzierende Tabelle lässt sich selbstverständlich löschen. Datensätze verhalten sich im Standardfall analog: Wenn wir mit

```
insert into personen values(0, 'Donald');
insert into personen values(1, 'Mickey');
insert into spielkarten values('Pik', 'Ass', 1);
insert into spielkarten values('Pik', '7', 1)
```

einige Datensätze einfügen, dann ist die folgende Anweisung erfolgreich:

```
delete from personen where id = 0
```

weil es es ja hier keine referenzierenden Datensätze gibt. Dagegen wird die Ausführung von

```
delete from personen where id=1
```

verweigert, da dieser Datensatz von zwei Datensätzen aus der Tabelle spielkarten referenziert wird. Zu dieser Regel sind aber auch Alternativen denkbar:

1. Wenn im referenzierenden Datensatz der Fremdschlüssel auf null gesetzt wird, ist es kein Problem mehr, den zu Mickey gehörenden Datensatz zu löschen. Die beiden Spielkarten sind dann eben keinem Spieler zugeordnet.

2. Wurden für den Fremdschlüssel mit default Standardwerte vereinbart, können diese gesetzt werden, wenn der referenzierte Datensatz gelöscht wird.

3. Wenn der Spieler Mickey gelöscht wird, werden auch die beiden referenzierenden Datensätze gelöscht.

In allen drei Fällen ist die referenzielle Integrität und somit die logische Konsistenz der Datenbank gesichert. Mit Hilfe von SQL können wir unsere Tabellen dem ersten der drei Fälle entsprechend definieren:

```
create table spielkarten(
  farbe varchar(20),
  karte varchar(20),
  primary key(farbe, karte),
  pid int references personen on delete set null
)
```

Voraussetzung ist hier natürlich, dass jede Komponente des Fremdschlüssels auch den Wert `null` annehmen darf. Die Integritätsregel `not null` darf hier nicht für den Fremdschlüssel formuliert sein.

Soll der Standardwert für den Fremdschlüssel eingesetzt werden (Alternative 2), definieren wir ihn so:

```
pid int references personen on delete default
```

Wenn abhängige Datensätze gelöscht werden sollen (Alternative 3), kann die folgende Syntax verwendet werden:

```
pid int references personen on delete cascade
```

Den Standardfall – referenzierte Datensätze dürfen nicht gelöscht werden – können wir übrigens auch explizit angeben:

```
pid int references personen on delete no action
```

Im Folgenden diskutieren wir eine sehr ähnliche Option:

```
pid int references personen on delete restrict
```

Eine einzelne `delete`-Anweisung kann mehrere Datensätze löschen. Es ist grundsätzlich möglich – und wir werden dazu im folgenden Abschnitt ein Beispiel sehen –, dass die referenzielle Integrität nach der Ausführung der *vollständigen* Anweisung wiederhergestellt ist. Diesen Fall würde das RDBMS für Tabellen, die mit `restrict` angelegt wurden, akzeptieren. Wurde `no action` verwendet, muss die referenzielle Integrität jederzeit sichergestellt sein, wenn auch nur ein *einzelner* Datensatz gelöscht wurde.

Ähnliche Probleme und Lösungen finden wir bei der `update`-Anweisung: Wir erzeugen die Tabellen `personen` und `spielkarten` wie in Listing 5.11 und fügen einige Datensätze ein:

```
insert into personen values(0, 'Donald');
insert into personen values(1, 'Mickey');
insert into spielkarten values('Pik', 'Ass', 0);
insert into spielkarten values('Pik', '7', 0)
```

Wenn wir einen referenzierten Datensatz ändern wollen:

```
update personen set id=42 where id=0
```

meldet das RDBMS einen Fehler, weil wir versucht haben, die referenzielle Integrität zu verletzen. Nach der Änderung würden die Datensätze aus der Tabelle `spielkarten` kein Gegenstück in der Tabelle `personen` haben. Dies ist das Standardverhalten, das wir auch mit

```
pid int references personen on update no action
```

explizit angeben können. Wie bei der `delete`-Anweisung gibt es auch hier die folgende Möglichkeit:

```
pid int references personen on update restrict
```

Die referenzielle Integrität wird dann erst *nach der Ausführung* der `update`-Anweisung geprüft. Wenn wir also jetzt mit

```
update personen set id=id-1
```

alle Datensätze der Tabelle `personen` ändern wollen, dann ist die referenzielle Integrität nach der Änderung des Datensatzes mit `id=0` auf `id=-1` verletzt, da ein Datensatz mit `id=0` von der Tabelle `spielkarten` referenziert wird. Nach der Änderung des zweiten Datensatzes haben wir den Datenbestand aus der folgenden Tabelle, und die Welt ist wieder in Ordnung.

id	name
-1	Donald
0	Mickey

Auch wenn sie gelegentlich ganz praktisch ist, wird die Komponente `restrict` nicht von allen RDBMS unterstützt. In H2 wird beispielsweise kein Unterschied zwischen `restrict` und `no action` gemacht: Beide Fälle werden wie `no action` behandelt.

Auch bei der `on update`-Anweisung gibt es selbstverständlich die beiden Optionen

```
on update set null
```

und

```
on update set default
```

5.16 Datentypen

Zu jeder Spalte gehört neben ihrem Namen auch ein Datentyp. Hier bietet der SQL-Standard eine Vielzahl an Typen, die von den RDBMS-Herstellern noch um eigene Typen ergänzt wird. Seit SQL3 gibt es zudem die Möglichkeit, dass Anwender ihre eigenen Datentypen definieren. Diese werden auch als UDTs (User Defined Types) bezeichnet. Hier beschreiben wir die gängigsten SQL-Typen mit ihren Besonderheiten. Sie lassen sich in die folgenden Klassen einteilen:

- Texte
- Zahlen

■ Zeitangaben

■ Large Objects

Texte: Mit dem Datentyp `varchar` haben wir bereits in einer Anweisung wie

```
create table personen(
  id int primary key,
  name varchar(20)
)
```

gearbeitet. Wenn ein Datensatz eingefügt wird:

```
insert into personen values(0, 'Donald')
```

benötigt das RDBMS im Hauptspeicher und möglicherweise auf der Festplatte Platz, um den Datensatz zu speichern. Es werden vier Byte für die ganzzahlige Primärschlüsselspalte und ein Byte für jeden Buchstaben des Textes „Donald", also insgesamt 4+6=10 Bytes reserviert. Hätte der Name eine andere Anzahl von Buchstaben, würde eine andere Anzahl von Bytes reserviert, aber immer nur so viel, wie benötigt. Sollten wir für den Namen einen Text wie „Düsentrieb-Schnarrenberger" verwenden, der mehr als 20 Buchstaben enthält, wird je nach Datenbanksystem

■ das Einfügen mit einer Fehlermeldung verweigert oder

■ der Text nach dem 20. Buchstaben auf „Düsentrieb-Schnarren" verkürzt.

Da nur so viel Platz wie nötig reserviert wird, ergeben sich die beiden folgenden angenehmen Effekte:

■ Bei der Speicherung entsteht weniger „Verschnitt". Die Festplatte wird besser ausgenutzt, was – je nach Datenvolumen – Kosten einsparen kann.

■ Der Transport der Daten von der Festplatte zum Hauptspeicher ist sehr aufwändig.[5] Die Daten werden nicht satzweise, sondern in Blöcken von einigen Kilobytes transportiert. Aufgrund der effektiven Speicherverwaltung, die mit dem Typen `varchar` möglich ist, kann ein Maximum an Datensätzen in einem Block untergebracht werden. Mit jedem Zugriff wird also eine maximale Anzahl von Datensätzen transportiert. Dies erfordert weniger Festplattenzugriffe und spart daher auch Zeit.

Natürlich hat der Typ `varchar` nicht nur Vorteile: Wenn viele Datensätze mit kurzen Texten in die Tabelle eingefügt wurden, die dann später mit anschließenden `update`-Anweisungen erheblich vergrößert werden, kann eine – auch für den Anwender – spürbare Reorganisation der Datenstrukturen auf der Festplatte die Folge sein. Dieser Nachteil – der sich im „normalen Betrieb" gar nicht bemerkbar macht – wiegt aber leicht im Vergleich zu den Vorteilen.

---

[5] Der Datentransport von der Platte zum Arbeitsspeicher dauert etwa 100 000-mal länger als der Transport innerhalb des Arbeitsspeichers (siehe auch Kapitel 20)!

Einige SQL-Dialekte erlauben es übrigens auch, die explizite Längenbegrenzung bei `varchar` auszulassen. Hier kann man aber – je nach RDBMS – böse Überraschungen erleben. Es gibt die folgenden Möglichkeiten:

- `varchar` entspricht einem Text beliebiger Länge (H2).
- `varchar` entspricht `varchar(1)` (IBM Informix).

Der *zweite* wichtige Datentyp für Textspalten ist `char`. Wenn wir ihn zur Definition unserer Personentabelle nutzen

```
create table personen(
  id int primary key,
  name char(20)
)
```

werden für *jeden* Datensatz 24 Byte reserviert. Der Plattenplatz wird somit *möglicherweise* nicht optimal genutzt. Das hat zur Folge, dass wir mehr Platz und somit mehr Transporte zwischen der Platte und dem Hauptspeicher benötigen. Die Vorteile des Typen `varchar` werden also zu den Nachteilen von `char` und umgekehrt. Wenn wir es mit Texten fester Länge, wie Kürzeln oder Postleitzahlen, zu tun haben, ist `char` eine vertretbare Wahl, im Zweifelsfall sollten wir aber den Typen `varchar` vorziehen. Tabellen, die intensiv mit `char`-Spalten arbeiten, findet man heute oft in Altsystemen: Der Typ `varchar` hat sich erst Ende der 1990er-Jahre durchgesetzt.

Neben diesen beiden Typen für Texte kann es – je nach RDBMS – zahlreiche weitere geben. So wird bei der Verwendung von `char` und `varchar` ein Byte pro Zeichen verwendet. Dieser sehr stark begrenzte Zeichensatz reicht für Zeichensätze wie die chinesischen Kanji-Zeichen nicht aus. Oft werden daher auch Datentypen mit 16 Bit pro Zeichen angeboten.

Zahlen: In Programmiersprachen wie Java wird zwischen Typen für ganze Zahlen und solchen für Gleitkommazahlen unterschieden. Neben diesen beiden Klassen, gibt es in SQL noch die Festkommazahlen. Bei den ganzen Zahlen haben wir – auch wieder analog zu Java:

- `small`: Für die Darstellung der Zahlen werden zwei Byte verwendet.
- `integer`: Der Typ kann auch mit `int` abgekürzt werden und benötigt 4 Byte.
- `bigint`: Beim Datentyp `int` ist bei Zahlen im Bereich von ein paar Milliarden Schluss. Wenn wir aber in eine Tabelle mit einem künstlichen vom RDBMS verwalteten Primärschlüssel sehr viele Datensätze einfügen und löschen, kann es passieren, dass diese Obergrenze erreicht wird. Lücken in den Werten des Primärschlüssels werden nicht vom RDBMS geschlossen. Wenn wir es also mit sehr großen Tabellen mit volatilen Inhalten zu tun haben, kann der 8 Byte Datentyp `bigint` für den Primärschlüssel die bessere Wahl sein. Ein kurze Überschlagsrechnung (siehe auch [Kar10]) zeigt indes, dass die Obergrenze

des Wertebereichs von `integer` in der Praxis nur unter sehr extremen Bedingungen erreicht werden kann.

Gleitkommazahlen gibt es in fast jeder Programmiersprache. Sie sind Näherungen für beliebige reelle Zahlen. SQL stellt sie mit 4 Byte (`float`) und 8 Byte (`double`) Platzbedarf zur Verfügung. Es gibt allerdings nur sehr wenige praktische Anwendungen, in denen Gleitkommazahlen wirklich geeignete Datentypen sind. Der Grund wird uns am folgenden Beispiel klar. In die Tabelle

```
create table numbers(
    id int generated always as identity primary key,
    number float
)
```

fügen wir zehnmal den gleichen Wert ein, indem wir die folgende Anweisung zehnmal ausführen:

```
insert into numbers(number) values(0.1)
```

Die Summe über die 10 Fließkommazahlen ermitteln wir mit

```
select sum(number) from numbers
```

Bei H2 beträgt das Ergebnis `0.999999999999999` und ist daher nicht ganz präzise. Solche kleinen Fehler mögen nicht so dramatisch erscheinen, sie können sich aber durch weitere – fehlerbehaftete Rechnungen – vergrößern. Wenn wir von unserer Bank einen Kontoauszug erhalten, wollen wir den exakten Kontostand und keinen Näherungswert sehen. Für technisch-wissenschaftliche Anwendungen mögen Gleitkommazahlen daher in einigen Fällen geeignet sein, für die Nutzung im wirtschaftlich-industriellen Umfeld sind sie aber unbrauchbar.

Wenn wir die Tabelle wie folgt definieren

```
create table numbers(
    id int generated always as identity primary key,
    number decimal(3,1)
)
```

erhalten wir korrekte Ergebnisse, wenn wir das gleiche Experiment erneut ausführen. Der Typ `decimal(3,1)` repräsentiert Festkommazahlen mit insgesamt 3 Stellen, von denen die letzte eine Nachkommastelle ist. Allgemein steht `decimal(p,s)` für Zahlen mit insgesamt p Stellen, von denen s Nachkommastellen sind. Wir haben es hier mit präzisen Werten zu tun und nicht mit Näherungen. Rechnungen mit Festkommazahlen liefern wieder Festkommazahlen. Reichen die Nachkommastellen nicht, wird kaufmännisch gerundet.

Zeit: Der Wahl des Datentypen kommt eine konsistenzerhaltende Rolle zu (siehe 5.4). Diesen Sachverhalt können wir auch bei Datumsangaben entdecken. Wenn wir etwa Datumsangaben in eine Textspalte einfügen, kann das RDBMS nicht ve-

rifizieren, ob es sich tatsächlich um ein gültiges Datum oder etwa um einen Orts-
namen handelt. Wenn wir den Typ `date` nutzen, wird die Gültigkeit des Datums
geprüft. Texte wie `1984-12-32` stellen kein Datum dar und werden zurückgewiesen. Mit Hilfe von Funktionen (siehe Abschnitt 11) können wir mit Datums-
feldern *rechnen*. Eine dieser Funktionen `current date` bietet sich sogar für Standardwerte an:

```
create table personen(
  id int primary key,
  name varchar(20) not null,
  entered date default current date
)
```

Wenn wir einen Datensatz einfügen

```
insert into personen(id, name) values(0, 'Donald')
```

enthält die Spalte `entered` das Datum des heutigen Tages.

Ganz analog können wir den Typen `time` nutzen, um Uhrzeiten zu verwalten;
auch hier gibt es Funktionen wie `current time`, die uns die aktuelle Uhrzeit
liefert.

Der Typ `timestamp` liefert uns viel feingranularere Informationen über das Datum und die Uhrzeit und enthält als Komponenten alle Informationen vom Jahr
bis zur Mikrosekunde. Wenn uns also der exakte Zeitpunkt der Erfassung von
Personen interessiert, müssen wir die Tabelle `personen` wie folgt definieren:

```
create table personen(
  id int primary key,
  name varchar(20) not null,
  entered timestamp default current timestamp
)
```

Wie Zeitangaben innerhalb von `insert`-Anweisungen formatiert sein müssen,
hängt auch wieder sehr stark vom RDBMS-Produkt ab. Die für H2 gültige Syntax
entnehmen wir dem folgenden einfachen Beispiel:

```
create table timedata(
  d date,
  t time,
  ts timestamp,
);
insert into timedata
values('1989-11-09', '12:00:00', '1989-11-09 12:00:00.0')
```

Large Objects: Software zur Verwaltung von Diskussionsforen im Internet verwaltet die Beiträge der Teilnehmer in Datenbanken. Da im Regelfall keine Ober-

grenze für die Länge der einzelnen Beiträge existiert, ist `varchar` in diesem Fall nicht die erste Wahl. Um Texte beliebiger Größe zu speichern, sieht SQL den Datentyp `clob` (character large object) vor. Dieser Typ ist aber sicher kein vollwertiger Ersatz für `varchar`, da ihm – zumindest in den meisten RDBMS – Funktionalitäten etwa zur Mustererkennung oder zum Extrahieren von Textteilen fehlen.

Beliebige Binärdaten, also auch Bilder und MP3-Dateien, können in Spalten vom Typ `blob` (binary large object) abgelegt werden. Hier ergibt sich die Schwierigkeit, dass wir Daten nicht wie gewohnt mit `insert`-Anweisungen in `blob`-Spalten einfügen können. Beim Typ `clob` ist dies noch möglich, für Daten vom Typ `blob` im Rahmen eines Programms, das wir etwa in Java (siehe Abschnitt 18.8) schreiben.

Alles klar?

- In einem RDBMS werden Tabellen mit Hilfe der `create table`-Anweisung angelegt.

- Die Spalten und der Datentyp der Spalten können beim Anlegen der Tabelle oder später mit `alter table` angegeben werden.

- Die Anweisung `create domain` kann genutzt werden, um Wertebereiche zu definieren.

- Primärschlüssel werden mit `primary key` definiert.

- SQL erzwingt die Definition eines Primärschlüssels nicht.

- Viele RDBMS bieten die Möglichkeit, die Primärschlüsselwerte automatisch zu erzeugen.

- Eine `create table`-Anweisung kann Integritätsregeln enthalten.

- Statische Integritätsregeln werden mit `check` vereinbart.

- Mit `references` werden Fremdschlüssel definiert, die dann eine Tabelle referenzieren.

- Eine Tabelle kann nur referenziert werden, wenn sie einen Primärschlüssel oder einen mit `unique` definierten Schlüsselkandidaten enthält.

- Wichtige Datentypen sind `varchar`, `int`, `decimal`, `timestamp`, `date` und `time`.

- Jeder Datentyp enthält den Wert `null`. Durch die Existenz von `null` ergeben sich einige Probleme.

- Für einzelne Spalten kann der Wert `null` ausgeschlossen werden.

- Die Entitätsintegrität besagt, dass Primärschlüssel keine `null`-Werte enthalten.

6

Von der Idee zum Konzept

„Streben Sie nach gutem Design;
es funktioniert wirklich besser."
Andy Hunt

Da Softwareprojekte groß werden können, bewegen sich potenziell sehr viele Personen im Dunstkreis eines solchen Projekts. Als Entwickler vergessen wir oft, dass die Software für Endanwender bestimmt ist und dass diese Anwender in der Regel von IT nicht allzu viel verstehen. Dennoch müssen wir etwa diejenigen, die täglich mit unserer Software arbeiten sollen, in unser Projekt miteinbeziehen. Denn so wenig, wie die Sachbearbeiter von Software-Entwicklung verstehen, so wenig kennen wir uns mit den Prozessen in den Unternehmen und ihren Fachabteilungen aus. Der Erfolg unseres Projektes ist empfindlich von der Kooperation zwischen allen betroffenen Projektteilnehmern abhängig.

Wenn die Software, die wir entwickeln, eine Datenbankschicht enthält – und das ist so gut wie immer der Fall –, werden in der Datenbank Informationen aus dem Kontext unserer Klienten[1] abgelegt. Die Bedeutung kennen wir in den meisten Fällen nicht. Einer der schlimmsten Fehler, der beim Entwurf der Datenbank (und wohl auch allgemein beim Entwurf von Software) gemacht werden kann, besteht darin, zu *glauben*, die Anforderungen der Kunden zu kennen. In aller Regel ist das Ergebnis dann eine Datenbank, die sich aufgrund unserer Fehlannahmen als nicht praxisgerecht erweist. Gerade in der Entwurfsphase ist die *Kommunikation* unter den Projektbeteiligten daher sehr wichtig. Weil Kommunikation häufig nicht die starke Seite introvertierter Entwickler darstellt, ist Software leider oft so, wie Software eben ist.

Das Ziel dieser Kommunikation ist ein **Datenmodell**: Die Anforderungen an den Datenbestand, den das DBMS verwalten soll, definieren eine Mini-Welt, also einen Ausschnitt der Realität. Wir benötigen eine Darstellung dieser Mini-Welt als Text

---

[1] Mit Klienten bezeichnen wir unseren Auftraggeber, also meistens einen Kunden.

oder in grafischer Form als Diagramm. Es muss herausgearbeitet werden, um welche Daten es geht und was die Daten miteinander zu tun haben. Diese Darstellung wird auch als Datenmodell bezeichnet. Das Datenmodell repräsentiert die logische Ebene im ANSI SPARC-Modell (siehe Abschnitt 1.10). Insbesondere ist es somit unabhängig von der physikalischen Ebene. Auf der Ebene des Datenmodells bleiben absichtlich viele Details offen: Die Hardware und das Betriebssystem gehören dazu, aber auch der konkrete DBMS-Typ – wir beschränken uns ganz auf die logische Ebene. Sogar die Entscheidung, ob ein hierarchisches oder ein relationales DBMS verwendet werden soll, können wir grundsätzlich auf einen Zeitpunkt nach der Entwurfsphase verlegen.

Wie auch immer wir die Form zur Darstellung des Modells wählen: es muss für alle Projektbeteiligten *verständlich* bleiben. Dazu brauchen wir eine Art gemeinsamer Sprache. Da ein Bild bekanntlich mehr sagt als tausend Worte, wird in aller Regel nicht die Textform, sondern ein Diagramm für die Modellierung verwendet. Diese Diagramm-Darstellung ist die gemeinsame Sprache der Projektbeteiligten für das Datenmodell. Da wir eine breite Kooperation wollen, in der auch Mitarbeiter aus Fachabteilungen mitreden können, die möglicherweise nur ein einziges Mal in ihrem Leben an einem solchen Projekt teilnehmen, darf keine aufwändige Einarbeitung nötig sein. Die Modellierungstechnik muss also weniger logisch-mathematischen als vielmehr *informellen* Charakter haben.

Ein solches Modell (genauer gesagt: eine Modellierungstechnik) hat Peter Chen Mitte der 1970er-Jahre entwickelt (siehe [Che76]). Die Grundlagen dieses Modells erarbeiten wir uns in diesem Kapitel. Wir machen dabei die Erfahrung, dass es in diesem so genannten Entity-Relationship-Modell (ER-Modell) zwar einige neue Begriffe gibt, diese aber leicht zugänglich sind.

Übrigens erhalten wir die für unser Modell benötigten Informationen nur selten in einer liebevoll, vollständig und sorgfältig aufbereiteten schriftlichen Spezifikation. In den meisten Fällen müssen wir selbst Hand anlegen und alles in Form von Fragebögen, Interviews und Workshops mit Projektbeteiligten zusammentragen.

6.1   Entitäten und ihre Attribute

Laut Chen ist eine **Entität** *„a thing which can be distinctly identified"*. Im Grunde kann eine Entität alles sein, an das wir denken können. Neben konkreten Entitäten wie erfundenen und existierenden Personen oder Gegenständen sind auch abstrakte Entitäten wie Prozesse oder Konzepte möglich. Der Erfinder der relationalen Datenbanken, Edgar Frank Codd, ist also ebenso eine Entität, wie es die (erfundenen) Personen Bruce Wayne und Clark Kent sind. Auf eine sprachliche Beschreibung unserer Mini-Welt können wir die Daumenregel anwenden, dass Entitäten häufig durch *Substantive* beschrieben werden. Eine erste Orientierungshilfe in der Mini-Welt bekommen wir also, wenn wir in unserer Informationssammlung die wichtigsten Substantive identifizieren.

Auf den ersten Blick gibt es keinen Unterschied zwischen den Entitäten und den Objekten, wie wir sie aus der objektorientierten Programmierung kennen. Erst im nächsten Abschnitt werden wir Entitäten so weit verstanden haben, dass wir auch die Unterschiede zu Objekten erkennen.

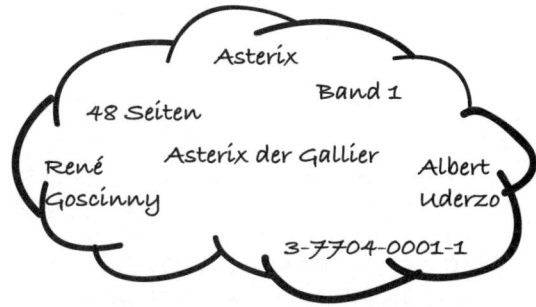

Abbildung 6.1: „Asterix der Gallier" als Entität

Die Definition der Entitäten geschieht im ER-Modell formlos und unkompliziert: Zur Beschreibung reichen Eigenschaften, die so genannten **Attribute** der Entität. Wenn wir das Comicalbum „Asterix der Gallier" als Beispiel nehmen, fallen uns gleich einige Attribute ein (siehe Abbildung 6.1):

- der Titel, die Album-Reihe „Asterix", der Band 1 innerhalb dieser Reihe
- die Autoren René Goscinny und Albert Uderzo
- die internationale Standardbuchnummer (ISBN) 3-7704-0001-1
- die Zahl von 48 Seiten

Die Liste ließe sich sicher fortsetzen, doch geht es bei der Beschreibung der Entitäten nicht darum, einen möglichst vollständigen Katalog zusammenzustellen, sondern die Eigenschaften zu identifizieren, die in unserer Mini-Welt für die Entität *wichtig* sind. Jede Eigenschaft hat dabei

- einen Namen,
- einen Wert und
- einen bestimmten Datentyp.

Weil das ER-Modell informellen Charakter hat, sind wir hier nicht an die vorgegebenen Typen einer Programmiersprache wie String, int oder boolean gebunden, sondern können den Typ informell beschreiben. Im ER-Modell werden grundsätzlich drei Arten von Typen unterschieden:

Atomare Datentypen: Einige Arten von Daten erklären wir für unzerlegbar. Zahlen, wie die Seitenanzahl 48 des Albums „Asterix der Gallier", sind typische Vertreter. Welche Daten dabei für uns atomar sind, hängt sehr von unserer Mini-Welt ab: Die Zahl 48 können wir weiter in ihre Ziffern oder in die Bits ihrer Binärdarstellung zerlegen. Doch sind Anwendungsfälle, in denen diese Informationen von praktischem Interesse sind, nur schwer vorstellbar.

Anders kann das beim Datentyp aussehen, den wir für die ISBN unserer Comicalben benötigen. Auf den ersten Blick ist die ISBN nur ein Text,[2] doch sind in einer ISBN wie 3-7704-0001-1 Informationen kodiert:

- 3 repräsentiert den deutschen Sprachraum

- 7704 entspricht dem Ehapa-Verlag

- 0001 ist die vom Verlag vergebene Titelnummer für „Asterix der Gallier"

- 1 ist eine Prüfziffer

Wenn wir uns in unserer Mini-Welt für die einzelnen Komponenten der ISBN interessieren, ist es *nicht* sinnvoll, sie mit einem atomaren Texttyp zu modellieren.

Im informellen ER-Modell bereitet uns der Begriff des atomaren Datentyps kein solches Kopfzerbrechen wie im relationalen Modell (siehe Abschnitt 4.11) und bedarf keiner weiteren formalen Präzisierung. Hier reicht ein intuitives Verständnis.

Abbildung 6.2: Sind Adressen zusammengesetzt?

Zusammengesetzte Datentypen: Daten, die aus Komponenten mit *unterschiedlicher* Semantik bestehen, werden als zusammengesetzt bezeichnet. Ein beliebtes Beispiel sind hier die Adressen. Die Adresse von Donald Duck, „Blumenweg 13, XY 7, Entenhausen", können wir in die vier Komponenten

- „Blumenweg",

- „13",

- „XY 7" und

- „Entenhausen"

zerlegen (siehe Abbildung 6.2). Aufhören müssen wir mit dieser Zerlegung aber nicht, da jeder der vier Texte wieder aus Buchstaben besteht. Es hängt wieder von der Mini-Welt ab, wie weit wir gehen. Wenn die Adresse als *ein* Text die kleinste relevante semantische Einheit für unsere Entitäten ist, dann ist es in Ordnung, für ihre Beschreibung einen einzigen Text zu verwenden.

---

[2] Eine ganze Zahl ist hier ungeeignet, da führende Nullen ignoriert werden. Dieses Thema wird uns auch in Abschnitt 5.4 beschäftigen.

Rekursive Datentypen, also Typen, die sich selbst als eine ihrer Komponenten enthalten, wie etwa verkettete Listen oder Bäume, sind dagegen im ER-Modell nicht vorgesehen.

Mehrwertige Datentypen: Daten, die aus Daten mit *gleicher* Semantik bestehen, werden als mehrwertig bezeichnet. Sie sind mit den Arrays der höheren Programmiersprachen vergleichbar. Auch hier gibt es keine scharfe Grenze zwischen atomar und mehrwertig. René Goscinny und Albert Uderzo sind die Autoren von „Asterix der Gallier". Als atomares Attribut wäre hier auch wieder ein Text wie „René Goscinny und Albert Uderzo" möglich. Sind in unserer Mini-Welt die Namen der *einzelnen* Autoren wichtig, ist es cleverer, eine Liste als mehrwertigen Datentyp zu verwenden.

Aber selbst zu diesem einfachen Beispiel sind weitere Varianten denkbar: Für die Namen sind als Liste sowohl

- („René Goscinny", „Albert Uderzo") als auch

- ((„René", „Goscinny"), („Albert", „Uderzo"))

möglich. Im ersten der beiden Fälle ist jeder beiden Namen ein atomarer Text, im zweiten haben die Namen einen zusammengesetzten Typ, der aus den Komponenten Vor- und Nachname besteht.

6.2   Entitätstypen

In der Programmiersprache Java werden die ganzen Zahlen, für deren Binärdarstellung wir 32 Bit benötigen, zum Datentyp `int` zusammengefasst. Ähnlich wie in Java und anderen Programmiersprachen, definieren wir im ER-Modell **Entitätstypen** als ein gemeinsames Dach für ähnliche Entitäten. Welche Entitäten dabei zusammengehören, ist von der Semantik unserer Mini-Welt abhängig. Eine Grundvoraussetzung besteht darin, dass die zusammengefassten Entitäten Attribute gleichen Namens und gleichen oder ähnlichen Typs haben.

Denkbar ist ein Entitätstyp *Alben* für Entitäten wie die Comicalben „Asterix der Gallier" oder „Tim in Tibet". Wir können alle Entitäten dieses Typs mit dem gleichen Satz von Attributen beschreiben. Doch können wir nicht umgekehrt grundsätzlich Entitäten, die den gleichen Satz von Attributen haben, zu einem Entitätstyp zusammenfassen: In Datenmodellen finden wir häufig Entitäten mit gleichen Attributen aber *verschiedener* Bedeutung. Oft bestehen sie aus einer ganzzahligen Kennung namens *id* und einem Attribut *name* mit Textdarstellung. Mögliche Entitäten sind Orte, Nachnamen oder die Schlüsselworte einer Programmiersprache – also all dies, für dessen Darstellung ein einfacher Text reicht. Für diese Entitäten wählen wir aber aufgrund ihrer verschiedenen Bedeutung nicht den gleichen Entitätstypen, sondern verteilen sie ihrer Bedeutung entsprechend auf eigens definierte Entitätstypen wie *Orte, Nachnamen* oder *Schlüsselworte*. Ein gemeinsamer Typ wie *Ding* oder *Etwas* ist in den meisten Fällen nicht angemessen.

Hinweis

Zwei Entitäten sind genau dann gleich, wenn

■ sie zum gleichen Entitätstypen gehören und

■ sie in allen Attributen übereinstimmen.

Wer sich schon mal mit objektorientierter Programmierung beschäftigt hat, bemerkt, dass

■ Entitäten Ähnlichkeit mit Objekten und

■ Entitätstypen Ähnlichkeit mit Klassen

haben. Um aber den feinen Unterschied zwischen Objekten und Entitäten zu erkennen, greifen wir Chens Definition noch mal auf: Eine Entität ist *„a thing which can be distinctly identified"*. Wir müssen die Entitäten also unterscheiden können. Bei Objekten fällt uns diese Eigenschaft durch die Objektidentität in den Schoß: Sie unterscheidet je zwei Objekte im Universum aller Objekte. Bei Entitäten müssen wir uns dagegen *selbst* um die Unterscheidbarkeit kümmern. *Ein Unterscheidungsmerkmal besteht in der Zugehörigkeit zu verschiedenen Entitätstypen.* Selbst wenn zwei Entitäten übereinstimmende Attributwerte haben, können wir sie voneinander unterscheiden, wenn sie zu verschiedenen Entitätstypen gehören. Zwei Entitäten wie (*id*=1, *name*=„Brandenburg") und (*id*=1, *name*=„Brandenburg") können trotz gleicher Attributwerte verschieden sein, wenn eine zum Entitätstypen *Nachnamen* und der andere zu *Orte* gehört.

Das einzige Problem, das wir jetzt noch lösen müssen, besteht darin, einen Weg zu finden, um zwei Entitäten *gleichen Typs* zu unterscheiden. Viel haben wir ja nicht, um zwei Entitäten zu unterscheiden: Eigentlich sind es nur die Attribute. Es muss also immer eine Möglichkeit geben, zwei Entitäten, die zum gleichen Typ gehören, anhand ihrer Attribute zu unterscheiden.

Bei unseren Comicalben bietet sich etwa das Attribut *isbn* an. Da es keine zwei Alben mit der gleichen ISBN gibt, sind sie so unterscheidbar. Alternativ ist auch die *Kombination* aus den Attributen *reihe* und *band* möglich. Für „Asterix der Gallier" ist die Kombination der Werte „Asterix" und 1 immer eindeutig. Immer? Auch hier kommt es wieder auf die Mini-Welt an. Wenn unser Modell etwa den Bestand eines Comicsammlers repräsentiert, kann es sehr wohl sein, dass er etwa das Album „Asterix der Gallier" zweimal hat. In diesem Fall wäre keines der Attribute und auch keine Kombination unserer Attribute ein Unterscheidungsmerkmal. Mit dem bestehenden Satz von Attributen sind die Entitäten dann nicht unterscheidbar! Da wir aber nur dann von Entitäten reden können, wenn wir in der Lage sind, sie zu unterscheiden, müssen wir in diesem Fall ein weiteres Attribut spendieren. Beliebt ist hier ein **Identifikator** (ID), also eine ganze Zahl zum Nummerieren aller Entitäten eines Typs. Bei einem Entitätstyp, der beispielsweise die Konten einer Bank repräsentiert, ist die Kontonummer so eine ID.

Solange wir die Entitäten eines Typs voneinander unterscheiden können, ist es völlig gleichgültig, ob wir eine ID, ein anderes *einzelnes* Attribut oder eine Kombination von Attributen als Unterscheidungsmerkmal verwenden. Gelegentlich gibt es sogar mehrere Möglichkeiten innerhalb eines Entitätstypen. Wenn wir etwa Comicalben modellieren wollen, dann wären die Attribute *isbn* oder *reihe* zusammen mit *band* als alternative Unterscheidungskriterien möglich. Wir müssen einen dieser so genannten **Schlüssel** auswählen. Auf welchen von beiden unsere Wahl fällt, ist dabei aus der Sicht des ER-Modells egal.

Eine Stärke des ER-Modells besteht darin, dass wir es mit Hilfe eines Diagramms visualisieren können. Entitätstypen stellen wir immer durch ein *Rechteck* dar, in dessen Mitte der Name des Typs steht. Die Attribute des Typs werden durch Ellipsen repräsentiert, die durch eine Linie mit dem Rechteck verbunden sind. Der Attributtyp wird dabei meistens nicht notiert. Alle Attribute, die zu dem ausgewählten Schlüssel des Entitätstypen gehören, werden unterstrichen. Ein Beispiel sehen wir in Abbildung 6.3.

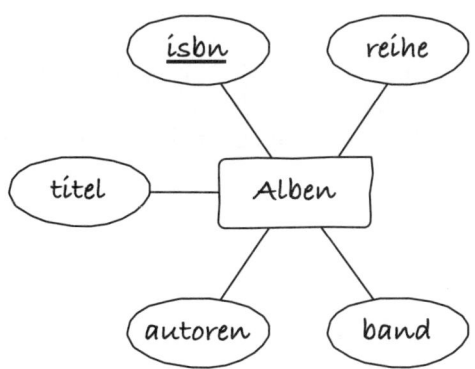

Abbildung 6.3: Graphische Darstellung eines Entitätstypen

Mit den Modellen werden auch die Diagramme umfangreicher, was sich insbesondere durch eine Vielzahl von Attributen negativ bemerkbar machen kann. Übersichtlicher können wir die Attribute auch in dem Rechteck unterbringen, das den Entitätstypen repräsentiert (siehe Abbildung 6.4).

Bei größeren Projekten wird auch nicht mehr mit Papier und Bleistift, sondern mit einer speziellen ER-Modellierungssoftware wie ERwin[3] oder PowerArchitect[4]

---

[3] Siehe erwin.com
[4] Siehe www.sqlpower.ca/page/architect

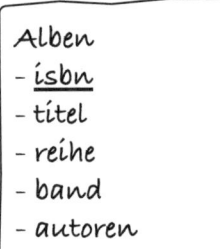

Abbildung 6.4: Vereinfachte graphische Darstellung

gearbeitet. Werkzeuge fügen die Attribute oft in eine in das Rechteck integrierte Liste ein, die auf- und zugeklappt werden kann.

Beim Entwurf unseres Datenmodells ist es teilweise schwer zu entscheiden, ob ein Attribut durch einen möglicherweise zusammengesetzten *Datentyp* oder einen eigenen *Entitätstyp* repräsentiert werden soll: Die Autoren unserer Comicalben können wir

- dem Entitätstyp *Alben* als mehrwertiges Attribut mitgeben oder

- als eigenen Entitätstypen *Autoren* führen.

Auch hier gibt es keine präzisen Regeln. Am besten orientieren wir uns an der Wiederverwendbarkeit: Wenn die gleichen Werte eines bestimmten Datentyps von *mehreren* Entitätstypen gebraucht werden, ist ein eigener Entitätstyp besser als ein mehrwertiger Datentyp geeignet.

6.3 Beziehungen

Zwischen Entitätstypen und dementsprechend auch zwischen Entitäten kann es eine oder mehrere Beziehungen (dt. für *relationships*) geben. So bekam das ER-Modell seinen Namen.[5] Auch dieser Begriff wurde von Chen sehr *informell* definiert: Eine Beziehung ist *„An association among entities"*. Im Sinne einer einfachen Darstellung unterscheiden wir hier nicht Beziehungen zwischen Entitäten von Beziehungen zwischen Entitätstypen. Die beteiligten Entitätstypen heißen **Teilnehmer** der Beziehung.

Beziehungen werden im ER-Diagramm durch Linien zwischen den Teilnehmern repräsentiert. Oft wird die Beziehung noch durch einen griffigen Namen beschrieben, der dann in eine Raute auf der Verbindungslinie eingetragen wird. Die Beziehung zwischen den Typen *Alben* und *Figuren* finden wir in Abbildung 6.5: Jedes

---

[5] Es ist übrigens ein weit verbreiteter Irrtum, dass auch das relationale Modell aus diesem Grund so heißt.

Abbildung 6.5: Eine Beziehung zwischen zwei Entitätstypen

Album enthält einige Hauptfiguren. In „Asterix der Gallier" sind das Asterix und sein Freund Obelix, in „Die Jagd auf das Marsupilam" sind es Spirou, Fantasio und das Marsupilami. Wir sehen auch, dass wir eine Beziehung zwischen zwei Typen immer in zwei Richtungen lesen können:

- Eine Figur *wirkt* in einem Comicalbum mit.

- In einem Album *gibt* es Hauptfiguren.

In Spezifikationen sind *Verben* übrigens gute Anhaltspunkte für potenzielle Beziehungen zwischen zwei Entitätstypen.

Es kann durchaus mehrere Teilnehmer an einer Beziehung geben; die Anzahl der beteiligten Typen wird als **Grad** der Beziehung bezeichnet. Eine Beziehung vom Grad d wird gelegentlich auch d-wertige Beziehung genannt. In der Praxis treten am häufigsten die binären, also 2-wertigen Beziehungen auf.

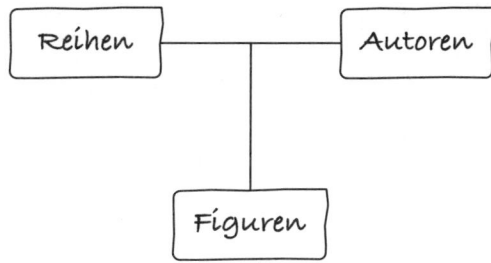

Abbildung 6.6: Eine 3-wertige Beziehung

Ein Beispiel für eine 3-wertige Beziehung sehen wir in Abbildung 6.6 zwischen den Teilnehmern *Reihen*, *Autoren* und *Figuren*: Einer (oder mehrere) der Autoren ist (sind) die Zeichner der Figuren einer Reihe. Nicht immer hat der gleiche Zeichner auch die Figuren in allen Alben der Reihen gezeichnet. So hat beispielsweise Franquin das Marsipulami zunächst für die Alben der Reihe „Spirou und Fantasio" und später für die Alben der Reihe „Die Abenteuer des Marsupilamis" gezeichnet. Die Reihe „Spirou und Fantasio" hat auch für die Zeichner der beiden Titelhelden eine wechselvolle Historie. Wir können diesen Sachverhalt nicht mit einer binären Beziehung modellieren.

Beziehungen können auch mit Attributen versehen werden: So könnten wir wie in der Beziehung aus Abbildung 6.7 noch angeben, in welchem Zeitraum der Autor die Figur für die Reihe entwickelte.

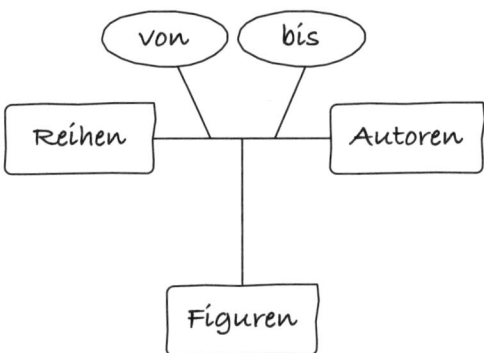

Abbildung 6.7: Eine Beziehung mit Attributen

Ein Fehler, den man gelegentlich in ER-Diagrammen findet, besteht darin, eine Beziehung durch ein Attribut zu *ersetzen*: Da jedes Album in einer Reihe erscheint, gibt es zwischen den beiden Typen *Reihen* und *Alben* auch eine Beziehung. Wenn beispielsweise der Typ *Reihen* die Entität (*id*=1, *name*=„Asterix") enthält, ist es falsch, bei den Asterix-Alben das Attribut *reihe* auf 1 zu setzen und die Beziehung aus dem Diagramm zu *entfernen*.

Hinweis

Wenn es eine Beziehung zwischen zwei Typen gibt, *muss* sie als Verbindungslinie im Diagramm enthalten sein!

6.4   Wie viel Entität darf's denn sein?

Wir haben im vorhergehenden Abschnitt gesehen, dass es gelegentlich sinnvoll sein kann, Beziehungen mit Hilfe von Attributen zu *qualifizieren*. In diesem Abschnitt beschäftigt uns die *Quantifizierung* einer Beziehung.

Abbildung 6.8: Die nicht quantifizierte Beziehung zwischen *Alben* und *Reihen*

Worum es geht, sehen wir, wenn wir uns die Beziehung *verfasst* zwischen den Typen *Autoren* und *Reihen* in Abbildung 6.8 anschauen. Aus dem Diagramm können wir bisher nicht ablesen,

- ob es zu jedem Comicalbum immer einen Autor gibt, oder

- ob auch Alben ohne Autor möglich sind.

Da wir uns angewöhnt haben, jede Beziehung in zwei Richtungen zu lesen, können wir uns auch umgekehrt fragen, ob es Autoren geben kann, die an *keinem* Album mitgewirkt haben. Das kann etwa der Fall sein, wenn bereits angekündigt ist, dass ein neuer Autor an bestimmten Alben mitarbeiten wird, auch wenn noch keine Details zu diesen Alben bekannt sind.

Für jeden der beiden Teilnehmer einer Beziehung trifft eine der beiden folgenden Möglichkeiten zu:

- Er *kann* an der Beziehung teilnehmen.

- Er *muss* an der Beziehung teilnehmen.

Somit sind je Beziehung insgesamt vier Fälle möglich. Im Diagramm wird die optionale Teilnahme durch einen Kreis repräsentiert.

Abbildung 6.9: Eine quantifizierte Beziehung

Die Beziehung in Abbildung 6.9 lesen wir also so:

- Zu jedem Alben *muss* es einen Autor geben.

- Jeder Autor *kann* an einem Album mitarbeiten. Es ist aber auch möglich, dass er an keinem Album mitwirkt.

Hinweis

Gerade in der ER-Modellierung ist es wichtig, Beziehungen in beide Richtungen zu lesen. Oft werden die Auszeichnungen im Diagramm umgekehrt, also genau bei den falschen Teilnehmern angebracht.

Die Quantifizierung ist noch nicht vollständig: Wir wissen jetzt zwar, dass in unserer Mini-Welt jedes Album einen Autor haben muss, aber oft ist hier eine *Präzisierung* wünschenswert. Die meisten Alben haben für Texte und Zeichnungen verschiedene Autoren, also sollte aus dem Diagramm hervorgehen, dass mehr als ein Autor möglich ist. Wir markieren denjenigen Teilnehmer, von dem mehrere

Entitäten des gleichen Typs an einer Beziehung teilnehmen können, mit einem so genannten **Krähenfuß**.

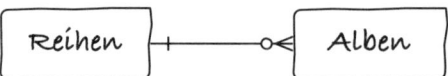

Abbildung 6.10: Der „Krähenfuß"

Ein passendes Beispiel finden wir in Abbildung 6.10.

- Zu jedem Album gehört *genau eine* Reihe; daher ist das dem Entitätstypen *Reihen* entsprechende Rechteck nicht mit einem Kreis ausgezeichnet.

- Von jeder Reihe *kann es mehrere* Alben geben; dies wird durch den Krähenfuß in Verbindung mit dem Kreis dargestellt.

Zusammenfassend sehen wir in Abbildung 6.11, dass auf jeden Teilnehmer an einer Beziehung genau eine der vier Möglichkeiten zutrifft:

- Höchstens einer kann teilnehmen (Kreis).

- Genau einer nimmt teil (Strich).

- Es können beliebig viele teilnehmen (Kreis + Krähenfuß).

- Mindestens einer nimmt teil (Strich + Krähenfuß).

Wenn es für jeden Teilnehmer vier Möglichkeiten gibt, dann gibt es insgesamt $4 * 4 = 16$ Kombinationen, um eine Beziehung zu quantifizieren. Welche Beziehung korrekt ist, geht wiederum aus dem Kontext unserer Mini-Welt hervor. Wenn sich die vollständige Quantifizierung einer Beziehung nicht aus der vorliegenden Projektdokumentation ergibt, müssen wir selbst *Annahmen* über die Quantitäten treffen oder Rücksprache mit unserem Klienten halten. Die zweite Variante ist möglicherweise etwas aufwändiger, dafür aber sicherer: Wir selbst haben in den seltensten Fällen genügend Branchenwissen, um sicher zu sein, dass unsere Entscheidung richtig ist.

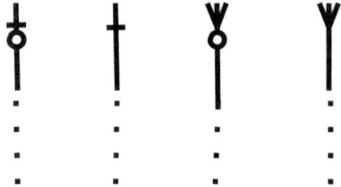

Abbildung 6.11: Mögliche quantitative Auszeichnungen einer Beziehung

ER-Diagramme gibt es in verschiedenen Ausprägungen; die vorgestellte Variante mit den Krähenfüßen geht auf Charles Bachman zurück, einen der Pioniere im Bereich der Netzwerk-Datenbanken (siehe auch Abschnitt 1.11). Auch wenn die Bachman-Notation sehr suggestiv ist, gibt es durchaus Alternativen, die eine weitergehende Quantifizierung im ER-Modell ermöglichen. Mit der Bachman-Technik können wir beispielsweise nicht ausdrücken, das es zu jedem Album mindestens zwei Autoren geben muss. In Kapitel 7 sehen wir aber auch, dass das relationale Modell – mit dem wir in diesem Buch fast ausschließlich arbeiten – so detaillierte Quantifizierungen gar nicht abbilden kann.

Teilweise müssen wir Beziehungen auch in Texten beschreiben. Hier repräsentiert ein C (Choice) den Kreis und ein M (Many) den Krähenfuß aus dem Diagramm.

Die Beziehung aus Abbildung 6.10 beschreiben wir etwa wie folgt: Zwischen den Entitätstypen *Alben* und *Reihen* gibt es die CM-1-Beziehung „erscheint in".

Das Kürzel CM bezieht sich auf den Teilnehmer *Alben*, das Kürzel 1 auf *Reihen*. In Verbindung mit M kann die 1 auch ausgelassen werden, da der Sachverhalt klar ist. CM-1 wird auch als **Kardinalität** unserer Beispielbeziehung bezeichnet.

6.5 Rekursive Beziehungen

Bisher haben wir unsere Entitätstypen ein Diagramm ohne Selbstbezüge gebildet: Die Teilnehmer der Beziehung waren immer unterschiedlich. Wenn wir es mit hierarchischen Strukturen zu tun haben, ist es aber sinnvoll, mit Beziehungen zu arbeiten, deren beteiligte Entitätstypen identisch sind.

Hierarchien treten etwa in der Organisation einer Firma auf oder in Produkten, die aus Einzelteilen zusammengesetzt sind, die ihrerseits aus Teilen bestehen. In Kapitel 22 werden wir XML-Dokumente und ihre hierarchischen Strukturen untersuchen. Das Open Directory Project[6] ist ein von freiwilligen Redakteuren auf der ganzen Welt gepflegtes Verzeichnis für das World Wide Web. In hierarchischer Form wird hier eine Vielzahl von Webseiten referenziert. Abbildung 6.12 zeigt uns, wie hierarchische Inhalte in Diagrammform dargestellt werden können. Es handelt sich hier nicht um ein ER-Diagramm, sondern um ein so genanntes Organigramm, das in der Wirtschaft gerne zur Darstellung von hierarchischen Organisationsstrukturen verwendet wird.

Das Beispiel ist natürlich nur ein winziger Auszug aus dem gesamten Verzeichnis. Wir sehen, dass

- jeder Eintrag mehrere Nachfolger haben *kann*;

- bis auf den ersten Eintrag „Top" jeder Eintrag genau einen Vorgänger hat.

Wenn wir die Wurzel der Hierarchie als ihren eigenen Vorgänger definieren, dann hat jeder Knoten *genau einen* Vorgänger. Abbildung 6.13 zeigt das Diagramm die-

---

[6] www.dmoz.org

ser 1-CM-Beziehung. Ob wir eine 1-CM- oder eine C-CM-Beziehung verwenden, um die Beziehung zu modellieren, kommt wieder ganz auf den Kontext an.

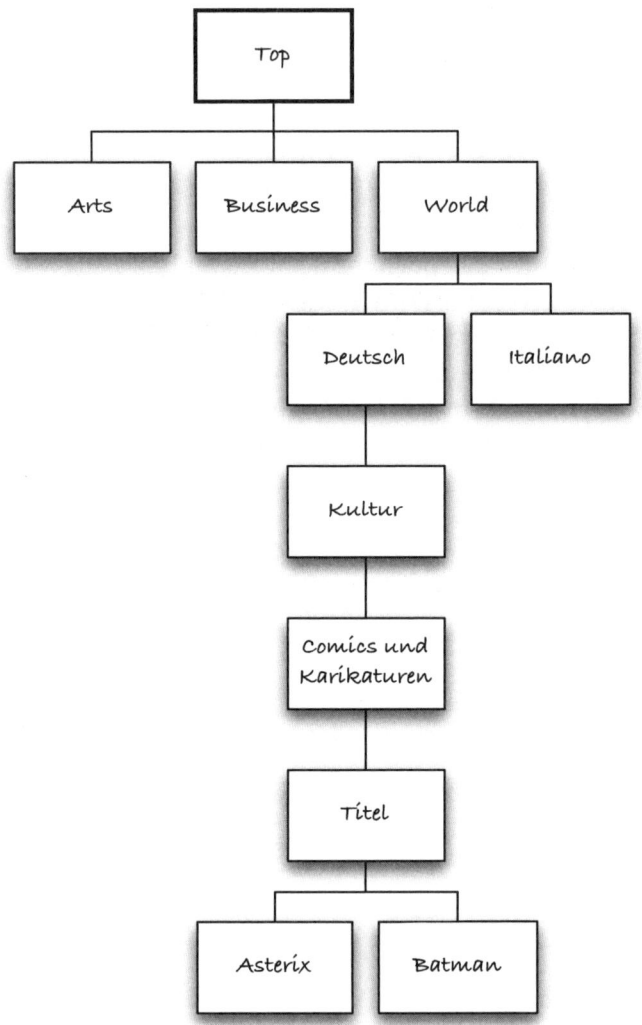

Abbildung 6.12: Ein Ausschnitt aus dem Open-Directory-Project

Da sich der Begriff „Rekursion" in der Informatik für Selbstbezüge etabliert hat, sprechen wir hier auch von *rekursiven* Beziehungen.

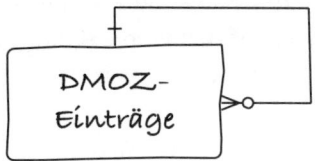

Abbildung 6.13: Eine rekursive Beziehung

6.6 Hält doppelt gemoppelt besser?

Bereits beim Entwurf der Datenbank können wir schwere Fehler begehen, die Inkonsistenzen in unseren Daten Tür und Tor öffnen. Ein sehr gutes Beispiel dafür sind Redundanzen. Wir verwenden wieder die Entitätstypen *Alben*, *Reihen* und *Autoren* und beobachten Folgendes:

■ Zwischen den Entitätstypen *Autoren* und *Reihen* gibt es eine Beziehung, weil Comicreihen von Textern und Zeichnern betreut werden.

■ Da jedes Album zu genau einer Reihe gehört, besteht zwischen den zugehörigen Typen *Alben* und *Reihen* ebenfalls eine Beziehung.

■ Außerdem sind auf jedem Album auch die Autoren eingetragen, so dass es auch eine Beziehung zwischen den Typen *Alben* und *Autoren* gibt.

Dieses Dreiecksverhältnis ist in Abbildung 6.14 dargestellt.

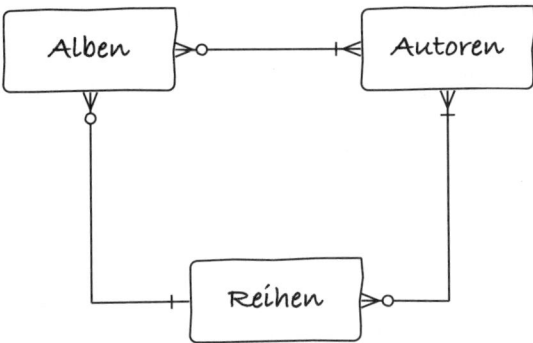

Abbildung 6.14: Ein inkonsistentes Modell

Man kann darüber streiten, ob die Kardinalitäten in jedem Fall so wie im Diagramm vorliegen, doch sind Kardinalitäten hier nur nebensächlich.

Viel wichtiger ist hingegen die Beobachtung, dass die Information, welcher Autor an welchem Album mitgearbeitet hat, auf zwei verschiedene Weisen dargestellt ist:

- Einmal direkt über die Beziehung zwischen *Autoren* und *Alben* und

- einmal indirekt: Zum Album ergibt sich die zugehörige Reihe aus der Beziehung zwischen *Alben* und *Reihen*; die Autoren erhalten wir aus der Beziehung zwischen *Reihen* und *Autoren*.

Oberflächlich betrachtet, ist gegen diese mehrfache Darstellung einer Beziehung nichts einzuwenden; es erscheint vielleicht sogar besonders „sicher" oder „bequem", die Daten mehrfach vorzuhalten. Tatsächlich lauern hier potenzielle logische Fehler im Datenbestand.

- So kann „Andre Franquin" etwa als Autor des Albums „Das Nest im Urwald" eingetragen sein.

- „Das Nest im Urwald" ist der zehnte Band der Reihe „Spirou und Fantasio".

- „Jean David Morvan" ist als einziger Autor des zehnten Bandes der Reihe „Spirou und Fantasio" verzeichnet.

Je nachdem, welchem Pfad wir im Diagramm folgen, erhalten wir einmal Franquin und einmal Morvan als Autor von „Das Nest im Urlaub". Unabhängig davon, welche Daten korrekt oder inkorrekt sind, liegt hier ein *Widerspruch* vor.

Man kann dieses fehlerhafte Design nicht mit Argumenten schönreden, dass beim Einfügen der Daten aufgepasst und auf Konsistenz geachtet werden muss. Der Hinweis auf mögliche Inkonsistenzen ist nicht im Diagramm verankert und kann schnell in Vergessenheit geraten.

Informationen dürfen im ER-Modell also nur einmal und an einer Stelle vorhanden sein!

Abbildung 6.15: Ein redundanzenfreies Modell

Im vorliegenden Fall kann das Modell von der Redundanz befreit werden, ohne dass Information verloren geht: Wenn wir – wie in Abbildung 6.15 dargestellt – die Beziehung zwischen *Reihen* und *Autoren* entfernen, gibt es keine Redundanz mehr. Wenn wir wissen wollen, welche Autoren an welchem Band mitgewirkt haben, dann greifen wir auf die zugehörigen Albuminformation zu und von dort aus auf die Autoren des Albums.

Hinweis

Redundanzen sind die Wurzel allen Übels! Meiden Sie Redundanzen!

Potenzielle Redundanzen erkennen wir an zyklischen Beziehungen in unseren Diagrammen. Im Diagramm in Abbildung 6.14 ist der Zyklus klar zu erkennen, wenn das Geflecht komplexer wird, ist das nicht mehr so einfach. Zudem repräsentiert nicht jeder Zyklus eine Redundanz. Eine andere Art von Redundanz im Datenmodell und ihre verheerenden Folgen wird uns noch in Kapitel 8 beschäftigen.

6.7 Ist doch ganz einfach?

Das ER-Modell ist trotz aller Sonderfälle so einfach, dass man sich fragt, warum Chen dafür so berühmt geworden ist. Tatsächlich hat Chen in seiner Originalarbeit [Che76] nicht nur die Diagrammtechnik entwickelt, sondern auch aufgezeigt, wie man aus ER-Modellen sowohl Netzwerk- als auch hierarchische, als auch relationale Datenbanken entwickelt. Er hat so nachgewiesen, dass das ER-Diagramm nahezu universell einsetzbar ist.

Seit Chens Arbeit hat es – auch von ihm selbst – zahlreiche Verbesserungsvorschläge für das ER-Modell gegeben, dazu zählt etwa das Extended-Entity-Relationship-Modell, mit dessen Hilfe man auch objektorientierte Konzepte wie die *Vererbung* abbilden kann (siehe auch [Che02]). Zwar wird in den letzten Jahren die aus der objektorientierten Entwicklung bekannte Unified Modelling Language (UML) für die Datenmodellierung immer beliebter, doch bleibt auch heute das ER-Modell in seiner einfachen Form, die wir in diesem Kapitel kennengelernt haben, der Standard. Wir können davon ausgehen, dass jeder, der sich ernsthaft mit Datenbanken beschäftigt, auch das ER-Modell nach Chen kennt. Das ER-Modell ist somit eine Art Esperanto für alle Datenbank-Designer.

Alles klar?

- Das ER-Modell ist ein semantisches Modell. Es versetzt Projektbeteiligte in die Lage, Datenmodelle ohne Kenntnisse von Datenbanktechnologie zu entwerfen.

- Entitäten sind die Gegenstände des Modells.

- Entitäten werden durch Attribute beschrieben.

- Gleichartige Entitäten werden zu Entitätstypen zusammengefasst.

- In jedem Entitätstyp gibt es Attribute, die jede Entität dieses Typs eindeutig identifizieren.

- Zwischen Entitätstypen kann es Beziehungen geben.

- Entitätstypen werden durch Rechtecke, Beziehungen durch Strecken im ER-Diagramm visualisiert.

- Beziehungen können etwa als 1-1- oder M-M-Beziehungen quantifiziert werden.

- Es gibt insgesamt 16 verschiedene Möglichkeiten, um eine einzige Beziehung zu quantifizieren.

- In ER-Diagrammen werden zur Visualisierung so genannte Krähenfüße, senkrechte Striche und Kreise verwendet.

- Rekursionen im Modell repräsentieren hierarchische Beziehungen.

- Redundanzen sind ein Indikator für ein inkonsistentes Modell.

Von einem Modell zum nächsten

Wir kennen jetzt zwei verschiedene Arten von Datenmodellen:

- Das sehr formale relationale Modell (siehe Kapitel 3) zusammen mit einer Realisierung in Form der Sprache SQL (siehe Kapitel 5 sowie die Kapitel 9-16). Beides erfordert ein erhebliches Spezialwissen.

- Das informelle ER-Modell, das sich bestens eignet, wenn wir die Welt unserer Klienten verstehen wollen (siehe Kapitel 6). In die Modellierung können aufgrund der Einfachheit des Modells auch Mitarbeiter ohne IT-Kenntnisse eingebunden werden.

Die Stärke des ER-Modells besteht auch darin, dass es hinsichtlich seiner Realisierung unverbindlich ist: Es gibt Verfahren, um Modelle auf das Netzwerk- oder auch auf das hierarchische Modell zu transformieren. Da es keine ER-Datenbanksysteme gibt, muss eine Transformation auf eines der gängigen DBMS stattfinden.

In diesem Kapitel lernen wir, wie wir ein konkretes ER-Modell auf das relationale Modell abbilden. Den Praxisbezug bekommt das Ganze dadurch, dass wir uns auch gleich Muster für die benötigten `create table`-Anweisungen erarbeiten.

Die grundsätzliche Marschrichtung dürfte klar sein:

- Entitätstypen werden mit Tabellen und
- Beziehungen mit Schlüssel-Fremdschlüssel-Beziehungen

realisiert. Wir werden bei der Umsetzung aber auf einige Probleme stoßen, für die wir – zumindest in den meisten Fällen – Lösungen finden. Neben Mustern zur Modelltransformation vermittelt dieses Kapitel auch zahlreiche Anwendungen zu dem Teil der SQL-Syntax, den wir uns in Kapitel 5 erarbeitet haben.

7.1 Mehrwertige Datentypen

Mehrwertige Datentypen sind im relationalen Modell nicht vorgesehen. Wenn unser ER-Modell einen solchen Datentypen enthält, bilden wir ihn auf einen eigenen Entitätstypen ab.

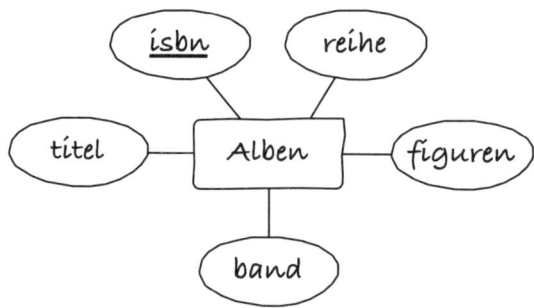

Abbildung 7.1: Ein Entitätstyp mit einem mehrwertigen Attribut

In Abbildung 7.1 sehen wir, dass der Entitätstyp *Alben* ein Attribut *figuren* mit den Hauptfiguren des zugehörigen Comicalbums enthält. Da wir mehrwertige Typen im relationalen Modell nicht umsetzen können, vereinbaren wir wie in 7.2 einen neuen Entitätstyp *Figuren* mit den Attributen *id* und *name*. Das zum Typ *Alben* gehörende Attribut *figuren* wird entfernt und durch eine CM-CM-Beziehung zwischen *Alben* und *Figuren* ersetzt.

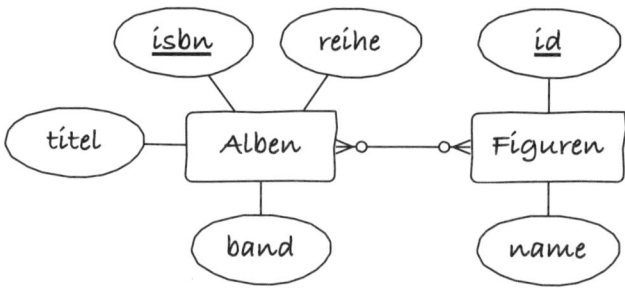

Abbildung 7.2: Auslagerung des mehrwertigen Attributs

Mit diesem Verfahren können wir unser Modell von allen mehrwertigen Datentypen befreien.

7.2 Zusammengesetzte Attribute

Nach den Ausführungen im vorherigen Abschnitt können wir annehmen, dass jeder Entitätstyp nur atomare oder zusammengesetzte Attribute enthält. Weil das relationale Modell keine zusammengesetzten Datentypen kennt, bilden wir die Komponenten der zusammengesetzten Daten auf neue Attribute unseres Entitätstypen ab. Wenn dieser zusammengesetzte Typ selbst nicht nur atomare, sondern wieder zusammengesetzte Daten enthält, wiederholen wir dieses Verfahren, bis es nur noch atomare Datentypen gibt.

7.3 Aus Entitätstypen werden Tabellen

Da wir mehrwertige und zusammengesetzte Datentypen beseitigt haben, gibt es in unserem Modell nur noch atomare Datentypen. Zu jedem dieser atomaren Typen suchen wir einen geeigneten SQL-Datentyp und formulieren eine passende `create table`-Anweisung, die auch den Schlüssel des Typen berücksichtigt. Hier sei aber ein weiteres Mal darauf hingewiesen, dass natürliche durch künstliche Schlüssel ersetzt werden sollten (siehe auch Abschnitt 5.9).

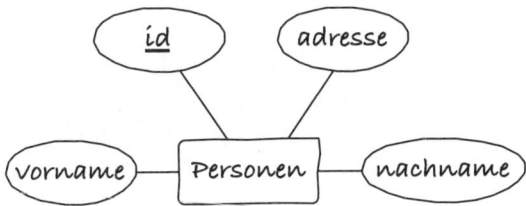

Abbildung 7.3: Entitätstyp mit einem zusammengesetzten Attribut

Der Entitätstyp *Personen* aus dem Diagramm in Abbildung 7.3 enthält etwa das zusammengesetzte Attribut vom Typ *Adresse*. Die folgende SQL-Anweisung definiert eine Tabelle ohne zusammengesetzte Attribute.

Listing 7.1: Auflösung von zusammengesetzten Typen

```
create table personen(
   id int primary key,
   vorname varchar(30),
   nachname varchar(30),
   ort varchar(20),
   plz char(5),
   strasse char(30),
   hausnr char(5)
)
```

In diesem Kapitel untersuchen wir einige Variationen der Beziehung zwischen den Entitätstypen *Autoren* und *Alben*. Wie bereits in anderen Kapiteln beschrieben, repräsentieren diese Typen Comicalben und ihre Autoren. Da wir uns noch nicht um Beziehungen zwischen Entitäten kümmern, definieren wir für unsere beiden Entitätstypen stark vereinfachte Tabellen. Für unser Beispiel sehen die zugehörigen SQL-Anweisungen so aus:

Listing 7.2: Die Beispieltabellen ohne Beziehung

```
create table autoren(
  id int primary key,
  name varchar(20) not null unique
);
create table alben(
  id int primary key,
  titel varchar(20) not null
)
```

7.4   Beziehungen mit mehr als zwei Teilnehmern

Wir wissen, dass zu Beziehungen zwischen Fremdschlüsseln und den von ihnen referenzierten Schlüsselkandidaten jeweils maximal *zwei* verschiedene Tabellen gehören. Binäre und rekursive Beziehungen lassen sich – wie wir gleich sehen werden – auf diese Weise abbilden. Beziehungen mit drei oder mehr Teilnehmern kriegen wir so aber nicht in den Griff. Zum Glück können wir eine Beziehung mit d Teilnehmern durch d binäre Beziehungen und einen *zusätzlichen* Entitätstypen ersetzen. Dies machen wir uns am Beispiel in Abbildung 7.4 klar.

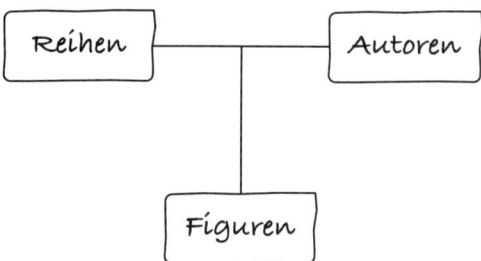

Abbildung 7.4: Eine 3-wertige Beziehung

Jede der Figuren einer Comicreihe kann verschiedene Zeichner haben. Diese dreiwertige Beziehung lösen wir auf, indem wir zunächst – wie in Abbildung 7.5 – einen neuen Entitätstyp einführen. Die Aufgabe dieses Entitätstyps *ReihenAutoren* besteht darin,

- jeder Reihe die zugehörigen Autoren und

- jedem Autor seine Reihen

zuzuordnen. Sein Schlüssel ist aus den Schlüsseln der beiden beteiligten Typen zusammengesetzt.

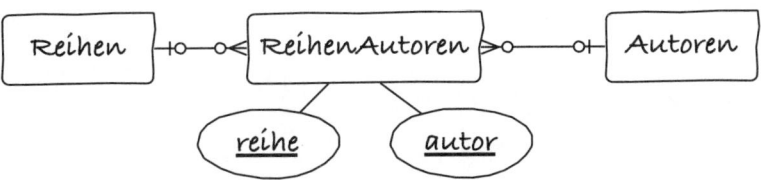

Abbildung 7.5: Ein neuer Entitätstyp

Wir nehmen einmal an, dass

- der Typ *Reihen* etwa die Entität (*id*=1, *titel*=„Asterix") und

- der Typ *Autoren* zwei Entitäten (*id*=1, *name*=„Goscinny") und (*id*=2, *name*=„Uderzo") enthält.

Dann enthält der Entitätstyp *ReihenAutoren* die Einträge (*reihe*=1, *autor*=1) und (*reihe*=1, *autor*=2). Auf diese Weise werden der Reihe „Asterix" die Autoren „Uderzo" und „Goscinny" als Autoren zugewiesen. Wie in Abbildung 7.6 gezeigt, verbindet der Entitätstyp *ReihenAutoren* die Typen *Reihen* und *Autoren* miteinander.

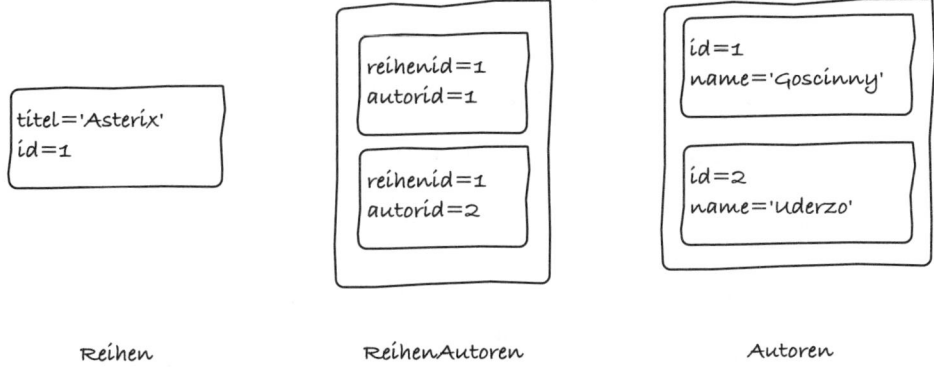

Abbildung 7.6: Die Typen Reihen und Autoren werden verbunden

Wie die resultierenden binären Beziehungen weiter auf das relationale Modell abgebildet werden, sehen wir in Abschnitt 7.5. In der ursprünglichen Beziehung mit drei Teilnehmern fehlt noch der dritte Teilnehmer *Figuren*. Dazu ergänzen wir eine binäre CM-CM-Beziehung zwischen den *Figuren* und *ReihenAutor*. Das Ergebnis sehen wir in Abbildung 7.7.

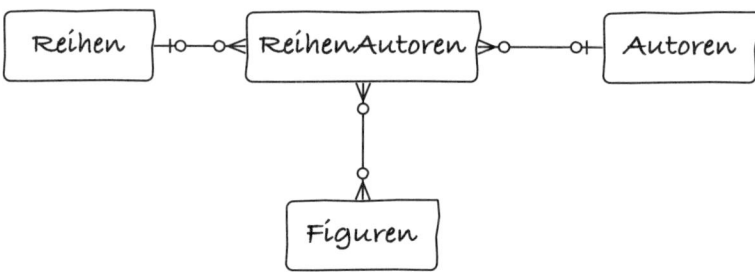

Abbildung 7.7: Ein neuer Entitätstyp

So können wir jeder Figur einige Autoren der gleichen oder verschiedener Reihen zuordnen. Wenn wir andererseits einen Autor und eine seiner Reihen kennen, wissen wir auch, welche Figuren er gestaltet hat.

Wenn wir die – in der Praxis – seltenen Beziehungen mit mehr als zwei Teilnehmern auf diese Weise bearbeiten, enthält unser Modell nur noch binäre und vielleicht einige rekursive Beziehungen.

Dieses Verfahren können und werden wir übrigens auch auf binäre Beziehungen anwenden. Auch wenn es jetzt unsinnig erscheinen mag: Wir werden Fälle erleben, wo uns die Möglichkeit, eine binäre Beziehung wie in Abbildung 7.5 durch zwei andere binäre Beziehungen und einen neuen Entitätstypen zu ersetzen, von verzwickten Problemen befreit.

7.5   Binäre Beziehungen

Da wir wissen, wie wir Beziehungen mit mehr als zwei Teilnehmern reduzieren können, dürfen wir annehmen, dass unser Modell nur noch binäre und rekursive Beziehungen enthält.

Bereits in der Einleitung haben wir festgestellt, dass wir Beziehungen aus dem ER-Modell mit referenziellen Integritätsregeln abbilden können. Darum fügen wir einem der Teilnehmer der Beziehung ein Attribut hinzu, das dem Primärschlüssel des anderen Teilnehmers entspricht. In der Tabellendarstellung des Entitätstyps machen wir das neue Attribut zum Fremdschlüssel. Die Beispieltabellen aus Listing 7.2 enthalten noch keinen Fremdschlüssel. Wir können also etwa der Tabelle `alben` das Attribut `autor`, wie in Listing 7.3, als Fremdschlüssel für die Tabelle `autoren` hinzufügen. Zu welcher Tabelle wir einen Fremdschlüssel hinzufügen, hängt vom Typ der Beziehung ab. Die verschiedenen Fälle diskutieren wir in den folgenden Abschnitten.

7.5.1 C-CM-Beziehungen

Der einfachste Fall von referenzieller Integrität tritt in der folgenden Anweisung auf:

Listing 7.3: Beispiel einer C-CM-Beziehung

```
drop table alben;
create table alben(
   id int primary key,
   titel varchar(20) not null,
   autor int references autoren
```

Für jedes Album enthält das Attribut `autor` entweder `null` oder einen Wert, der einem Datensatz aus der Tabelle `autoren` entspricht. Zu jedem Album gibt es mithin maximal einen Autor; es kann aber auch Autoren geben, die gar nicht referenziert werden. Jeder Autor *kann* von verschiedenen Datensätzen der Tabelle `alben` referenziert werden. Diese einfache Form der Schlüssel-Fremdschlüsselbeziehung realisiert eine C-CM-Beziehung. Das entsprechende Diagramm sehen wir in Abbildung 7.8.

Abbildung 7.8: Eine C-CM-Beziehung

Wir haben außerdem eine wichtige Regel kennengelernt:

> **Hinweis**
>
> Krähenfüße aus ER-Diagrammen werden im relationalen Modell durch Fremdschlüssel repräsentiert.

Wenn einer der Teilnehmer an einer binären Beziehung mit einem Krähenfuß markiert ist, referenziert die zugehörige Tabelle die zum anderen Teilnehmer gehörende Tabelle mit einem Fremdschlüssel. Die Umkehrung dieser Regel gilt übrigens nicht, wie wir im übernächsten Abschnitt sehen werden.

7.5.2 1-CM-Beziehungen

Wenn es zu jedem Album genau einen Autor geben *muss*, dann verschärft sich die Beziehung aus dem Diagramm in Abbildung 7.8 zu einer 1-CM-Beziehung wie in Abbildung 7.9.

Abbildung 7.9: Eine 1-CM-Beziehung

Im Fall einer C-CM-Beziehung tragen wir in die Spalte `autor` einfach `null` ein, wenn zum Album kein Autor gehört. Wenn wir also `null` für den Fremdschlüssel verbieten, haben wir die gewünschte Beziehung vom Typ 1-CM erreicht:

Listing 7.4: Beispiel einer 1-CM-Beziehung

```
create table alben(
   id int primary key,
   titel varchar(20) not null,
   autor int not null references autoren
)
```

7.5.3 1-C-Beziehungen

Ein Szenario, das vielleicht nicht ganz praxisgerecht ist, an dem wir aber trotzdem die Abbildung eines weiteren Beziehungstyps erkennen können, ergibt sich, wenn es zu jedem Autor höchstens ein Album und zu jedem Album genau einen Autor geben soll. Diesen Fall setzen wir um, indem wir Dubletten für das Feld `reihen` ausschließen und `null` verbieten:

Listing 7.5: Beispiel einer 1-C-Beziehung

```
create table alben(
   id int primary key,
   titel varchar(20) not null,
   autor int not null unique references autoren
)
```

Jeder Datensatz aus der Tabelle `autoren` tritt in der Spalte `autor` der Tabelle `alben` jetzt nur noch maximal einmal auf. Es ist aber nach wie vor nicht erforderlich, dass *jede* Comicreihe von einem Fremdschlüssel in der Tabelle `autoren` referenziert wird.

7.5.4 C-C-Beziehungen

Zunächst erscheint es nicht als besonders schwer, ein Tabellenpaar, das eine 1-C-Beziehung beschreibt, in eine C-C-Beziehung zu überführen. Dieses Ziel erreichen wir etwa, wenn wir die Definition der Spalte `reihe` einfach ändern in

```
autor int unique references autoren
```

und für Alben ohne Autor das Attribut id einfach auf null setzen. Doch spielt uns SQL hier einen Streich, da es in Einklang mit dem Standard auch Dialekte gibt, in denen jede unique-Constraint auch eine not null-Constraint erfordert (siehe Abschnitt 5.14). Wenn wir diesen Eigenschaften Rechnung tragen müssen, dann finden wir keine Lösung, die mit zwei Tabellen auskommt. In Abschnitt 7.4 haben wir gelernt, dass wir jede binäre Beziehung durch zwei binäre Beziehungen und einen zusätzlichen Entitätstyp zur Verwaltung der Beziehung ersetzen können. Diesen Trick wenden wir hier an. Wir belassen die Tabellen autoren und alben so einfach wie in Listing 7.2 und fügen eine dritte Tabelle hinzu:

Listing 7.6: Beispiel einer C-C-Beziehung

```
create table albenautoren(
    album int not null unique references alben,
    autor int not null unique references autoren,
    primary key(album, autor)
)
```

Die Tabelle besteht nur aus Spalten, die den Primärschlüsseln der Tabellen autoren und alben entsprechen. Jede der beiden Spalten der neuen Tabelle referenziert jeweils eine dieser beiden Tabellen. Wenn es eine Beziehung zwischen einem Datensatz aus autoren und einem aus alben gibt, wird darüber in der Tabelle albenautoren Buch geführt. Die beiden Tabellen stehen so nicht mehr direkt, sondern nur indirekt über albenautoren zueinander in Beziehung.

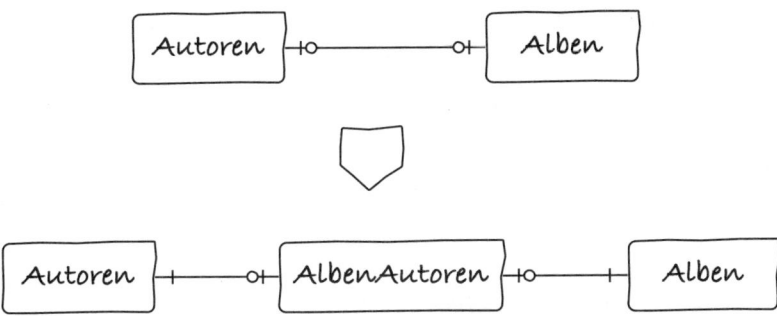

Abbildung 7.10: Auflösung einer C-C-Beziehung

Durch die beiden unique-Constraints gewährleisten wir, dass jeder Autor und jedes Album nur maximal einmal in albumautoren auftritt und somit auch wirklich eine C-C-Beziehung realisiert ist. Wie in Abbildung 7.10 dargestellt, haben wir die C-C-Beziehung in zwei 1-C-Beziehungen zerlegt.

7.5.5 CM-CM-Beziehungen

Die Einführung der Verbindungstabelle hat uns im vorigen Abschnitt eine un-
erwartet einfache Lösung gebracht. Schauen wir, was passiert, wenn wir die
unique-Constraints aus der Tabelle albenautoren entfernen:

Listing 7.7: Beispiel einer CM-CM-Beziehung

```
create table albenautoren(
    album int not null references alben,
    autor int not null references autoren,
    primary key(album, autor)
)
```

Solange die *Kombination* aus Album und Autor höchstens einmal vorkommt, kann
jedes Album und jeder Autor beliebig oft referenziert werden. Zu jeder Reihe sind
mehrere Autoren und zu jedem Autor mehrere Reihen möglich. Wir haben durch
diese einfache Operation unsere C-C-Beziehung zu einer CM-CM-Beziehung gemacht. Realisiert wird sie durch die Kombination zweier C-CM-Beziehungen.

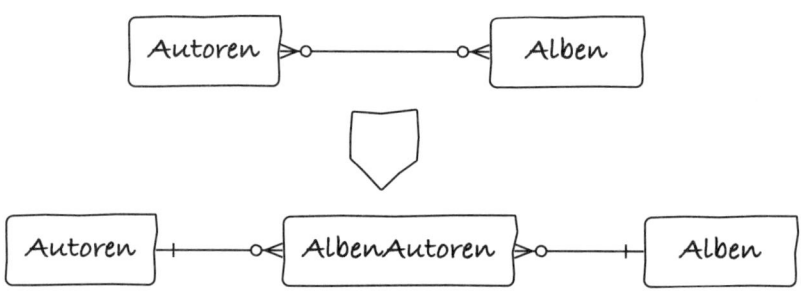

Abbildung 7.11: Auflösung einer CM-CM-Beziehung

Die Diagrammdarstellung dieser Transformation sehen wir in Abbildung 7.11.
Bemerkenswert ist, dass sich hier die Krähenfüße nach „innen" gedreht haben.
Gelegentlich findet man fehlerhafte Diagramme, in denen die CM-CM-Beziehung
zwar aufgelöst wurde, die Krähenfüße aber weiterhin – wie in Abbildung 7.12 –
an den ursprünglich beteiligten Entitätstypen angebracht sind.

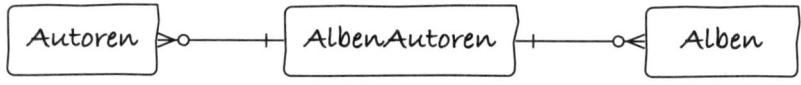

Abbildung 7.12: Fehlerhafte Auflösung einer CM-CM-Beziehung

Es ist eine gute Übung, sich klarzumachen, dass die Semantik dieses fehlerhaften Diagramms sicher nicht einer CM-CM-Beziehung entspricht!

7.5.6 1-1-Beziehungen

Wir kommen jetzt zu Beziehungstypen, die schwer oder gar nicht realisierbar sind. In einer 1-1-Beziehung zwischen *Alben* und *Autoren*

- hat jeder Autor an genau einem Album mitgearbeitet
- gibt es zu jedem Album genau einen Autor.

Eine Lösung finden wir in der folgenden SQL-Anweisung:

Listing 7.8: Beispiel einer 1-1-Beziehung

```
create table alben(
  id int primary key,
  titel varchar(20),
  autor varchar(20) not null unique
)
```

Die beiden Entitätstypen `alben` und `autoren` haben ihre unabhängige Existenz eingebüßt und sind quasi eine Symbiose eingegangen. Diese Zusammenfassung zu einer einzigen Tabelle ist die gängige Umsetzung. Teilweise reflektiert sie aber das ursprüngliche Modell nur unzureichend. Wenn es etwa im Modell noch eine Beziehung zwischen dem Typ *Autor* und einem weiteren Typ *Adresse* gibt, steht sogar das Album in Bezug zur Adresse seines Autors. Wenn in der Mini-Welt aber wirklich eine 1-1-Beziehung vorliegt, dann ist die Verschmelzung der einzig vernünftige Weg.

Man kann allerdings auf jeden Fall *hinterfragen*, ob tatsächlich eine 1-1-Beziehung vorliegt. Im wirklichen Leben sind diese nämlich eher selten: Schließlich muss der Datenbestand, der zum Modell gehört, nach und nach aufgebaut werden; es ist wirklich sehr schwer vorstellbar, dass eine Datenbank nur dann konsistent sein soll, wenn beide Teilnehmer einer 1-1-Beziehung *gleichzeitig* entstehen. In unserem Beispiel sehen eigentlich alle Anwendungsfälle so aus, dass zuerst Daten über den Autor und danach Daten über „seine" Reihe entstehen. Das würde einer 1-C-Beziehung zwischen den Typen *Autoren* und *Reihen* entsprechen: ein Szenario, das wir bereits in Abschnitt 7.5.3 umgesetzt haben.

Wenn man keine geeignete Tabellenform findet, kommt es schon mal zu Verzweiflungstaten wie in den folgenden `create table`-Anweisungen:

Listing 7.9: Wie man eine 1-1-Beziehung nicht umsetzen sollte

```
create table autoren(
  id int primary key,
  name varchar(20) not null unique,
  album int not null
);
create table alben(
  id int primary key,
  titel varchar(20) not null,
  autor int null references autoren
);
alter table autoren add foreign key(album) references alben
```

Die Idee besteht darin, dass sich die Tabellen *gegenseitig* referenzieren: Durch die Integritätsregeln gibt es dann der Beziehung entsprechend auch tatsächlich

- zu jedem Autor genau ein Album und
- zu jedem Album genau ein Buch.

Da wir in SQL die Tabelle `alben` nicht referenzieren können, bevor wir sie mit `create table` erzeugt haben, müssen wir den Fremdschlüssel nachträglich mit `alter table` anlegen. Tatsächlich entsteht durch die beiden 1-CM-Beziehungen ein Zyklus und durch den Zyklus eine *Redundanz*. Dieser Sachverhalt ist im Diagramm in Abbildung 7.13 dargestellt.

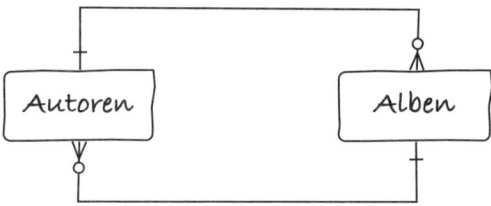

Abbildung 7.13: Auflösung einer CM-CM-Beziehung

Wir überzeugen uns auch rasch durch ein Beispiel davon, dass es schnell zu einem inkonsistenten Datenbestand kommen kann:

Tabelle 7.1: Die Tabelle `autoren`

id	name	album
1	Henk Kuijpers	2
2	Pierre Seron	1

Tabelle 7.2: Die Tabelle `alben`

id	titel	autor
1	Die weiße Göttin	1
2	Die Minimenschen in Brontopia	2

Unabhängig davon, welche Daten korrekt sind, steckt in den Tabellen 7.1 und 7.2 ein Fehler:

- Aus der Tabelle `autoren` geht hervor, dass „Henk Kuijpers" der Autor von „Die Minimenschen" ist.

- Aus der Tabelle `alben` ergibt sich, dass der Autor von „Die Minimenschen" der Franzose „Pierre Seron" ist.

Wenn wir „aufpassen" und inkonsistente Datenbestände verhindern, können wir selbstverständlich auch mit diesen Tabellen arbeiten. Doch sollte diese fehleranfällige Lösung nicht das Ziel unseres Designs sein. Wenn es ein perfektes Design überhaupt gibt, dann lässt es inkonsistente Daten gar nicht erst zu!

7.5.7 Weitere Beziehungstypen

Wenn wir jetzt Bilanz ziehen, sehen wir, dass wir für Beziehungen vom Typ C-M, 1-M, CM-M und M-M noch keine Lösung gefunden haben; also bei Beziehungen, in denen einer der Teilnehmer immer mindestens einmal auftreten *muss*. Grundsätzlich können wir auch wieder die Beziehung wie bei C-C- und bei C-M-Beziehungen durch zwei binäre Beziehungen ablösen, doch können wir keine Integritätsregeln formulieren, die sicherstellen, dass die Beziehung vom Typ C-M ist.

Das Problem lässt sich häufig durch eine Änderung des ER-Modells lösen, wenn wir etwa anstatt mit einer C-M-Beziehung mit einer C-CM-Beziehung arbeiten und so wieder bekanntes Terrain betreten.

Ist eine C-M-Beziehung zwingend vorgeschrieben, müssen wir mit nicht-relationalen Mitteln arbeiten: Viele SQL-Dialekte bieten die Möglichkeit, so genannte Trigger zu definieren. Das sind Regeln, die immer angewendet werden, wenn beispielsweise eine `insert`-Anweisung ausgeführt wird. Innerhalb eines solchen Triggers könnte eine Tabelle und die Verbindungstabelle mit den geeigneten Daten bestückt werden. Das relationale Modell stößt hier an seine Grenzen.

7.5.8 Beziehungen mit Attributen

In Abbildung 7.14 sehen wir, dass wir für jeden Autor noch eine Information über die Rolle hinzufügen, die er bei der Entwicklung des Bandes – wie etwa „Texter" oder „Zeichner" – gespielt hat.

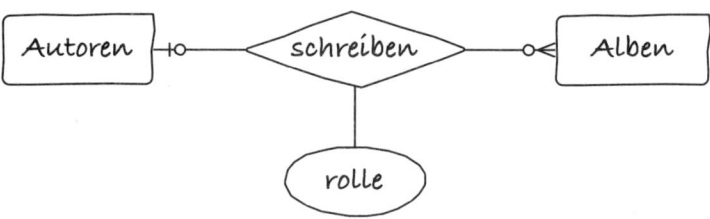

Abbildung 7.14: Beziehung mit Attribut

Mit der Einführung einer Verbindungstabelle kann aber auch dieser Beziehungs-
typ relational dargestellt werden. Wir ergänzen die beiden `create table`-
Anweisungen aus Listing 7.3 um die folgende Verbindungstabelle:

Listing 7.10: Eine Beziehung mit Attributen

```
create table albenautoren(
    album int not null  references alben,
    autor int not null unique references autoren,
    rolle varchar(20),
    primary key(album, autor)
)
```

Da die Beziehung zwischen Autoren und Alben hier vom Typ C-CM ist, haben
wir die Spalte `autor` in der Verbindungstabelle als `unique` markiert. So ist sichergestellt, dass es zu jedem Autor nur ein Album geben kann. Das zugehörige
ER-Diagramm sehen wir in Abbildung 7.15.

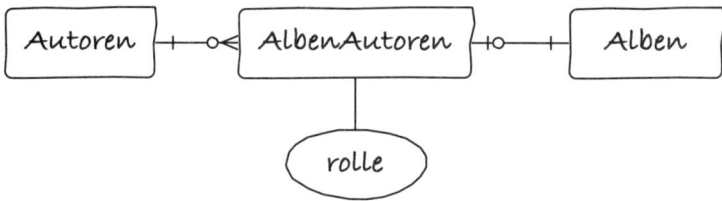

Abbildung 7.15: Beziehung mit Attribut für das relationale Modell

Wir haben uns in diesem Kapitel ein Verfahren erarbeitet, mit dem wir unser ER-
Modell auf das relationale Modell abbilden können. Die wenigen Fälle, in denen
wir Beziehungen nicht mit Hilfe von referenzieller Integrität umsetzen konnten,
werden durch leichte Änderungen am Modell gelöst und stellen in der Praxis kein
echtes Problem dar.

Alles klar?

- Da es zum ER-Modell kein DBMS gibt, muss das ER-Modell in der Praxis auf ein Modell wie das relationale Modell abgebildet werden.

- Entitätstypen werden auf Tabellen abgebildet.

- Binäre Beziehungen werden mit Hilfe der referenziellen Integrität abgebildet.

- Die Regel „Krähenfuß gleich Fremdschlüssel" kann als Orientierung bei der Transformation dienen.

- Beziehungen vom Grad größer zwei werden durch mehrere binäre Beziehungen ersetzt.

- Einige Typen von Beziehungen können nur mit Hilfe eines künstlichen Entitätstyps in das relationale Modell transformiert werden.

- Es gibt Beziehungstypen, die sich nicht auf das relationale Modell abbilden lassen.

- Fehler, die bei der ER-Modellierung durchgeführt wurden, können zu Problemen bei der Abbildung auf das relationale Modell führen.

Normalisierung – die Datenbank bekommt den letzten Schliff

Wir irren uns, wenn wir glauben, dass Integritätsregeln, wie wir sie uns in Kapitel 5 erarbeitet haben, schon ausreichen, um unsere Daten vor Inkonsistenzen zu schützen. In diesem Kapitel erfahren wir, dass redundante Daten, auch wenn sie noch so strengen Integritätsregeln genügen, ebenfalls Inkonsistenzen nach sich ziehen können. Wir entdecken zunächst Tabellen, in denen es so genannte Anomalien gibt, und lernen dann, wie wir diese Anomalien mit Hilfe des relationalen Modells verhindern können. Dabei formulieren wir die Normalisierung als Prozess zur Qualitätssicherung, mit dem wir Redundanzen und damit einhergehende Inkonsistenzen vermeiden.

8.1 Anomalien

Zunächst arbeiten wir nicht mit Relationen oder Relationentypen, sondern mit einer handfesten Tabelle, die wir mit der `create table`-Anweisung aus Listing 8.1 formulieren. Das Beispiel orientiert sich an Beispielen aus Kapitel 5. Es wirkt sehr einfach und auf den ersten Blick sorgfältig entworfen, und doch ergeben sich überraschende Probleme.

Listing 8.1: Eine Tabelle für beispielhafte Anomalien

```
create table alben(
  reihe varchar(30),
  titel varchar(30) not null,
```

```
band int check(band>=0),
verlag varchar(30) not null,
jahr int check(jahr>=1900),
primary key(reihe, band)
)
```

Offensichtlich haben wir die Tabelle gewissenhaft mit Integritätsregeln ausgestattet, um ein hohes Maß an Konsistenz sicherzustellen. Der Primärschlüssel der Tabelle ist allerdings *natürlich*. Um mit einem einfachen und klaren Beispiel arbeiten zu können, halten wir uns nicht an unsere eigene Regel, solche Primärschlüssel zu meiden (siehe Abschnitt 5.9). Der Datenbestand unserer Comicsammlung könnte so aussehen:

Tabelle 8.1: Beispieldaten für die Tabelle `alben`

reihe	titel	band	verlag	jahr
Asterix	Asterix der Gallier	1	Ehapa	1968
Asterix	Die Trabantenstadt	17	Ehapa	1974
Asterix	Der große Graben	25	Ehapa	1980
Tim und Struppi	Der geheimnisvolle Stern	1	Carlsen	1972
Franka	Das Kriminalmuseum	1	Epsilon	1985
Franka	Das Meisterwerk	2	Epsilon	1986

Wir gehen davon aus, dass die Alben einer Reihe *immer* im gleichen Verlag erscheinen. Da wir diesen Sachverhalt nicht mit Hilfe von Integritätsregeln formulieren können, besteht die Möglichkeit, dass die Anwender unsere Annahmen nicht teilen und die Datenbank in einen inkonsistenten Zustand bringen. Schauen wir uns einige Beispiele an:

Insert-Anomalien: Wir können den folgenden Datensatz in die Tabelle einfügen.

```
insert into alben
values('Asterix', 'Asterix und Kleopatra', 2, 'Panini', 1968 )
```

In der Tabelle gibt es jetzt Asterix-Alben, die im Ehapa-Verlag und solche, die im Panini-Verlag erschienen sind. Es ist keine Lösung, darauf zu vertrauen, dass die *Anwendung*, die mit der Datenbank arbeitet, solche unzulässigen Daten unterbindet:

- Die Anwendung ändert sich möglicherweise eines Tages oder

- einzelne Anwender (und dazu zählen auch die Datenbankadministratoren) umgehen die Anwendung und arbeiten direkt mit der SQL-Schnittstelle der Datenbank. Es wäre mal wieder sehr sorglos, darauf zu vertrauen, dass jeder Anwender schon „aufpasst".

Update-Anomalien: Die gleiche Art von Inkonsistenz kann natürlich eintreten, wenn wir die folgende `update`-Anweisung ausführen:

```
update alben
set verlag='Panini'
where reihe='Asterix' and band=1
```

Das Album „Asterix der Gallier" ist jetzt bei Panini erschienen, die Bände 17 und 25 dagegen bei Ehapa.

Delete-Anomalien: Ein Szenario, in dem wir zwar keine inkonsistenten Daten erhalten, aber unbeabsichtigt zu viele Daten verlieren, ergibt sich mit der folgenden Anweisung:

```
delete from alben
where reihe='Tim und Struppi' and band=1
```

Wir entfernen das Album „Der geheimnisvolle Stern" aus unserer Sammlung und verlieren zugleich die Information, dass die „Tim und Struppi"-Alben im Carlsen Verlag erschienen sind.

Wir erkennen rasch, dass der Entwurf unserer Tabelle die Ursache für diese Anomalien ist, da wir *zu viele Informationen* in diese eine Tabelle gequetscht haben. Wir wenden unser Wissen aus Kapitel 5 an und zerlegen die Tabelle `alben` in zwei neue Tabellen:

Listing 8.2: Die Zerlegung einer Tabelle

```
create table reihen(
  name varchar(30) primary key,
  verlag varchar(30)
);
create table alben(
  reihe varchar(30) references verlage,
  titel varchar(30) not null,
  band int check(band>=0),
  jahr int check(jahr>=1900),
  primary key(reihe, band)
)
```

Wenn wir die Daten aus der Tabelle 8.3 jetzt geeignet auf die beiden neuen Tabellen verteilen, dann ergibt sich der Datenbestand aus den Tabellen 8.2 und 8.3.

Keine noch so raffinierte Integritätsregel ist so wirksam wie diese einfache Umformung: Die beschriebenen Anomalien sind nicht mehr möglich. Lediglich unsere SQL-Anweisungen werden komplexer, da wir es jetzt mit zwei Tabellen zu tun haben. Wir teilen `insert`-Anweisungen für die Datensätze, die wir in die Tabelle

Tabelle 8.2: Beispieldaten für die Tabelle `reihen`

name	verlag
Asterix	Ehapa
Tim und Struppi	Carlsen
Franka	Epsilon

Tabelle 8.3: Beispieldaten für die reduzierte Tabelle `alben`

Reihe	Titel	Band	Jahr
Asterix	Asterix der Gallier	1	1968
Asterix	Die Trabantenstadt	17	1974
Asterix	Der große Graben	25	1980
Tim und Struppi	Der geheimnisvolle Stern	1	1972
Franka	Das Kriminalmuseum	1	1985
Franka	Das Meisterwerk	2	1986

aus Listing 8.1 eingefügt haben, auf jeweils zwei Anweisungen auf. Anstatt einer Anweisung

```
insert into alben
values('Michel Vaillant', 'Panik in Monaco', 47, 'Mosaik', 2007);
```

bedarf es zweier Anweisungen:

```
insert into verlage values('Michel Vaillant','Mosaik');
insert into alben
values('Michel Vaillant', 'Panik in Monaco', 47, 2007);
```

Unser Lohn besteht aus einem konsistenten Datenbestand; und der ist – wenn wir uns an *„Konsistenz ist Grundvoraussetzung"*, den Titel von Abschnitt 1.1 erinnern – wichtig. Das vorliegende Kapitel widmet sich der systematischen Vermeidung von Anomalien. Dazu formulieren wir Klassen von *Qualitätskriterien* für unsere Tabellen,[1] die wir als **Normalformen** bezeichnen. Sind die Kriterien erfüllt, dann sagen wir, dass die Tabellen der entsprechenden Normalform genügen. In diesem Kapitel betrachten wir die 1. , 2. und 3. Normalform. Je höher die laufende Nummer der Normalform ist, umso strenger sind die Qualitätskriterien. Dabei sind die Kriterien so formuliert, dass Tabellen, die beispielsweise der 3. Normalform genügen, auch automatisch der 2. Normalform genügen. Tabellen, die einer hinreichend hohen Normalform genügen, bezeichnen wir als **normalisiert**. Der Kriterienkatalog wird also mit wachsender Normalform umfangreicher, dafür sind auch immer weniger Anomalien möglich.

---

[1] Streng genommen werden die Kriterien für Relationentypen formuliert und können dann für Tabellen hergeleitet werden.

8.2 Die 1. Normalform

Die Daten aus Tabelle 8.3 sind konsistent. Erst durch Änderungen am Datenbestand wurde ein inkonsistenter Bestand erzeugt. Wenn wir uns mit Inkonsistenzen beschäftigen, ist es daher wichtig, sich nicht nur auf einzelne Relationen zu beschränken, sondern alle möglichen Datenbelegungen zu betrachten und daher mit *Relationentypen* (siehe Abschnitt 3.7) zu arbeiten. Die Qualitätskriterien, die wir formulieren, beziehen sich daher nicht auf Tabellen oder Relationen, sondern auf Relationentypen.

Die Kriterien für die 1. Normalform haben wir bereits in den Abschnitten 4.11 und 4.12 angesprochen.

Definition: Die 1. Normalform

Ein Relationentyp *T* genügt genau dann der ersten Normalform, wenn

■ er keine Wiederholungsgruppen enthält und

■ die Attributwerte in allen Relationen atomar sind.

Wiederholungsgruppen sind verschiedene Attribute des gleichen Relationentyps, die aber die gleiche Semantik haben; die damit einhergehenden Probleme wurden bereits ausführlich in Abschnitt 4.12 erläutert.

In Abschnitt 4.11 haben wir darauf hingewiesen, dass der Kontext entscheidet, ob ein Attribut atomar ist. Das nächste Beispiel enthält eine Konstruktion, die nicht der ersten Normalform genügt, sofern die *Albentitel* für uns semantische Einheiten sind. Die Albentitel einer Reihe einfach durch Kommata getrennt zu einem einzigen Text zusammengefügt:

```
create table reihen(
   id int generated always as identity primary key,
   name varchar(20) not null unique,
   baende varchar(1000)
);
insert into reihen(name, baende)
values ('Asterix', 'Asterix der Gallier, Asterix und Kleopatra');
```

Jeder Leser, der hier zur Übung SQL-Anweisungen formuliert, um einzelne Bände zu löschen, einzufügen oder zu ändern, wird künftig die Finger von solchen Praktiken lassen.[2]

---

[2] In dem insgesamt sehr lesenswerten Buch [Kar10] wird die Vorgehensweise als das Jaywalking-Antipattern bezeichnet.

8.3   Funktionale Abhängigkeiten

Der Begriff **funktionale Abhängigkeit** ist Dreh- und Angelpunkt für das ganze restliche Kapitel. In einer Relation R betrachten wir zwei beliebige Tupel d und e von *Attributen*. Da d ein Teiltupel von $d \cdot e$ ist, gilt für die Projektion (siehe Abschnitt 3.4):

$$\pi_d(R) = \pi_d(\pi_{d \cdot e}(R))$$

Durch die Projektion π_d können sich Dubletten ergeben. Weil das Ergebnis der Projektion wieder eine Relation und somit eine *Menge* ist, werden diese Dubletten nicht mehr voneinander unterschieden. Es folgt

$$|\pi_d(R)| \le |\pi_{d \cdot e}(R)|$$

Wir machen uns das jetzt an der Relation R klar, die unserem Beispiel aus Tabelle 8.3 entspricht. Wenn wir hier $d = (band)$ und $e = (titel)$ setzen, dann finden wir die Darstellungen der Relationen $\pi_{(band)}(R)$ und $\pi_{(band) \cdot (titel)}(R)$ in den Tabellen 8.4 und 8.5.

Tabelle 8.4: Die Projektion $\pi_{(band)}(R)$

band
1
17
25
2

Tabelle 8.5: Die Projektion $\pi_{(band) \cdot (titel)}(R)$

band	titel
1	Asterix der Gallier
17	Die Trabantenstadt
25	Der große Graben
1	Der geheimnisvolle Stern
1	Das Kriminalmuseum
2	Das Meisterwerk

Die beiden verschiedenen Anzahlen $|\pi_d(R)| = 4$ und $|\pi_{d \cdot e}(R)| = 6.$ ergeben sich, weil die Tupel

- *(Asterix, 1, Asterix der Gallier, Ehapa, 1968)*,

- *(Franka, 1, Das Kriminalmuseum, Epsilon, 2000)* und

- *(Tim und Struppi, Der geheimnisvolle Stern, 1, 1972)*

alle den Wert 1 für das Attribut *band* haben, ihre Projektionen auf das Attributpaar *(band, titel)* aber verschieden sind.

Für den Fall *d=(reihe, band)* und *e=(titel)* sieht die Sache schon anders aus. Anhand der zugehörigen Tabellen 8.6 und 8.6 erkennen wir, dass die beiden Projektionen $\pi_{(reihe,band)}(R)$ und $\pi_{(reihe,band) \cdot titel}(R)$ gleich viele Elemente haben:

Im ersten Beispiel haben wir gesehen, dass die Bandnummer nicht reicht, um den Titel des Albums eindeutig zu identifizieren. Erst im zweiten Beispiel haben wir durch Hinzunahme des Attributs *reihe* Mehrdeutigkeiten beseitigt.

Tabelle 8.6: Die Projektion $\pi_{(reihe,band)}(R)$

reihe	band
Asterix	1
Asterix	17
Asterix	25
Tim und Struppi	1
Franka	1
Franka	2

Tabelle 8.7: Die Projektion $\pi_{(reihe,band)\cdot titel}(R)$

reihe	band	titel
Asterix	1	Asterix der Gallier
Asterix	17	Die Trabantenstadt
Asterix	25	Der große Graben
Tim und Struppi	1	Der geheimnisvolle Stern
Franka	1	Das Kriminalmuseum
Franka	2	Das Meisterwerk

Definition: Funktionale Abhängigkeiten (Relation)

Wenn d und e zwei Tupel von Attributen einer Relation R sind, genügt R genau dann der funktionalen Abhängigkeit $d \to e$, wenn

$$|\pi_d(R)| = |\pi_{d\cdot e}(R)|$$

gilt.
Das Tupel d wird **Determinante** der funktionalen Abhängigkeit genannt.

In unserer Beispielrelation gilt also die funktionale Abhängigkeit *(reihe, band)* $\to$ *(titel)*. Dagegen ist *(band)* $\to$ *(titel)* nicht erfüllt.

Der Begriff „Determinante" hat hier nicht unmittelbar etwas mit den Determinanten zu tun, die wir vielleicht aus der Matrizenrechnung kennen. Die linke Seite einer funktionalen Beziehung bestimmt oder *determiniert* die Beziehung. Wenn wir in einem Relationentypen eine funktionale Beziehung gefunden haben, dann folgen daraus oft viele weitere.

Wenn die funktionale Abhängigkeit $d \to e$ gilt, dann gibt es zu jedem Tupel t_1 aus $\pi_d(R)$ genau ein Tupel t_2 aus $\pi_{d\cdot e}(R)$ mit $t1 = \pi_d(t2)$. Wir sagen auch, dass e funktional von d abhängt. Wenn wir die zu d gehörenden Werte eines Tupels kennen, dann kennen wir auch die zu b gehörenden. Da die funktionale Abhängigkeit $(reihe, band) \rightarrow (titel)$ gilt, wissen wir, dass es in Tabelle 8.3 *höchstens einen* Titel zum ersten Asterix-Band geben kann. Er trägt den Titel „Asterix der Gallier".

In unserer Beispielrelation gilt übrigens auch die funktionale Abhängigkeit $(jahr) \rightarrow (reihe)$. Wenn wir den Wert des Attributs *jahr* kennen, dann wissen wir also auch, welchen Wert das Attribut *reihe* hat. Wir überzeugen uns davon, indem wir uns die zur Projektion $\pi_{(reihe, jahr)}$ gehörende Tabelle 8.8 anschauen.

Tabelle 8.8: Die Projektion $\pi_{(reihe, jahr)}(R)$

reihe	jahr
Asterix	1968
Asterix	1974
Asterix	1980
Tim und Struppi	1972
Franka	1985
Franka	1986

An diesem Beispiel sehen wir auch, dass funktionale Abhängigkeiten nicht einfach umgedreht werden können. Nur weil $(jahr) \rightarrow (reihe)$ gilt, folgt noch lange nicht $(reihe) \rightarrow (jahr)$: Zur Reihe „Franka" haben wir einen Band aus dem Jahr 1985 und einen aus dem Jahr 1986. Dem Namen der Reihe können wir nicht eindeutig ein Erscheinungsjahr zuordnen.

Die funktionale Abhängigkeit $(jahr) \rightarrow (titel)$ wirkt bizarr, da wir im Allgemeinen nicht vom Erscheinungsjahr auf die Reihe eines Albums schließen können. Sonst würde es in der langen Geschichte der Comics jährlich höchstens eine Reihe geben, in der Alben erschienen. Die Abhängigkeit ist keine allgemeine „Regel", sondern nur in unserem speziellen Beispiel gültig.

Hinweis

Relationen stellen nur einzelne Zustände dar. Ihre funktionalen Abhängigkeiten reflektieren keine Gesetzmäßigkeiten oder Regeln.

Einer Regel entsprechen dagegen die funktionalen Abhängigkeiten, die von *allen* Relationen eines Relationentyps erfüllt werden.

Definition: Funktionale Abhängigkeiten (Relationentyp)

Wenn d und e Tupel von Attributen eines Relationentyps T sind, dann genügt T genau dann der funktionalen Abhängigkeit $d \rightarrow e$, wenn jede Relation aus T ihr genügt.

Wenn wir die funktionalen Abhängigkeiten eines Relationentyps kennen, dann wissen wir, welchen Regeln die Relationen dieses Typs genügen. Wir können die in Relationen vorhandenen Informationen mit Hilfe von funktionalen Abhängigkeiten formal *beschreiben*. Als wir die Anomalien in Tabelle 8.1 aufgedeckt haben, wurde uns klar, dass zu viele Informationen in der Tabelle vorhanden sind, ohne dass wir diesen Grund wirklich präzise beschrieben hätten. Genau dieser Beschreibung dienen funktionale Abhängigkeiten. Im Laufe des Kapitels wird uns die folgende Aussage noch klarer werden.

Hinweis

Zu viele funktionale Abhängigkeiten sind die Ursache von Anomalien. Das Ziel der Normalisierung besteht darin, die Zahl der funktionalen Abhängigkeiten in einem Relationentyp so weit wie nötig zu reduzieren.

Die Determinante einer funktionalen Beziehung $d \rightarrow e$ heißt **reduzibel**, wenn es ein Teiltupel d' von d mit $d \neq d'$ gibt, so dass $d' \rightarrow e$ gilt. Eine nicht reduzible Determinante heißt **irreduzibel**. Die Gültigkeit von $(reihe, band) \rightarrow (titel)$ stellten wir ja bereits fest. Die Determinante dieser Beziehung ist irreduzibel, da es sowohl zu jeder Reihe als auch zu jeder Bandnummer grundsätzlich mehrere Titel geben kann und somit keine funktionale Abhängigkeit gegeben ist.

Wenn das Attributpaar $(reihe, band)$ den Titel bereits eindeutig festlegt, kann es zur Kombination $(reihe, band, jahr)$ nicht mehrere Titel geben. Somit gilt $(reihe, band, jahr) \rightarrow (titel)$. Die Determinante dieser Beziehung ist reduzibel, da ja bereits $(reihe, band)$ Determinante ist.

Wir dürfen die Determinante einer funktionalen Beziehung also beliebig erweitern und erhalten eine funktionale Beziehung mit reduzibler Determinante. Im Extremfall besteht die Determinante aus allen Attributen des Relationentyps. Diese aufgeblähten funktionalen Abhängigkeiten interessieren uns aber nicht. Wir sind an der Essenz der Beziehung interessiert. Aus diesem Grunde haben wir den Begriff der irreduziblen Determinante eingeführt. Die folgende Definition hat die gleiche Motivation:

Definition: Volle funktionale Abhängigkeiten (Relationentyp)

Eine funktionale Beziehung, deren Determinante irreduzibel ist, heißt volle funktionale Beziehung.

Es sind also die *vollen* funktionalen Abhängigkeiten, die in diesem Kapitel eine Schlüsselrolle spielen. Sie sind die Basis für alle anderen Abhängigkeiten. Beispielsweise ist $(reihe, band) \rightarrow (titel)$ eine volle funktionale Abhängigkeit; dagegen ist $(reihe, band, jahr) \rightarrow (titel)$ zwar eine funktionale Abhängigkeit, aber eben keine volle.

8.4   Neuer Wein in alten Schläuchen

Die Idee der funktionalen Abhängigkeit sollte uns auch irgendwie bekannt vorkommen. Erinnern wir uns mal an die folgende Definition (siehe Abschnitt 3.5):

> **Definition: Superschlüssel**
>
> Ein Teiltupel k der Attribute einer Relation R heißt genau dann Superschlüssel, wenn
> $$|\pi_k(R)| = |R|$$
> gilt.

Wenn a das Tupel aller Attribute bezeichnet, dann gilt für jeden Superschlüssel k die Beziehung
$$|\pi_k(R)| = |\pi_{(k \cdot a)}R|$$
und somit die funktionale Abhängigkeit $k \rightarrow a$.

> **Hinweis**
>
> Jedes Tupel von Attributen eines Relationentyps ist von jedem Superschlüssel funktional abhängig.

Ein Beispiel ergibt sich aus dem Relationentyp, der zu Tabelle 8.1 gehört: Hier ist $(reihe, band, titel)$ zwar kein Schlüsselkandidat, aber immerhin ein Superschlüssel. Insbesondere gilt also $(reihe, band, titel) \rightarrow (jahr)$.

Weil das ganze Album eindeutig durch den Superschlüssel bestimmt wird, gilt sogar $(reihe, band, titel) \rightarrow (reihe, band, titel, verlag, jahr)$.

Der Superschlüssel $(reihe, band, titel)$ ist reduzibel und somit kein Schlüsselkandidat. Schlüsselkandidaten haben im Zusammenhang mit funktionalen Abhängigkeiten eine ähnliche Eigenschaft wie Superschlüssel:

> **Hinweis**
>
> Das Tupel aller Attribute eines Relationentyps ist von jedem Schlüsselkandidaten *voll* funktional abhängig.

Daran, dass grundlegende Konzepte wie Superschlüssel und Schlüsselkandidaten nur spezielle funktionale Abhängigkeiten sind, erkennen wir auch die grundsätzliche Bedeutung dieses Konzeptes.

Die Abhängigkeiten haben bei Superschlüsseln und Schlüsselkandidaten aber verschiedene Qualitäten: Wenn a das Tupel aller Attribute eines Relationentyps ist, dann ist a von jedem Superschlüssel abhängig und von jedem Schlüsselkandidaten voll funktional abhängig.

Die *einzelnen* Attribute sind zwar auch sowohl vom Superschlüssel als auch vom Schlüsselkandidaten abhängig, müssen aber nicht voll von den Schlüsselkandidaten abhängen.

Im nächsten Beispiel sehen wir, dass es durchaus Szenarien gibt, in denen einzelne Attribute *nicht voll* vom Schlüsselkandidaten abhängen. Dazu betrachten wir die funktionale Abhängigkeit $(reihe, band) \rightarrow (verlag)$. Da jede Reihe *immer* im gleichen Verlag erscheint, gilt mit $(reihe) \rightarrow (verlag)$ bereits eine Abhängigkeit von einem Teil der Determinante. Somit liegt keine *volle* Abhängigkeit des Attributs $(verlag)$ von $(reihe, band)$ vor.

Hinweis

Jedes Attribut hängt von jedem Schlüsselkandidaten ab. Ein Attribut einer Relation muss aber nicht *voll* funktional von einem Schlüsselkandidaten abhängen.

8.5 Die 2. Normalform

Wenn ein Attribut Teil eines Schlüsselkandidaten ist, dann ist es in der Regel nicht *voll* von diesem Schlüsselkandidaten abhängig: Das Attribut *band* ist beispielsweise Teil des Schlüsselkandidaten *(reihe, band)*, hängt aber nur von *band*, also einem Teil des Schlüssels ab.

Wir haben auch gesehen, dass es nicht selbstverständlich ist, dass jedes Nicht-Schlüssel-Attribut voll von einem Schlüsselkandidaten abhängt. Genau die Relationentypen, die diese Forderung erfüllen, sind auch diejenigen, die der 2. Normalform genügen.

Definition: 2. Normalform

Ein Relationentyp T genügt genau dann der **2. Normalform**, wenn

■ T der 1. Normalform genügt und

■ jedes Attribut a aus T eine der folgenden Bedingungen erfüllt:

– a gehört zu einem Schlüsselkandidaten aus T.

– a hängt *voll* von jedem Schlüsselkandidaten aus T ab.

In der Definition der 2. Normalform ist vor allem die Bedingung von Interesse, in der wir fordern, dass jedes Attribut, das nicht irgendeinem Schlüsselkandidaten angehört, *voll* von diesem abhängen muss. Aus dieser Bedingung leiten wir ein griffiges Kriterium ab, mit dem wir schnell Verstöße gegen die 2. Normalform feststellen können.

Hinweis

Die 2. Normalform kann nur erfüllt sein, wenn jedes Nichtschlüssel-Attribut von allen Schlüsselkandidaten *voll* funktional abhängt.

Es sei ein weiteres Mal wiederholt, dass jedes Attribut von jedem Schlüsselkandidaten funktional abhängt. Bei der 2. Normalform geht es um die *volle* funktionale Abhängigkeit.

Der Relationentyp, der zu unserer Beispieltabelle gehört, enthält nur den Schlüsselkandidaten *(reihe, band)*. Somit gilt zwar $(reihe, band) \rightarrow (verlag)$, doch handelt es sich hier um keine volle funktionale Abhängigkeit, da ebenso $reihe \rightarrow verlag$ gilt. Weil das Attribut *band* zu keinem Schlüsselkandidaten gehört, ist die 2. Normalform verletzt – und dieser Verstoß ist die Ursache für die Anomalien, die wir zu Beginn des Kapitels aufgedeckt haben.

In Relationentypen gibt es oft nur einen Schlüsselkandidaten. In vielen Fällen ist er künstlich und nicht zusammengesetzt. Als Determinante einer funktionalen Abhängigkeit ist er somit immer eine irreduzible Determinante. In diesem Fall ist die 2. Normalform automatisch erfüllt.

Doch dürfen wir nicht allzu sorglos sein.

Hinweis

Relationentypen, die zu Tabellen mit künstlichem Primärschlüssel gehören, genügen nicht automatisch der 2. Normalform.

Wenn wir für die Beispieltabelle 8.3 eine neue Spalte `id` als künstlichen Primärschlüssel einführen, dann ergibt sich der folgende Datenbestand:

id	reihe	band	titel	verlag	jahr
1	Asterix	1	Asterix der Gallier	Ehapa	1968
2	Asterix	5	Die goldene Sichel	Ehapa	1970
3	Tim und Struppi	9	Tim in Tibet	Carlsen	1967
4	Franka	1	Das Kriminalmuseum	Epsilon	2000
5	Franka	2	Das Meisterwerk	Epsilon	2001

Jedes Attribut hängt hier tatsächlich voll vom Primärschlüssel ab. Ein Heilmittel gegen die Anomalien war dieser Eingriff aber nicht: Wenn wir den Datensatz mit der id 3 löschen, wird mit dem Album auch die Information gelöscht, dass die Reihe „Tim und Struppi" bei Carlsen erscheint. Die Anomalien gibt es immer noch, weil die 2. Normalform *nur* durch die Einführung eines künstlichen Primärschlüssels noch längst nicht erfüllt ist.

Wir müssen jetzt mit (*id*) und (*reihe, band*) zwei verschiedene Schlüsselkandidaten berücksichtigen. Das Attribut *verlag* hängt zwar voll von (*id*) ab, doch ist (*reihe, band*) → *verlag* keine volle funktionale Abhängigkeit. Weil die volle funktionale Abhängigkeit für *jeden* Schlüsselkandidaten erfüllt sein muss, ist die 2. Normalform verletzt. In Fällen wie diesen übersieht man schnell, dass es neben dem künstlichen Schlüssel einen weiteren zusammengesetzten Schlüsselkandidaten gibt.

Die Definition der 2. Normalform ist für uns ein Instrument, mit dem wir zumindest einige potenzielle Anomalien identifizieren können.

8.6 Der Weg in die Normalität

Als wir die Tabelle `alben` in zwei Tabellen zerlegten, erreichten wir intuitiv die 2. Normalform, ohne den Begriff zu kennen. In einfachen Fällen müssen wir auch nichts über den theoretischen Hintergrund wissen, um uns von Anomalien zu befreien. Das Geflecht an funktionalen Abhängigkeiten kann aber auch so komplex werden, dass wir potenzielle Anomalien und erst recht die geeignete Zerlegung nicht mehr „durch Hinschauen" erkennen. Wir erarbeiten uns jetzt ein *systematisches Verfahren*, mit dessen Hilfe wir einen Relationentypen so zerlegen können, dass die 2. Normalform erfüllt ist.

Hinweis

Funktionale Abhängigkeiten sind nichts „Schmutziges". Sie sind Bestandteil Ihrer Daten und dürfen keinesfalls eliminiert werden. Der Trick besteht darin, Relationentypen nicht mit funktionalen Abhängigkeiten zu überhäufen, sondern sie auf mehrere Typen aufzuteilen.

Im Folgenden bezeichnen wir für zwei Tupel a und b dasjenige Tupel mit $a \setminus b$, das nur die Komponenten aus a, aber nicht die aus b enthält. Für die beiden Attributtupel $a=(reihe, titel, band, verlag, jahr)$ und $b=(verlag)$ gilt beispielsweise $a \setminus b = (reihe, titel, band, jahr)$.

Definition: Zerlegung

In einem Relationentyp T mit dem Attributtupel a gelte die volle funktionale Beziehung $d \rightarrow e$ für zwei Teiltupel von a. Wenn e keine Primärschlüsselattribute enthält, dann heißen die beiden folgenden Typen Zerlegung von T hinsichtlich $d \rightarrow e$:

- $T_1 = \{R | R \in T \wedge R = \pi_{a \setminus e}\}$

- $T_2 = \{R | R \in T \wedge R = \pi_{d \cdot e}\}$

Dabei wird außerdem festgelegt, dass

- der Primärschlüssel von T_1 der gleiche wie der von T ist;

- das Tupel d der Primärschlüssel von T_2 ist;

- das Tupel d in T_1 Fremdschlüssel für T_2 ist.

Als Beispiel betrachten wir den Relationentyp *alben(reihe, band, titel, verlag, jahr)*, für den wir bereits die funktionale Abhängigkeit *reihe* $\rightarrow$ *(verlag)* identifiziert haben.

Wir können den Typ jetzt hinsichtlich dieser Abhängigkeiten in die beiden folgenden Typen zerlegen:

- *alben_neu(reihe, band, titel, jahr)*
- *verlage(reihe, verlag)*

Das Attribut *reihe* des Typen *alben_neu* ist dabei Fremdschlüssel für den Typ *verlage*. Diese Zerlegung haben wir in Listing 8.2 intuitiv mit zwei `create table`-Anweisungen vorgenommen.

Wir müssen noch prüfen, ob die Zerlegung sinnvoll definiert wurde – das gilt insbesondere für die vereinbarten Fremd- und Primärschlüssel:

- Da T_1 alle Primärschlüsselattribute sowie einen Teil der übrigen Attribute von T enthält, ist der Primärschlüssel von T auch Schlüsselkandidat von T_1 und kann daher auch für T_1 als Primärschlüssel festgelegt werden.

- Da $d \rightarrow e$ eine *volle* funktionale Abhängigkeit ist, ist d Schlüsselkandidat für T_2. Er kann daher als Primärschlüssel für T_2 festgelegt werden.

- Aus der Definition der Zerlegung ergibt sich, dass d in T_1 Fremdschlüssel für T_2 ist.

Wir sehen auch, dass durch die Zerlegung keine Informationen verloren gegangen sind: Jede Relation eines Typs kann aus den beiden zur Zerlegung gehörenden Relationen mit einem natürlichen Join rekonstruiert werden. Das können wir an den beiden Relationen nachvollziehen, die zu den Tabellen 8.1 bis 8.2 gehören. Aus den beiden Tupeln *(Asterix, Ehapa)* und *(Asterix, Asterix der Gallier, 1, 1968)* ergibt sich wieder das „Original" *(Asterix, Asterix der Gallier, 1, Ehapa, 1968)*.

Hinweis

Zerlegungen, die zu einer vollen funktionalen Abhängigkeit gehören, sind verlustfrei.

Zerlegungen helfen uns auch dabei, Relationentypen zu normalisieren, die nicht der 2. Normalform genügen. Wenn die 2. Normalform nicht erfüllt ist, gibt es in unserem Typen T eine oder mehrere funktionale Abhängigkeiten $d \rightarrow (e)$ mit der Eigenschaft, dass d nur *Teil* eines Schlüsselkandidaten ist und (e) zu keinem Schlüsselkandidaten gehört. Die 2. Normalform erhalten wir mit dem folgenden Verfahren.

1. Wir entnehmen der Determinante d so lange Attribute, bis sich eine Determinante d' ergibt, für die $d' \rightarrow (e)$ eine volle funktionale Beziehung ist.[3]

2. Wir erweitern das Tupel (e) so lange um Attribute zu einem Tupel e', wie die volle funktionale Abhängigkeit $d' \rightarrow e'$ erfüllt ist.

3. Wir zerlegen den Relationentypen hinsichtlich der vollen funktionalen Abhängigkeit $d' \rightarrow e'$.

Einerseits reduziert dieses Verfahren T um Abhängigkeiten, die zu einer Verletzung der 2. Normalform führen. Andererseits kann jede Relation aus T mit einem natürlichen Join aus der Zerlegung rekonstruiert werden. Wenn wir dieses Verfahren also lange genug fortsetzen, dann genügt T – oder besser das, was von T übrig geblieben ist – der 2. Normalform, ohne dass wir Informationen verloren

---

[3] Grundsätzlich können sich daraus auch mehrere kleinere volle funktionale Abhängigkeiten ergeben.

hätten. Weil T aus nur endlich vielen Attributen besteht, ist dieses Ziel irgendwann erreicht. Überschüssige funktionale Abhängigkeiten haben wir nicht eliminiert, sondern in neue Relationentypen ausgelagert.

Hinweis

Jeder Relationentyp kann ohne Verluste in die 2. Normalform überführt werden.

Wir betrachten ein weiteres Beispiel. Ein Online-Kaufhaus verwaltet seine Bestellungen mit Hilfe von Tabellen, die dem folgenden Relationentyp entsprechen:

bestellungen(id, position, artikel, menge, bestellt, bezahlt, preis)

Jede Bestellung enthält einen Identifikator sowie für jeden Artikel der Bestellung eine Positionsnummer. Dabei werden der Name des Artikels und die Bestellmenge für diesen Artikel festgehalten. Mit den übrigen Attributen wird beschrieben, was die Bestellung kostet, wann sie aufgegeben und wann sie bezahlt wurde. Eine Relation mit Beispieldaten finden Sie in Tabelle 8.9.

Tabelle 8.9: Beispiel zum Relationentyp *bestellungen*

id	pos	artikel	menge	bestellt	bezahlt	preis
4711	1	USB-Grill	1	11.11.	12.11.	42.23
4711	2	Goldbarren Türstopper	1	11.11.	12.11.	42.23
4711	3	Bluetooth Feuerzeug	2	11.11.	12.11.	42.23
4712	1	Fliegender Wecker	3	24.12.	31.12.	23.42

Wir sehen, dass hier die volle Abhängigkeit $(id) \rightarrow (preis)$ gilt. Schließlich wird eine Bestellung insgesamt und nicht artikelweise bezahlt. Der Typ *bestellungen* genügt also *nicht* der 2. Normalform.

Im Folgenden normalisieren wir *bestellungen*: Weil $(id) \rightarrow (preis)$ bereits eine volle Abhängigkeit ist, müssen wir die Determinante nicht reduzieren. Die rechte Seite können wir noch um die Attribute *bestellt* und *bezahlt* erweitern, da diese beiden Attribute sich auch auf die Gesamtbestellung und nicht auf einzelne Artikel beziehen. Es ergibt sich $id \rightarrow (bestellt, bezahlt, preis)$ und somit die Zerlegung

bestellungen_detail(id, position, artikel, menge)
bestellungen_neu(id bestellt, bezahlt, preis)

Der Typ *bestellungen_detail* ist der „Rest", der von *bestellungen* nach der Auslagerung einzelner Attribute in *bestellungen_neu* übrig geblieben ist. Die Primärschlüssel sind markiert; das Attribut *id* ist in *bestellungen_detail* Fremdschlüssel für *bestellungen_neu*. Eine kurze Prüfung zeigt, dass beide Relationentypen der 2. Normalform genügen.

8.7   Die 3. Normalform

Nur weil wir *einige* Anomalien beseitigen können, indem wir die 2. Normalform einhalten, ist das Thema Anomalien noch längst nicht vom Tisch. Wir beschäftigen uns jetzt mit einer Beispieltabelle `reihen`, die der Tabelle 8.2 ähnelt. Neben den Spalten `name` und `verlag` halten wir jetzt auch den Firmensitz fest:

Tabelle 8.10: Die 3. Normalform ist verletzt.

name	verlag	ort
Asterix	Ehapa	Berlin
Lucky Luke	Ehapa	Berlin
Tim und Struppi	Carlsen	Hamburg
Franka	Epsilon	Nordhastedt

Die Tabelle zeigt uns nur einige Beispieldaten. Wenn es um Anomalien geht, müssen wir wieder den allgemeinen Fall und somit den zugehörigen Relationentypen *T* betrachten. Da der einzige Schlüsselkandidat aus dem Attribut *name* besteht und somit einfach ist, ist die 2. Normalform automatisch erfüllt. Dennoch sind Anomalien möglich: Durch den Datensatz, den wir mit

```
insert into reihen
values('Die Minimenschen', 'Carlsen', 'Berlin')
```

in die Tabelle einfügen, wird unsere Tabelle inkonsistent: Wo befindet sich nur der Firmensitz des Carlsen-Verlages: in Berlin oder in Hamburg? Das Attribut `ort` hängt zwar voll vom Schlüsselkandidaten ab, doch gibt es außerdem die funktionale Abhängigkeit *(verlag)* → *(ort)*, aus der sich hier Anomalien ergeben. Wir werden jetzt zwei neue einfache Begriffe und dann die 3. Normalform definieren, mit der wir diese Art von Inkonsistenzen ausschließen können.

Definition: 3. Normalform

Ein Relationentyp *T* genügt genau dann der 3. Normalform,

- wenn sie der 1. Normalform genügt und

- wenn für jedes Attribut *e* und für jede volle funktionale Beziehung der Form *d* → *(e)* eine der folgenden Bedingungen erfüllt ist:

   – Für die Determinante gilt *d* = *(e)*
   – Das Attribut *e* ist Teil eines Schlüsselkandidaten.
   – Die Determinante *d* ist ein Schlüsselkandidat.

Hier ist zu beachten, dass wir nur solche funktionalen Beziehungen betrachten, deren rechte Seite aus einem einzigen Attribut besteht; die Determinante kann zusammengesetzt sein. Wir betrachten unsere Beispieltabelle hinsichtlich der 3. Normalform. Es gilt die volle funktionale Beziehung $(verlag) \rightarrow (ort)$. Dabei gehört *ort* zu keinem Schlüsselkandidaten. Weil die Determinante aber auch kein Schlüsselkandidat ist, genügt unser Relationentyp nicht der 3. Normalform.

Ein Relationentyp, der der 3. Normalform genügt, erfüllt auch Bedingungen der 2. Normalform: Wenn es eine funktionale Abhängigkeit $d \rightarrow (e)$ gibt, in der die Determinante ein Schlüsselkandidat ist, enthält d ein Teiltupel d', so dass $d' \rightarrow (e)$ eine volle funktionale Abhängigkeit ist. Da die 3. Normalform erfüllt ist, muss aber $d' = d$ gelten. Das ist aber das zentrale Kriterium für die 2. Normalform.

Die 3. Normalform steht und fällt mit Attributen, die zu keinem Schlüsselkandidaten gehören. Die 2. Normalform lässt noch zu, dass diese auch von Determinanten abhängen, die keine Schlüsselkandidaten sind. Solche Abhängigkeiten werden **transitiv** genannt. Transitivität bezeichnet in der Mathematik immer eine Beziehung „um die Ecke". Abbildung 8.1 entnehmen wir, dass diese anschauliche Beschreibung auch transitive funktionale Abhängigkeiten zutreffend charakterisiert.

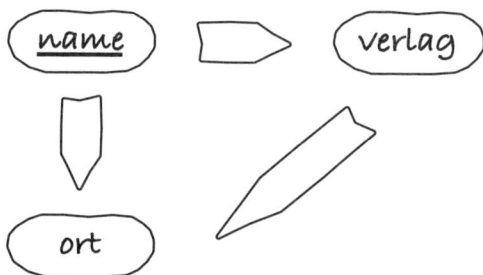

Abbildung 8.1: Eine transitive Abhängigkeit

In der 3. Normalform wird mit transitiven Abhängigkeiten aufgeräumt. Wir könnten die Definition auch so formulieren:

Ein Relationentyp T genügt genau dann der **3. Normalform**, wenn er der 2. Normalform genügt und kein Nicht-Schlüsselattribut transitiv von Schlüsselkandidaten abhängt.

Hinweis

Besonders griffig wird die Definition, wenn wir es mit Relationentypen zu tun haben, in denen es genau einen Schlüsselkandidaten gibt.
Er genügt der 3. Normalform genau dann, wenn jedes Nichtschlüs-
selattribut vom ganzen Primärschlüssel und nichts anderem als dem
Primärschlüssel abhängt.

Das gleiche Verfahren, mit dem wir einen Relationentypen in die 2. Normalform
überführt haben, hilft uns auch bei der weiteren Normalisierung. Wenn für den
Relationentypen die 2. Normalform herbeigeführt ist,

- identifizieren wir jedes Nichtschlüssel-Attribut e, zu dem es eine volle funktionale Abhängigkeit $d \to (e)$ gibt, für die d kein Schlüsselkandidat ist.

- Die rechte Seite der Abhängigkeit ergänzen wir so lange um weitere
  Nichtschlüssel-Attribute zu einem Attributtupel t, für das $d \to t$ erfüllt ist.
  Da die Abhängigkeit voll ist, bestimmt sie eine Zerlegung.

- Wir setzen dieses Verfahren fort, bis der Relationentyp keine transitive Abhängigkeit mehr enthält.

Der zum Beispiel aus Tabelle 8.10 gehörende Relationentyp *reihen(name, verlag, ort)*
genügt der 2.Normalform, doch verletzt er die 3. Normalform wegen der transitiven Abhängigkeit *(verlag) → (ort)*. Dieser einfache Typ enthält keine weiteren
Attribute, die wir der rechten Seite hinzufügen könnten. Es ergibt sich die Zerlegung in die beiden Typen *reihen(name, verlag)* und *orte(verlag, ort)*, die beide der
3. Normalform genügen.

Außer den hier diskutierten drei Normalformen gibt es die Boyce-Codd-
Normalform sowie die 4. und 5. Normalform, die in dieser Reihenfolge die Anforderungen an die Relationentypen weiter verschärfen und dafür im Gegenzug
mehr Freiheit von Anomalien garantieren. Sobald die 5. Normalform erreicht
ist, sind Insert-, Update- und Delete-Anomalien ausgeschlossen. Bereits mit der
3. Normalform sind Anomalien so selten, dass der Normalisierungsprozess in der
Praxis an dieser Stelle abgeschlossen wird. In [Kar10] findet man eine sehr praxis-
nahe Beschreibung der 4. und 5. Normalform.

In diesem Kapitel haben wir erheblich auf die in den Kapiteln 3 und 4 geschaffe-
nen Grundlagen zurückgegriffen, doch ist die Normalisierung auch für die Praxis
eine wichtige Technik. Nach einiger Zeit entwirft man nur noch selten Datenmodelle, in denen Verstöße gegen eine der ersten drei Normalformen auftreten.

Hinweis

Verschaffen Sie sich einen Überblick über die funktionalen Abhängigkeiten Ihrer Relationentypen. Es gibt kaum eine bessere Möglichkeit, um seine Daten zu verstehen und so ein fehlerhaftes Design zu vermeiden.

Mit etwas Übung denkt man irgendwann in der 3. Normalform.

Alles klar?

- Zu viele Informationen und insbesondere Redundanzen sind die Ursache für Anomalien.

- Die 1. Normalform verhindert atomare Attribute und Wiederholungsgruppen.

- In einer funktionalen Abhängigkeit bestimmt ein Teil des Relationentypen einen anderen Teil eines Relationentypen.

- Die 2. Normalform verhindert, dass Attribute nur von Teilen eines Schlüsselkandidaten abhängig sind.

- Die 3. Normalform verhindert Abhängigkeiten von Nicht-Schlüssel-Attributen.

- Es gibt einen Algorithmus mit Relationentypen, die der 1. Normalform genügen, ohne Informationsverlust in mehrere Typen zerlegt werden können, die alle der 3. Normalform genügen.

- Außer den ersten drei gibt es noch die 4. und 5. sowie die Boyce-Codd-Normalform.

Teil III

Ran an die Daten

9

Grundlagen von SQL

Schon System/R – der Prototyp eines RDBMS (siehe Abschnitt 2.3) – stellte eine Abfragesprache zur Verfügung, die den Kriterien genügte, wie sie in Codds 5. Regel formuliert wurden (siehe Abschnitt 2.8). Diese als SQL bekannt gewordene Sprache orientiert sich am relationalen Modell, ohne eine 100%-ige Umsetzung zu sein. In der `select`-Anweisung – einem Teil der Sprache – finden wir die bekannten Operatoren der Relationenalgebra wieder (siehe auch 4):

- Projektion
- Vereinigung
- Differenz
- Produkt
- Selektion
- Join

In den folgenden Kapiteln sehen wir, wie wir im Rahmen von `select`-Abfragen praktisch mit diesen Operatoren arbeiten können.

9.1 Merkmale von SQL

An mehreren Stellen im Buch sind uns bereits SQL-Anweisungen über den Weg gelaufen. Wer Programmiersprachen wie C oder Java kennt, dem fällt sofort die *Natürlichsprachlichkeit* von SQL-Ausdrücken auf. Einfache Abfragen können auch von IT-Laien verstanden und formuliert werden.

Normalerweise muss man, wenn man mit Programmiersprachen arbeitet, mindestens in Grundzügen wissen, wie ein Computer arbeitet. So gibt es Variablen oder Wiederholungen von Anweisungen in Form von Schleifen. Die ganze Denkweise muss sich bei der Programmierung an der Funktionsweise des Rechners orientieren. Das ist bei SQL anders: Wir müssen nicht einmal wissen, was ein Computer ist. Tabellen kennt jeder und kann erst einmal loslegen. Zwar treten immer wieder Phänomene bei der Arbeit mit SQL auf, die nur schwer erklärbar sind – wer aber das relationale Modell kennt, kommt auch hier klar. Der Stil der SQL-Abfragen ist *deklarativ*: Der Entwickler formuliert in seinen Abfragen, welche Daten er benötigt, den Rest erledigt das RDBMS. Wir haben es hier also, verglichen mit „klassischen" Programmiersprachen, mit einem deutlich höheren Abstraktionsgrad zu tun. Grundsätzlich ist der Entwickler auch nicht mehr für eine Formulierung der Abfrage verantwortlich, die eine schnelle Verarbeitung sicherstellt. Diese Aufgabe übernimmt der Optimierer, der ein Teil des RDBMS ist. Er formuliert die Anweisung so um, dass sie schnell verarbeitet werden kann. Es kann schon mal vorkommen, dass der Optimierer eine Fehlentscheidung trifft, so dass der Entwickler doch wieder eingreifen muss. Bei hochwertigen RDBMS sollte dies aber eher die Ausnahme sein. Anders als bei prozeduralen Programmiersprachen werden in SQL die Anweisungen oft parallelisiert und dann gleichzeitig auf mehreren Prozessoren ausgeführt. Die folgende Einschätzung dazu findet man in [Kul07]:

> *„.... it is likely that more SQL programs are executed in parallel than in any other programming language. However, most SQL programmers do not write explicitly parallel code ..."*

Ebenso wie die Relationenalgebra ist auch SQL *abgeschlossen*: Die Operanden einer `select`-Anweisung sind, ebenso wie ihr Ergebnis, Tabellen. Insbesondere kann also das Ergebnis einer Abfrage wieder Operand einer weiteren Abfrage sein. Um dies zu verstehen, definieren wir eine einfache Tabelle:

Listing 9.1: Eine ganz einfache Tabelle

```
create table personen(
   id int generated always as identity primary key,
   name varchar(20),
   freund char(1) check (freund in ('J','N'))
)
```

Die folgende Anweisung ist aufgrund der Abgeschlossenheit von SQL-Ausdrücken syntaktisch korrekt.

```
select name
from (select id, name
   from personen
   where freund='J')
```

Ob es sinnvoll ist, `select`-Anweisung so zu formulieren, ist dabei wieder eine andere Frage. Im vorliegenden Fall wählt man die klarere Variante:

```
select name
from personen
where freund='J'
```

Wir werden aber bald Szenarien begegnen, in denen uns die Abgeschlossenheit von SQL weiterhilft.

9.2   Die Bestandteile von SQL

Die SQL-Anweisungen werden in drei Gruppen eingeteilt. Im Folgenden beschreiben wir jede dieser Gruppen:

Data Data Definition Language (DDL): Die DDL umfasst Anweisungen, die mit `create`, `drop` und `alter` eingeleitet werden. Im Zusammenhang mit Tabellen ergibt sich hier die umfassende Syntax, die wir uns in Kapitel 5 erarbeitet haben. Views (siehe auch Abschnitt 1.10), wie sie uns in Kapitel 15 begegnen, werden ebenfalls mit DDL-Anweisungen erzeugt und gelöscht.

Data Control Language (DCL): In Abschnitt 1.5 haben wir erfahren, dass es für ein Datenbanksystem wichtig sein kann, Rechte für Benutzer zu verwalten. Diese Rechte werden mit den Anweisungen `grant` und `revoke` vergeben und entzogen. Details zu den Möglichkeiten dieser Anweisungen erfahren wir in Kapitel 16.

Data Manipulation Language (DML): Dieser Teil von SQL umfasst die vier Anweisungen `update`, `delete`, `insert` und `select`. Gerade für Entwickler gehört die `select`-Anweisung oftmals zum täglichen Brot. In den meisten Anwendungen, die eine Datenbankanbindung haben, stellen Abfragen die Mehrheit der SQL-Anweisungen. Dementsprechend widmet sich auch die überwiegende Mehrheit der Kapitel dieses Buchteils den zahlreichen Facetten der `select`-Anweisung.

Die übrigen DML-Anweisungen sind vergleichsweise rasch erklärt. Wenn wir die in Listing 9.1 definierte Tabelle zugrunde legen, können wir die `update`-Anweisung einsetzen, um die Namen aller gespeicherten Freunde in Großbuchstaben umzuwandeln:

```
update personen
set name=upper(name)
where freund='J'
```

Alle Personen, die wir nicht zu unseren Freunden zählen, löschen wir wie folgt mit der `delete`-Anweisung:

```
delete from personen
where freund!='J'
```

Das Interessante an diesen Anweisungen ist, dass sie sich nicht nur auf einzelne Datensätze beziehen, sondern dass ganze Mengen von Datensätzen geändert werden, die wir in den Prädikaten in der where-Komponente definieren. Auch dies ist eine Anforderung, die Codd in seinen Regeln formuliert hat:

 Codds 7. Regel: Mengenorientiertes Einfügen, Ändern und Löschen von Daten

Ein RDBMS muss mengenorientierte Operationen zum Einfügen, Ändern und Löschen von Daten zur Verfügung stellen. Das bedeutet, dass das RDBMS die Daten der Datenbank in Form von Mengen bereitstellt, die aus mehreren Datensätzen aus verschiedenen Tabellen zusammengesetzt sind. Insbesondere ermöglicht ein RDBMS es, derartige Mengen zu ändern, zu löschen oder einzufügen.

Für die insert-Anweisung hat dies außerdem die Konsequenz, dass wir mit nur einer Anweisung mehrere Datensätze einfügen können:

```
insert into personen(name, freund)
values ('Tick', 'N'),('Trick', 'N'),('Track', 'N'),
```

Da SQL abgeschlossen ist, können wir insert sogar mit einer Abfrage kombinieren: Wir nehmen an, dass wir noch die folgende Tabelle haben:

```
create table freunde(
   id int generated always as identity primary key,
   name varchar(20)
)
```

Wir füllen diese Tabelle rasch mit passenden Datensätzen aus unserer personen-Tabelle:

```
insert into freunde
   select id, name from personen
   where freund ='J';
   select * from freunde
```

Es werden alle Datensätze aus der Tabelle personen ausgewählt, die in der Spalte freund den Wert 'J' haben. Diese Ergebnisse werden dann in die Tabelle freunde übertragen.

9.3   Der Standard

SQL ist von der ISO standardisiert worden (siehe auch Abschnitt 2.8). Der aktuelle Standard stammt aus dem Jahr 2008; die zugehörige Dokumentation, die mittlerweile mehrere tausend Seiten umfasst, kann von der ISO bezogen werden. Gelegentlich findet man auch kostenlose Dokumente,[1] die den Standard in einem sehr fortgeschrittenen Entwurfsstadium enthalten. Es gibt aber wohl kein RDBMS, das dem aktuellen ISO-Standard in vollem Umfang genügt. Oft sind es nicht einmal esoterische Neuerungen, die nicht unterstützt werden, sondern ganz elementare syntaktische Eigenschaften. Beispielsweise gibt es bekannte und verbreitete RDBMS, in denen

- Blockkommentare unbekannt sind;

- Schlüsselworte groß geschrieben werden müssen;

- Primärschlüssel nur in Verbindung mit einem expliziten `not null` definiert werden können.

Abschließend sollten noch die folgenden einfachen und allgemeinen Hinweise zur Syntax von SQL nicht fehlen:

- Die Groß- und Kleinschreibung spielt sowohl bei Schlüsselworten von SQL, wie `insert` oder `create`, als auch bei Datenbankobjekten wie Tabellen und Spalten keine Rolle. Durch Anführungszeichen begrenzte Textliterale wie `'Donald'` sind der einzige Fall, bei dem wir auf die passende Groß- oder Kleinschreibung achten müssen.

- Mehrere SQL-Anweisungen werden durch ein Semikolon voneinander getrennt.

- Als Kommentar gilt der durch – – eingeleitete Teil einer Zeile. Kommentarblöcke werden durch /* */ eingeschlossen und können mehrere Zeilen umfassen.

In diesem Kapitel haben wir mit sehr einfachen Tabellen gearbeitet; in den folgenden Kapiteln vertiefen wir vor allem unsere Kenntnisse über die `select`-Anweisung. Um die syntaktischen Eigenschaften und Eigenarten mit interessanteren Beispielen zu illustrieren, benötigen wir etwas mehr Datenmaterial. Die SQL-Anweisungen zum Erzeugen der Tabellen und zum Einfügen der Daten finden Sie auf www.grundkurs-datenbanksysteme.de

---

[1] Siehe etwa www.wiscorp.com/sql200n.zip

Alles klar?

- ▪ SQL ist natürlichsprachlich.

- ▪ Die SQL-Anweisungen sind deklarativ: Nicht die Frage „Wie?", sondern die Frage „Was?" steht im Vordergrund.

- ▪ Abfragen sind in SQL abgeschlossen. Das Ergebnis einer `select`-Anweisung kann in anderen SQL-Anweisungen wie eine Tabelle genutzt werden.

- ▪ Die SQL-Anweisungen werden in die drei Kategorien DDL, DCL und DML unterteilt.

- ▪ SQL ist standardisiert; die Hersteller der RDBMS orientieren sich am Standard.

10

Einfache select-Anweisungen

In Kapitel 5 haben wir uns die Möglichkeiten der DDL-Komponente von SQL erarbeitet. In diesem Kapitel lernen wir, wie wir die Daten aus den fertigen Tabellen mit Hilfe der DML verarbeiten. Mit der select-Anweisung beschäftigten wir uns bereits sehr früh – in Kapitel 2. Zwischenzeitlich haben wir uns ein solides theoretische Fundament in Form des relationalen Modells und der Relationenalgebra geschaffen. Jetzt sehen wir, wie man beides mit SQL umsetzt.

Die select-Anweisung hat neben select und from noch einige optionale syntaktische Komponenten, die wir in diesem und den nächsten Kapiteln besprechen. Der SQL-Standard sieht bereits viele Möglichkeiten vor, um Datensätze mit Hilfe der select-Anweisung in Tabellen zu finden. Viele Hersteller haben zu ihrem RDBMS Erweiterungen entwickelt. Die Möglichkeiten der select-Anweisung machen wir uns nach und nach anhand von Daten aus der folgenden Tabelle klar:

```
create table alben(
  reihe varchar(30),
  titel varchar(30),
  band int check(band>=0),
  preis decimal(4,2) check(preis>=0),
  jahr int,
  primary key(reihe, band)
)
```

Der exemplarische Datenbestand, den wir verwenden, ist in Tabelle 10.1 dargestellt:

Jedes Album hat einen Titel, und jeder Titel erscheint im Rahmen einer Reihe. So ist der Titel „Asterix der Gallier" in der Reihe „Asterix" erschienen. Die Titel ha-

Tabelle 10.1: Beispieldaten für die Tabelle `alben`

reihe	titel	band	preis	jahr
Gespenster Geschichten	Gespenster Geschichten	1	1.20	1974
Asterix	Asterix der Gallier	1	2.80	1968
Asterix	Asterix und Kleopatra	2	2.80	1968
Asterix	Asterix als Legionär	10	3.00	null
Asterix	Die Trabantenstadt	17	3.80	1974
Asterix	Der große Graben	25	5.00	1980
Tim und Struppi	Der geheimnisvolle Stern	1	null	1972
Tim und Struppi	Tim und der Haifischsee	23	null	1973
Franka	Das Kriminalmuseum	1	8.80	1985
Franka	Das Meisterwerk	2	8.80	1986

ben innerhalb der Reihe eine Nummer, die in der Regel chronologisch vergeben wird. Bei „Asterix" war etwa „Asterix der Gallier" der Band 1 dieser Reihe. Wenn wir davon ausgehen, dass es keine zwei gleichnamigen Comicreihen gibt, dann identifiziert die Kombination aus dem Namen der Reihe und der Bandnummer innerhalb der Reihe jedes Album eindeutig. Mit dem Preis vergeben wir ein numerisches Attribut. Ein kleiner Designfehler der Tabelle besteht darin, dass mit dem Namen der Reihe ein Teil des Primärschlüssels natürlich ist (siehe Abschnitt 5.9). Auch wenn wir in der Praxis nicht so vorgehen würden, hilft uns dieser zusammengesetzte Schlüssel dabei, einige Varianten der `select`-Anweisung zu verstehen. Um uns die Überraschungen, für die der Wert `null` sorgt, vor Augen zu führen, sind einige Erscheinungsjahre und Preise mit diesem Wert versehen.

10.1 Viele Möglichkeiten, um Spalten zu beschreiben

Im Rahmen unserer ersten Erkundungen der `select`-Anweisung in Kapitel 2 haben wir mit der folgenden Grundform gearbeitet:

Listing 10.1: Für alle Alben die Titel und Preise ermitteln

```
select titel, preis
from alben
```

Dem Ergebnis der Abfrage in Tabelle 10.2 entnehmen wir, dass alle Datensätze der Tabelle auf die beiden Attribute `titel` und `preis` projiziert werden (siehe auch Abschnitt 4.1).

Dabei fällt auf, dass einige Werte für den Preis in der H2-Console mit `null` markiert sind. Wie `null`-Werte dargestellt werden, ist vom Client unseres RDBMS

Tabelle 10.2: Ergebnis der Abfrage aus Listing 10.1

titel	preis
Gespenster Geschichten	1.20
Asterix der Gallier	2.80
Asterix und Kleopatra	2.80
Asterix als Legionär	3.00
Die Trabantenstadt	3.80
Der große Graben	5.00
Der geheimnisvolle Stern	null
Tim und der Haifischsee	null
Das Kriminalmuseum	8.80
Das Meisterwerk	8.80

abhängig, mit dem wir auf die Datenbank zugreifen. In einigen Systemen wie H2 wird `null` als Text angezeigt, andere verwenden dazu eine leere Zelle oder einen Strich.

Wir werden noch mit Abfragen arbeiten, in denen wir es mit Daten aus mehreren Tabellen zu tun haben. Dann ist es gelegentlich erforderlich, zwei *gleichnamige* Spalten aus verschiedenen Tabellen zu unterscheiden. Allgemein ist es immer gut, den Überblick zu behalten und darüber Buch zu führen, welche Spalte zu welcher Tabelle gehört. Wir qualifizieren dazu die Spaltennamen mit Hilfe ihrer Tabelle:

Listing 10.2: Spalten mit ihrem Tabellennamen qualifizieren

```
select alben.titel, alben.preis
from alben
```

Wenn wir keine Projektion benötigen, können wir mit dem Kürzel * auch auf *alle Spalten* zugreifen:

Listing 10.3: Für alle Alben alle vorhandenen Attribute ermitteln

```
select * from
alben
```

Eine Übersicht über das Preisgefüge nach einer fünfprozentigen Preiserhöhung bekommen wir mit Hilfe der folgenden Abfrage:

Listing 10.4: Die Titel aller Alben zusammen mit den um 5% erhöhten Preisen

```
select titel, preis*1.05
from alben
```

Die Preise in der Datenbank bleiben unverändert, sie werden nur – wie in Tabelle 10.3 – erhöht *dargestellt*.

Tabelle 10.3: Ergebnis der Abfrage aus Listing 10.4

titel	preis * 1.05
Gespenster Geschichten	1.2600
Asterix der Gallier	2.9400
Asterix und Kleopatra	2.9400
Asterix als Legionär	3.1500
Die Trabantenstadt	3.9900
Der große Graben	5.2500
Der geheimnisvolle Stern	null
Tim und der Haifischsee	null
Das Kriminalmuseum	9.2400
Das Meisterwerk	9.2400

In `select`-Anweisungen können wir in der Projektion arithmetische Operatoren verwenden. Wie wir auch dem Ergebnis der Abfrage aus Listing 10.4 entnehmen, ist das Resultat einer Operation gleich `null`, wenn einer der Operanden `null` ist. Im Ergebnis sehen wir auch, dass der Text `preis * 1.05` als Spaltenüberschrift für den erhöhten Preis vom RDBMS verwendet wird. Wenn wir nicht selbst wie in der folgenden Anweisung einen Spaltennamen vergeben, kümmert sich das RDBMS darum.

Listing 10.5: Eigene Spaltennamen vergeben

```
select titel, preis*1.05 as neuerpreis
from alben
```

Das Schlüsselwort `as` können wir dabei auch entfernen: Durch `as` wird lediglich die Natürlichsprachlichkeit der Anweisung erhöht. Ganz ähnlich ist das übrigens auch für Tabellennamen möglich:

Listing 10.6: Ein Tabellenalias für die Spaltenqualifikation

```
select a.jahr
from alben a
```

Die Tabelle `alben` bekommt so innerhalb unserer `select`-Anweisung den Alias a. Eine Qualifizierung der Spalten über einen kurzen Tabellenalias ist oft übersichtlicher als die Verwendung des vollständigen Tabellennamens. In der Ergebnistabelle sehen wir, dass Dubletten nicht eliminiert werden. SQL hat sich hier deutlich vom relationalen Modell entfernt.

Tabelle 10.4: Ergebnis der Abfrage aus Listing 10.6

jahr
1974
1968
1968
null
1974
1980
1972
1973
1985
1986

Wenn unser Ergebnis dublettenfrei sein soll, verwenden wir das Schlüsselwort `distinct`:

Listing 10.7: Dubletten eliminieren

```
select distinct jahr
from alben
```

Im Ergebnis (siehe Tabelle 10.5) finden sich nur verschiedene Jahre.

Tabelle 10.5: Ergebnis der Abfrage aus Listing 10.7

jahr
1985
1986
1968
1972
1973
1974
1980
null

Das Schlüsselwort `distinct` kann auch mehrere Spalten umfassen:

Listing 10.8: `distinct` bezieht sich auf alle Spalten der Projektion

```
select distinct reihe, jahr
from alben
where reihe='Asterix'
```

In den Beispieldaten gibt es zwei Asterixalben, die 1968 erschienen sind. Die Projektion aus Listing 10.8 berücksichtigt nur einen Vertreter.

Tabelle 10.6: Ergebnis der Abfrage aus Listing 10.8

reihe	jahr
Asterix	1974
Asterix	1968
Asterix	null
Asterix	1980

10.2   Datensätze mit `where` auswählen

In den meisten Fällen brauchen wir gar nicht alle Datensätze einer Tabelle, sondern nur einen Teil. Wir können hier – wie bei der Relationenalgebra – mit Selektionen (siehe etwa Abschnitt 4.5) arbeiten, für die es in der `select`-Anweisung die `where`-Komponente gibt:

Listing 10.9: Alle Alben, die 1968 erschienen sind

```
select *
from alben
where jahr=1968
```

In Tabelle 10.7 sehen wir, dass das Ergebnis aus allen Datensätzen besteht, die dem Prädikat `jahr=1968` genügen.

Tabelle 10.7: Ergebnis der Abfrage aus Listing 10.9

reihe	titel	band	preis	jahr
Asterix	Asterix der Gallier	1	2.80	1968
Asterix	Asterix und Kleopatra	2	2.80	1968

Anders als bei der Relationenalgebra müssen wir beim praktisch orientierten SQL berücksichtigen, dass das Prädikat auch den Wert `null` annehmen kann. Ein Datensatz gehört genau dann zum Ergebnis einer `select`-Anweisung, wenn das Prädikat den Wert `true` hat. Es folgt auch, dass wir nicht alle Datensätze erhalten, wenn wir die `where`-Komponente in Listing 10.9 durch `where jahr != 1968` ersetzen. Hier werden nur die Datensätze gefunden, für die `jahr = 1968` den Wert `false` hat. Die Datensätze, für die das Erscheinungsjahr unbekannt, also `null` ist, gehören nicht dazu. *Alle* Datensätze erhalten wir mit der folgenden Anweisung:

Listing 10.10: Eine ungewöhnliche Möglichkeit, alle Alben zu finden

```
select *
from alben
where jahr=1968 or
jahr!=1968 or
jahr is null
```

An diesem Beispiel sehen wir, dass

- wir mehrere Prädikate mit logischen Operatoren wie `not`, `and` und `or` verknüpfen können;
- Prädikate, die `null` beinhalten, nicht mit dem Operator `=` formulieren dürfen.

Wenn wir alle Datensätze kennen wollen, zu denen ein Preis *bekannt* ist, nehmen wir dazu die folgende Abfrage:

Listing 10.11: `null` in Prädikaten

```
select *
from alben
where preis is not null
```

Das Prädikat ist natürlichsprachlicher als seine – syntaktisch ebenfalls korrekte – Alternative `not preis is null`. Die Ergebnisse finden wir in Tabelle 10.8.

Tabelle 10.8: Ergebnis der Abfrage aus Listing 10.11

reihe	titel	band	preis	jahr
Gespenster Geschichten	Gespenster Geschichten	1	1.20	1974
Asterix	Asterix der Gallier	1	2.80	1968
Asterix	Asterix und Kleopatra	2	2.80	1968
Asterix	Asterix als Legionär	10	3.00	null
Asterix	Die Trabantenstadt	17	3.80	1974
Asterix	Der große Graben	25	5.00	1980
Franka	Das Kriminalmuseum	1	8.80	1985
Franka	Das Meisterwerk	2	8.80	1986

Neben Literalen können wir auch ausschließlich Attributnamen zur Formulierung von Prädikaten nutzen:

Listing 10.12: Ein Prädikat, das zwei Spalten enthält

```
select *
from alben
where titel=reihe
```

In Tabelle 10.9 sehen wir, dass unser Datenbestand nur einen Datensatz enthält, in dem die beiden Attribute `titel` und `reihe` den gleichen Wert haben.

Tabelle 10.9: Ergebnis der Abfrage aus Listing 10.12

reihe	titel	band	preis	jahr
Gespenster Geschichten	Gespenster Geschichten	1	1.20	1974

Ein weiteres Beispiel für den Einsatz von logischen Operatoren sehen wir hier:

Listing 10.13: Alle Asterixalben, die weniger als `6.0` kosten.

```
select *
from alben
where reihe='Asterix' and preis<6.00
```

Es werden alle Asterix-Alben ermittelt, die weniger als `6.0` kosten (siehe Tabelle 10.10).

Tabelle 10.10: Ergebnis der Abfrage aus Listing 10.13

reihe	titel	band	preis	jahr
Asterix	Asterix der Gallier	1	2.80	1968
Asterix	Asterix und Kleopatra	2	2.80	1968
Asterix	Asterix als Legionär	10	3.00	null
Asterix	Die Trabantenstadt	17	3.80	1974
Asterix	Der große Graben	25	5.00	1980

Probleme können uns hier wieder `null`-Werte machen. Bei arithmetischen Operatoren wie + und bei Vergleichsoperatoren wie < ist das Ergebnis `null`, wenn auch nur einer der Operanden `null` ist. So einfach ist das bei Booleschen Operatoren nicht. Weil `null` etwas Unbekanntes repräsentiert, müssen die beiden möglichen Wahrheitswerte `true` und `false` bei der Ergebnisbildung berücksichtigt werden.

■ Bei `true and null` sind also die beiden Ergebnisse `true and true` und `true and false` möglich. Da sich einmal `true` und einmal `false` ergibt, ist das Ergebnis wieder unbestimmt, also `null`.

■ Anders ist das bei `true or null`; hier ergibt sowohl `true or true` als auch `true or false` den Wert `true`. Das Ergebnis ist somit `true`.

10.3   Einige nützliche Operatoren

Im SQL-Standard sind auch Operatoren definiert, die die Natürlichsprachlichkeit unserer Anweisungen erhöhen und uns einige Schreibarbeit abnehmen.

So können wir anstatt

Listing 10.14: Alle Alben, die zwischen `5.0` und `6.0`

```
select *
from alben
where preis >= 5.00 and preis <= 10.00
```

etwas einfacher mit `between` arbeiten:

Listing 10.15: `between` ermöglicht natürlichsprachliche Prädikate

```
select *
from alben
where preis between 5.00 and 10.00
```

Das Ergebnis entnehmen wir Tabelle 10.11. Die mit `between` formulierte Anweisung ist zwar nicht kürzer, aber etwas klarer.

Tabelle 10.11: Ergebnis der Abfrage aus Listing 10.15

reihe	titel	band	preis	jahr
Asterix	Der große Graben	25	5.00	1980
Franka	Das Kriminalmuseum	1	8.80	1985
Franka	Das Meisterwerk	2	8.80	1986

Mit dem Operator `in` verbessern wir die Lesbarkeit unserer Anweisungen dagegen *deutlich*. So können wir

Listing 10.16: Mehr Übersicht mit dem `in`-Operator.

```
select *
from alben
where reihe in ('Asterix', 'Tim und Struppi')
```

anstatt

Listing 10.17: `in` ist hier besser

```
select *
from alben
where reihe = 'Asterix' or reihe = 'Tim und Struppi'
```

schreiben. Das Ergebnis ist für beide `select`-Anweisungen das gleiche (siehe Tabelle 10.12).

Bei zweielementigen Listen, wie hier im Beispiel, ist die Kürze und Klarheit des Prädikates noch nicht so ausgeprägt. Bei umfangreicheren Listen reduzieren die

Tabelle 10.12: Ergebnis der Abfrage aus Listing 10.16

reihe	titel	band	preis	jahr
Asterix	Asterix der Gallier	1	2.80	1968
Asterix	Asterix und Kleopatra	2	2.80	1968
Asterix	Asterix als Legionär	10	3.00	null
Asterix	Die Trabantenstadt	17	3.80	1974
Asterix	Der große Graben	25	5.00	1980
Tim und Struppi	Der geheimnisvolle Stern	1	null	1972
Tim und Struppi	Tim und der Haifischsee	23	null	1973

mit `or` verketteten Prädikate die Lesbarkeit erheblich. In Abschnitt 5.11 haben wir bereits im Zusammenhang mit `create table`-Anweisungen den `in`-Operator eingesetzt, in Kapitel 14 lernen wir Verwendungsmöglichkeiten für verschachtelte Abfragen kennen.

Sehr nützlich ist auch der Mustervergleich von Texten in Prädikaten. Wenn wir uns daran erinnern, dass einer der Titel aus der Asterixreihe etwas mit einer Stadt zu tun hatte, können wir ihn leicht finden (siehe Listing 10.18).

Listing 10.18: Alle Alben mit `stadt` im Titel

```
select *
from alben
where titel like '%stadt%'
```

Das Zeichen `%` repräsentiert in dem Muster `'%stadt%'` eine beliebige Zeichenkette. Dies entspricht dem Ergebnis aus Tabelle 10.13.

Tabelle 10.13: Ergebnis der Abfrage aus Listing 10.18

reihe	titel	band	preis	jahr
Asterix	Die Trabantenstadt	17	3.80	1974

Jeder Titel, der also den Text `stadt` enthält, gehört somit zum Ergebnis der Abfrage. Gelegentlich verwendet man zwar die Syntax für die Musterbeschreibung, vergisst aber den `like`-Operator. Wenn das Prädikat `titel='%stadt%'` lautet, findet das RDBMS auch nur Datensätze, in denen der Titel *gleich* dem Text `%stadt%` ist. Mit unseren Beispieldaten ergibt sich so ein leeres Ergebnis. Der Vergleich mit dem *Muster* findet nur in Verbindung mit dem Schlüsselwort `like` statt. Neben dem %-Zeichen gibt es noch _ als Platzhalter für ein einzelnes, beliebiges Zeichen. Wollen wir beispielsweise alle Titel finden, deren zweiter Buchstabe ein s ist, verwenden wir das Prädikat

```
titel like '_s\%'
```

10.4 Sortieren

Auch wenn SQL keine bestimmte Reihenfolge für die Datensätze im Ergebnis vorsieht, können wir das Ergebnis mit Hilfe einer `order by`-Komponente sortieren:

Listing 10.19: Ergebnisse sortieren

```
select distinct reihe
from alben
order by reihe
```

Das Ergebnis (siehe Tabelle 10.14) enthält die Namen der Albumreihen in alphabetisch aufsteigender Reihenfolge. Dubletten sind durch das Schlüsselwort `distinct` ausgemustert worden. Wie die Buchstaben angeordnet sind, ist ebenso wie die Einordnung von `null` vom verwendeten RDBMS abhängig. Der SQL-Standard macht hierzu keine Aussage. Oftmals ist die Reihenfolge konfigurierbar. Das alles entspricht natürlich ganz und gar nicht dem relationalen Modell: Hier sind weder Dubletten noch eine Reihenfolge vorgesehen.

Tabelle 10.14: Ergebnis der Abfrage aus Listing 10.19

reihe
Asterix
Franka
Gespenster Geschichten
Tim und Struppi

Selbstverständlich können wir die Daten auch in absteigenden Reihenfolge sortieren. Wir benutzen dazu das Schlüsselwort `desc`:

Listing 10.20: Sortierung in absteigender Reihenfolge

```
select distinct reihe
from alben
order by reihe desc
```

In Tabelle 10.15 beobachten wir die umgekehrte Sortierung.

Tabelle 10.15: Ergebnis der Abfrage aus Listing 10.20

reihe
Tim und Struppi
Gespenster Geschichten
Franka
Asterix

Für die aufsteigende Reihenfolge lautet das entsprechende Schlüsselwort `asc`. Die explizite Angabe von `asc` ist nicht erforderlich, weil die aufsteigende Reihenfolge der Standard ist. Auch mehrere Sortierkriterien sind möglich: Wenn wir im Ergebnis (siehe Tabelle 10.16) der folgenden Abfrage zwei gleichnamige Reihen haben, dann entscheidet die Spalte `titel` über die Reihenfolge.

Listing 10.21: Mehrere Sortierkriterien

```
select reihe, titel, preis
from alben
order by reihe, titel desc
```

Das Ergebnis finden wir in Tabelle 10.16.

Tabelle 10.16: Ergebnis der Abfrage aus Listing 10.21

reihe	titel	preis
Asterix	Die Trabantenstadt	3.80
Asterix	Der große Graben	5.00
Asterix	Asterix und Kleopatra	2.80
Asterix	Asterix der Gallier	2.80
Asterix	Asterix als Legionär	3.00
Franka	Das Meisterwerk	8.80
Franka	Das Kriminalmuseum	8.80
Gespenster Geschichten	Gespenster Geschichten	1.20
Tim und Struppi	Tim und der Haifischsee	null
Tim und Struppi	Der geheimnisvolle Stern	null

Mit der `order by`-Komponente hat sich SQL weiter vom relationalen Modell entfernt. Die Reihenfolge, der in Relationen keinerlei Relevanz zukommt, ist ja gerade der Zweck einer Sortierung.

10.5   Alles in einen Topf

Die relationalen Wurzeln von SQL finden wir in der Möglichkeit, zwei `select`-Ergebnisse mit Hilfe von `union` zu einer Tabelle zu vereinigen. Die folgende Anweisung ermittelt alle Alben, von denen wir den ersten Band haben:

```
select band, titel
from alben
where band=1
```

Die nächste Anweisung findet die beiden Asterix-Alben aus dem Jahr 1968:

```
select jahr, reihe
from alben
where reihe like 'Asterix%' and jahr = 1968
```

In beiden Fällen bestehen die Ergebnisse aus einer Spalte mit Zahlen und einer mit Texten. Beide Ergebnisse können jetzt zu einem einzigen zusammengefasst werden:

Listing 10.22: Die Vereinigung zweier Tabellen

```
select band, titel
from alben
where band=1
union
select jahr, reihe
from alben
where reihe like 'Asterix%' and jahr = 1968
```

Das Ergebnis sehen wir in Tabelle 10.17.

Tabelle 10.17: Ergebnis der Abfrage aus Listing 10.22

band	titel
1968	Asterix
1	Der geheimnisvolle Stern
1	Gespenster Geschichten
1	Asterix der Gallier
1	Das Kriminalmuseum

Wir beobachten, dass

- die Spaltentitel für die Vereinigung von der ersten Projektion übernommen wurden;

- Dubletten nicht berücksichtigt wurden. Es gibt zwei Asterixalben, die 1968 erschienen sind; in der Vereinigung ist nur eines vorhanden.

Wollen wir die Dubletten auch in die Vereinigung übernehmen, müssen wir mit union all arbeiten. Bei der Arbeit mit union ist noch zu beachten, dass die Datentypen korrespondierender Spalten zueinanderpassen müssen. In der folgenden Anweisung hat die Spalte titel den Typ varchar und die korrespondierende Spalte preis den Typ decimal. So wundert man sich nicht, dass H2 sich weigert, die Anweisung auszuführen.

```
select band, titel
from alben
union
```

```
select jahr, preis
from alben
```

Unsere Abfrage aus Listing 10.22 wirkt gekünstelt und ist sicher kein praktischer Anwendungsfall. `union` kann jedoch sehr hilfreich sein. Wenn wir zwei Comicsammlungen – sagen wir in den Tabellen `alben_siggi` und `alben_barabass` – haben, können wir beide zusammenlegen und die Alben trotzdem noch voneinander unterscheiden.

Listing 10.23: Zwei Comicsammlungen werden zusammengelgt

```
select 'Siggis Album' besitzer, reihe, titel
from alben_siggi
union all
select 'Barrabas Album', reihe, titel
from
alben_barabass
```

Das Ergebnis sieht dann – je nach Datenbestand der Ausgangstabelle – wie in Tabelle 10.18 aus und kann die Grundlage für weitere interessante Auswertungen sein.

Tabelle 10.18: Ergebnis der Abfrage aus Listing 10.23

besitzer	reihe	titel	band	preis	jahr
Siggis Album	Franka	Das Kriminalmuseum			
Siggis Album	Franka	Das Meisterwerk			
Barrabas Album	Asterix	Asterix der Gallier			
Barrabas Album	Asterix	Asterix und Kleopatra			
...					

Mit dieser Grundausstattung an Werkzeugen zum Formulieren von `select`-Anweisungen können wir schon eine Menge anfangen. Möglicherweise haben die meisten Abfragen, die an ein RDBMS gerichtet werden, diese Grundform. Seine wahre Zauberkraft entfaltet `select` aber erst im Zusammenhang mit Aggregaten, Gruppierungen, Joins und Unterabfragen, die uns in den folgenden Kapiteln begegnen.

Alles klar?

- Die ausgewählten Spalten einer Tabelle werden in der `select`-Komponente definiert.

- Die `select`-Komponente kann auch arithmetische Ausdrücke und Funktionen enthalten.

- Spaltennamen sollten mit Hilfe eines Alias ihrer Tabellen qualifiziert werden.

- Mit `distinct` lassen sich Dubletten aus dem Ergebnis entfernen.

- Das Ergebnis kann mit Hilfe von Prädikaten in der `where`-Komponente eingeschränkt werden.

- Prädikate werden mit Hilfe der Booleschen Operationen `and` und `or` verknüpft.

- Operatoren wie `in` oder `between` erhöhen die Lesbarkeit der Anweisungen.

- Mit Hilfe des Operators `like` ist ein Musterabgleich für Texte möglich.

- Das Ergebnis einer Abfrage kann mit Hilfe von `order by` sortiert werden.

- Wenn die Ergebnisse von zwei Abfragen eine ähnliche Struktur haben, können sie mit `outer` vereinigt werden.

Funktionen in SQL-Anweisungen

In Abschnitt 5.11 haben wir im Rahmen einer `create table`-Anweisung eine Plausibilitätskontrolle für E-Mail-Adressen definiert:

```
email varchar(20) check(0<position('@',email))
```

Immer wenn ein Datensatz eingefügt oder geändert wird, prüft das RDBMS, ob die Funktion `position('@',email)` eine Zahl liefert, die größer als 0 ist. Das ist immer dann der Fall, wenn der Wert von `email` das Zeichen @ enthält. Das Argument hat ebenso wie das Ergebnis der Funktionen einen atomaren Datentyp.

Abbildung 11.1: Skalare Funktionen

Atomare Werte werden gelegentlich auch **skalar** genannt. Funktionen, deren Argumente skalare Werte sind, heißen **skalare Funktionen**. In Programmiersprachen sind diese Funktionen zur Verarbeitung von Texten, Zahlen oder Datumsangaben wichtige Hilfsmittel. In SQL dienen sie etwa

- der Formulierung von Integritätsregeln wie `check`-Constraints,
- der Aufbereitung der Ergebnisse von `select`-Anweisungen oder
- der Formulierung von Prädikaten für Selektionen.

Im Gegensatz zu skalaren Werten ist das Ergebnis einer `select`-Anweisung *mehr-wertig*. Mehrwertige Daten sind die Argumente von **Aggregatfunktionen** – ihr Ergebnis ist hingegen wieder ein skalarer Wert.

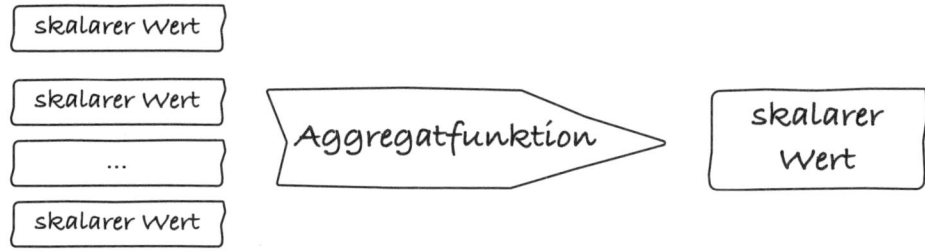

Abbildung 11.2: Aggregatfunktionen

Der Unterschied zwischen den beiden Funktionsarten ergibt sich auch aus den Abbildungen 11 und 11. Eine kurze Berührung mit Aggregatfunktionen hatten wir bereits in Abschnitt 5.16 in Form der Anweisung

```
select count(number) from numbers
```

Es wird gezählt, wie viele Werte in der Spalte `number` der Tabelle `numbers` auf-treten.

Die Funktionen, die ein RDBMS für seinen SQL-Dialekt bereitstellt, sind sehr her-stellerspezifisch. Eine Funktion, die es also in einem SQL-Dialekt gibt, kann im an-deren wieder unbekannt sein. Neben den Funktionen, die zum SQL-Dialekt des RDBMS gehören, bieten die meisten Systeme auch die Möglichkeit, Funktionen selbst zu definieren.

Möglichkeiten gibt es grundsätzlich zwei:

- ▪ Stored Procedures: Viele Datenbanksysteme stellen eine eigene – nicht stan-dardisierte – Programmiersprache zur Verfügung, die auch als Stored Proce-dure Language (SPL) bezeichnet wird. Mit Hilfe dieser Sprache können eigene Funktionen definiert werden, die dann das RDBMS übersetzt und verwaltet. Die übersetzten Stored Procedures werden in eigenen Systemtabellen vorge-halten.

- ▪ User Defined Functions (UDF): Funktionen, die bereits in einer Sprache wie C oder Java entwickelt wurden, können in das RDBMS integriert und als Funk-tion aus SQL-Anweisungen heraus aufgerufen werden.

In diesem Kapitel verschaffen wir uns einen Überblick über einige typische Funk-tionen, wie wir sie auch in unserer täglichen Arbeit gebrauchen können. Eine sys-tematische Diskussion aller Funktionen etwa von H2 würde zu weit führen. Der

Nutzen eines vollständigen Katalogs ist zudem fraglich, da er sich nur begrenzt auf andere RDBMS übertragen lässt.

11.1 Funktionen zur Textverarbeitung

Eine einfache Funktion zur Textverarbeitung ist `upper`. In den beiden folgenden Beispielen für Abfragen, die wieder auf dem Datenbestand aus Tabelle 10.1 operieren, sehen wir exemplarisch, wie wir Funktionen sowohl für Projektionen als auch für Selektionen nutzen können.

Listing 11.1: Funktionen können für die Projektion genutzt werden

```
select distinct upper(reihe)
from alben
```

Das Ergebnis finden wir in der folgenden Tabelle.

Tabelle 11.1: Ergebnis der Abfrage aus Listing 11.1

upper(reihe)
GESPENSTER GESCHICHTEN
ASTERIX
FRANKA
TIM UND STRUPPI

In der nächsten Anweisung haben wir das Prädikat so formuliert, dass unabhängig von der Groß- oder Kleinschreibung alle Asterixalben ermittelt werden.

Listing 11.2: Funktionen können zur Selektion genutzt werden

```
select titel
from alben
where upper(reihe)='ASTERIX'
```

Anders als in Tabelle 11.1 bleibt die Darstellung der Albentitel im Ergebnis unverändert (siehe Tabelle 11.2).

Die meisten RDBMS enthalten eine imposante Vielzahl an Funktionen zur Textverarbeitung. Oft will man wissen, ob ein bestimmter Text in einem der Attributwerte enthalten ist:

```
select titel
from alben
where 0<position(titel, 'Trabanten')
```

Tabelle 11.2: Ergebnis der Abfrage aus Listing 11.2

titel
Asterix der Gallier
Asterix und Kleopatra
Asterix als Legionär
Die Trabantenstadt
Der große Graben

Wir haben bereits am Anfang des Kapitels gesehen, dass die Funktion `position` einen Wert größer 0 liefert, wenn das zweite Argument der Funktion im ersten Argument enthalten ist. Das Ergebnis sehen wir in Listing 11.3.

Tabelle 11.3: Ergebnis der Abfrage aus Listing 11.1

titel
Die Trabantenstadt

Mit Hilfe des Operators `like` zum Mustervergleich können wir eine äquivalente, aber elegantere Anweisung formulieren.

```
select titel
from alben
where reihe like '%Trabanten%'
```

Die ersten zehn Buchstaben aller Albentitel liefert uns der folgende `select`:

```
select substring(titel, 1, 10)
from alben
```

Die Länge jedes Titels bekommen wir mit

```
select length(titel)
from alben
```

Oft verwenden wir auch die Textverkettung, um das Ergebnis einer `select`-Anweisung zu formatieren. Im folgenden Beispiel werden für jedes Album der Name der zugehörigen Reihe mit dem Band und dem Titel zu einem einzigen aussagekräftigen Text kombiniert:

```
select concat(reihe, ' Band ', band, ': ', titel )
from alben
where reihe='Franka'
```

Alternativ zur Funktion `concat` ist die Verwendung des `||`-Operators sehr verbreitet:

Listing 11.3: Textverkettung mit dem | |-Operator

```
select reihe || ' Band ' || band || ': ' || titel
from alben
where reihe='Franka'
```

In beiden Fällen bekommen wir das folgende Ergebnis:

Tabelle 11.4: Ergebnis der Abfrage aus Listing 11.3

(((reihe | | ′ Band ′) | | band) | | ′: ′) | | titel
Franka Band 1: Das Kriminalmuseum
Franka Band 2: Das Meisterwerk

11.2 Funktionen für Zahlen

Zu den Funktionen für Zahlen gehören selbstverständlich bekannte Vertreter aus der Mathematik wie `sin`, `log` oder `power`. Bei der Arbeit mit den Datenbanken von natur- oder ingenieurwissenschaftlichen Anwendungen treten diese Funktionen immer wieder mal auf. In der Praxis haben wir es aber meistens mit betriebswirtschaftlich orientierten Anwendungen zu tun. Hier finden wir Funktionen zum Runden von Zahlen vom Typ `decimal`:

Listing 11.4: Runden von `decimal`-Zahlen

```
select titel, round(preis,1), round(preis, 0)
from alben
where reihe='Asterix'
```

Wie in Tabelle 11.5 dargestellt, werden die Titel zusammen mit den gerundeten Preisen angezeigt. Über das zweite Argument von `round` regeln wir, auf wie viele Stellen wir runden wollen. Positive Zahlen entsprechen den Nachkommastellen; Zahlen, die kleiner oder gleich null sind, entsprechen den Vorkommastellen.

Tabelle 11.5: Ergebnis der Abfrage aus Listing 11.4

titel	round(preis, 1)	round(preis, 0)
Asterix der Gallier	2.8	3.0
Asterix und Kleopatra	2.8	3.0
Asterix als Legionär	3.0	3.0
Die Trabantenstadt	3.8	4.0
Der große Graben	5.0	5.0

Ähnlich wie bei arithmetischen Operatoren (siehe auch Abschnitt 10.1) ist `null` das Ergebnis einer skalaren Funktion, wenn eines ihrer Argumente `null` ist. Wir werden noch sehen, dass Aggregatfunktionen die `null`-Werte anders behandeln.

Hinweis

- Wenn `null` Argument einer skalaren Funktionen ist, dann ist ihr Ergebnis ebenfalls `null`.

- Wenn einer der Operanden eines arithmetischen Ausdrucks `null` ist, dann ist auch das Ergebnis `null`.

Die Funktion `truncate` rundet nicht, sondern entfernt einfach einen Teil der Stellen einer Zahl. Die Anweisung

Listing 11.5: Zahlen mit `truncate` abschneiden

```
select titel, preis, truncate(preis,1), truncate(preis, 0)
from alben
where reihe='Asterix'
```

liefert also das Ergebnis aus Tabelle 11.6.

Tabelle 11.6: Ergebnis der Abfrage aus Listing 11.5

titel	preis	truncate(preis, 1)	truncate(preis, 0)
Asterix der Gallier	2.80	2.8	2.0
Asterix und Kleopatra	2.80	2.8	2.0
Asterix als Legionär	3.00	3.0	3.0
Die Trabantenstadt	3.80	3.8	3.0
Der große Graben	5.00	5.0	5.0

Wenn wir das Ergebnis einer Funktion nur für einige explizite Werte wissen wollen, brauchen wir keine Tabelle und verzichten auf die `from`-Komponente:

```
select truncate(47.11, 0), truncate(47.11, -1)
```

Da die `truncate`-Funktion Ziffern ab einer bestimmtem Stelle „abschneidet", erhalten wir die Werte `47.0` und `50.0`. Eine Funktion können wir auch direkt mit dem Schlüsselwort `call` aufrufen:

```
call truncate(47.11, 0)
```

Praktisch jeder SQL-Dialekt kennt die bisher vorgestellten Funktionen für Texte und Zahlen – wenn auch nicht immer unter dem gleichen Namen. Im Einzelfall bleibt uns der Blick in die Dokumentation nicht erspart.

11.3 Funktionen für Datumsangaben

Es gibt viele Funktionen, die die Datentypen `date`, `time` und `timestamp` verarbeiten können. Weil die Tabelle `alben` dazu kein Übungsmaterial bietet, definieren wir uns eigens zu diesem Zweck eine kleine Tabelle:

```
create table timedata(
  name varchar(20) primary key,
  d date default current_date(),
  t time default current_time(),
  ts timestamp default current_timestamp()
)
```

Die mit `default` markierten Standardwerte (siehe 5.14) ergeben sich dabei aus Funktionen, die uns – wie ihre Namen schon sagen – die aktuellen Zeitangaben liefern. Wir können sie sogar noch suggestiver in der Form `current date`, also ohne Unterstrich und Klammern, schreiben.

Beim Einfügen der Daten können wir explizite Werte angeben, die von den Standardwerten abweichen:

```
insert into timedata
values('Donald','1934-06-09','12:00:00','1934-06-09 12:00:00.0');
insert into timedata(name)
values('Baby-Donald');
select *
from timedata
```

Beim zweiten `insert` werden die `default` Werte eingefügt:

Tabelle 11.7: Nützliche Datumsfuntkionen als Standardwerte

name	d	t	ts
Donald	1934-06-09	12:00:00	1934-06-09 12:00:00.0
Baby-Donald	2011-07-09	07:33:07	2011-07-09 07:33:07.104

Wir schauen weitere Anweisungen an, in denen einige Funktionen beispielhaft verwendet werden.

```
select dayname(d)
from timedata
where name='Donald'
```

Da Donald Duck an einem Samstag das Licht der Welt erblickte, erhalten wir
`Saturday` als Ergebnis. Genauer gesagt, besteht das Ergebnis aus einer Tabelle
mit einer Zeile und einer Spalte, die den Wert `Saturday` enthält.

Da dieser Samstag mittlerweile 77 Jahren zurückliegt,[1] ergibt sich 77 als Ergebnis
der folgenden Anweisung.

```
select datediff("YEAR", d, current date)
from timedata
where name='Donald'
```

Die Formatierung des Geburtsdatums 9. June 1934 von Donald nehmen wir
im nächsten Beispiel mit dem Operator || zunächst selbst in die Hand.

```
select day_of_month(d) || '. ' || monthname(d) || ' ' || year(d)
from timedata
where name='Donald'
```

Für diese Aufgabe hat H2 aber eine eigene Funktion, die das viel besser kann:

```
call formatdatetime(
  '1934-06-09 12:00:00.0', 'EEEE, d. MMM yyyy HH:mm:ss z', 'de')
```

Es ergibt sich der Text

```
Samstag, 9. Jun 1934 12:00:00 MEZ
```

Nicht zuletzt, weil SQL uns komfortable Funktionen für Datums- und Zeitangaben bietet, ziehen wir die Typen `date`, `time` und `timestamp` den Texttypen
`char` oder `varchar` vor.

11.4 Aggregatfunktionen

Einfache Funktionen ermitteln zu einem oder mehreren Argumenten einen Wert,
bei Aggregatfunktionen sind die Argumente mehrwertig. Das machen wir uns am
besten anhand des folgenden Beispiels klar:

Listing 11.6: Summenbildung über eine ganze Spalte

```
select sum(preis)
from alben
```

Die Funktion `sum` bildet aus allen Preisen, die in der Spalte `preis` der Tabelle
`alben` verzeichnet sind, die Summe. Die Preise werden zu einer Summe *aggregiert*. Das Ergebnis entnehmen wir der folgenden Tabelle.

---

[1] Im Juli 2011.

Tabelle 11.8: Ergebnis der Abfrage aus Listing 11.6

sum(preis)
36.20

Weitere bekannte Aggregatfuntionen finden wir im folgenden Beispiel:

Listing 11.7: Gängige Aggregatfuntionen

```
select avg(preis),min(preis),max(preis),sum(preis),count(preis)
from alben
```

Ihren Namen entsprechend ermitteln die Funktionen die folgenden Werte:

- `avg`: den Durchschnittspreis
- `min`: den kleinsten Preis
- `max`: den höchsten Preis
- `sum`: die Summe über alle Preise
- `count`: die Anzahl der Preise in der Tabelle

Da jede Aggregatfuntion genau einen Wert liefert, besteht das Ergebnis aus einer Zeile:

Tabelle 11.9: Ergebnis der Abfrage aus Listing 11.7

avg(preis)	min(preis)	max(preis)	sum(preis)	count(preis)
4.525	1.20	8.80	36.20	8

Ein RDBMS kann sehr viele skalare Funktionen zur Verfügung stellen, die Anzahl von *Aggregatfunktionen* ist dagegen überschaubar. Neben den fünf aufgezählten gibt es gelegentlich noch statistische Aggregatfunktionen etwa zur Berechnung der Varianz oder der Standardabweichung.

Wenn wir einer einfachen Funktionen `null`-Werte übergeben, ist das Ergebnis immer `null`. Auch bei Vergleichsoperationen wie < oder > oder arithmetischen Operationen ergibt sich `null` als Ergebnis. Eine Ausnahme bilden logische Operatoren wie `or`. Hier gilt, wie wir in Abschnitt 10.2 gesehen haben:

```
null or true = true
```

Wir haben beobachtet, dass Funktionen und arithmetische Operationen `null` liefern, sobald einer der beteiligten Werte `null` ist. Da unsere Beispieldaten in der Spalte `preis` mehrere `null`-Werte enthalten, erwarten wir, dass die Aggregatfunktion `sum` in der Abfrage in Listing 11.7 erst recht `null` liefert. Dem Ergebnis in Tabelle 11.9 entnehmen wir, dass das nicht zutrifft: Tatsächlich werden `null`-

Werte von Aggregatfunktionen *ignoriert*. Die Anweisung aus Listing 11.7 ist also äquivalent zu

```
select avg(preis),min(preis),max(preis),sum(preis),count(preis)
from alben
where preis is not null
```

Die Handhabung von `null` ist bei Funktionen uneinheitlich. Über die Gründe, warum Aggregatfunktionen eine Extrawurst für `null` braten, mag man spekulieren:

Da in die Berechnung von Aggregaten oft sämtliche Datensätze einer Tabelle eingehen, kann die Verarbeitung sehr zeitaufwändig sein. Wenn Prädikate wie `preis is not null` vergessen werden und die Spalte auch nur einen einzigen `null`-Wert enthält, muss die Anweisung, die möglicherweise Stunden oder Tage benötigt hat, korrigiert und erneut ausgeführt werden.

Hinweis

Aggregatfunktionen ignorieren `null`-Werte.

Der Vollständigkeit halber sei noch erwähnt, dass Aggregate über leere Spalten oder über Spalten, die ausschließlich `null` enthalten, auch `null` zum Ergebnis haben.

Welcher *Datentyp* für die Argumente einer Aggregatfunktion in Frage kommt, ergibt sich aus dem Kontext. Sinnlose Kombinationen wie

```
select avg(titel)
from alben
```

werden nicht akzeptiert: Aus Texten können keine Durchschnitte gebildet werden. Anders sieht die Sache bei der folgenden Anweisung aus:

```
select max(titel)
from alben
```

Das Ergebnis ist `Tim und der Haifischsee` – der in der lexikographischen Reihenfolge der Albentitel größte Wert. Eine Sonderstellung nimmt übrigens die `count`-Funktion ein. In der Anweisung

```
select count(preis)
from alben
```

zählt sie die Werte in der Spalte `preis` und ignoriert dabei `null`. In der Form

```
select count(*)
from alben
```

werden die *Datensätze* der Tabelle `alben` gezählt. Dieser kleine Unterschied hat zur Folge, dass wir zwei verschiedene Ergebnisse bekommen, wenn wir den Durchschnittspreis unserer Alben in der folgenden Anweisung auf zwei verschiedene Weisen ermitteln:

Listing 11.8: Die zwei Gesichter von `count`

```
select avg(preis), sum(preis)/count(*)
from alben
```

Von der `avg`-Funktion werden `null`-Werte ignoriert. Bei der zweiten Variante zur Durchschnittsberechnung werden die `null`-Werte nur im *Zähler* ignoriert. Die Funktion `count(*)` zählt Datensätze, so dass `null` hier keinerlei Relevanz zukommt. Diese kleinen Unterschiede mögen banal erscheinen, in der Praxis sind sie aber eine nicht zu unterschätzende Fehlerquelle.

Tabelle 11.10: Ergebnis der Abfrage aus Listing 11.8

avg(preis)	sum(preis) / count(*)
4.525	3.62

Wenn wir nicht nur `null`, sondern auch Dubletten bei der Aggregatbildung ignorieren wollen, hilft uns – wie bei einem einfachen `select` – das Schlüsselwort `distinct` weiter:

```
select count(distinct reihe)
from alben
```

H2 findet, wie erwartet, vier verschiedene Comicreihen.

Mit Funktionen und insbesondere mit Aggregatfunktionen können wir eindrucksvolle Ergebnisse erzielen. Aggregatfunktionen spielen auch im folgenden Kapitel eine zentrale Rolle. In verschachtelten Abfragen (siehe Kapitel 14) können sie allerdings zu rechenzeitfressenden Monstern mutieren.

Alles klar?

- ▣ Parameter von skalaren Funktionen sind atomar.

- ▣ Parameter von Aggregatfunktionen sind mehrwertig.

- ▣ In den meisten RDBMS können eigene Funktionen definiert werden.

- ▣ Der Katalog von Funktionen eines RDBMS ist herstellerspezifisch. Viele RDBMS haben ihre eigenen Funktionen.

- ▣ Skalare Funktionen liefern `null` als Ergebnis, wenn ein Parameter `null` ist.

- ▣ Mit Funktionen zur Texverarbeitung können beispielsweise Texte verkettet oder in Groß- oder Kleinbuchstaben umgewandelt werden.

- ▣ Funktionen für Zahlen können neben den gängigen mathematischen Operationen auch Zahlen runden oder verkürzen.

- ▣ Funktionen für Zeitangaben ermöglichen eine Kalenderarithemtik. Einzelne Bestandteile einer Zeitangabe können ermittelt werden.

- ▣ Die gängigen Aggregatfunktionen sind `count`, `sum`, `min`, `max` und `avg`.

- ▣ Aggregatfunktionen ignorieren `null`-Werte.

12

Daten zusammenfassen

Um Ausschnitte aus unserer Datenbank zu sehen, verwenden wir `select`-Anweisungen, die sich wie in Kapitel 10 auf *eine* Tabelle oder *mehrere* Tabellen (siehe Kapitel 13) beziehen können. Das funktioniert für unsere Comicsammlung genauso wie für den Datenbestand einer Firma. Hier sind es Informationen zu Comicalben, dort solche zu Umsätzen, Kunden oder Produkten. In den meisten Anwendungen haben viele Abfragen diese einfache Struktur. Gelegentlich soll aber mit Hilfe von Aggregatfunktionen ein großer Teil des Datenbestandes ausgewertet werden. Wenn wir es mit umfangreichen Datenbeständen zu tun haben, können diese wenigen Abfragen sehr schnell sehr viel Zeit verschlingen. Beispiele sind etwa Analysen, bei denen nicht nur eine einzige Zahl – wie in den Beispielen aus Abschnitt 11.4 – ermittelt, sondern feiner differenziert wird: Wenn der Geschäftsführer eines Unternehmens nicht nur wissen will, wie hoch der Gesamtumsatz seiner Firma ist, sondern auch Aufstellungen für jedes der vier Quartale eines Kalenderjahres oder auch für jeden Verkäufer benötigt, bedarf dies nicht aufwändiger Handarbeit, sondern ist mit wenigen Zeilen SQL erledigt.

12.1 Die `group by`-Komponente

Wir erarbeiten uns in diesem Kapitel anhand unserer Beispieltabelle mit Comicalben (siehe Tabelle 10.1) Möglichkeiten, um Daten nahezu beliebig zusammenzufassen. Zunächst wenden wir unser soeben erlerntes Wissen an, um zu erfahren, wie viele Bände es in jeder Reihe gibt:

Listing 12.1: Eine fehlerhafte Anweisung

```
select reihe, count(band)
from alben
```

Auch wenn die Abfrage ganz plausibel erscheint, zeigt H2 doch einen *Fehler* an:

```
Feld "REIHE" muss in der GROUP BY Liste sein
Column "REIHE" must be in the GROUP BY list; SQL statement:
```

Wenn wir uns unsere Anweisung genau anschauen, dann sehen wir, dass sie missverständlich ist:

- Die Anzahl kann für *jede* Comicreihe gebildet werden. So haben wir die Abfrage auch gemeint.
- Für jede Reihe kann sich die Funktion `count(band)` aber auch auf die Anzahl *aller* Alben in der Tabelle beziehen.

Diese verschiedenen Interpretationsmöglichkeiten verhindern wir, indem wir die Spalten, über die nicht aggregiert wird, in der `group by`-Komponente der `select`-Anweisung *wiederholen*:

Listing 12.2: Für jede Comicreihe die Anzahl der vorhandenen Bände ermitteln

```
select reihe, count(band)
from alben
group by reihe
```

Wir sehen das erwartete Ergebnis in Tabelle 12.1.

Tabelle 12.1: Ergebnis der Abfrage aus Listing 12.2

reihe	count(band)
Asterix	5
Franka	2
Gespenster Geschichten	1
Tim und Struppi	2

Die Arbeit mit `group by` wird einfach, wenn wir eine einfache Regel beachten:

Hinweis

Wenn in der Projektion Spalten *und* Aggregatfunktionen auftreten, müssen alle Spalten in die `group by`-Komponente der Abfrage aufgenommen werden.

In der folgenden Anweisung wird für jede Reihe der Durchschnittspreis ihrer Alben pro Erscheinungsjahr ermittelt. Wir können die beteiligten Spalten `reihe` und `jahr` hinschreiben, müssen aber bedenken, dass wir sie wegen der Durchschnittsberechnung in der `group by`-Komponente wiederholen müssen:

Listing 12.3: Für jede Reihe den Durchschnittspreis pro Jahr ermitteln

```
select reihe, jahr, avg(preis)
from alben
group by reihe, jahr
```

Das Ergebnis sehen wir in Tabelle 12.2. Interessant ist hier auch, dass die Aggregatfunktion `avg` den Wert `null` ermittelt. Auch wenn `count` eigentlich `null` ignoriert: Für die Tim und Struppi-Alben ist kein einziger Preis bekannt, so dass kein numerischer Wert ermittelt werden kann.

Tabelle 12.2: Ergebnis der Abfrage aus Listing 12.3

reihe	jahr	avg(preis)
Asterix	1968	2.8
Asterix	null	3
Franka	1986	8.8
Franka	1985	8.8
Asterix	1974	3.8
Gespenster Geschichten	1974	1.2
Tim und Struppi	1972	null
Tim und Struppi	1973	null
Asterix	1980	5

Natürlich können wir `group by` auch ohne Aggregatfunktionen verwenden:

Listing 12.4: Gruppierungen ohne Aggregatfunktion

```
select reihe, jahr
from alben
group by reihe, jahr
```

In den Beispieldaten gibt es zwei Asterixbände, die 1968 erschienen sind. Am Ergebnis in Tabelle 12.3 sehen wir, dass solche Dubletten nicht unterschieden werden. Die Wirkung ist die gleiche wie bei `distinct` (siehe Listing 10.8).

Wenn Spalten und Aggregatfunktionen in der Projektion gemischt werden, dann müssen *alle* Spalten auch beim `group by` auftreten. Die *Umkehrung* gilt jedoch nicht: Wir können auch nach Spalten gruppieren, die gar nicht in der Projektion auftreten. Die folgende Anweisung ermittelt für jede Comicreihe die Anzahl der Alben. Die Namen der Reihen gehören nicht zum Ergebnis.

Listing 12.5: Gruppierungen ohne Projektionsspalten

```
select count(band)
from alben
group by reihe
```

Tabelle 12.3: Ergebnis der Abfrage aus Listing 12.4

reihe	jahr
Asterix	1968
Asterix	null
Franka	1986
Franka	1985
Asterix	1974
Gespenster Geschichten	1974
Tim und Struppi	1972
Tim und Struppi	1973
Asterix	1980

Eine Spalte, die im `group by` auftritt, muss also nicht Bestandteil der Projektion sein. So ganz ohne die Namen der Comicreihen wirkt das Ergebnis, das wir auch in Tabelle 12.4 sehen, auf den ersten Blick nutzlos. Im Zusammenhang mit geschachtelten Abfragen (siehe Kapitel 14) wird es sich aber noch als nützlich erweisen.

Tabelle 12.4: Ergebnis der Abfrage aus Listing 12.5

count(band)
5
2
1
2

12.2   Die `having`-Komponente

Wenn wir mit `group by` arbeiten, brauchen wir nicht immer *alle* Gruppen, die wir bekommen. Falls uns beispielsweise nur die Reihen interessieren, von denen bisher mindestens drei Alben erschienen sind, sieht die intuitive Lösung so aus:

Listing 12.6: Eine fehlerhafte Abfrage

```
select reihe, count(band)
from alben
where count(band)>=3
group by reihe
```

Das RDBMS weist die Anweisung jedoch als fehlerhaft zurück: Wir haben hier übersehen, dass die where-Komponente nur Prädikate für *Spalten* enthalten darf. Skalare Funktionen sind ebenfalls möglich, Aggregatfunktionen aber nicht. Immer wenn wir Prädikate formulieren, die Aggregatfunktionen enthalten, benötigen wir dazu eine having-Komponente. Was where für Spalten ist, ist having für aggregierte Spalten. Richtig ist also:

Listing 12.7: Aggregrate gehören nicht in die where-Komponente

```
select reihe, count(band)
from alben
group by reihe
having count(band)>=3
```

Das Ergebnis aus Tabelle 12.5 entspricht unseren Erwartungen:

Tabelle 12.5: Ergebnis der Abfrage aus Listing 12.7

reihe	count(band)
Asterix	5

Hinweis

Prädikate, die Aggregatfunktionen enthalten, gehören zur having-Komponente und nicht zur where-Komponente einer Abfrage.

Selbstverständlich können auch die Spalten, nach denen wir gruppieren, ohne Aggregate in der having-Komponente stehen, doch haben sie dann die gleiche Funktion wie in der where-Komponente.

Listing 12.8: Eine having-Komponente ohne Aggregatfunktion

```
select reihe, count(band)
from alben
group by reihe
having reihe not like '% %'
```

Die Anweisung ermittelt alle Reihen, die aus nur einem Wort bestehen, zusammen mit der Anzahl der jeweils vorhandenen Bände:

reihe	count(band)
Asterix	5
Franka	2

Praktisch alles, was wir bisher über `select`-Anweisungen gelernt haben, finden wir in der folgenden Abfrage wieder:

Listing 12.9: Eine Abfrage mit vielen syntaktischen Komponenten

```
select reihe, count(band)
from alben
where jahr>=1975
group by reihe
having avg(preis)>=5.0
order by count(band) desc
```

Wir ermitteln alle Reihen, deren nach 1974 erschienenen Alben mindestens einen Durchschnittspreis von 5.0 haben. Das Ergebnis wird so sortiert, dass Reihen, die die meisten solcher Alben enthalten, zuerst erscheinen. Interessant ist dabei übrigens auch, dass die Aggregatfunktionen `count` zwar bei der Projektion und der Sortierung, nicht aber im `having`-Teil auftritt. Im `order by`-Teil muss die `count`-Funktion vorhanden sein, beim `having`-Teil kann sie dabei sein.

Tabelle 12.6: Ergebnis der Abfrage aus Listing 12.9

reihe	count(band)
Franka	2
Asterix	1

Auch wenn wir erst in Kapitel 20 erfahren, wie eine `select`-Anweisung vom RDBMS abgearbeitet wird, soll hier auf einen konzeptionellen Unterschied zwischen SQL und vielen anderen Programmiersprachen hingewiesen werden. Wir sehen, dass wir in der Anweisung aus Listing 12.9 an drei Stellen, nämlich

- in der Projektion,
- im `having` und
- im `order by`

die Aggregatfunktion `count(band)` finden. In einer imperativen Programmiersprache würden wir hier zur Leistungssteigerung eine Variable definieren und ihr `count(band)` als Teilergebnis zuweisen, damit wir es dann wieder verwenden können. In SQL ist das weder möglich noch nötig: Das RDBMS sollte erkennen, dass die Berechnung nur einmal ausgeführt werden muss, und selbstständig mit Zwischenergebnissen arbeiten. Zumindest in der Theorie ist es vorgesehen, dass SQL-Anweisungen so verarbeitet werden, dass der Entwickler sich nicht mehr um ihre Optimierung kümmern muss.

Am Beispiel aus Listing 12.9 sehen wir auch, dass unsere Anweisungen an Umfang und Komplexität zunehmen. In dieser Hinsicht ist das Ende der Fahnenstange aber noch lange nicht erreicht.

Alles klar?

■ Immer wenn Spalten und Aggregatfunktionen zusammen in der select-Komponente auftauchen, müssen die Spalten in der group by-Komponente wiederholt werden.

■ Umgekehrt müssen Spalten aus der group by-Komponente nicht in der select-Komponente erfasst werden.

■ Die Prädikate aus der where-Komponente dürfen keine Aggregatfunktionen enthalten.

■ Für Prädikate mit Aggregatfunktionen ist die having-Komponente vorgesehen.

13

Datensätze verbinden

Die Informationen über unsere Comicalben haben wir bisher wider besseres Wissen in einer einzigen Tabelle abgelegt: Der Primärschlüssel ist natürlich (nicht künstlich). Die potenziellen Probleme natürlicher Schlüssel haben wir in Abschnitt 5.9 behandelt. Wir erhalten einen künstlichen Schlüssel und normalisierte Tabellen, wenn wir die Daten auf zwei Tabellen verteilen und die Namen der Reihen wie folgt „auslagern":

```
create table reihen(
  id int generated always as identity primary key,
  name varchar(30) not null unique
);

create table alben(
  reihe int references reihen,
  titel varchar(30),
  band int check(band>=0),
  preis decimal(4,2) check(preis>=0),
  jahr int,
  primary key(reihe, band)
);
```

Das Attribut `reihe` aus der Tabelle `alben` ist Teil des Primärschlüssels und zugleich Fremdschlüssel für die Tabelle `reihen`. Aufgrund der Entitätsintegrität darf das Attribut `reihe` daher nicht `null` sein. Es muss also zu jedem Album eine Reihe geben. Diesen Sachverhalt sehen wir auch im ER-Diagramm in Abbildung 13.1. Den Datenbestand der beiden Tabellen finden wir in den Tabellen 13.1 und 13.2.

Abbildung 13.1: ER-Diagramm für Comicalben und ihre zugehörigen Reihen

Dem ER-Diagramm entnehmen wir auch, dass es Comicreihen geben kann, zu denen kein einziges Album erfasst ist. Beim exemplarischen Datenbestand haben wir von dieser Möglichkeit Gebrauch gemacht: Zur Reihe „Prinz Eisenherz" finden wir in der Tabelle 13.2 kein Album. Ansonsten ist der Datenbestand zu dem bisher genutzten aus Tabelle 10.1 äquivalent.

Tabelle 13.1: Beispieldaten für die Tabelle `reihen`

id	name
1	Gespenster Geschichten
2	Asterix
3	Tim und Struppi
4	Franka
5	Prinz Eisenherz

Tabelle 13.2: Beispieldaten für die Tabelle `alben`

reihe	titel	band	preis	jahr
1	Gespenster Geschichten	1	1.20	1974
2	Asterix der Gallier	1	2.80	1968
2	Asterix und Kleopatra	2	2.80	1968
2	Asterix als Legionär	10	3.00	null
2	Die Trabantenstadt	17	3.80	1974
2	Der große Graben	25	5.00	1980
3	Der geheimnisvolle Stern	1	null	1972
3	Tim und der Haifischsee	23	null	1973
4	Das Kriminalmuseum	1	8.80	1985
4	Das Meisterwerk	2	8.80	1986

Wenn wir wissen wollen, welche Asterix-Alben in unserer Tabelle verzeichnet sind, besorgen wir uns zunächst den zur Reihe „Asterix" gehörigen Primärschlüsselwert:

```
select id
from reihen
where name='Asterix'
```

Das Ergebnis besteht aus dem Wert 2. Wir ermitteln dann alle Datensätze aus der Tabelle `alben`, deren Attribut `reihe` genau diesen Wert hat.

Listing 13.1: Die Asterixalben auf einen Blick

```
select titel
from alben
where reihe=2
```

Das Ergebnis sehen wir in Tabelle 13.3.

Tabelle 13.3: Ergebnis der Abfrage aus Listing 13.1

titel
Asterix der Gallier
Asterix und Kleopatra
Asterix als Legionär
Die Trabantenstadt
Der große Graben

Die Vorgehensweise gestaltet sich bereits für zwei Tabellen mühselig und fehleranfällig; wenn die Daten über mehr als zwei Tabellen verteilt sind, wird es noch schlimmer.

13.1 Joins mit SQL

Wir haben in Abschnitt 4.8 den Join im Rahmen der Relationenalgebra kennengelernt und gesehen, dass ein Join die Tupel aus mehreren Relationen zu einer neuen Relation zusammenführt. So wie es zu der Projektion und der Selektion ein Gegenstück in SQL gibt, hat auch der Join als Operation der Relationenalgebra eine Entsprechung in SQL. Wir ermitteln jetzt alle Albentitel zusammen mit dem Namen der zugehörigen Reihe in einer einzigen Anweisung:

```
select reihen.name, alben.titel
from alben, reihen
where alben.reihe = reihen.id
```

Die Tabellen, deren Datensätze miteinander verbunden werden sollen, führen wir in einer zur `from` gehörenden Liste auf. Die Reihenfolge der Tabellen spielt keine Rolle.

Die Qualifizierung der Spalten über ihren Tabellennamen ist im vorliegenden Fall syntaktisch nicht vorgeschrieben, doch macht sie die Anweisung übersichtlicher. Wir kombinieren jeden Datensatz der Tabelle `alben` mit jedem Datensatz aus `reihen`, für die der Wert des Attributs `reihe` aus der Tabelle `alben` mit dem

Wert des Attributs `id` aus der Tabelle `reihen` übereinstimmt. Das Ergebnis der Abfrage sehen wir in Tabelle 13.4.

Tabelle 13.4: Ergebnis der Abfrage aus Listing 13.1

name	titel
Gespenster Geschichten	Gespenster Geschichten
Asterix	Asterix der Gallier
Asterix	Asterix und Kleopatra
Asterix	Asterix als Legionär
Asterix	Die Trabantenstadt
Asterix	Der große Graben
Tim und Struppi	Der geheimnisvolle Stern
Tim und Struppi	Tim und der Haifischsee
Franka	Das Kriminalmuseum
Franka	Das Meisterwerk

Grundsätzlich können wir im `where`-Teil beliebige Prädikate verwenden, um zwei Tabellen miteinander zu verbinden. In den weitaus meisten Fällen wird aber mit dem so genannten natürlichen Join (siehe auch Abschnitt 4.8) gearbeitet. Hier gehen – wie auch schon im Beispiel – der Primärschlüssel der einen und Fremdschlüssel der anderen Tabelle ein.

In Abbildung 13.2 sehen wir die Wirkung eines Joins an zwei vereinfachten Tabellen.

Der SQL-Code kann bei Joins schnell unübersichtlich werden. Es empfiehlt sich daher eine sorgfältige optische Aufteilung der syntaktischen Komponenten sowie der Einsatz von Aliassen, wie etwa in der folgenden Variante unserer Anweisung:

```
select r.name, a.titel
from alben a, reihen r
where a.reihe=r.id
```

Man sieht so klarer, welches Attribut zu welcher Tabelle gehört; wenn in den beteiligten Tabellen aber gleichnamige Spalten in der Anweisung auftauchen, *müssen* wir sogar den Tabellennamen oder einen Tabellenalias zur Qualifikation verwenden.

Ein Join ist auch ohne Join-Bedingung möglich:

```
select a.titel
from alben a, reihen r
```

Da hier aber – unabhängig davon, ob sie zusammenpassen – alle Datensätze miteinander kombiniert werden, ist das Ergebnis sinnlos. Diese Art des Joins entspricht dem kartesischen Produkt der Relationenalgebra; man findet ihn in der

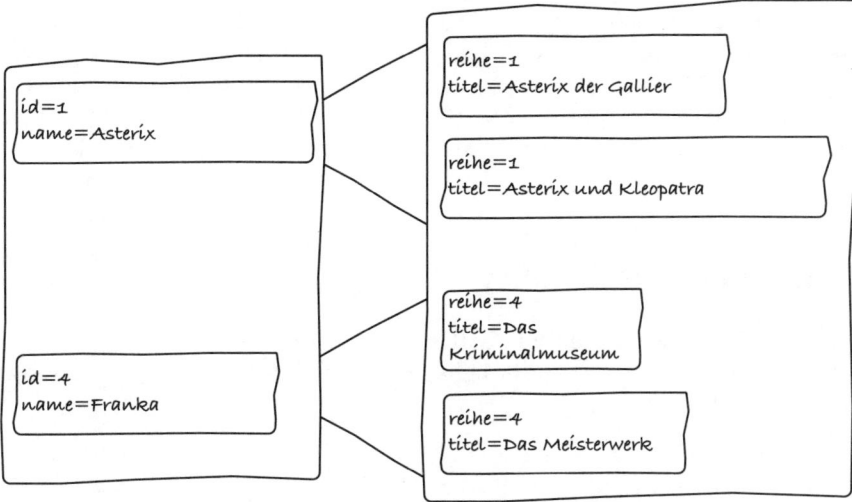

Abbildung 13.2: Join mit dem Prädikat `alben.reihe=reihen.id`

Praxis gelegentlich bei Anfängern, die die Join-Bedingung gar nicht oder falsch formuliert haben.

Hinweis

Wenn ein Join zu viele Datensätze liefert, ist die Join-Bedingung in vielen Fällen unvollständig.

Es gibt aber auch Situationen, in denen das kartesische Produkt nützlich ist: Gelegentlich wollen wir wissen, wie sich die Laufzeit bestimmter SQL-Anweisungen für *große* Tabellen verhält. Jetzt sehen wir, wie man das kartesische Produkt einsetzt, um für solche Tests rasch eine Tabelle mit vielen Datensätze zu erzeugen:

```
create table big(
   id int generated always as identity primary key,
   name varchar(20)
);
insert into big(name) values('Donald');
```

Wir fangen also mit einem Datensatz an. Wenn wir die folgende Anweisung fortgesetzt ausführen, ergeben sich rasch große Datenmengen.

```
insert into big(name)
   select b1.name from big b1, big b2
```

Bei der ersten Ausführung dieser `insert`-Anweisung wird ein Datensatz hinzugefügt. Die Tabelle enthält dann zwei Datensätze. Weil das kartesische Produkt
der Tabelle mit sich selbst jetzt vier Datensätze aufweist, sind nach der zweiten
Ausführung sechs Datensätze in `big`. Auf diese Weise erhalten wir mit den weiteren Ausführungen 42, 1.806 und 3.263.442 Datensätze – der Datenbestand wächst
exponentiell. Diesen Trick setzen wir auch in Kapitel 20 für ein interessantes Experiment ein.

13.2   Eine andere Syntax

Zu Beginn des Kapitels wollten wir ja alle Asterix-Alben ermitteln. Dies erfordert
neben der Join-Bedingung ein zusätzliches Prädikat. Die folgende Anweisung liefert Tabelle 13.5 als Ergebnis.

```
select a.titel
from alben a, reihen r
where a.reihe=r.id and r.name='Asterix'
```

Diese Notation für den Join gehört zum Ur-SQL, wie es bereits im System/R verwendet wurde. Joins werden auf der ganzen Welt in den meisten Fällen auch heute noch mit dieser Syntax formuliert.

Tabelle 13.5: Ergebnis der Abfrage aus Listing 13.2

titel
Asterix der Gallier
Asterix und Kleopatra
Asterix als Legionär
Die Trabantenstadt
Der große Graben

Tatsächlich gibt es hier aber Abzüge in der B-Note: Die Teilprädikate der `where`-
Komponente `a.reihe=r.id` und `r.name='Asterix'` haben unterschiedliche
Qualitäten.

■ Der Teil `a.reihe=r.id` ist die Join-Bedingung.

■ Der Teil `r.name='Asterix'` ist ein *Filter*, der sich auf die Spalten einer einzelnen Tabelle bezieht.

Diese Vermischung kann bei komplexeren Joins verwirrend sein. Oft ist die folgende syntaktische Variante, die es bereits seit SQL-92 gibt, optisch ansprechen-
der:

```
select a.titel
from alben a inner join reihen r
```

```
on a.reihe=r.id
where r.name='Asterix'
```

Die Filterbedingungen werden wie gewohnt in der `where`-Komponente formuliert, für die Join-Bedingung gibt es die `on`-Komponente. Die Trennung der Join- und Filterprädikate ist also möglich, wird aber nicht erzwungen. Welcher Join-Variante wir den Vorzug geben, unterliegt dem persönlichen Geschmack. Die erste Form ist bekannter, die zweite aufgrund ihrer Untergliederung oftmals klarer.

13.3   Outer Joins

Beim `inner join` ist das Schlüsselwort `inner` optional und kann auch ausgelassen werden. Wenn es aber einen `inner`-Join gibt, gibt es vielleicht auch einen `outer`-Join?

In unserem Datenbestand befinden sich die Reihe „Prinz Eisenherz", zu der wir in unseren Beispieldaten kein Album erfasst haben. Solche Reihen ohne Album bleiben beim Inner-Join auf der Strecke und gehören nicht zum Ergebnis (siehe Tabelle 13.4). Genau dieses Problem löst der Outer-Join:

```
select r.name, a.titel
from reihen r left outer join alben a
on r.id = a.reihe
```

Der folgenden Tabelle entnehmen wir, dass diesmal *alle* Reihen zum Ergebnis gehören. Wenn es zu einer Reihe kein Album gibt, werden die Attribute aus der Projektion, die zur Tabelle `alben` gehören, einfach durch `null` ersetzt.

Tabelle 13.6: Ergebnis der Abfrage aus Listing 13.3

titel	name
Gespenster Geschichten	Gespenster Geschichten
Asterix	Asterix der Gallier
Asterix	Asterix und Kleopatra
Asterix	Asterix als Legionär
Asterix	Die Trabantenstadt
Asterix	Der große Graben
Tim und Struppi	Der geheimnisvolle Stern
Tim und Struppi	Tim und der Haifischsee
Franka	Das Kriminalmuseum
Franka	Das Meisterwerk
Prinz Eisenherz	null

Dem Diagramm in Abbildung 13.1 entnehmen wir, dass die Reihen zu den Alben in einer 1-CM-Beziehung stehen. Zu jeder Reihe *kann* es also Alben geben. Immer dann, wenn wir solchen Beziehungen in unseren Abfragen Rechnung tragen wollen, brauchen wir den Outer-Join. Es erfordert einige Übung, um einen Blick dafür zu bekommen, wann ein Inner- und wann ein Outer-Join das geeignete Instrument ist, das ER-Diagramm bietet aber eine gute Orientierung. Der Outer-Join wird vielfach nur am Rande erwähnt und ist daher nicht so gängig. Dies entspricht aber nicht seiner Bedeutung in der Praxis. Im Zweifelsfall sollten wir uns eher für einen Outer- als einen Inner-Join entscheiden.

Wenn es Inner-Joins gibt, dann auch Outer-Joins. Gibt es Left-Outer-Joins, dann wohl auch Right-Outer-Joins, oder? Tatsächlich können wir unseren Left-Outer-Join auch äquivalent als Right-Outer-Join formulieren:

```
select r.name, a.titel
from alben a right outer join reihen r
on a.reihe=r.id
```

Mit den Schlüsselworten `left` und `right` wird immer die Seite bezeichnet, auf der die Tabelle steht, aus der alle Datensätze in das Ergebnis eingehen sollen. SQL[1] bietet außerdem einen kombinierten Left- und Right-Outer-Join:

```
select r.name, a.titel
from alben a full outer join reihen r
on a.reihe=r.id
```

13.4   Muss es immer natürlich sein?

Bisher haben wir mit dem zum natürlichen Join gehörigen Prädikat `a.reihe=r.id` gearbeitet. Da die Joins aus SQL den Θ-Joins der Relationenalgebra (siehe Kapitel 4) entsprechen, können neben dem =-Operator auch andere Vergleichsoperatoren verwendet werden. Im folgenden Beispiel wird der <-Operator eingesetzt; außerdem beteiligt sich die Tabelle `alben` gleich *zweimal* am Join:

```
select a2.reihe, a2.jahr
from alben a1, alben a2
where a1.reihe=a2.reihe and
a2.band>a1.band and a2.preis>a1.preis
group by a2.reihe, a2.jahr
```

Es werden die Erscheinungsjahre aller Alben ermittelt, zu denen es in der gleichen Reihe ein günstigeres Vorgängeralbum gibt. Anders formuliert, werden die Jahre ermittelt, bei denen es innerhalb einer Reihe zu einer Preiserhöhung kam. Die `group by`-Komponente verwenden wir hier nur, um Dubletten zu eliminieren. Das Ergebnis sehen wir in Tabelle 13.7.

---

[1] H2 kennt den Full-Outer-Join nicht.

Tabelle 13.7: Ergebnis der Abfrage aus Listing 13.4

reihe	jahr
2	1980
2	1974
2	null

13.5   Joins mit mehr als zwei Tabellen

Für die Anzahl der Tabellen, die sich an einem Join beteiligen können, gibt es keine syntaktische Obergrenze. Um mit etwas anspruchsvolleren Beispielen zu arbeiten, definieren wir zwei weitere Tabellen:

```
create table autoren(
   id int generated always as identity primary key,
   name varchar(20) not null unique
);

create table albenautoren(
   autor int not null references autoren,
   reihe int not null,
   band int not null,
   foreign key(reihe, band) references alben,
   primary key(autor, reihe, band)
)
```

Zu jedem Album kann es jetzt Autoren geben, und jeder Autor kann, entsprechend dem ER-Diagramm aus Abbildung 13.3, Mitarbeiter an Comicalben sein.

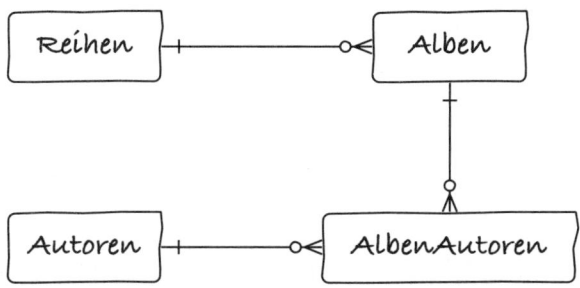

Abbildung 13.3: ER-Diagramm für die Beispieltabellen

Die Beispieldaten finden wir in den Tabellen 13.8 und 13.9:

Tabelle 13.8: Beispieldaten für die Tabelle `autoren`

id	name
1	Uderzo
2	Goscinny
3	Hergé
4	Kuijpers
5	Franquin

Tabelle 13.9: Beispieldaten für die Tabelle `albenautoren`

autor	reihe	band
1	2	1
1	2	2
1	2	10
1	2	17
1	2	25
2	2	1
2	2	2
2	2	10
2	2	17
3	3	1
3	3	23
4	4	1
4	4	2

Die folgende Anweisung informiert uns darüber, welcher Autor an welchen Alben mitgearbeitet hat:

```
select au.name, al.titel
from alben al,  albenautoren aa, autoren au
where al.reihe=aa.reihe and al.band=aa.band and au.id=aa.autor
```

Das Ergebnis finden wir in Tabelle 13.10.

Wie wir leicht aus den `create table`-Anweisungen und dem ER-Diagram ablesen können, gibt es jeweils zwischen

- `album` und `albumautoren` sowie
- `albumautoren` und `autoren`

eine Beziehung. Aus diesen beiden Beziehungen ergeben sich die beiden Join-Bedingungen für die Abfrage in Listing 13.5:

- `al.reihe=aa.reihe and al.band=aa.band` sowie
- `au.id=aa.autor`

Tabelle 13.10: Ergebnis der Abfrage aus Listing 13.5

name	titel
Uderzo	Asterix der Gallier
Uderzo	Asterix und Kleopatra
Uderzo	Asterix als Legionär
Uderzo	Die Trabantenstadt
Uderzo	Der große Graben
Goscinny	Asterix der Gallier
Goscinny	Asterix und Kleopatra
Goscinny	Asterix als Legionär
Goscinny	Die Trabantenstadt
Hergé	Der geheimnisvolle Stern
Hergé	Tim und der Haifischsee
Kuijpers	Das Kriminalmuseum
Kuijpers	Das Meisterwerk

Da der Primärschlüssel von `alben` zusammengesetzt ist, muss auch das Selektionsprädikat zwei mit `and` verknüpfte Teilprädikate enthalten. Dies wird gelegentlich bei zusammengesetzten Schlüsseln übersehen und führt dann zu größeren Ergebnismengen als erwartet.

Hinweis

Verwenden Sie ein ER-Diagramm als Unterstützung, um Join-Bedingungen für Joins über mehr als zwei Tabellen zu formulieren.

Im neuen Syntaxgewand (siehe Abschnitt 13.2) sieht dieser Join über drei Tabellen übrigens wie folgt aus:

```
select au.name, al.titel
from (
   alben al inner join albenautoren aa
   on al.reihe=aa.reihe and al.band=aa.band)
   inner join autoren au
   on au.id=aa.autor
```

Hier kann man sich natürlich fragen, ob die klassische Variante des Joins nicht doch übersichtlicher ist.

Joins werden mit zunehmender Tabellenzahl erwartungsgemäß komplexer. Allerdings ist die Syntax für Joins zwischen den Tabellen `reihen`, `alben`, `autoren` und `albenautoren` stets gleich. In Kapitel 15 lernen wir ein Instrument kennen, das uns die lästige Schreibarbeit abnimmt und die mit der ständigen Wiederholung einhergehenden Redundanzen vermeidet.

Alles klar?

- Mit einem Join werden die Datensätze von Tabellen miteinander verknüpft.

- Die beteiligten Tabellen werden in der `from`-Komponente aufgelistet.

- An einem Join sind mindestens zwei Tabellen beteiligt, jede Tabelle kann aber auch mit sich selbst verbunden werden.

- Sinnvolle Verknüpfungen sind nur möglich, wenn eine geeignete Join-Bedingung als Prädikat formuliert wird.

- Inner-Joins verbinden nur Datensätze, die der Join-Bedingung genügen.

- Im Ergebnis eines Outer-Joins sind auch Datensätze enthalten, zu denen es kein passendes Gegenstück gibt.

Geschachtelte Abfragen

Joins sind ein mächtiges, aber nicht das einzige Instrument, um Daten aus mehreren Tabellen zusammenzuführen. Oft stellt die Lösung eines komplexen Problems in Form einer einzigen `select`-Anweisung eine echte Herausforderung dar. Selbst wenn sich die Abfrage mit einem Join formulieren lässt, ist das nicht immer die einfachste Möglichkeit; andere Lösungen sind oft klarer. In diesem Kapitel lernen wir, dass wir mit geschachtelten Abfragen mindestens so viel ausdrücken können wie mit Joins. Wir erkennen aber auch, dass dieses scharfe Schwert sehr schnell unhandlich werden kann.

14.1 Tabellen ohne Join verbinden

Wenn wir wissen wollen, welches das älteste Album in unserer Comicsammlung ist, so ermitteln wir zunächst das früheste Erscheinungsjahr:

```
select min(jahr) from alben
```

Da das Ergebnis 1968 ist, können wir jetzt mit

```
select titel
from alben
where jahr = 1968
```

die ältesten Alben finden. Beide Abfragen können wir zu einer einzigen verschachteln:

Listing 14.1: Eine einfache geschachtelte Abfrage

```
select titel
from alben
```

```
where jahr = (
  select min(jahr)
  from alben)
```

Diese Anweisung besteht aus

- einer inneren `select`-Anweisung, die das Minimum ermittelt, und

- einer äußeren `select`-Anweisung, die alle Alben findet, deren Erscheinungsjahr gleich diesem Minimum sind. Das Ergebnis entnehmen wir Tabelle 14.1.

Die innere `select`-Anweisung wird auch **Unterabfrage** genannt. Wenn wir diese geschachtelte Anweisung lesen, ist uns sehr schnell klar, was sie leistet.

Tabelle 14.1: Ergebnis der Abfrage aus Listing 14.1

titel
Asterix der Gallier
Asterix und Kleopatra

Wir können das Problem aber auch mit dem folgenden Join lösen, der mal ausnahmsweise kein natürlicher Join ist (siehe Abschnitt 13.1):

Listing 14.2: Ein komplizierter Join

```
select a1.titel
from alben a1, alben a2
where a1.jahr>=a2.jahr
group by a1.titel
having count(distinct a2.jahr)=1
```

Die Gruppe, die die `group by`-Komponente für jeden Albumtitel als „Gruppenleiter" definiert, enthält alle Alben, die höchstens so alt wie der Gruppenleiter sind. Insbesondere gehört auch der Gruppenleiter zu seiner eigenen Gruppe. Nur die Gruppen, in denen es genau ein Erscheinungsjahr gibt, gehören zur Ergebnismenge: Dies sind aber die Gruppen, in denen es keine älteren Alben als den Gruppenleiter gibt. Das kann nur sein, wenn das gefundene Album das älteste ist.

Man muss aber schon ein SQL-Knobler sein, um

- auf diese Lösung zu kommen und

- den Zweck dieser Abfrage zu entdecken, wenn man das Problem nicht kennt, das sie löst.

In diesem Beispiel ist die geschachtelte Abfrage sicher das geeignete Instrument; wir werden sehen, dass Joins in anderen Fällen besser sind.

Um die `select`-Beispiele nicht unnötig aufzublähen, verwenden wir zunächst in diesem Kapitel für unsere Alben wieder die Daten aus Tabelle 10.1.

14.2 Vorsicht bei Mengen

Das Ergebnis der Unterabfrage aus Listing 14.1 können wir auf Gleichheit mit den Werten der Spalte `jahr` prüfen, weil es aus *genau einem* Wert besteht. Liefert die Unterabfrage *mehrere* Datensätze als Ergebnis, können wir es nicht einfach über den =-Operator mit Werten aus der Spalte `jahr` vergleichen. Die folgende Anweisung schlägt also fehl, sobald es mehr als ein Asterix-Album in unserer Tabelle gibt.

Listing 14.3: Eine fehlerhafte geschachtelte Abfrage

```
select titel
from alben
where jahr = (
   select jahr from alben
   where reihe='Asterix')
```

Die SQL-Anweisung sollte eigentlich alle Albentitel finden, die im gleichen Jahr wie irgendein Asterix-Album erschienen sind. Dabei haben wir aber für jedes Album den Wert der Spalte `jahr` mit einer *Menge* verglichen. Da für unsere Beispieldaten die Unterabfrage die Menge $\{1968, 1974, 1980, null\}$ liefert, ergeben sich sinnlose Ausdrücke wie $1973 = \{1968, 1974, 1980, null\}$. Das gleiche Problem ergibt sich bei der folgenden – ebenfalls fehlerhaften – Abfrage:

Listing 14.4: Noch eine fehlerhafte geschachtelte Abfrage

```
select titel
from alben
where preis = (
   select min(preis)
   from alben
   group by reihe)
```

Die geschachtelte Abfrage soll uns die günstigsten Preise aller Alben einer Reihe liefern. Wir wollten vielleicht prüfen, ob Werte der Spalte `preis` aus der übergeordneten Abfrage in dieser Menge *enthalten* sind, haben dazu aber die falsche Syntax verwendet. In dieser Abfrage ist ebenso wie in der aus Listing 14.3 die Verwendung des `in`-Operators erforderlich. Wir erinnern uns (siehe etwa Abschnitt 10.3): Ein Ausdruck wie

```
jahr in (1969, 1974, 1980)
```

ist genau dann wahr, wenn der Wert von `jahr` mit mindestens einem der Elemente der Menge übereinstimmt. Anstelle der Literale können wir aber auch die Ergebnisse einer `select`-Anweisung verwenden. Wir korrigieren die Anweisung aus Listing 14.3 zu

Listing 14.5: Die Unterabfrage liefert mehrere Datensätze

```
select titel
from alben a
where jahr in (select jahr
  from alben
  where reihe='Asterix')
```

Das zugehörige Ergebnis (siehe Tabelle 14.2) enthält alle Alben, die im gleichen Jahr wie ein Asterixalbum erschienen sind.

Tabelle 14.2: Ergebnis der Abfrage aus Listing 14.5

titel
Gespenster Geschichten
Asterix der Gallier
Asterix und Kleopatra
Die Trabantenstadt
Der große Graben

14.3 Weitere Operatoren für Mengen

Zusätzlich zum `in`-Operator gibt es noch `all`, `any` und `exists`. Die Operatoren `all` und `any` müssen stets in Verbindung mit einem Vergleichsoperator wie = oder <= auftreten. Ein Prädikat kann dann so aussehen:

```
jahr >all (select jahr from alben where reihe like '%Tim%')
```

Der Ausdruck ist genau dann wahr, wenn der Wert von `jahr` größer als *jeder* der Werte aus dem Ergebnis der Unterabfragen ist.

Ganz ähnlich können wir mit `any` arbeiten. Das Prädikat

```
jahr >any (select jahr from alben where reihe like '%Tim%')
```

ist genau dann wahr, wenn der Wert von `jahr` größer ist als *irgendein* Jahr, in dem ein Album erschienen ist, dessen Reihe den Text `Tim` enthält. In unseren Beispieldaten genügen genau die Alben dem Prädikat, die nach dem ersten Tim-und-Struppi-Album erschienen sind.

Bei der Arbeit mit den Operatoren `any`, `all` und `exists` sollten wir einige Besonderheiten beachten, die wir in den folgenden Abschnitten entdecken werden.

14.3.1 `all`

In den meisten Fällen wird `all` in Kombination mit < oder > verwendet.

Listing 14.6: Eine Abfrage mit einem erstaunlichen Ergebnis

```
select titel
from alben
where jahr > all ( select jahr
  from alben
  where reihe='Asterix')
```

Die Abfrage soll uns als Ergebnis alle Alben liefern, die nach dem neuesten Asterix-Album erschienen sind. Auf den ersten Blick mag man glauben, dass das Gleiche wie bei der folgenden Abfrage herauskommt.

Listing 14.7: Alben, die jünger als alle Asterix-Alben sind

```
select titel
from alben
where jahr > (select max(jahr)
  from alben
  where reihe='Asterix')
```

Wenn wir das Ergebnis dieser Abfrage in Tabelle 14.3 mit dem Datenbestand unserer Beispieltabelle 10.1 abgleichen, sehen wir, dass die Abfrage korrekte Daten geliefert hat. Führen wir dagegen die scheinbar gleichwertige Abfrage aus Listing 14.6 aus, erhalten wir eine leere Ergebnistabelle. Die beiden Abfragen sind daher nicht gleichwertig; die Syntax der Abfrage aus Listing 14.6 ist zwar korrekt, ihre Semantik muss aber falsch sein.

Tabelle 14.3: Ergebnis der Abfrage aus Listing 14.7

titel
Das Kriminalmuseum
Das Meisterwerk

An Phänomenen wie diesem kann man lange knobeln; die Ursache ist auch hier der Wert `null`. In den Beispieldaten sind vier der Asterixalben in den Jahren 1968, 1974 und 1980 erschienen. Bei „Asterix als Legionär" repräsentiert `null` das uns unbekannte Erscheinungsjahr. Da Aggregate bekanntlich `null`-Werte ignorieren (siehe Abschnitt 11.4), hat die Unterabfrage aus Listing 14.7 den Wert 1980 zum Ergebnis.

Anders sieht das beim `all`-Operator aus: Das Prädikat

```
jahr >all (1968, 1974, 1980, null)
```

ist äquivalent zu

```
jahr>1968 and jahr>1974 and jahr>1980 and jahr>null
```

Da der Vergleich mit `null` kein klares Ergebnis hat und somit `null` ist, formen wir weiter um zu

```
jahr>1968 and jahr>1974 and jahr>1980 and null
```

Die logische Verknüpfung eines Booleschen Ausdrucks mit `null` ist aber immer `null` (siehe etwa Abschnitt 10.2). Somit nimmt der ganze Ausdruck unabhängig vom konkreten Wert des Attributs `jahr` den Wert `null` an und ist niemals wahr. Und genau darum liefert die Abfrage aus Listing 14.6 keine Ergebnisse!

Dieses Szenario ist nicht das erste, bei dem es ein Problem mit `null` gibt, und zunehmend verstehen wir auch die Position der `null`-Skeptiker.

Hinweis

Bedenken Sie immer, dass `null` in Ihrer Tabelle auftreten kann!

Die potenziellen `null`-Werte sind hier eine große Fehlerquelle. Für Vergleichs-operatoren gibt es bis auf = keinen Grund, mit `all` zu arbeiten. Mit den Aggre-gatfunktionen `min` und `max` sind wir auf der sicheren Seite.

Für Vergleiche mit = kann `all` schon mal ganz praktisch sein.

Listing 14.8: Reihen, deren Alben alle den gleichen Preis haben

```
select distinct reihe
from alben a1
where a1.preis = all (select preis
  from alben a2
  where a2.reihe=a1.reihe)
```

Zu jedem Album werden in der Unterabfrage alle Alben, die zur gleichen Reihe gehören, ermittelt. Es wird geprüft, ob die Preise übereinstimmen. Das Ergebnis in Tabelle 14.4 zeigt uns die Reihen, deren Alben alle den gleichen Preis haben.

Tabelle 14.4: Ergebnis der Abfrage aus Listing 14.8

reihe
Gespenster Geschichten
Franka

Das hätten wir in diesem Fall auch einfacher haben können:

Listing 14.9: Eine einfache Abfrage, die eine geschachtelte ersetzt.

```
select reihe
from alben
group by reihe
having count(distinct preis)=1
```

14.3.2 any

Wir können any in Verbindung mit dem =-Operator nutzen. Das Prädikat

```
jahr = any (1968,1972,1980,null)
```

ist gleichwertig mit

```
jahr=1968 or jahr=1972 or jahr=1980 or jahr=null
```

Der Ausdruck liefert genau dann true, wenn jahr gleich einem der Werte 1968, 1972 oder 1980 ist. Der Vergleich mit null ergibt zwar null, doch bleibt null bei or-Verknüpfungen wirkungslos (siehe Abschnitt 10.2). An dieser Stelle macht null ausnahmsweise keine Probleme.

Am folgenden Beispiel

```
jahr in (1968,1972,1980,null)
```

sehen wir, dass =any auch nichts wirklich Neues, sondern das Gleiche wie in ist. Man überzeugt sich aber schnell davon, dass die beiden Prädikate

```
jahr not in (1968,1972,1980,null)
```

und

```
jahr !=any (1968,1972,1980,null)
```

nicht das gleiche Ergebnis haben:

Für jahr=1968 ist das erste Prädikat beispielsweise falsch, das zweite aber nicht, da etwa 1968!=1972 gilt. Bei genauerer Betrachtung ist das zweite Prädikat *für jeden Wert* von jahr wahr. Falsch kann es nur werden, wenn die rechte Seite aus einer einelementigen Menge besteht.

Auch wenn man auf den ersten Blick not in und !=any für äquivalent hält, zeigt dieses Beispiel, dass dies nicht der Fall ist.

14.3.3 `exists`

Mit `exists` prüfen wir, ob eine Unterabfrage überhaupt Daten liefert. Wir wollen jetzt alle Alben und Jahre ermitteln, in deren Erscheinungsjahr kein weiteres Album der gleichen Reihe erschienen ist:

Listing 14.10: Eine geschachtelte Abfrage mit `exists`

```
select reihe, titel, jahr
from alben a1
where not exists (
  select *
  from alben a2
  where a1.jahr=a2.jahr and a1.reihe=a2.reihe)
```

Tatsächlich brauchen wir `exists` gar nicht, sondern können auch wie in der folgenden Abfrage mit der `count`-Funktion arbeiten:

Listing 14.11: `exists` kann durch `count` ersetzt werden.

```
select reihe, titel, jahr
from alben a1
where 0=(select count(*)
  from alben a2
  where a1.jahr=a2.jahr and a1.reihe=a2.reihe)
```

Der Unterschied zwischen den beiden Varianten ist subtil: Wenn das RDBMS prüft, ob das Ergebnis der Unterabfrage in Listing 14.10 leer ist, kann die Bearbeitung dieser Unterabfrage abgebrochen werden, sobald auch nur ein *einziger* Datensatz gefunden wurde. Wenn wir – wie in Listing 14.11 – mit `count` arbeiten, muss die Unterabfrage *vollständig* abgearbeitet werden. Das kann ein signifikanter Unterschied sein, wenn die Unterabfrage selbst schon sehr komplex ist. Wenn wir Glück haben, dann erkennt der Optimierer unseres RDBMS die Äquivalenz und sorgt dafür , dass in der inneren Abfrage aus Listing 14.11 die Bearbeitung abgebrochen wird, sobald ein Datensatz gefunden wurde. Verlassen sollten wir uns darauf allerdings nicht.

14.4   Geschachtelte Abfragen oder Joins?

Man sieht leicht, dass es eine Verbindung zwischen geschachtelten Abfragen und Joins gibt. In diesem Abschnitt knüpfen wir an die Join-Beispiele aus Kapitel 13 an und arbeiten dementsprechend mit den Beispieldaten aus den Tabellen 13.1 und 13.2.

Einige Joins lassen sich auch durch geschachtelte Abfragen ausdrücken. So können wir alle vorhandenen Asterix-Alben durch einen Join ermitteln (siehe auch Listing 13.2):

Listing 14.12: Abfrage der Asterix-Alben mit einem Join

```
select a.titel
from alben a, reihen r
where a.reihe=r.id
and r.name='Asterix'
```

Das gleiche Ergebnis (siehe Tabelle 13.5) liefert uns aber auch die folgende geschachtelte Abfrage:

Listing 14.13: Abfrage der Asterix-Alben mit Schachtelung

```
select a.titel
from alben a
where reihe = (
  select id
  from reihen r
  where r.id=a.reihe
  and r.name='Asterix'
)
```

Der Join ist hier wesentlich übersichtlicher. Anfänger greifen oft auf geschachtelte Abfragen zurück, auch wenn Joins geeigneter sind. Das mag daran liegen, dass diese Variante der Schachtelung von Schleifen sehr ähnlich ist, wie wir sie aus der prozeduralen Programmierung kennen.

Aus Sicht des RDBMS ist es übrigens egal, welche Variante wir wählen. Jede SQL-Anweisung wird vom Optimierer untersucht und in eine ausführbare Form gebracht. Der Optimierer sollte die Äquivalenz der beiden Varianten aus Listing 14.12 und 14.13 feststellen.

Hinweis

Bei vielen Abfragen können wir geschachtelte Abfragen und Joins alternativ einsetzen. Keine der beiden Strategien ist grundsätzlich besser. Berücksichtigen Sie beide Varianten, und wählen Sie die klarere aus.

14.5   Korrelierte geschachtelte Abfragen

Wir vergleichen jetzt die Abfrage aus Listing 14.13 mit der folgenden, bekannten Abfrage:

Listing 14.14: Die ältesten Alben

```
select titel
from alben
where jahr = (
  select min(jahr)
  from alben)
```

Abgesehen, davon, dass sie verschiedene Ergebnisse ermitteln, haben sie auch zwei grundsätzlich verschiedene Qualitäten:

■ Das Ergebnis der Unterabfrage in Listing 14.14 ist immer 1968. Das RDBMS muss die Unterabfrage also nur ein einziges Mal ausführen und kann sich das Ergebnis dann „merken".

■ Anders ist das bei den geschachtelten Abfragen aus Listing 14.13. Das Prädikat `reihe.id=alben.reihe` hat auf der rechten Seite keinen konstanten Wert, da sich der Wert von `alben.reihe` mit jedem Datensatz der übergeordneten Abfrage ändern kann.

Wenn die Tabelle `alben` insgesamt p Datensätze und die Tabelle `reihen` etwa q Datensätze enthält, dann ist die Laufzeit der Anweisung in Listing 14.13 proportional zu pq, die von Listing 14.14 dagegen nur proportional zu p+q. Abfragen, bei denen die innere Abfrage von der äußeren Abfrage abhängig ist, heißen auch **korreliert**. Korrelierte Unterabfragen können die Laufzeit unserer Abfragen dramatisch nach oben treiben. Teilweise kann der Optimierer die Korrelation auflösen. Wenn das Verarbeitungstempo der Abfragen allerdings dürftig ist, kann der Optimierer die Korrelation möglicherweise nicht auflösen, so dass die manuelle Auflösung der Korrelation ein Ansatzpunkt zur Leistungssteigerung ist.

In der folgenden Abfrage wird das Ergebnis der Unterabfrage nur ein einziges Mal ermittelt werden. Das Ergebnis der Abfrage ist aber das gleiche wie das in der `select`-Anweisung aus Listing 14.13.

Listing 14.15: Eine aufgelöste Korrelation

```
select titel
from alben a
where reihe in (
  select id
  from reihen r
  and r.name='Asterix'
)
```

Auch wenn in diesem Beispiel die Auflösung gelingt, kann längst nicht jede Korrelation aufgelöst werden.

In den zurückliegenden Kapiteln haben wir die `select`-Anweisung eingehend studiert. Die Darstellung ist sicherlich immer noch nicht vollständig, sie enthält aber den größten Teil der Syntax, den man für die Praxis benötigt. Es ist auch fraglich, ob uns weitere syntaktische Konstruktion hier weiterführen. Viel wichtiger ist es, das Verständnis für die vielen Facetten der `select`-Anweisung durch praktische Übungen zu vertiefen.

Alles klar?

- Geschachtelte Abfragen enthalten eine Unterabfrage in der `where`-Bedingung.

- Wenn die Unterabfrage nur einen atomaren Wert zurückliefert, kann sie in Prädikaten genutzt werden, die mit den Vergleichsoperatoren <, > oder = definiert wurden.

- Liefert die Unterabfrage mehrere Datensätze, so müssen die Operatoren `in`, `any`, `all` oder `exists` verwendet werden.

- Um ein atomares Ergebnis zu garantieren, werden in der Unterabfrage oft Aggregate eingesetzt.

- Eine Unterabfrage, die Spalten aus der übergeordneten Abfrage enthält, heißt „korreliert". Die Verarbeitung einer korrelierten Abfrage ist aufwändig.

- Geschachtelte Abfragen können oft durch Joins ersetzt werden, die sich ihrerseits durch geschachtelte Abfragen ersetzen lassen.

Views – sehen Sie Ihre Daten mal anders

Die Normalisierung und die damit einhergehende Aufteilung von Tabellen trägt dazu bei, dass die Tabellenstruktur komplexer wird. Es kann aber sein, dass uns bereits die Komplexität und die Datenmenge einer einzigen Tabelle über den Kopf wächst. Oft benötigen wir weder alle Spalten einer Tabelle noch all ihre Datensätze, sondern operieren in select-Anweisungen nur auf einem Bruchteil der Daten.

In unseren Beispielen haben wir es (wie in Kapitel 10) auch in diesem Kapitel wieder mit den Daten einiger Comicreihen aus der folgenden Tabelle zu tun:

Listing 15.1: Die Basistabelle fur Comicalben

```
create table alben(
  reihe varchar(30),
  titel varchar(30),
  band int check(band>=0),
  preis decimal(4,2) check(preis>=0),
  jahr int,
  primary key(reihe, band)
)
```

Die Beispieldaten sind die gleichen wie in Tabelle 10.1.

Anwender, die sich nur für Asterixalben interessieren, wollen gar nichts über Reihen wie „Tim und Struppi" oder „Prinz Eisenherz" wissen. In diesem Fall können wir für den betreffenden Ausschnitt der Tabelle alben eine neue Tabelle asterix anlegen:

```
create table asterix(
  titel varchar(30),
  band int primary key check(band>=0),
  preis decimal(4,2) check(preis>=0),
  jahr int
)
```

Bis auf die Spalte `reihe` stimmt diese Tabelle mit der Tabelle `alben` überein. Wir haben diese Spalte ausgelassen, weil ihr Wert hier immer `'Asterix'` ist. Durch diese Maßnahme schrumpft der Primärschlüssel auf das Attribut `band` zusammen.

Der SQL-Standard bietet hier übrigens auch die Möglichkeit[1], mit

```
create table asterix like alben
```

eine Kopie der (leeren) `alben`-Tabelle anzulegen, die wir anschließend mit DDL-Anweisungen wie

```
alter table asterix drop column reihe
```

unseren Anforderungen entsprechend anpassen können.

Die Tabelle `asterix` befüllen wir ganz einfach mit den benötigten Daten:

```
insert into asterix
  select band, titel, preis, jahr
  from alben
  where reihe='Asterix'
```

In unserer Datenbank befinden sich jetzt *zwei* Tabellen mit sehr ähnlichen Inhalten: Die Daten der Tabelle `asterix` sind eine Teilmenge der Tabelle `alben` und somit *redundant*. Vom erhöhten Speicherbedarf abgesehen, können Redundanzen in der Softwareentwicklung viel Unheil anrichten (siehe auch Abschnitt 6.6): Alle Änderungen müssen auch an den Kopien durchgeführt werden! Da diese einfache Aufgabe in den meisten Fällen nicht automatisch durchgeführt wird, obliegt sie der Aufmerksamkeit der Entwickler und ist somit eine potenzielle Fehlerquelle.

Wenn wir jetzt alle alten Asterixbände kennen wollen, bekommen wir diese Information mit

```
select *
from alben
where reihe='Asterix' and jahr<1970
```

oder mit

```
select * from asterix where jahr<1970
```

---

[1] H2 unterstützt diesen Teil der SQL-Syntax nicht.

Die Einführung der neuen Tabelle hat uns zunächst etwas mehr Übersicht und weniger Schreibarbeit verschafft. Der Preis für diese Vorteile ist aber vergleichsweise hoch: Wenn in die Tabelle `alben` ein neuer Asterixband eingefügt wird, dürfen wir nicht vergessen, es auch in die `asterix`-Tabelle einzufügen, um einen inkonsistenten Datenbestand zu verhindern.

Views bieten uns die Möglichkeit, um dieses Problem zu lösen: Wir können Komplexität reduzieren – wie wir es mit der Definition der Tabelle `asterix` versucht haben – ohne Redundanzen in Kauf nehmen zu müssen. In diesem Kapitel lernen wir die Möglichkeiten, Eigenarten und Grenzen von Views kennen.

15.1   Was sind Views?

Mit `create table` legen wir eine Tabelle und mit `create view` eine View an. Im Unterschied zu Tabellen entsprechen die Datensätze einer View aber den Datensätzen des Ergebnisses einer `select`-Anweisung. Diese Anweisung ist die definierende Eigenschaft der View; wir hinterlegen sie, wenn wir die die View anlegen:

Listing 15.2: Definition einer einfachen View

```
create view asterix as
  select band, titel, jahr, preis
  from alben
  where reihe='Asterix'
```

Nach ihrer Definition können wir die View – zumindest in `select`-Anweisungen – wie eine ganz normale Tabelle verwenden. Die „alten" Asterixbände ermitteln wir beispielsweise mit

Listing 15.3: Eine Abfrage, die auf eine View zugreift

```
select *
from asterix
where jahr<1970
```

In `select`-Anweisungen sind Views also insofern transparent, als Anwender eine Tabelle nicht von einer View unterscheiden können.

Wir können Views definieren, weil das Ergebnis einer `select`-Anweisung eine *Tabelle* ist. Die Möglichkeit, Views zu definieren, ergibt sich also aus der Abgeschlossenheit der Operationen der Relationenalgebra.

Das RDBMS transformiert die `select`-Anweisung aus Listing 15.3 in eine geeignete Anweisung für die Tabelle `alben`:

```
select band, titel, jahr, preis
from alben
where reihe='Asterix' and jahr<1970
```

Dazu wird die Definition der Views im Systemkatalog vorgehalten. In
H2 finden wir sie in der Tabelle `information_schema.views`; dabei ist
`information_schema` der Name des Schemas (siehe Abschnitt 5.13) und `views`
der Name der Systemtabelle. Insbesondere werden keine Daten aus der Tabelle
`alben` redundant gehalten. Weil die Daten nur einmal – und zwar in der Tabelle
`alben` – existieren, werden Views oft auch als *virtuelle Tabellen* bezeichnet. Wenn
wir jetzt also einen neuen Asterixband in die Tabelle `alben` einfügen, ist er auch
bei Zugriffen auf die View `asterix` sichtbar.

15.2   Wozu Views?

Views wie `asterix` sind nur ein sehr einfaches Beispiel. Generell können wir
Views als *Schnittstelle* für Anwender und Entwickler nutzen: Auch wenn sich die
Implementierung – also die Definition – der Tabellen ändert, können wir die View
nach dem Austausch ihrer definierenden `select`-Anweisung wie gewohnt nutzen.

In Kapitel 13 haben wir die Tabelle `alben` so zerlegt, dass wir den Namen der
Albenreihe in eine eigenen Tabelle `reihen` ausgelagert haben, deren künstlicher
Primärschlüssel dann von der Tabelle `alben` referenziert wird:

```
create table reihen(
  id int generated always as identity primary key,
  name varchar(30) not null unique
);
create table alben(
  reihe int references reihen,
  titel varchar(30),
  band int check(band>=0),
  preis decimal(4,2) check(preis>=0),
  jahr int,
  primary key(reihe, band)
)
```

Wir passen unsere View `asterix` den neuen Gegebenheiten an:

Listing 15.4: Definition einer View mit einem Join

```
drop view asterix;
create view asterix as
  select band, titel, jahr, preis
```

```
from alben a, reihen r
where r.id=a.reihe and r.reihe='Asterix'
```

Wir können `select`-Anweisungen, in denen die View `asterix` auftritt, unverändert verwenden, auch wenn sich die Struktur der Tabelle `alben` gravierend geändert hat. Diese Vorgehensweise ähnelt der Abstraktion in der Softwareentwicklung mit Sprachen wie Java: Die Schnittstellen entsprechen den Views und die Tabellen den implementierenden Klassen. Ähnlich, wie wir Klassen austauschen und verändern können, ohne dass sich an ihrer Schnittstelle etwas ändert, verfahren wir auch mit Views und Tabellen. Dass dieser Vergleich nicht vollständig der relationalen Wirklichkeit entspricht, sehen wir im folgenden Abschnitt. Dennoch sind Views *das* Instrument, um logische Datenunabhängigkeit (siehe Abschnitt 1.9) zu erreichen:

Bei der Diskussion des ANSI SPARC-Modells haben wir Views bereits kennengelernt. Wir geben Benutzern oder Benutzergruppen genau die Sicht auf die Daten, die sie benötigen, und verbergen so die Komplexität des logischen Datenmodells.

Views machen ihrem Namen auch deswegen alle Ehre, weil sie uns eine ganz neue Sicht auf unsere Daten vermitteln.

Listing 15.5: Definition einer View mit einer Aggregatfunktion

```
create view reiheninfo as
select r.name as reihe, count(*) as alben
from reihen r, alben a
where r.id=a.reihe
group by r.name
```

Während bei Views wie `asterix` die Verwandtschaft zur Tabelle `alben` für ihre Anwender auf der Hand liegt, liefert die Anweisung

```
select * from reiheninfo
```

aggregierte Daten, die wir nicht unmittelbar mit den Einzeldaten aus `alben` in Verbindung bringen:

reihe	alben
Gespenster Geschichten	1
Asterix	5
Franka	2
Tim und Struppi	2

15.3   Änderungen in Views

In diesem Abschnitt werden wir feststellen, dass den Views trotz all ihrer Vorteile enge Grenzen gesetzt sind, sobald wir sie in anderen DML-Anweisungen als `select` nutzen. Grundsätzlich können wir die Anweisungen `insert`, `update` und `delete` auch auf Views anwenden. Das RDBMS versucht dann geeignete Anweisungen auf die an der Definition der View beteiligten Tabellen zu generieren[2]. Wenn in der View

```
create view billigalben as
select * from alben
where preis<5.00
```

die Tabelle `alben` aus Listing 15.1 beteiligt ist, werden die folgenden Anweisungen problemlos ausgeführt:

```
insert into billigalben
values('Asterix', 11,'Asterix und der Afernerschild',3.50,1972);

update billigalben
set titel='Asterix und der Avernerschild' where band=11;

delete from billigalben where reihe='Asterix' and band=11;
```

Wir sollten aber überrascht sein, dass das RDBMS eine Anweisung wie

Listing 15.6: `insert` in eine View

```
insert into billigalben
values('Asterix',34,'Asterix&Obelix feiern Geburtstag',10.00,2009);
```

fehlerfrei ausführt. Der Datensatz genügt nicht dem Prädikat

```
preis<5.0
```

der definierenden `select`-Anweisung der View und wird bei einem `select` auf die View `billigalben` gar nicht gefunden. Ein ähnliches Phänomen ergibt sich für

Listing 15.7: `update` einer View

```
update billigalben set preis=5.00
```

Ein anschließender `select` auf die View liefert uns keinen einzigen Datensatz mehr! Tatsächlich überprüft das RDBMS nicht, ob

---

[2] Änderungen sind auch für Views im Standard vorgesehen, sind aber nicht in Systemen wie H2 implementiert. Die Beispiele für Änderungen wurden in diesem Kapitel mit dem RDBMS IBM Informix getestet.

■ Datensätze, die wir mit `insert` in eine View einfügen, überhaupt dem Prädikat der `where`-Komponente ihrer definierenden `select`-Anweisung genügen.

■ Datensätze einer View, die wir mit einer `update`-Anweisung ändern, nach der Änderung noch dem Prädikat genügen.

Diese Verhalten können wir aber leicht ändern. Wenn wir `billigalben` mit einer `check option` definieren:

```
create view billigalben as
select * from alben
where preis<5.00
with check option
```

wird das Prädikat bei Änderungen geprüft. Dem Anwender erscheint die View dann wie die folgende Tabelle:

```
create table billigalben(
    reihe varchar(20),
    band int check(band>=0),
    titel varchar(30),
    preis decimal(4,2) check(preis>=0 and preis<5.0),
    jahr int,
    primary key(reihe, band),
)
```

Die Anweisungen aus Listing 15.6 und Listing 15.7 schlagen jetzt fehl.

Andere ganz einfache Probleme können aber nicht gelöst werden: Wenn wir in die View `asterix` aus Listing 15.2 einen weiteren Datensatz aufnehmen wollen, schlägt die folgende Anweisung unabhängig davon, ob wir `asterix` mit oder ohne `check option` angelegt haben, fehl:

```
insert into asterix
values(11,'Asterix und der Afernerschild', 3.50, 1972);
```

Wenn wir die Fehlermeldung sehen, erkennen wir auch schnell den Grund:

```
703: Primary key on table (alben) has a field with a null key value.
Error in line 1
```

Das RDBMS transformiert die `insert`-Anweisung in eine passende Anweisung für die Tabelle `alben`:

```
insert into alben
values(null, 11,'Asterix und der Afernerschild', 3.50, 1972);
```

Da der Primärschlüssel von `alben` aber aus den Spalten `reihe` und `band` besteht, darf der Wert für `reihe` wegen der Entitätsintegrität (siehe Abschnitt 5.14) nicht `null` sein.

Ein Lösung könnte darin bestehen, den Standardwert (siehe Abschnitt 5.14) für die Spalte `reihe` mit „Asterix" zu belegen. Doch ist diese Lösung weder tragfähig noch robust: Sobald wir eine eigene View für Tim-und-Struppi-Alben anlegen, stehen wir wieder vor dem gleichen Problem. Der nächste Abschnitt zeigt uns, dass diese Einschränkungen erst die Spitze des Eisberges sind.

15.4   Codds 6. Regel

Mit `asterix` lernten wir eine View kennen, die *nicht veränderbar* ist. Eine View ist genau dann nicht veränderbar, wenn syntaktisch korrekte `insert`-, `update`- oder `delete`-Anweisungen nicht ausgeführt werden, obwohl sie den Prädikaten der definierenden `select`-Anweisung genügen. Da Views für die logische Datenunabhängigkeit wichtig sind, hat Codd dazu auch eine Regel spendiert:

 Codds 6. Regel: Die Veränderbarkeit von Sichten
Ein RDBMS kann jede View ändern, die theoretisch veränderbar ist.

Fragt sich nur, was „theoretisch veränderbar" bedeutet: Codd (siehe [Cod90]) führt dazu aus:

> *„Note that a view is theoretically updatable if there exists a time-independent algorithm for unambiguously determining a single series of changes to the base relations that will have as their effect precisely the requested changes in the view. "*

Buff [Buf88] hat herausgefunden, dass es einen solchen Algorithmus nicht gibt. Damit ist Codds 6. Regel die einzige, die kein RDBMS der Welt einhalten kann. Das mag Codd dazu bewogen haben, sie zu ändern. Anstatt diese revidierte, aber sicherlich weniger griffige Fassung, die man auch in [Cod90] findet, zu diskutieren, schauen wir uns lieber zwei weitere Beispiele für unveränderbare Views an:

In Listing 15.4 haben wir die View `asterix` als Ergebnis eines Joins definiert. Die folgende Anweisung schlägt fehl:

```
insert into asterix values(19, 'Der Seher', 1975, 4.20)
```

Sie entspricht der folgenden `insert`-Anweisung für die Tabelle `alben`:

```
insert into alben values(2, 19, 'Der Seher', 1975, 4.20)
```

Dabei ist 2 der Primärschlüsselwert, der die Reihe „Asterix" in der Tabelle `reihen` repräsentiert. Auch wenn wir bei den natürlichen Joins über zwei Tabellen aus der Definition von `asterix` (siehe Listing 15.4) noch Verfahren formulieren könnten, um passende `insert`-Anweisugen zu erzeugen, ist dies nicht mehr für beliebige Joins mit beliebiger Komplexität möglich.

Kommen Aggregatfunktionen ins Spiel, wird die Situation noch komplizierter. Wir machen uns das an der folgenden Abfrage für die (nicht änderbare) View `reiheninfo` aus Listing 15.5 klar:

```
update reiheninfo set alben=alben-1
```

Die Absicht hinter dieser Anweisung dürfte klar sein: Jeder Eintrag in der Spalte `alben` soll um 1 reduziert werden. Die Datensätze unserer View sind – wie beispielsweise der folgende – nur virtuell:

```
('Asterix', 12)
```

Aus der Reihe „Asterix" haben wir also 12 Alben. Soll diese Zahl verringert werden, muss man einen Datensatz aus der Tabelle `alben` löschen. Wäre die View veränderbar, müsste ein Algorithmus entscheiden, welcher Datensatz das Opfer der Änderung wird.

In der Praxis basieren Views oft auf Joins oder Aggregaten, so dass Views nur so lange nützlich bleiben, wie wir sie bloß für *lesende* Zugriffe benötigen. Wenn wir unsere Tabellen kapseln und dennoch Änderungen zulassen wollen, wo *uns* dies sinnvoll erscheint, können wir Stored Procedures (siehe Kapitel 11) einsetzen.

Alles klar?

- ▪ Eine View wird mit Hilfe einer `select`-Anweisung definiert.

- ▪ Eine View repräsentiert die Ergebnismenge einer `select`-Anweisung als eine Tabelle.

- ▪ Auf einigen Views können die DML-Operationen `select`, `insert`, `update` und `delete` ausgeführt werden. Die drei letztgenannten Operationen ändern auch den Datenbestand der Basistabelle der View.

- ▪ Die `select`-Anweisung lässt sich für jede View nutzen.

- ▪ Die Anweisungen `insert`, `update` und `delete` können nur für wenige Views genutzt werden.

16

Machen Sie Ihre Datenbanken sicher!

In den Kapiteln 5 und 15 erfuhren wir, wie man Datenbankobjekte – etwa Tabellen oder Views – anzulegen. Um die Konsistenz der Daten zu sichern, haben wir die Tabellen außerdem mit Integritätsregeln ausgestattet. Das reicht aber noch nicht. Da Informationen oft das wichtigste Gut in einem Unternehmens sind, müssen wir sie vor *unberechtigtem Zugriff* schützen.

Es ist eine wesentliche Aufgabe des Datenbankadministrators (DBA), sicherzustellen, dass Benutzer ihren Rechten entsprechend mit den Daten arbeiten dürfen. Zur Orientierung dient dabei auch die bekannte Regel

Hinweis

Geben Sie Ihren Anwendern so wenig Zugriffsrechte wie möglich, auf jeden Fall aber nur so viele, wie unbedingt nötig.

In diesem Kapitel erfahren wir etwas über das Sicherheitskonzept, das SQL uns bietet. Ähnlich wie bei der Vergabe von Zugriffsrechten in Dateisystemen können den Benutzern Zugriffsrechte verliehen und entzogen werden. Jedoch lässt dieser Teil von SQL, die Data Control Langugage (DCL), dem Hersteller eines RDBMS viele Freiheiten. Wenn es in der Systemlandschaft des Unternehmens RDBMS verschiedene Hersteller gibt, macht es diese Freiheit selbst erfahrenen Administratoren schwer, ein einheitliches Sicherheitskonzept zu entwickeln und umzusetzen.

16.1   Benutzerverwaltung

Bereits bei der Benutzerverwaltung gibt es für ein RDBMS zwei Möglichkeiten. Es kann

- eine eigene Benutzerverwaltung betreiben oder
- die Benutzerverwaltung des Betriebssystems übernehmen.

Der Vorteil einer eigenen, vom Betriebssystem unabhängigen Verwaltung besteht darin, dass der DBA vom Administrator des Betriebssystems unabhängig ist. Wenn jeder Datenbankbenutzer zugleich beim Betriebssystem als Benutzer registriert ist, bieten sich ihm oft Möglichkeiten, die über die reine Nutzung des RDBMS hinausgehen. Diese Sicherheitslücke muss der DBA in Zusammenarbeit mit dem Administrator des Betriebssystems schließen.

Auf der anderen Seite zählen die Verwaltung und die Authentifizierung von Anwendern zu den Kernaufgaben des Betriebssystems. Wir können daher davon ausgehen, dass ein hohes Maß an Sicherheit gegeben ist. Dagegen besteht die Hauptaufgabe eines RDBMS in der Verwaltung von Daten und nicht in der von Anwendern.

H2 führt eine eigene Benutzerverwaltung. Mit der Anweisung

```
create user Donald password 'Duck'
```

machen wir den Benutzer `Donald` dem RDBMS bekannt geben ihm das Passwort `Duck'`'. Hätten wir ihn wie folgt mit der Option `admin` angelegt

```
create user Donald password 'Duck' admin
```

wäre er zudem Administrator der Datenbank und würde unwiderruflich alle Rechte zum unbeschränkten Zugriff auf die Datenbankobjekte und die Daten bekommen. Nachdem der Benutzer angelegt ist, kann er sich an der H2-Console unter diesem Namen mit der Datenbank verbinden.

Wir beachten auch, dass die Benutzer für jede Datenbank neu angelegt werden. Da es einen Benutzer gibt, der die Datenbank erzeugt hat, hat mindestens dieser Administrator die administrativen Rechte, weitere Benutzer anzulegen. Das Sicherheitskonzept von SQL sieht nämlich vor, dass derjenige Benutzer, der ein Datenbankobjekt angelegt hat, auch dessen Eigentümer ist und somit *automatisch* mit dem Objekt machen kann, was er will.

Andere RDBMS überlassen die Anwenderverwaltung dem Betriebssystem. Die folgenden Beispiele wurden mit dem RDBMS IBM Informix entwickelt. Hier muss dem einzelnen Anwender explizit das Recht eingeräumt werden, sich mit der Datenbank zu verbinden:

```
grant connect
to donald
```

Wir müssen aber auch wieder die umfassenden Freiheiten beachten, die den einzelnen SQL-Dialekten eingeräumt werden: Es ist durchaus möglich, dass sich mit den Standardeinstellungen des RDBMS *jeder* Benutzer, den das Betriebssystem kennt, auch mit jeder Datenbank verbinden darf. Da diese Benutzer in der Rolle[1] `public` zusammengefasst sind, sollten wir alle Angehörigen dieser Rolle in einem ersten Schritt sicherheitshalber aussperren:

```
revoke connect
from public
```

Keine Sorge, wir haben nicht *allen* Benutzern die `connect`-Rechte entzogen. Es gibt immer Benutzer, wie den Datenbankadministrator oder denjenigen, der die Datenbank angelegt hat, die unwiderruflich sämtliche Rechte – und selbstverständlich das `connect`-Recht – haben.

In einem RDBMS wie H2 ist die Vergabe von `connect`-Rechten nicht nötig, sie werden automatisch verliehen, sobald ein Benutzer angelegt wird.

Ähnlich wie bei den Gruppen in der Benutzerverwaltung eines Betriebssystems kennt die DCL Anweisungen, um mehrere Benutzer zu einer **Rolle** zusammenzufassen:

```
create role entenhausener
```

Wir können unseren Benutzern jetzt die Zugehörigkeit zu einer Rolle übertragen:

```
grant entenhausener
to donald
```

Wenn wir einer Rolle ein Recht verleihen, bekommt es auch jeder Benutzer mit dieser Rolle. Nachdem die Anweisung

```
grant connect
to entenhausener
```

ausgeführt worden ist, darf sich auch der Benutzer Donald mit der Datenbank verbinden. Anders als beim Gruppenkonzept von Unix kann eine Rolle auch an andere Rollen vergeben werden:

```
create role panzerknacker;
grant entenhausener
to panzerknacker
```

Jeder Benutzer mit der Rolle `panzerknacker` hat jetzt auch die Rolle `entenhausener`. Rollen können also hierarchisch aufgebaut werden.

---

[1] Den Begriff erklären wir in Kürze.

16.2 Welche Rechte gibt es?

Bisher haben wir H2 stets als Datenbankadministrator `sa` genutzt und konnten mit allen Rechten arbeiten. Wenn wir eine Tabelle `personen` als Benutzer `sa` anlegen und uns anschließend als Donald anmelden, schlägt die Anweisung

```
select * from personen
```

mangels Rechten fehl. Erst nachdem uns ein DBA mit

```
grant select on personen
to donald
```

oder mit

```
grant select on personen
to entenhausener
```

die entsprechenden Rechte erteilt hat, dürfen wir Daten aus der Tabelle `personen` lesen.

Es hängt wieder mal sehr vom RDBMS ab, mit welchen Standardrechten die Benutzer ausgestattet sind. Um auch hier die Rechte möglichst sparsam zu vergeben, bietet es sich zunächst an, allen Benutzern sämtliche Rechte an der Tabelle `personen` zu entziehen, um sie anschließend gezielt einzelnen Benutzern oder Rollen zu erteilen:

```
revoke all
from public;
grant select on personen
to entenhausener
```

Wir sind bei der Rechteverwaltung wesentlich flexibler, wenn wir *immer* mit Rollen arbeiten und Rechte nicht an einzelne Benutzer vergeben.

Hinweis

Nutzen Sie Rollen, um Rechte zu verwalten!

Welche Rechte ein RDBMS kennt, ist wieder sehr unterschiedlich. Zur Grundausstattung gehören `select`, `update`, `insert` und `delete`. Teilweise ermöglicht die `grant`-Anweisung eine feingranulare Rechtevergabe; so können wir das Recht vergeben, die Werte einzelner Spalten zu ändern:

```
grant update personen(name)
to donald
```

Donald darf jetzt in der Tabelle `personen` nur die Werte der Spalte `name` ändern. Verschiedene Rechte können in einer Anweisung an mehrere Benutzer und mehrere Rollen vergeben werden:

```
grant select, delete
to entenhausener, asterix
```

Jeder Benutzer einer H2-Datenbank darf Tabellen anlegen, bei anderen Systemen kann der Administrator das unterbinden. Rechte für ein Datenbankobjekt dürfen ein DBA oder der Besitzer, also derjenige Benutzer vergeben, der das Objekt erzeugt hat. Neben den Rechten, die den vier DML-Anweisungen entsprechen, unterstützen einige Dialekte beispielsweise

```
grant index on personen
to donald
```

um Donald das Recht zu geben, einen Index (siehe Kapitel 20) auf die Tabelle `personen` anzulegen. Auch wenn Donald keine `select`-Rechte hat, können wir ihn in einigen Systemen vermöge

```
grant references on personen
to donald
```

immerhin in die Lage versetzen, die Tabelle `personen` mit einem Fremdschlüssel zu referenzieren.

Gerade bei Datenbanken, auf die viele Benutzer zugreifen, müssen wir – nicht zuletzt aufgrund der vielen Unterschiede, die es in den einzelnen SQL-Dialekten gibt – aufpassen, dass wir nicht versehentlich zu viele Rechte verteilt haben. Einige System sind ausgesprochen großzügig mit der Vergabe von Standardrechten. Es ist im Zweifelsfall kein Fehler, allen Benutzern für jede Tabelle zunächst alle Rechte zu entziehen:

```
revoke all on <tabname>
from public
```

Der Platzhalter `<tabname>` repräsentiert dabei eine beliebige Tabelle. Wir können uns solche Anweisungen für alle Tabellen mit Hilfe von `select`-Anweisungen auf den Systemkatalog erzeugen lassen. Nach dem Entzug können wir dann *gezielt* die geeigneten Rechte vergeben.

16.3   Rechte auf Views

Wir haben gesehen, dass `update`-Rechte auch spaltenweise vergeben werden können. Diese praktische Eigenschaft kann gelegentlich auch für `select`-Anweisungen nützlich sein. Nehmen wir mal an, dass wir die Daten unserer Mitarbeiter in der folgenden Tabelle ablegen:

```
create table mitarbeiter(
  id int primary key,
  name varchar(30),
  bueronr varchar(5),
  gehalt decimal(6,2)
)
```

Nur Mitarbeiter aus der Personalabteilung sollen den vollständigen Zugriff auf den gesamten Bestand der Tabelle haben. Alle anderen Mitarbeiter benötigen lesenden Zugriff auf Informationen wie den Namen oder die Büronummer ihrer Kollegen. Mit select-Rechten auf einzelne Spalten wären wir aus dem Schneider, jedoch unterstützt längst nicht jeder SQL-Dialekt diese Syntax. Hier helfen uns Views weiter:

Listing 16.1: select-Rechte mit Hilfe einer View einschränken

```
revoke all on mitarbeiter_detail
from public;
grant select on mitarbeiter_detail
to personenal;
create view mitarbeiter as
  select id, name, bueronr
  from mitarbeiter_detail;
grant select on mitarbeiter
to public
```

Zunächst entziehen wir allen Benutzern sämtliche Rechte und erteilen dann den Mitarbeitern der Personalabteilung select-Rechte. Anschließend legen wir eine View an, die alle Spalten bis auf gehalt enthält. Für diese View erteilen wir dann allen Mitarbeitern des Unternehmens select-Rechte. Dieses Beispiel zeigt uns eine weitere Möglichkeit, um Views sinnvoll zu nutzen.

16.4   Weitergabe von Rechten

In größeren Projekten arbeiten oft mehrere Entwickler an der gleichen Datenbank und legen Tabellen an, die auch von Kollegen genutzt werden sollen. SQL bietet uns für solche Szenarien eine Variante der grant-Anweisung:

```
grant select on personen
to entwickler
with grant option
```

Mit dieser Anweisung kann etwa der Eigentümer der Tabelle personen Kollegen, die zur Rolle entwickler gehören, select-Rechte erteilen. Diese können

Software entwickeln, die Inhalte aus der `personen`-Tabelle verarbeitet. Da sie die zugehörigen Rechte mit `grant option` erhalten haben, dürfen sie sie selbst mit

```
grant select on personen
to endanwender
```

an die betroffenen Endanwender weitergeben, die ebenfalls `select`-Rechte brauchen. Im Beispiel verleihen wir den Endanwendern die Rechte ohne die Möglichkeit zur Weitergabe.

Mit Hilfe des Zusatzes `with grant option` kann sich der Eigentümer eines Datenbankobjektes also der Pflicht entledigen, die Rechte an dem Objekt *alleine* zu verwalten.

16.5   Verkettungen von Rechten

Eine typische Anwendung der Weitergabe von Rechten besteht in der folgenden Variante des in Listing 16.1 aufgezeigten Musters. Der Eigentümer der Tabelle `mitarbeiter_detail` entzieht zunächst, wie gewohnt, möglichst vielen Benutzern alle Rechte und vergibt sie dann gezielt:

```
revoke all on mitarbeiter_detail
from public;
grant select on mitarbeiter_detail
to personenal;
grant select on mitarbeiter_detail
to enthausener
with grant option
```

Ein Benutzer mit der Rolle `entenhausener` definiert dann die View und vergibt die Leserechte an die Allgemeinheit:

```
create view mitarbeiter as
  select id, name, bueronr
  from mitarbeiter_detail;
grant select on mitarbeiter
to public
```

Wenn der Eigentümer von `mitarbeiter_detail` es sich jetzt anders überlegt und den Entenhausenern die Rechte mit der folgenden Anweisung wieder entziehen will

```
revoke select on mitarbeiter_detail
from entenhausener
```

dann ist davon auch die View `mitarbeiter` betroffen: Mit der Vergabe der `select`-Rechte an der View `mitarbeiter` haben die Entenhausener auch einen

Teil ihrer `select`-Rechte an die Rolle `public` übertragen. Es gibt zwei sinnvolle Möglichkeiten, wie sich das RDBMS verhalten kann:

- Die `revoke`-Anweisung wird unbeanstandet ausgeführt. Mit dem Entzug der `select`-Rechte von den Entenhausenern verliert auch die Gruppe `public` die Leserechte an der Tabelle `mitarbeiter_detail` und somit auch an der View.

- Das RDBMS stellt die Verkettung der Rechte fest und weigert sich, die Anweisung auszuführen.

Uns fällt auf, dass die Situation ganz ähnlich wie bei Datensätzen ist, die durch die referenzielle Integrität aneinander gebunden sind. Für beide Fälle bietet uns SQL auch für die `revoke`-Anweisung die passenden Optionen:

```
revoke select on mitarbeiter_detail
from entenhausener cascade
```

Die Rechte werden kaskadierend entzogen, so dass die View für die Benutzer mit Rolle `public` unbrauchbar wird. Die Anweisung

```
revoke select on mitarbeiter_detail
from entenhausener restrict
```

weist das RDBMS hingegen zurück, da Abhängigkeiten vorhanden sind. Es wird kein Recht entzogen.

Der SQL-Standard ermöglicht mit `cascade` und `restrict` zwei Möglichkeiten für die Bearbeitung von Verkettungen. Keine von beiden ist aber als Standard vorgeschrieben, so dass bei einigen RDBMS kaskadiert und bei anderen verweigert wird, wenn wir nichts anderes angeben.

Alles klar?

- Mit den DCL-Anweisungen `grant` und `revoke` können Benutzern Rechte verliehen und entzogen werden.

- Das RDBMS hat eine eigene Benutzerverwaltung oder nutzt die Verwaltung des Betriebssystems.

- Welche Standardberechtigungen ein Benutzer hat, hängt vom RDBMS ab.

- Mit dem Rollenkonzept können Benutzer zu Gruppen zusammengefasst werden. Rechte können rollenweise verliehen und entzogen werden.

- Werden einem Benutzer Rechte mit dem Zusatz `with grant option` verliehen, kann er sie auch an andere Benutzer weitergeben.

- Durch den Zusatz `with grant option` sind Ketten von Rechtevergaben möglich. Durch die Zusätze `restict` und `cascade` kann eingestellt werden, wie beim Entzug der Rechte verfahren wird.

Teil IV

Anwendungsentwicklung

Transaktionen

Wir haben eine Datenbank als Modell eines Ausschnitts der Wirklichkeit kennengelernt. Wenn sich in dieser Mini-Welt etwas ändert, dann muss auch unser Datenbestand diese Änderungen reflektieren. Für unsere konkreten relationalen Datenbanken stehen uns für diese Zustandsänderungen die SQL-Anweisungen `insert`, `update` und `delete` zur Verfügung. Von einer einzelnen Änderung in der Mini-Welt ist in den allermeisten Fällen mehr als ein Datensatz betroffen. Die Änderungen dieser Datensätze müssen aber wie eine einzige Operation behandelt werden, um einen konsistenten Datenbestand zu gewährleisten. Wie wir Änderungen an Datensätzen zusammenfassen sowie die zugehörigen Probleme und ihre Lösung sind das Thema dieses Kapitels.

17.1 Was schiefgehen kann, geht schief

Als Beispiel betrachten wir – auf das Wesentliche reduziert – eine Tabelle, mit der wir Bankkonten verwalten:

```
create table konten(
   id int generated always as identity primary key,
   saldo decimal(10,2) check (saldo>=0)
)
```

Jeder Datensatz entspricht einem Konto; die Primärschlüsselspalte `id` entspricht der Kontonummer, die Spalte `saldo` dem Kontostand, der durch eine Integritätsregel gegen Überziehung geschützt ist. Wenn wir 100€ vom Konto mit der Nummer 23 auf das Konto mit der Nummer 42 überweisen wollen, benötigen wir dazu zwei `update`-Anweisungen:

```
update konten set saldo=saldo-100 where id=23;
```

```
update konten set saldo=saldo+100 where id=42;
```

In Abhängigkeit vom Erfolg der SQL-Anweisungen erhalten wir eines der folgenden Ergebnisse:

- Mit dem *erfolgreichen* Abschluss beider Anweisungen ist auch die Überweisung ausgeführt.

- Wenn beide Anweisungen *fehlschlagen*, hat keine Überweisung stattgefunden, aber der Datenbestand ist nach wie vor in einem konsistenten Zustand.

- Anders sieht es aus, wenn genau eine der beiden Anweisungen fehlschlägt: Wenn beispielsweise der Kontostand von Konto 23 kleiner als €100 ist, wird die update-Anweisung aufgrund der Integritätsregel in der Tabellendefinition von konten zurückgewiesen. Wird die zweite Anweisung dennoch ausgeführt, befinden sich auf Konto 42 – ohne Gegenbuchung – plötzlich 100€ mehr. Der Datenbestand ist *inkonsistent*, und genau das ist es ja, was wir unbedingt vermeiden wollen.

In diesem sehr einfachen Szenario gibt es eine Lösung: Wenn die erste Anweisung nicht erfolgreich ist, führen wir die zweite erst gar nicht aus. Wenn wir sie doch ausgeführt haben, machen wir sie einfach wieder mit

```
update konten set saldo=saldo-100 where id=42;
```

rückgängig. Wir können diese Reparaturmaßnahme durchführen und überwachen, weil wir die Anweisungen an der H2-Konsole ausführen und so den Überblick behalten können. In einem realitätsnahem Szenario werden aber Hunderte von Überweisungen pro Sekunde ausgeführt – und da fällt es uns nicht mehr so leicht, aufzupassen.

Im folgenden Beispiel sehen wir, dass es noch nicht einmal mehrerer SQL-Anweisungen bedarf, um mit dem geschilderten Problem konfrontiert zu werden: Von einer einzigen update-Anweisung können viele Datensätze betroffen sein. Wenn wir etwa allen unseren Kunden am Ende eines Kalenderjahres 5% Zinsen gutschreiben wollen, reicht dazu eine Anweisung:

```
update konten set saldo=saldo*1.05
```

Wenn die Bearbeitung der Anweisung – aus welchen Gründen auch immer – unterbrochen wird, wissen wir nicht, welche Konten bereits bearbeitet wurden. Wenn wir die Anweisung also mit

```
update konten set saldo=saldo/1.05
```

rückgängig machen, erwischen wir möglicherweise auch Konten, auf denen noch gar keine Zinszahlung verbucht wurde. Wir haben es mit einer *Inkonsistenz* zu tun, die wir nicht so einfach in den Griff bekommen.

Ein RDBMS wäre für die meisten praktischen Anwendungen unbrauchbar, wenn es Daten wirklich auf diese Weise ändern würde. Im Laufe des Kapitels lernen wir, dass es sehr ausgereifte Konzepte gibt, um diese Inkonsistenzen zu vermeiden.

17.2 Ein Experiment

In diesem Abschnitt überzeugen wir uns davon, dass es in einem modernen RDBMS keine teilweise ausgeführten `update`-Anweisung geben kann. Wir führen dazu eine einfache praktische Übung durch und entdecken dann Transaktionen als Instrument zur Erhaltung von Konsistenz.

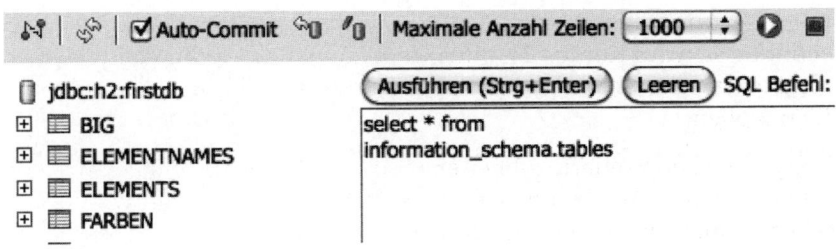

Abbildung 17.1: Ein Ausschnitt aus der H2-Konsole

Während unserer nun folgenden Versuche brechen wir die Verbindung zur Datenbank ab oder unterbrechen die Ausführung einer laufenden SQL-Anweisung. In der H2-Konsole sind dazu, wie in Abbildung 17.1 gezeigt, in der oberen Zeile ganz links und rechts Buttons vorgesehen.

Wir erzeugen jetzt eine Konten-Tabelle mit sehr vielen Datensätzen. Die grundsätzliche Vorgehensweise wurde bereits in Abschnitt 13.1 erklärt. Wir beginnen mit einem Datensatz:

```
insert into konten(saldo) values(100.0)
```

und führen dann die Anweisungen

```
insert into konten(saldo)
  select saldo from konten ;
select count(*) from konten
```

ein paarmal aus, bis wir einige Hunderttausend Datensätze zusammenhaben. Die zweite Anweisung soll uns davor schützen, zu viele Daten zu generieren. Anschließend unterbrechen wir H2 bei der Ausführung von

```
update konten set saldo=saldo*1.05
```

indem wir in der H2-Console – wie auch in Abbildung 17.1 ganz rechts zu sehen ist – den mit einem roten Quadrat versehenen Button drücken. Mit einem zu kleinen Datenbestand ist die `update` ausgeführt, bevor wir sie anhalten können. Wenn wir die Anzahl der geänderten Datensätze zählen:

```
select count(*)
from konten
where saldo=100.05
```

sehen wir, dass *kein einziger* Datensatz geändert wurde. Wir erfahren im Folgenden,

- wieso das RDBMS so robust ist und
- warum wir unsere Datenbank nicht mit so billigen Tricks in einen inkonsistenten Zustand bringen können.

17.3 Anweisungen gruppieren

Für unseren nächsten Versuch löschen wir zunächst alle Datensätze aus der Tabelle `konten`:

```
delete from konten
```

Anschließend führen wir die Anweisung

```
set autocommit off
```

in der H2-Konsole aus. Die Bedeutung von `autocommit` wird uns bald klar werden. Weil das RDBMS den Primärschlüsselwert vergibt, fügen wir zwei verschiedene Datensätze ein, indem wir die folgende Anweisung zweimal ausführen:

```
insert into konten(saldo) values(100.0)
```

Wir überzeugen uns noch schnell davon, dass alles mit rechten Dingen zugegangen ist und wir die Datensätze auch wirklich eingefügt haben:

```
select * from konten
```

Wenn wir nämlich jetzt die Anweisung

```
rollback
```

ausführen, findet die `select`-Anweisung keinen der beiden Datensätze mehr.

In die leere Tabelle fügen wir wieder zwei Datensätze ein und führen anschließend die Anweisung

```
commit
```

aus. Wir sehen, dass wir nach wie vor zwei Datensätze in unserer Tabelle haben, und daran ändert auch kein `rollback` mehr etwas. Fügen wir ein drittes Konto in die Tabelle ein, zeigt uns die `select`-Anweisung selbstverständlich drei Datensätze. Wie viele Datensätze sind in der Datenbank, wenn wir die Anweisung `rollback` erneut ausführen? Wir sahen ja bereits, dass Änderungen durch die `rollback`-Anweisung rückgängig gemacht werden. Es stellt sich die Frage, welche Änderungen vom `rollback` betroffen sind.

Es ist kein Zufall, dass unsere `select`-Anweisung nach einem weiteren `rollback` zwei Datensätze anzeigt: Die `rollback`-Anweisung macht alle Änderungen seit dem letzten `commit` rückgängig.

Mit Hilfe von `commit` können wir also Anweisungen zu so genannten **Transaktionen** gruppieren; `commit` schließt eine Transaktion ab und leitet die nächste ein.

Eine offene Transaktion ist eine Transaktion, die noch nicht mit `commit` abgeschlossen wurde. Mit der Anweisung `rollback` können wir offene Transaktionen abbrechen und alle Änderungen rückgängig machen, die innerhalb der Transaktion durchgeführt wurden. In Abschnitt 17.2 haben wir eine `update`-Anweisung für die Tabelle `konten` unterbrochen. Da anschließend keine Änderung mehr sichtbar war, wurde offenbar implizit ein `rollback` durchgeführt.

> **Definition: Transaktionen**
>
> Eine Transaktion ist eine atomare Folge von SQL-Anweisungen.
>
> Eine Folge von SQL-Anweisungen heißt **atomar**, wenn entweder
>
> ■ alle Anweisungen der Folge ausgeführt wurden oder
>
> ■ keine Anweisung der Folge ausgeführt wurde.

Eine Transaktion wird also ganz oder gar nicht ausgeführt. So wird eine wichtige Eigenschaft einer Transaktion sichergestellt.

> **Hinweis**
>
> Eine Transaktion transformiert eine Datenbank von einem konsistenten Zustand in einen konsistenten Zustand.

Im Standardfall führt H2 – wie die meisten anderen RDBMS auch – nach jeder SQL-Anweisung implizit die `commit`-Anweisung aus. Dieses Verhalten können wir mit

```
set autocommit on
```

und

```
set autocommit off
```

ein- oder ausschalten. Mit den *Standardeinstellungen* von H2 können wir mehrere SQL-Anweisungen also nicht zu Transaktionen gruppieren, da der `autocommit` eingeschaltet ist. Im Autocommit-Modus sind die Anweisungen `commit` und `rollback` wirkungslos. Die Folge

```
update konten set saldo=saldo-1.20;
update konten set saldo=saldo*1.05;
commit;
```

ist bei zugeschaltetem Autocommit-Modus die gleiche Wirkung wie

```
update konten set saldo=saldo-1.20;
commit;
update konten set saldo=saldo*1.05;
commit;
```

Wir haben es hier also nicht mit einer, sondern mit zwei Transaktionen zu tun. Wenn wir die Transaktionsgrenzen selbst setzen wollen, müssen wir den Autocommit-Modus ausschalten. Wir können uns jetzt fragen, warum `autocommit off` nicht der Standard ist. Wenn wir selbst Transaktionen begrenzen, dürfen wir nicht vergessen, sie mit `commit` abzuschließen. Sollte es insbesondere nach dem Ende der Verbindung noch offene Transaktionen – also solche, die nicht mit `commit` abgeschlossen wurden – geben, werden sie implizit rückgängig gemacht. Die verschwundenen Daten verwirren dann nicht nur Einsteiger, die von Transaktionen noch nichts gehört haben.

Wir überzeugen uns leicht davon, wenn wir die Anweisungsfolge

```
set autocommit off;
delete from konten;
commit;
insert into konten(saldo) values(100.0);
```

in der H2-Konsole ausführen, dann mit dem Button ganz links oben in der H2-Console die Verbindung zum RDBMS trennen und uns anschließend neu verbinden. Ein einfacher `select` auf die `konten`-Tabelle zeigt, dass sie leer ist. Da man in Eile oder aus Unwissenheit das abschließende `commit` vergessen kann, wären alle Änderungen am Datenbestand unwirksam, wenn `autocommit off` der Standard wäre.

17.4   Das Transaktionsprotokoll

Wir haben gesehen, dass wir im Dialog mit H2 immer in einer Transaktion sind und das RDBMS die atomare Eigenschaft von Transaktionen gewährleistet. Es kann also gar nicht vorkommen, dass Inkonsistenzen durch die teilweise Ausführung einer Transaktion entstehen.

Eine einzige `update`-Anweisung kann sehr viele Datensätze ändern. Wenn die Ausführung der Anweisung unterbrochen wird, benötigt das RDBMS für den `rollback` Informationen darüber, welche Datensätze geändert wurden. Tatsächlich zeichnet das RDBMS alle Änderungen am Datenbestand im so genannten **Transaktionsprotokoll** auf. Im Transaktionsprotokoll sind nicht die SQL-Anweisungen verzeichnet, sondern die Änderungen auf Datensatzebene. Falls eine Transaktion abgebrochen wird, werden die zugehörigen Änderungen Datensatz für Datensatz aus dem Protokoll gelesen und rückgängig gemacht.

Das Transaktionsprotokoll leistet einen wesentlichen Beitrag zur Konsistenz des Datenbestandes und darf daher nicht verloren gehen.

H2 verwaltet alle Daten, auch das Transaktionsprotokoll, in einer einzigen Datei. Andere RDBMS speichern das Protokoll separat, so dass wir es auch sichern können. Wenn wir eine Sicherung der Datenbank haben und uns ein vollständiges Transaktionsprotokoll seit dem Zeitpunkt der Sicherung vorliegt, haben diese RDBMS Werkzeuge, mit denen wir die Sicherung einspielen und die Einträge aus dem Transaktionsprotokoll nachziehen können. Transaktionen, die dann noch offen sind, werden zurückgerollt. So haben wir den aktuellen Stand der Datenbank bis zur letzten abgeschlossenen Transaktionen wiederhergestellt.

In Abschnitt 20.4 sehen wir, dass es eine noch wichtigere Nutzungsmöglichkeit des Protokolls für den Fall gibt, dass unser RDBMS einmal ausfällt.

Hinweis

Abschlossene Transaktionen werden im Transaktionsprotokoll dauerhaft gespeichert.

17.5   Auch nach außen eine Einheit

Wir stellten bereits fest, dass Transaktionen eine Datenbank von einem konsistenten Zustand in einen anderen Zustand transformieren. *Während* der Transaktion kann der Datenbestand natürlich inkonsistent sein. So haben wir zwar 100€ nach dem ersten der beiden folgenden `update`-Anweisungen von Konto 23 abgebucht, aber noch nicht auf dem Zielkonto eingebucht:

```
update konten set saldo=saldo-100 where id=23;
update konten set saldo=saldo+100 where id=42;
commit;
```

Ein Anwender, der nach dem ersten `update` die beiden Kontenstände mit der folgenden `select`-Anweisung betrachtet, sieht inkonsistente Daten:

```
select sum(saldo)
from konten
```

Es wird eine Summe ermittelt, die um 100€ zu klein ist. Im RDBMS gibt es Möglichkeiten, um uns vor solchen Situationen zu schützen. Wir machen uns das wieder mit Hilfe von H2 klar und führen zunächst die folgende Anweisung aus, deren Bedeutung uns bald klar wird:

```
set default_lock_timeout 100000;
```

Dann schließen wir die H2-Console und beenden H2. Anschließend starten wir H2 *zweimal* und sollten jetzt auch zweimal die H2-Console vorliegen haben. In *beiden* Konsolen verbinden wir uns mit der gleichen Datenbank und schalten den Autocommit-Modus aus. In der ersten Konsole führen wir die beiden folgenden Anweisungen *ohne* `commit` aus:

```
update konten set saldo=saldo-100 where id=23;
update konten set saldo=saldo+100 where id=42;
```

In der zweiten Konsole ermitteln wir die beiden betroffenen Datensätze:

```
select * from konten where id=23 or id=42
```

H2 liefert uns keine Daten zu unser Abfrage, sondern wartet. Mit der Änderung im ersten Fenster hat das RDBMS nämlich *Sperren* gesetzt, die ein Lesen der geänderten Daten verbieten. Die Sperren werden gelöst, sobald die Transaktion beendet wird. Im zweiten Fenster müssen wir also warten, bis

- die Sperren gelöst werden oder

- eine Wartefrist, die wir mit 100 000 Sekunden beziffert haben, überschritten wurde. In diesem Fall wird die `select`-Anweisung mit einer Fehlermeldung beendet.

In der zweiten Konsole sind wir also von den Änderungen der ersten Session *isoliert*. Wir müssen uns nicht darum kümmern, ob die Daten möglicherweise inkonsistent sind: Das RDBMS erlaubt uns den Zugriff erst nach dem Ende der Transaktion.

Diese Trennung von Transaktionen wird oft auch als **Isolation** bezeichnet. Datenbanksysteme erlauben es dem Anwender in der Regel, selbst die Art der Isolation mit Hilfe der Isolationsstufe einzustellen.

In einer Bank wird beispielsweise kontinuierlich gebucht. Anweisungen wie

```
select sum(saldo) from konten
```

würden also mit der Standardisolation praktisch niemals erfolgreich abgeschlossen. Übersichten über den Gesamtkontenstand sind aber für das Management einer Firma wichtige Informationen. Wenn einzelne laufende Buchungen für die

Summenbildung kein Gewicht haben, können wir auch so genannte *dirty reads* zulassen, die auch Daten aus offenen Transaktionen auswerten. In H2 stellt man diese sehr schwache Isolationsstufe mit der Anweisung

```
set lock_mode 1
```

ein. Die Syntax von H2 ist hier ungewöhnlich. Andere RDBMS orientieren sich hier am SQL-Standard und ermöglichen dirty reads mit Anweisungen wie

```
set isolation to read uncommited
```

Falls Daten aus offenen Transaktionen nicht ausgewertet werden dürfen, kann der Anwender dies wie folgt einstellen:

```
set isolation to read commited
```

Die konkrete Syntax ist hier wieder sehr stark vom Hersteller abhängig.

Hinweis

Datenbanksysteme isolieren Transaktionen voneinander.

17.6 ACID – Transaktionen kurz und bündig

Wir wiederholen hier noch einmal die vier Eigenschaften, die wir uns für Transaktionen erarbeitet haben, und notieren die englischen Bezeichnungen dazu:

- Transaktionen sind atomar (*atomicity*).
- Transaktionen transformieren konsistente Daten in konsistente Daten (*consistency*).
- Transaktionen sind voneinander isoliert (*isolation*).
- Abgeschlossene Transaktionen werden dauerhaft im Transaktionsprotokoll gespeichert (*durability*).

Die Anfangsbuchstaben dieser Eigenschaften werden zu der berühmten Abkürzung **ACID** zusammengefasst. Transaktionen und die ACID-Garantien spielen in praktisch allen Datenbankanwendungen eine wichtige Rolle. Wir werden ihnen daher in allen Kapiteln dieses Buchteils erneut begegnen.

Hinweis

Überlegen Sie sich bereits beim Entwurf Ihrer Anwendung, welche SQL-Anweisungen zu Transaktionen zusammengefasst werden sollten.
Achten Sie darauf, die Transaktionen so kurz wie möglich zu halten.

Wenn sie zu lange dauern, können Transaktionen einer Anwendung auch schaden: Während der Transaktionen werden möglicherweise Sperren gesetzt. Diese Sperren werden erst am *Ende* der Transaktion gelöst – und so lange kann kein Anwender mit den gesperrten Daten arbeiten.

Alles klar?

- Mit Transaktionen können Datenbankanweisungen gruppiert werden.

- Eine Transaktion wird ganz oder gar nicht ausgeführt.

- Transaktionen tragen zu einem konsistenten Datenbestand bei.

- Ein RDBMS verliert keine abgeschlossenen Transaktionen.

- Die Verzahnung von Transaktionen kann durch eine geeignete Isolationsstufe eingestellt werden.

- Die von Transaktionen gegebenen Garantien sind in der Abkürzung ACID zusammengefasst.

JDBC

Die Abfragesprache SQL haben wir bisher immer im *Dialog* mit einem RDBMS verwendet: Nachdem wir die Anweisungen in die H2-Console eingegeben haben, hat sie das RDBMS ausgeführt und die Ergebnisse zur Anzeige an die H2-Console zurückgeschickt. Im wirklichen Leben verwenden aber SQL-ferne Anwendergruppen wie Endkunden oder Sachbearbeiter das RDBMS über die GUI ihrer Web- oder Desktop-Anwendung. Diese Anwendungen erzeugen ihrerseits SQL-Anweisungen, die sie dann von einem RDBMS ausführen lassen. Der Endanwender kennt SQL in der Regel nicht. In diesem Kapitel lernen wir die Grundlagen der Entwicklung von Datenbankanwendungen kennen. Wir sehen, wie wir „programmatisch" Datenbankverbindungen aufbauen, Tabellen anlegen, Datensätze einfügen und ändern oder finden können. Auch wenn die Trägersprache in diesem Kapitel Java ist, lassen sich die Konzepte ohne großen Aufwand auf die .Net-Plattform oder Programmiersprachen wie PHP und Python übertragen. Die Beispiele in diesem Kapitel beziehen sich auf die folgende Tabelle, in der wir Daten über Comicreihen sammeln.

```
create table reihen(
  id int primary key,
  name varchar(20),
  baende int
)
```

18.1 Der Cursor – die Verbindung zweier Welten

Die Grundlage für prozedurale Programmiersprachen wie C oder Java sind Variable, die durch Anweisungen manipuliert werden. Auch wenn es mengenorientierte Datentypen wie `java.util.Set` gibt, ist die Menge sicher kein grundlegendes Konzept von prozeduralen Programmiersprachen. Andererseits sind Mengen aber die Basis für relationale Datenbanken und – auch wenn man sich weit vom relationalen Modell entfernt hat – für SQL. Von Haus aus passen Ergebnismengen und Programmvariable offenbar nicht zusammen; man spricht hier auch vom *impedance mismatch*. Wenn wir also aus einer Anwendung mit einem RDBMS kommunizieren wollen, muss es ein Standardmuster geben, um die mengenorientierte Welt mit der Welt der Variablen zu verknüpfen. Wenn unsere Anwendung beispielsweise eine `select`-Anweisung zum RDBMDS sendet, soll dort die Ergebnismenge ermittelt werden, die anschließend von der Anwendung verarbeitet wird. Auf den ersten Blick scheinen Arrays ein geeigneter Aufbewahrungsort für die Datensätze zu sein: Die Ergebnisse werden einfach auf diese listenförmige Struktur abgebildet und können dann versendet und bequem von der Anwendung verarbeitet werden. Hier treten aber zwei Probleme auf:

- Ergebnismengen können sehr groß werden. Werden diese großen Datenvolumina gleichzeitig von mehreren Nutzern über das Netzwerk angefordert, wird die Infrastruktur übermäßig belastet.

- Wenn die Datensätze im Array sind, sind sie vom RDBMS *entkoppelt*. Teilweise müssen wir aber in der Anwendung auch Datensätze gleich beim Lesen *sperren*, um sie vor Änderungen von anderen Benutzern zu schützen (siehe auch Abschnitt 17.5).

Der **Cursor** hat sich als Brücke zwischen Programmiersprachen und relationalen Datenbanken bestens bewährt. Es gibt einige Varianten des Cursors, die aber alle die gleiche Basis haben:

- Die Ergebnismenge einer `select`-Anweisung wird vom RDBMS ermittelt.

- Wenn die Anwendung Ergebnisse anfordert, liefert das RDBMS ihr einen *Teil* der Ergebnismenge.

- Der Cursor ist ein Satzzeiger, der die Ergebnismenge durchläuft. Immer wenn die Anwendung einen Datensatz anfordert, bewegt sich der Cursor zum nächsten Datensatz.

- Die Inhalte des aktuellen Datensatzes werden dann in eine oder mehrere Variable der Anwendung geschrieben.

- Findet der Cursor keinen Datensatz mehr, fordert die Anwendung die nächste Teilmenge des Ergebnisses vom RDBMS an. Die Anforderung und der Transport in Paketen sind dabei für den Entwickler – und erst recht für den Endanwender – transparent.

Die Arbeit mit Cursorn gehört zum Handwerkszeug des Anwendungsentwicklers. In Bibliotheken wie ADO .Net oder JDBC sind die Cursor so weit in Objekten gekapselt, dass man sie oft nicht mehr wahrnimmt. Obwohl Cursor gewissermaßen im Verborgenen tätig sind, verstehen wir einige Eigenarten der Datenbankprogrammierung besser, wenn wir wissen, *wie* sie arbeiten. Cursor sind Bestandteil des SQL-Standards; mit Hilfe einer Anweisung wie

```
declare reihen_csr cursor for
    select id, name from reihen
```

wird ein Cursor namens `reihen_csr` definiert. Dabei wird die zugehörige `select`-Anweisung *noch nicht* ausgeführt. Es handelt sich nur um die *Zuordnung* eines Namens zu einer `select`-Anweisung. Der `select` wird erst mit der Anweisung

```
open reihen_csr
```

ausgeführt. Der `select` wird verarbeitet, die Ergebnisse können abgerufen werden. Mit Hilfe von

```
fetch reihen_csr into r_id, r_name
```

bewegt sich der Cursor um eine Position; anschließend werden die Inhalte der Datensätze den passenden Variablen unserer Anwendung zugeordnet. Da – in diesem Beispiel – eine `select`-Anweisung mit zwei Spalten zum Cursor gehört, werden die Werte dieser Spalten in den beiden Variablen `r_id` und `r_name` abgelegt. Die Namen der Variablen wurden in diesem Beispiel in Anlehnung an die zugehörigen Spaltennamen gewählt. Vor der ersten `fetch`-Anweisung steht der Cursor vor dem ersten Datensatz. Selbst wenn die Ergebnismenge also nur einen Datensatz enthält, ist ein `fetch` erforderlich. Da `select`-Anweisungen aber meistens mehrere Datensätze liefern, wird der `fetch` in der Regel in einer Schleife abgearbeitet. Nachdem wir die Arbeit mit dem Cursor beendet haben, schließen wir ihn:

```
close reihen_csr
```

Dieser Schritt ist sehr wichtig und wird von Anfängern oft vergessen: Am RDBMS werden Ressourcen für den Cursor, wie zum Beispiel Speicherplatz für die Ergebnismenge, bereitgestellt. Das RDBMS merkt nicht, dass es diese Ressourcen nicht mehr benötigt. Wenn mehrere Nutzer gleichzeitig mit Cursorn arbeiten, die nicht geschlossen werden, kann dies schnell zu empfindlichen Ressourcenengpässen führen. Wenn man aus der Java- oder .Net-Entwicklung kommt, hat man sich daran gewöhnt, dass nicht mehr benötigte Ressourcen von einer Garbage-Collection eingesammelt werden. Das ist hier nicht der Fall.

Hinweis

Ein RDBMS kennt keine Garbage-Collection. Objekte wie Datenbankverbindungen oder Cursor müssen explizit geschlossen werden, um die zugehörigen Ressourcen am RDBMS freizugeben.

Auch wenn Anweisungen wie `declare cursor` oder `fetch` zum SQL-Standard gehören, kann man sie in der Regel nicht im Dialog wie eine `insert`-oder `select`-Anweisung anwenden. Da es in Dialogwerkzeugen wie der H2-Console keine Programmvariablen gibt, wäre der Einsatz ohnehin sinnlos.

18.2 Wie bringe ich meiner Programmiersprache SQL bei?

Es gibt mehrere Möglichkeiten, um mit Hilfe einer Programmiersprache auf eine Datenbank zuzugreifen:

API: Wenn eine Programmiersprache neue Funktionalitäten benötigt, werden sie in vielen Fällen im Rahmen einer API (*Application Programming Interface*) zur Verfügung gestellt. Sie enthält Funktionen (oder Methoden, wie man im objektorientierten Jargon sagt), die die benötigten Dienste zum Verbindungsaufbau, Versand der SQL-Anweisungen und zur Verarbeitung der Ergebnisse liefern. Eine der ersten und bekanntesten APIs für relationale Datenbanken wurde von Microsoft unter dem Namen Open Database Connectivity (ODBC) entwickelt und ist rasch zum Standard geworden, der sich auch bei Microsoft-fremden Betriebssystemen etabliert hat. Es dauert eine Weile, bis man sich einigermaßen im Funktionengeflecht von ODBC orientiert hat. Heutzutage dominieren objektorientierte Sprachen wie Java, so dass es sich anbot, eine objektorientierte API zu entwickeln. Mit JDBC gibt es seit Java 1.1 eine Sammlung von Datentypen, deren Methoden alles abdecken, was man zur Entwicklung mit SQL benötigt. Wir lernen zwar nur einen Bruchteil der API kennen, dieser ist aber der wichtigste, wenn wir typische CRUD-Anwendungen[1] entwickeln wollen.

Einbettung in eine Sprache: Komfortabler als eine API ist die Erweiterung einer bestehenden Programmiersprache um Anweisungen, die man für die Kommunikation mit dem RDBMS benötigt. Für die Programmiersprache C gibt es etwa ESQL/C (Embedded SQL for C). Eine kurze Anweisungsfolge sieht wie folgt aus:

```
printf("Reihe mit id=42:\n");
EXEC SQL DECLARE c1 CURSOR FOR
  SELECT name
  FROM reihen WHERE id = 42;
```

Einfache C-Funktionen und Anweisungen werden mit SQL-Anweisungen gemischt, die mit `EXEC SQL` maskiert sind. Weil der C-Compiler die maskierten Anweisungen nicht verarbeiten kann, wird der Quellcode vorher von einem Präcompiler übersetzt, der die `EXEC SQL`-Anweisungen dann in API-Aufrufe transformiert. Neben ESQL/C ist ESQL/COBOL immer noch sehr verbreitet.

---

[1] CRUD ist die Abkürzung für Create, Retrieve, Update und Delete. Gemeint sind damit Anwendungen mit sehr einfach gehaltenen SQL-Anweisungen.

Der Versuch in Java mit SQLJ, an diese Erfolge anzuknüpfen, scheint misslungen zu sein. SQLJ ist bei Weitem nicht so verbreitet wie JDBC. Anders sieht es auf der .Net-Plattform aus: Mit LINQ (*Language INtegrated Query*) kann man hier in Sprachen wie C# mit SQL-ähnlichen Anweisungen arbeiten.

4GL Bis in die 1990er- und die 2000er-Jahre waren auch Sprachen verbreitet, die eigens für Datenbankanwendungen entwickelt worden waren. In diesen 4GL (Fourth Generation Language) sind SQL-Anweisungen, genauso wie etwa Anweisungen für Schleifen, fest in der Syntax der Sprache verankert. Auch wenn so Stärken des RDBMS genutzt werden können, gibt es Probleme, die dazu geführt haben, dass wir die 4GL heute nur noch sehr selten antreffen:

1. Mit einer 4GL bindet man sich an einen Hersteller. Wenn der Hersteller die Sprache nicht mehr unterstützt, muss eine neue Heimat für Millionen von Code-Zeilen gefunden werden.

2. Man nimmt nicht unmittelbar an Weiterentwicklungen anderer Sprachen teil. Wenn es etwa neue interessante Sprachfeatures oder Pakete für die Java-Plattform gibt, muss man warten, bis der Hersteller der 4GL ähnliche Features bietet – wenn es überhaupt jemals so weit kommt.

18.3   Einige Vorarbeiten

Der große Vorteil von JDBC besteht darin vom Hersteller des RDBMS unabhängig zu sein. Wir können unser Java-Software mit JDBC entwickeln und die fertige Anwendung grundsätzlich mit jedem RDBMS kombinieren.

Um mit einem konkreten RDBMS zu arbeiten, benötigen wir einen JDBC-Treiber. Dieser Treiber ist eine in einem Java-Archiv enthaltene Klasse. Java-Archive sind Dateien mit der Endung `jar`, die eine Vielzahl von übersetzten Java-Klassen, also Dateien mit der Endung `class`, enthalten können. JDBC ist zwar unabhängig vom RDBMS, der Name der `jar`-Datei und der Name der Treiberklasse sind aber sehr wohl vom konkreten RDBMS abhängig und müssen aus der Dokumentation ermittelt werden. Für H2 ist `h2-1.2.137.jar` der Name der Archivdatei[2]. Bei anderen Herstellern, gehört der Treiber nicht zur Standarddistribution des RDBMS und muss – möglicherweise kostenpflichtig – separat bezogen werden. Der Dokumentation entnehmen wir, dass die Klasse `org.h2.Driver` bei H2 der JDBC-Treiber ist. Wenn wir diese Klasse laden, registriert sich der Treiber bei der Treiberverwaltung unserer Java-Anwendung und kann dann genutzt werden.

Da bei der Arbeit mit JDBC viele Methoden Exceptions werfen können, signalisieren wir dem Compiler mit dem Schlüsselwort `throws`, dass in der Methode `main` Exceptions möglich sind, und müssen sie fortan nicht mehr berücksichtigen.

---

[2] Stand Juli 2011. Der Name der Datei ergibt sich für H2 aus der Versionsnummer. Weil die H2 Distribution nur eine einzige `jar`-Datei enthält, können wir sie leicht finden.

In Code, der auch nur annähernd produktiv arbeitet, gehen wir selbstverständlich nicht so sportlich vor, sondern verwenden eine geeignete Fehlerbehandlung. Wir vereinfachen das Exception-Handling in unseren Beispielen, um den Blick für die JDBC-Details frei zu haben.

Der folgende Code wird übersetzt, wirft aber zur Laufzeit eine Exception.

```
public class SimpleJDBC{
  public static void main(String[] args) throws Exception{
    Class.forName("org.h2.Driver");
  }
}
```

Die Java Virtual Machine (JVM) kennt die Klasse `org.h2.Driver` nicht. *Wir* wissen zwar, wo wir die zugehörige `jar`-Datei finden, die JVM aber nicht. Für diese Informationen ist die Umgebungsvariable `CLASSPATH` zuständig. Am bequemsten ist es, wenn wir den `CLASSPATH` gleich beim Aufruf der JVM[3] setzen:

```
java -cp .:absoluterPfad/h2-1.2.137.jar SimpleJDBC
```

Dabei bezeichnet `absoluterPfad` den absoluten Pfad des `bin`-Verzeichnisses unserer H2-Installation. Die virtuelle Maschine sucht jetzt im aktuellen Verzeichnis und in dem genannten `jar`-Archiv nach Java-Klassen. Bei Microsoft-Betriebssystemen trennen wir die Verzeichnisnamen mit einem Semikolon anstatt, wie hier unter Unix, mit einem Doppelpunkt. Unser kleines Java-Programm sollte jetzt problemlos laufen.

Da wir die meisten Klassen, die wir für die Arbeit mit JDBC benötigen, im Paket `java.sql` finden, empfiehlt sich ein

```
import java.sql.*
```

am Anfang unseres Java-Programms.

Die Java-Beispiele in diesem Kapitel zeigen die grundsätzliche Funktionsweise von JDBC. Um einen guten Überblick sicherzustellen, wurden sie zum Teil geringfügig vereinfacht. Auf ein Exception-Handling wurde aus genau diesem Grund verzichtet. Teilweise wird der abgedruckte Code also nicht vom Compiler übersetzt. Auf der Webseite zum Buch findet man diese Beispiele in einer syntaktisch korrekten und lauffähigen Version.

18.4   Gute Verbindungen sind alles

Bevor wir SQL-Anweisungen zum RDBMS schicken, brauchen wir – wie auch im SQL-Dialog – eine Verbindung. Dazu gibt es einen eigenen Datentyp mit dem selbsterklärenden Namen `Connection`. Zu diesem Typ gehört kein Konstruktor,

---

[3] Die JVM starten wir dabei, wie bereits in Abschnitt 2.5 erläutert, in einem Terminal-Fenster.

wir beziehen seine Objekte über eine statische Methode direkt von der Treiberverwaltung:

```
Connection con = DriverManager.getConnection("jdbc:h2:demo");
```

Die Methode `getConnection` ist in der Klasse `DriverManager` mehrfach überladen; normalerweise erfordert sie drei Parameter:

- **Die JDBC-URL**:

  In unserem Fall lautet sie `jdbc:h2:demo` für Verbindungen mit einer Datenbank namens `demo`. Die genaue Form hängt aber vom RDBMS ab. Bei der DB2 lautet sie etwa `jdbc:db2://host:port/demo`, wobei `host` die Maschine, auf dem das RDBMS läuft, und `port` die Portnummer, auf der DB2 lauscht, bezeichnet. Es gibt keine allgemeinen Regeln für den genauen Aufbau der JDBC-URL, im Einzelfall müssen wir die Dokumentation konsultieren.

- **Benutzername**: Wir betreiben H2 hier im Embedded-Mode, d.h die Anwendung und das RDBMS laufen in der gleichen JVM. Eine Autorisierung (siehe auch Abschnitt 16.1) gibt es in diesem Modus nicht.

- Aus dem gleichen Grund entfällt im Embedded-Mode auch das **Passwort** als dritter Parameter.

Vor Java Version 6 war es unbedingt erforderlich, den Treiber mit Hilfe von `Class.forName` zu laden, damit er sich bei der Treiberverwaltung registrieren konnte. Seit Java 6 ist dieser etwas bizarr anmutende Vorgang nicht mehr nötig. Weil die neuesten Java-Versionen aber oft mit erheblicher Verzögerung flächendeckend beim Endanwender ankommen, empfiehlt es sich, den Treiber bis auf Weiteres manuell zu laden.

Nachdem wir den Code ausgeführt haben, finden wir übrigens in dem Verzeichnis, in dem wir unser Programm gestartet haben, eine Datei namens `demo.h2.db`, die die Datenbank enthält. Hier unterscheiden sich die RDBMS wieder deutlich voneinander: Einige – wie H2 – erzeugen die Datenbank bei Bedarf, bei anderen müssen wir sie *explizit* mit einer SQL-Anweisung wie `create database` anlegen.

Wir können bei der Verwendung von Verbindungen schwerwiegende Fehler begehen. Im Allgemeinen gilt die Erzeugung einer Datenbankverbindung als eine ausgesprochen *aufwändige* Operation. Sie beansprucht Ressourcen am RDBMS und in der Java-Anwendung, und ihr Aufbau benötigt – zumindest wenn er über eine Netzwerkverbindung durchgeführt wird – vergleichsweise viel Zeit. Wir können und sollten Datenbankverbindungen wieder mit der Methode `close` schließen – nur sollten wir das nicht öfter als nötig machen, da sich unsere Anwendung sonst vorwiegend mit dem Öffnen von Verbindungen beschäftigt. Bei einfachen Anwendungen reicht eine einzige Verbindung, die wir dann, wie in der folgenden Hilfsklasse, zentral verwalten können:

```
class Connector{
  private static Connection con;
  private Connector(){}
  public static Connection getConnection(){
    if(con==null || con.isClosed()){
      Class.forName("org.h2.Driver");
      con=DriverManager.getConnection("jdbc:h2:demo");
    }
    return con;
  }
  public void close(){
    con.close();
  }
}
```

Eine neue Verbindung wird nur bei Bedarf geöffnet; nach Möglichkeit wird die bestehende Verbindung genutzt. Wir können mit

```
Connector.getConnection()
```

jederzeit eine Verbindung abrufen. In anspruchsvolleren Anwendungen reicht dieser einfache Ansatz nicht aus. Die Verbindungen werden dann auch gerne in *Connection-Pools* verwaltet und nicht jedes Mal geschlossen, sondern wiederverwendet. Diese Pools gehören nicht zu den Bordmitteln von JDBC, sind aber Bestandteil von Frameworks wie Hibernate, die auf JDBC aufbauen (siehe auch Kapitel 19).

Hinweis

Der Aufbau einer Verbindung zum RDBMS nutzt intensiv Ressourcen wie CPU-Zeit, Hauptspeicher und Netzwerkkapazitäten. Gehen Sie sparsam mit Datenbankverbindungen um.

18.5   Aus der Datenbank in das Programm

Wenn die Verbindung zur Datenbank steht, können wir damit anfangen, SQL-Anweisungen auszuführen. Das ist mit Hilfe der Klasse Statement einfach möglich. Auch hier gibt es keinen Konstruktor zum Erzeugen passender Objekte, sondern wir führen eine zum Typ Connection gehörende statische Methode aus:

```
Statement statement = con.createStatement();
```

Wenn wir beispielsweise eine Tabelle erzeugen wollen, übergeben wir die zugehörige create table-Anweisung einfach als Text:

```
String create = "create table reihen( " +
  "id int primary key, "+
  "name varchar(20) , " +
  "baende int)";
statement.execute(create);
statement.close();
```

Mit der Methode `execute` kann jede SQL-Anweisung ausgeführt werden, doch wünschen wir uns in den meisten Fällen einen aussagekräftigen Rückgabewert. Bei Änderungen am Datenbestand, wie sie mit `update` oder `insert` durchgeführt werden, mag uns die Anzahl der geänderten oder eingefügten Datensätze interessieren. Der folgende Code fügt einen Datensatz mit Hilfe der Methode `executeUpdate` in die Tabelle `reihen` ein und schreibt die Anzahl eingefügter Datensätze auf die Konsole:

```
String insert = "insert into reihen values(0, 'Asterix', 34)";
int rows = statement.executeUpdate(insert);
System.out.println("number of inserted rows:\t" + rows);
statement.close();
```

Interessanter wird es bei `select`-Anweisungen: Natürlich können wir diese Anweisungen auch mittels `execute` oder `executeUpdate` vom RDBMS verarbeiten lassen, nur wird uns das Ergebnis nicht sehr befriedigen. Damit der `select` ausgeführt wird und uns Ergebnisse in Form von *Datensätzen* liefert, die wir in unserer Anwendung verarbeiten können, nutzen wir die Methode `executeQuery`. Sie liefert ein Objekt vom Typ `ResultSet` zurück, das für die Cursor-Verarbeitung zuständig ist:

```
String select = "select id, name, baende from reihen";
ResultSet results = statement.executeQuery(select);
```

Wie in Abschnitt 18.1 beschrieben, umfasst das Ergebnis möglicherweise sehr viele Datensätze, die wir am besten in einer Schleife verarbeiten. Um zu prüfen, ob es noch Datensätze gibt, die wir noch nicht „besucht" haben, verwenden wir den Booleschen Rückgabewert der Methode `next`:

```
while(results.next()){
  ...
}
```

Die Schleife hat alle Datensätze der Ergebnismenge abgerufen, aber nicht weiterverarbeitet. Wir wollen alle Datensätze ausgeben und besorgen uns zu jedem gefundenen Datensatz die Werte seiner Spalten:

Listing 18.1: Ausgabe von Tabelleninhalten

```
while (results.next()) {
  int id = results.getInt("id");
  String series = results.getString("name");
  String volumes = results.getString("baende");
  System.out.println(id + "\t" + series + "\t" + volumes);
}
results.close();
```

Um auf den Wert einer Spalte zugreifen zu können, müssen wir ihren Namen und ihren Datentyp kennen.

Name: Im Beispiel haben wir die Spaltennamen den `getXXX`-Methoden in Textform übergeben. Alternativ zum Namen können wir auch die laufende Nummer der Spalte angeben. Sollen nur die Werte der Spalte `id` ausgegeben werden, ist auch die folgende Schleife möglich:

```
while(results.next())
  System.out.println(results.getInt(1));
```

Bemerkenswert ist vielleicht, dass die Zählung wie bei SQL üblich mit 1 und nicht wie bei Java üblich mit 0 beginnt. Da der Datenbankadministrator die Tabellenstruktur jederzeit ändern kann, ist es grundsätzlich robuster, über die Spalten*namen* zuzugreifen: Wenn wir über die Zahlen auf die Spalten zugreifen, bemerken wir diese Änderungen nicht und arbeiten möglicherweise mit falschen Werten weiter. Verwenden wir die Spaltennamen für den Zugriff, gehen Tabellenänderungen nicht spurlos an unser vorüber, da eine Exception geworfen wird. Der vorgesehen Programmablauf wird so zwar unterbrochen, doch ist das immer noch besser, als vollkommen ahnungslos weiter zu arbeiten.

Datentyp: Zu jedem der SQL-Datentypen gibt es einen passenden Java-Datentypen. Sofern sie sich nicht auf natürliche Weise ergeben – wie `String` als Gegenstück zu `char` und `varchar` –, wurden eigene Datentypen wie `java.sql.Timestamp` definiert. Die gängigen SQL-Typen sind mit ihren Java-Gegenstücken in Tabelle 18.1 zusammengestellt.

Oft greifen Anwendungen über den Primärschlüssel einer Tabelle auf ihre Daten zu und erhalten dann jeweils nur einen Datensatz als Ergebnis. Auch in diesem Fall *müssen* wir mit `next` arbeiten: der Cursor steht initial immer *vor* dem ersten Datensatz:

```
select = "select name from reihen where id=0";
results = statement.executeQuery(select);
results.next();
System.out.println(results.getString("name"));
```

Tabelle 18.1: Übersicht über SQL-Typen und zugehörige Java-Typen

SQL-Datentyp	Java-Datentyp
bigint	long
char(n)	java.lang.String
date	java.sql.Date
decimal(p,s)	java.math.BigDecimal
double	double
float	float
integer	int
smallint	short
time	java.sql.Time
timestamp	java.sql.Timestamp
varchar(n)	java.lang.String

Es bleibt auch immer wieder uns überlassen, wie sehr wir unsere Software absichern wollen. Möglicherweise entscheidet der DBA den Primärschlüssel zu ändern, und es gibt mehrere Datensätze mit 0 als Wert für die Spalte id. Wenn wir defensiv programmieren und die beiden folgenden Zeilen,

```
if(results.next())
    throw new RuntimeException();
```

ergänzen, sind wir zumindest nicht vollständig ahnungslos, sondern merken immerhin, dass es mehrere Datensätze mit gleicher id gibt.

18.6 Ohne Transaktionen würde etwas fehlen

Transaktionen werden mit JDBC ganz ähnlich wie im Dialog (siehe Kapitel 17) ausgeführt. Die zugehörigen Methoden bietet der Typ Connection. Um überhaupt mehrere Anweisungen zu einer Transaktion gruppieren zu können, muss der automatische Commit ausgeschaltet werden:

```
con.setAutoCommit(false);
```

Die restlichen benötigten Funktionalitäten decken die Methoden rollback und commit ab:

```
String insert = "insert into reihen values(";
String asterix = insert + "42, 'Asterix', 34)";
String tim = insert + "43, 'Tim und Struppi', 25)";
Statement statement = con.createStatement();
statement.executeUpdate(asterix);
statement.executeUpdate(tim);
con.commit();
```

Die Methode `rollback` fügt sich hier auch sehr schön in den Mechanismus zum Exception-Handling ein:

```
try {
    statement.executeUpdate(asterix);
    statement.executeUpdate(tim);
    con.commit();
} catch (Exception e) {
    con.rollback();
}
```

Wenn es während der Bearbeitung zu einer Exception kommt und die beiden `insert`-Anweisungen nicht vollständig ausgeführt werden können, wird der `catch`-Block abgearbeitet und die Transaktion zurückgerollt. Hier kann übrigens auch ein `finally`-Block sinnvoll eingearbeitet werden

```
finally{
    statement.close();
}
```

Wir schließen das `Statement`-Objekt nach dem `commit` oder `rollback` unabhängig davon, ob die Transaktion erfolgreich war.

Bei der Arbeit mit Transaktionen müssen wir natürlich auch darauf achten, die Transaktion zu beenden *bevor* wir die Verbindung schließen, da offene Transaktionen spätestens beim nächsten Verbindungsaufbau rückgängig gemacht werden (siehe Abschnitt 17.3).

18.7　Flottes SQL dank guter Vorbereitung

Nicht nur Datenbankverbindungen können aufwändig sein, sondern auch SQL-Anweisungen können unsere Anwendung ausbremsen. In diesem Abschnitt lernen wir eine weitere Möglichkeit kennen, um unsere Datenbankanwendung zu beschleunigen.

Eine SQL-Anweisung wird bei seiner Bearbeitung vom RDBMS einigen Verarbeitungsschritten unterzogen:

- Zunächst wird geprüft, ob die Syntax korrekt ist. Die Schlüsselworte können falsch geschrieben, oder die Anweisung falsch strukturiert sein.

- In Anweisungen werden Tabellen, Spalten und andere Objekte verwendet. Auch wenn die Anweisung syntaktisch richtig ist, kann es sein, dass es diese Objekte gar nicht gibt: sie können falsch geschrieben oder längst vom DBA gelöscht worden sein.

- Auch wenn es die verwendeten Tabellen- und Spaltennamen gibt, müssen die Zugriffsrechte (siehe 16) geprüft werden. Es kann sein, dass der Benutzer, der die Verbindung zum RDBMS aufgebaut hat, gar nicht berechtigt ist, mit diesen Objekten zu arbeiten.

■ Wenn die „Formalitäten" erledigt sind, kann das RDBMS die Anweisung optimieren. Es gibt in den meisten Fällen mehrere Möglichkeiten eine Anweisung auszuführen. Es ist die Aufgabe des Optimierers eine möglichst schnelle und ressourcenschonende Variante zu ermitteln. Je nach Komplexität der Anweisung kann dieser Verarbeitungsschritt sehr umfangreich sein. Das Ergebnis des Optimierers ist ein so genannter Abfrageplan (siehe Abschnitt 20.6).

■ Wenn der Abfrageplan vorliegt, kann das RDBMS ihn ausführen.

Bei einer hinreichend bösartigen SQL-Anweisung ist es durchaus möglich, dass die eigentliche Ausführung weniger Zeit benötigt als die übrigen vier Schritte. Insbesondere die Optimierung kann ausgesprochen aufwändig sein. Moderne RDBMS bieten die Möglichkeit, die ersten vier Schritte einer Anweisung nur ein einziges Mal auszuführen und die soweit vorbereiteten Anweisungen auf Abruf für eine erneute Ausführung vorzuhalten. Diese Vorbereitung kann auf SQL-Ebene mit Hilfe der Anweisung `prepare` durchgeführt werden; JDBC kennt dafür eigene Typen und Methoden:

```
String insert = "insert into reihen values(4711,'Asterix', 34)";
PreparedStatement prepared = con.prepareStatement(insert);
```

Für unsere aktuelle Verbindung hält das RDBMS die vorbereitete Anweisung ab jetzt zur Ausführung vor. Die Ausführung selbst ist schnell angewiesen:

```
prepared.execute();
```

Ebenso wie der Typ `Statement` kennt der Typ `PreparedStatement` die Methoden `executeUpdate` und `executeQuery`. Ein `PreparedStatement`, das wir wie im Beispiel nutzen, hilft uns aber wenig, da wir es nur ein einziges Mal verwenden. Für andere Comicreihen müssen wir eine neue Anweisung als Text definieren und dann ein weiteres Objekt vom Typ `PreparedStatement` erzeugen.

Wesentlich mehr Dynamik geben uns durch Fragezeichen repräsentierte Platzhalter:

```
insert = "insert into reihen values(?, ?, ?)";
prepared = con.prepareStatement(insert);
prepared.setInt(1, 4715);
prepared.setString(2, "Asterix");
prepared.setInt(3, 34);
prepared.execute();
prepared.close();
```

Das RDBMS kann die Anweisung vorbereiten, ohne auch nur einen Wert zu kennen. Es reicht, wenn wir dem entsprechenden Platzhalter unmittelbar vor der Ausführung einen Wert zuweisen. Dem Datentyp entsprechend, werden die konkreten Werte mit den geeigneten setXXX-Methoden, wie setInt oder setString, gesetzt. Dabei

■ entspricht der erste Parameter der laufenden Nummer des Platzhalters – die Zählung fängt wieder bei 1 an.

■ enthält der zweite Parameter den Wert, der dem Platzhalter zugeordnet werden soll.

Wenn es richtig gemacht wird, kann uns der Einsatz von *prepared Statements* eine Leistungsverbesserung im Bereich 10-15% bringen. Wichtig ist, dass die Vorbereitung nur ein einziges Mal durchgeführt wird. Mit der folgenden Vorgehensweise würden wir uns einen Bärendienst erweisen, weil die beim prepareStatement anfallenden Verarbeitungsschritte bei jedem Aufruf der Methode insertSeries ausgeführt werden.

```
static boolean insertSeries(int id, String name, int first){
   String insert = "insert into reihen values(?, ?, ?)";
   PreparedStatement prepared = con.prepareStatement(insert);
   prepared.setInt(1, id);
   prepared.setString(2, name);
   prepared.setInt(3, first);
   boolean result = 1 == prepared.executeUpdate();
   prepared.close();
   return result;
}
```

Besser wäre es, das Objekt vom Typ PreparedStatement wie folgt als privates Attribut vorzuhalten und im Konstruktor zu initialisieren:

```
class PrepareDemo {
   private PreparedStatement prepared;
   private Connection con;

   public PrepareDemo(){
      con = DriverManager.getConnection("jdbc:h2:demo");
      String insert = "insert into reihen values(?, ?, ?)";
      prepared = con.prepareStatement(insert);
   }
   public boolean insertSeries(int id, String series, int volumes){
      prepared.setInt(1, id);
      prepared.setString(2, series);
      prepared.setInt(3, volumes);
      return 1 == prepared.executeUpdate();
   }
}
```

18.8 Kurz vor Schluss

Auch wenn wir die umfangreiche JDBC-API noch nicht erschöpfend behandelt haben, kennen wir bereits ihre wichtigsten Eigenschaften. Aus den vielfältigen Möglichkeiten, die JDBC bietet, seien noch einige erwähnt:

Scroll Cursor: Objekte vom Typ `ResultSet` verwenden intern Cursor, die nur um jeweils genau eine Position *nach vorne* bewegt werden können. Gelegentlich möchten wir aber – aus welchen Gründen auch immer – den letzten Datensatz der Ergebnismenge haben oder uns eine Position zurück in der Ergebnismenge bewegen. Diesen Komfort bieten uns Scroll-Cursor, die unsere Objekte vom Typ `ResultSet` auch nutzen können, wenn wir den Bedarf beim Erzeugen des Objektes vom Typ `Statement` oder `PreparedStatement` anmelden:

```
Statement statement = con.createStatement(
    ResultSet.TYPE_SCROLL_INSENSITIVE,
    ResultSet.CONCUR_READ_ONLY);
```

Unseren Cursor können wir jetzt auf eine *beliebige* Stelle im Ergebnis setzen. Im folgenden Beispiel setzen wir ihn auf den vorletzten Datensatz:

```
String select = "select name from reihen";
ResultSet results = statement.executeQuery(select);
results.last();
results.previous();
```

Damit wir Scroll-Cursor überhaupt nutzen können, muss unser RDBMS sie auch unterstützen. Außerdem bekommen wir diesen Komfort nicht kostenlos: Scroll-Cursor sind ressourcenintensiver. Weil die vollständige Ergebnismenge sofort bekannt sein muss, geben uns Scroll-Cursor auch nur eine Momentaufnahme des Datenbestandes. Die Daten sind möglicherweise nicht mehr aktuell, wenn unsere Java-Anwendung sie bekommt.

Large Objects: Wenn wir eine Tabelle mit der Anweisung

```
create table pictures(
    id int primary key,
    image blob
)
```

anlegen, dann stellen uns die meisten RDBMS keine Möglichkeit zur Verfügung, um mit einer einfachen `insert`-Anweisung Bilder in Form von Blobs (siehe Abschnitt 5.16) in die Tabelle einzufügen. In JDBC bietet der Typ `PreparedStatement` die Methode `setBinaryStream`, der wir einen Stream übergeben können, der eine Datei referenziert. Beim Einfügen des Datensatzes werden die Daten dann aus der Datei gelesen und die Tabelle transportiert.

```
String insert = "insert into pictures values(0, ?)";
PreparedStatement prepared = con.prepareStatement(insert);
InputStream is = new FileInputStream(new File("donald.jpg"));
prepared.setBinaryStream(1, is);
prepared.executeUpdate();
prepared.close();
is.close();
```

Wollen wir mit `select`-Anweisungen ein Bild aus der Tabelle lesen und es in eine Datei schreiben, nutzen wir dazu die zum Typ `ResultSet` gehörende Methode `getBinaryStream`. Sie liefert einen Stream, den wir auslesen und dann Byte für Byte in eine Datei schreiben:

```
String select = "select id, image from pictures where id=0";
ResultSet results = statement.executeQuery(select);
results.next();
int id = results.getInt(1);
Blob blob = results.getBlob(2);
InputStream in = blob.getBinaryStream();
OutputStream out = new FileOutputStream(new File(id + ".jpg"));
byte[] buffer = new byte[0xFFFF];
for (int len; (len = in.read(buffer)) != -1;)
  out.write(buffer, 0, len);
out.close();
in.close();
results.close();
statement.close();
```

null-Werte: Als hätten uns `null`-Werte nicht schon genug gequält, verfolgen sie uns auch noch in JDBC.

Wenn in unserer Tabelle `reihen` einer der Werte in der Spalte `baende` den Wert `null` hat, liefert uns – etwa in Listing 18.1 – die Methode `getInt` für diese Spalte den Wert 0. Wir können also nicht unterscheiden, ob wir es mit der Zahl 0 oder dem Wert `null` zu tun hatten. Dieses Verhalten müssen wir selbstverständlich beachten und setzen dazu die zum Typ `ResultSet` gehörige Methode `wasNull` ein:

```
String select = "select baende from reihen where id=25";
ResultSet results = statement.executeQuery(select);
results.next();
int volumes = results.getInt("baende");
String text = results.wasNull() ? "null" : volumes + "";
System.out.println(text);
results.close();
```

Der zuletzt mit einer getXXX-Methode abgerufene Wert wird mit Hilfe von wasNull auf null geprüft. Dieser explizite Abgleich muss nur für primitive Java-Typen durchgeführt werden, für alle anderen Typen liefert die zugehörige getXXX-Methode einfach die null-Referenz zurück.

Wenn wir umgekehrt null in die Tabelle einfügen wollen, ist das bei insert-Anweisungen, die mit Objekten vom Typ Statement übermittelt werden, kein Problem, da sie ja direkt in den zugehörigen Text der Anweisung geschrieben werden können:

```
String lucky = "insert into reihen values(25,'Lucky Luke', null)";
```

Bei Objekten vom Typ PreparedStatement und Platzhaltern arbeiten wir – wie im folgenden Beispiel – mit der Methode setNull.

```
lucky = "insert into reihen values(?, ?, ?)";
PreparedStatement prepared = con.prepareStatement(lucky);
prepared.setInt(1, 27);
prepared.setNull(2, Types.VARCHAR);
prepared.setInt(3, 0);
prepared.execute();
prepared.close();
```

Mit den Werkzeugen dieses Kapitels können wir, hinreichende Java-Kenntnisse vorausgesetzt, schon ordentliche Anwendungen mit einer Datenbankschicht entwickeln. Wir haben außerdem das grundsätzliche Verständnis erworben, um uns in der Dokumentation der JDBC-API zu orientieren und unser Wissen so je nach Bedarf zu erweitern. Wir merken aber sehr schnell, dass wir auf sehr viele Details achten müssen, wenn wir mit JDBC arbeiten. Außerdem wiederholen sich viele Muster bei der Programmierung. Wir befinden uns mit JDBC auf einem sehr niedrigen Abstraktionsniveau. Dies hat dazu geführt, dass es mittlerweile Frameworks gibt, die selbst JDBC nutzen, dem Entwickler aber eine komfortablere API für die Datenbankentwicklung zur Verfügung stellen. Wir sollten von dieser Möglichkeit Gebrauch machen. Im folgenden Kapitel lernen wir mit Hibernate eines dieser Frameworks kennen.

Alles klar?

■ JDBC ist eine Java-API zum Zugriff auf die Daten eines RDBMS.

■ Die JDBC-Typen sind von konkreten RDBMS-Produkten unabhängig.

■ Vor der Arbeit mit den Daten müssen der Treiber und die Verbindungsparameter konfiguriert werden. Hier gehen RDBMS-spezifische Parameter ein.

■ Ihre mengenorientierte Struktur macht die Daten einer relationalen Datenbank nur schwer für prozedurale Programmiersprachen greifbar.

■ Der Cursor macht eine satzweise Verarbeitung von Daten möglich und ist somit das Bindeglied zwischen relationalen Datenbanken und prozeduralen Programmiersprachen.

■ Für die Arbeit mit einer relationalen Datenbank ist ein Objekt vom Typ `Connection` erforderlich.

■ SQL-Anweisung können mit den Methoden `executeUpdate` oder `exceuteQuery` des Typs `Statement` verarbeitet werden.

■ Das Ergebnis einer `select`-Anweisung wird mit Hilfe eines Objekts vom Typ `ResultSet` zur Verfügung gestellt. Dieser Typ verwendet Cursor, verwaltet sie aber so, dass sie für den Entwickler weitgehend transparent sind.

■ Mit so genannten „Prepared Statements" können Teilergebnisse der Verarbeitung einer SQL-Anweisung wiederverwendet werden. Sie stellen somit ein Instrument zur Leistungssteigerung der Anwendung dar.

19

Hibernate

Seit Mitte der 1990er-Jahre haben sich objektorientierte Programmiersprachen wie C++, Java oder C# nach und nach durchgesetzt und dominieren heute die Softwareentwicklung. Da zu praktisch jeder Software auch eine Datenbank gehört, muss der Entwickler den Zugriff auf die relationale Datenbank irgendwie in die objektorientierte Denkweise integrieren. Dass es nicht ganz einfach ist, das relationale Modell mit dem prozeduralen Programmiermodell zu kombinieren, haben wir bereits in Abschnitt 18.5 gesehen. In diesem Kapitel gelangen wir zu der Einsicht, dass diese Probleme in objektorientierten Programmiersprachen noch gravierender sind.

19.1 Was ist O/R-Mapping?

Der Impedance Mismatch zwischen dem relationalen Modell und prozeduralen Programmiersprachen konnte mit Hilfe von Cursorn (siehe Abschnitt 18.1) überbrückt werden. Mit JDBC haben wir im vorhergehenden Kapitel eine objektorientierte Schnittstelle zum RDBMS kennengelernt, doch ist die Interaktion mit dem RDBMS nicht objektorientiert, sondern es werden einzelne Werte – und keine Objekte – über JDBC-Methoden in Variable eingelesen oder aus Variablen in SQL-Anweisungen eingebettet. Es gibt also nach wie vor einen Impedance Mismatch. Aus objektorientierter Sicht wünschen wir uns für den Java-Typen `Reihen` Funktionalitäten wie die folgenden:

```
Reihe reihe1 = new Reihe("Tim und Struppi");
DBMS.save(reihe1)
```

oder

```
Reihe asterix = DBMS.find('Asterix')
```

Mit Hilfe von Methoden wie `save` werden hier *Objekte* in der Datenbank abgelegt und mit `find` Objekte aus der Datenbank eingelesen. Es ist auch gar nicht schwierig mit Hilfe von JDBC für eine Datenbank passende Klassen zu entwickeln, die dann einen objektorientierten Zugriff ermöglichen:

- Jede Tabelle entspricht einer Klasse.
- Jeder Datensatz entspricht einem Objekt.
- Jede Spalte entspricht einem Attribut.

Jeder Tabelle wird also eine Klasse zugeordnet, in deren Methoden der Datenbankzugriff gekapselt wird. Dieser Prozess ist algorithmisch formulierbar und kann sogar in Form eines Code-Generators automatisiert werden. In der Praxis können wir das Verfahren aber nur in sehr einfachen Fällen einsetzen. Der Schwanz wackelt nämlich nicht mit dem Hund: Meistens wird ein objektorientiertes Design entwickelt und anschließend die passende Datenbank. Wir müssen also einen Prozess finden, um unser Objektmodell auf ein relationales Datenmodell abzubilden. Ein solches Verfahren wird objektrelationale Abbildung, oder kürzer und etablierter **OR-Mapping** genannt. Auch hier bietet sich ein einfaches Vorgehen an:

- Jeder Klasse entspricht eine Tabelle.
- Jedes Objekt entspricht einem Datensatz.
- Jedes Attribut entspricht einer Spalte.

Dieser naive Algorithmus stößt aber sehr schnell an seine Grenzen: Solange der Typ eines Attributs sich direkt einem SQL-Typ zuordnen lässt, gibt es keine Probleme, doch ist dieser Fall nur für sehr einfache Klassen gegeben. In der Regel enthält eine Klasse Attribute oder sogar Listen von Attributen mit komplexen Datentypen. In unserem Beispiel könnte dies wie folgt aussehen:

```
class Reihe{
    String name,
    String verlag,
    Album[] alben,
    ...
}
```

Da die Attribute unserer Tabellen nicht alle atomar sind, ist die Abbildung nicht ganz so einfach. Natürlich kriegen wir auch dieses Problem etwa über die referenzielle Integrität in den Griff, aber es gibt sehr viele derartige Sonderfälle. Denkbar ist nämlich nicht nur ein Array als Typ für das Attribut `alben`, sondern auch alles, was der Java-Collection-Framework zu bieten hat. Zudem ist das Objektmodell in der Regel stark vernetzt. In unserem Fall könnte die Klasse `Alben` noch weitere Objektreferenzen beinhalten. Wenn Daten aus der zur Klasse `Reihen` gehörenden Tabelle gelesen werden müssen, dann über einen natürlichen Join auch Daten aus der zur Klasse `Alben` gehörenden Tabelle. Bei einer tiefergehenden Schachtelung gehören dem Join noch weitere Tabellen an. Die Joins können umfangreich und somit aufwändig in der Verarbeitung durch das RDBMS werden. Es kann auch passieren, dass wir nur Teile eines Objektes einlesen wollen, aber durch das Objektgeflecht ein erheblicher Teil des Datenbestandes mit eingelesen wird.

Hinzu kommen noch ganz andere Probleme: Die Vererbung ist eines der Fundamente der objektorientierten Programmierung. Wir müssen also davon ausgehen, dass es zu jeder Klasse eine Basisklasse und mehrere Unterklassen geben kann. Weil das relationale Modell keine Vererbung unterstützt, müssen wir uns auch hier behelfen. Die Polymorphie geht mit der Vererbung Hand in Hand, wir müssen daher auch die Möglichkeit polymorpher Abfragen berücksichtigen.

Die Liste der Fußangeln beim OR-Mapping ließe sich noch fortsetzen, doch haben wir bereits einen ersten Einblick bekommen. Bemerkenswert ist, dass es trotz zahlreicher Probleme ausgereifte Werkzeuge, so genannte **OR-Mapper**, gibt, die uns beim OR-Mapping unterstützen. Da sich der Prozess nicht vollständig automatisiert durchführen lässt, müssen wir dem OR-Mapper einige Hinweise und Richtlinien etwa in Form einer Konfigurationsdatei mitgeben, damit das Werkzeug die Datenbank und die Klassen erzeugen kann, die für den Datenbankzugriff nötig sind. Wir arbeiten dann auf einer höheren Abstraktionsebene und sind von der Aufgabe befreit, JDBC-Code zu schreiben.

In diesem Kapitel erarbeiten wir uns die grundsätzliche Vorgehensweise beim OR-Mapping mit dem auf der Java-Plattform sehr weit verbreiteten OR-Mapper Hibernate.[1] Da Hibernate mittlerweile ein sehr komplexes und mächtiges Werkzeug ist, das wesentlich mehr kann als OR-Mapping, verzichten wir auf eine umfassende Darstellung. Wir lernen in Form eines Tutorials und anhand konkreter Beispiele die Arbeit mit Hibernate kennen. Wer mehr zu Hibernate wissen will, findet in [Bee07] oder in der Produktdokumentation ausführlicheres Material.

19.2 Aufbau einer Entwicklungsumgebung

In diesem Abschnitt bauen wir eine ganze einfache Entwicklungsumgebung für Java-Anwendungen mit Hibernate auf, die für unsere Zwecke hinreichend ist. In der professionellen Entwicklung wird mit IDEs wie Eclipse gearbeitet. Anleitungen, um Hibernate in Eclipse zu integrieren, findet man etwa in [Bee07] oder an vielen Stellen im Internet.

Wir legen als Erstes irgendwo in unserem Dateisystem ein Verzeichnis namens `ormapping` und unterhalb davon das Verzeichnis `lib` an. In dieses Verzeichnis kopieren wir die `jar`-Datei aus der H2-Distribution, die das RDBMDS enthält (siehe auch Abschnitt 18.3).

---

[1] www.hibernate.org

Wir laden dann die aktuelle Hibernate-Distribution[2] als zip-Datei herunter[3] und packen sie aus. Nun müssen wir noch die beiden folgenden jar-Dateien in unser Verzeichnis ormapping/lib kopieren:

- ▓ hibernate3.jar aus dem Hauptverzeichnis der Distribution sowie

- ▓ hibernate-jpa-2.0-api-1.0.1.Final.jar aus dem Unterverzeichnis lib/jpa.

Hibernate verwendet selbst sehr viel freie Java-Software. Zu jeder dieser Java-Komponenten gehört eine eigene jar-Datei. Zum Glück müssen wir uns die Dateien nicht mehr zusammensuchen, sondern finden sie alle im Unterverzeichnis lib/required der Hibernate-Distribution. Wir kopieren alle Dateien mit der Endung jar aus diesem Verzeichnis in unser eigenes Verzeichnis ormapping/lib.

Eine der Komponenten, die Hibernate selbst nutzt, ist *Simple Logging Facade for Java (SLF4J)*, eine einheitliche Schnittstelle zu verschiedenen Logging-Frameworks. Mit Hilfe eines Logging-Frameworks können Fehler- oder Debugmeldungen oder einfache Informationen formatiert und in Dateien, auf der Konsole oder in eigenen Datenbanken protokolliert werden. Sie sind gewissermaßen die professionelle Variante von System.out.println. Der Teil des SLF4J, der mit Hibernate ausgeliefert wird, enthält nur die Schnittstelle aber keine konkrete Implementierung eines Logging-Frameworks.

Für unsere Zwecke reicht ein sehr einfacher Logger. Dazu laden wir die aktuelle Distribution[4] von SLF4J herunter, packen sie aus und suchen in dem Unterverzeichnis lib nach jar-Dateien, die das Wort simple in ihrem Namen enthalten. Diese Dateien kopieren wir ebenfalls nach ormapping/lib.

Damit wir uns sicher sind, dass wir bis jetzt alles richtig gemacht haben, schreiben wir ein kleines Testprogramm und speichern es in der Datei First.java in unserem Verzeichnis ormapping. Das Programm erzeugt nur ein Objekt vom Typ Configuration. So erfahren wir, ob die Hibernate-Komponenten überhaupt gefunden wurden.

```
import org.hibernate.cfg.Configuration;

public class First {
  public static void main(String[] args) {
    Configuration configuration = new Configuration();
  }
}
```

---

[2] Die beschriebenen Beispiele wurden mit der Distribution aus dem Archiv hibernate-distribution-3.6.0.Final-dist.zip entwickelt.

[3] sourceforge.net/projects/hibernate/files/hibernate3/

[4] www.slf4j.org/download.html

Wie schon in Abschnitt 18.3 arbeiten wir wieder mit der Shell unseres Betriebssystems und bewegen uns dort in das Verzeichnis `ormapping`. Auf Unix-Systemen übersetzen wir mit der Anweisung[5]

```
javac -cp ./lib/*:. First.java
```

unter Windows mit

```
javac -cp .\lib\*;. First.java
```

Anschließend führen wir unser kleines Testprogramm mit der Anweisung

```
java -cp ./lib/*:. First
```

unter Unix und mit

```
java -cp .\lib\*;. First
```

unter Windows aus. Neben einigen möglichen Warnungen – die in unserem Fall bedeutungslos sind – sollte es einige `INFO`-Meldungen des Loggers geben. Wenn es während der Übersetzung oder der Ausführung zu Fehlern kommt, liegt das sehr wahrscheinlich daran, dass

- der Pfad, den wir der Option `-cp` übergeben haben, nicht korrekt geschrieben ist oder

- wir vergessen haben, eine der `jar`-Dateien in das `lib`-Verzeichnis zu kopieren.

19.3 Die Konfiguration

Da Hibernate auch JDBC für die Arbeit mit der Datenbank nutzt, benötigen unsere Programme die gleichen Informationen, die jedes JDBC-Programm braucht (siehe auch Abschnitt 18.4):

- den Namen des JDBC-Treibers,

- die JDBC-URL sowie

- den Namen und das Passwort des Benutzers.

Diese Informationen stellen wir in einer Datei namens `hibernate.cfg.xml` im Verzeichnis `ormapping` zur Verfügung.

```
<?xml version='1.0' encoding='utf-8'?>
<!DOCTYPE hibernate-configuration PUBLIC
   "-//Hibernate/Hibernate Configuration DTD 3.0//EN"
```

---

[5] In der Option `-cp` dürfen wir aber erst seit der Java-Version 6 den `*` als Platzhalter für beliebige Dateien verwenden. Wer eine frühere Version nutzt, muss jede einzelne `jar`-Datei aus dem Verzeichnis `ormapping/lib` zusammen mit ihrem relativen oder absoluten Pfad explizit angeben.

```
   "hibernate.sourceforge.net/hibernate-configuration-3.0.dtd">
 <hibernate-configuration>
   <session-factory>
     <property name="hibernate.connection.driver_class">
       org.h2.Driver
     </property>
     <property name="hibernate.connection.url">
       jdbc:h2:comics
     </property>
     <property name="hibernate.connection.username">sa</property>
     <property name="hibernate.connection.password"></property>
     <property name="dialect">org.hibernate.dialect.H2Dialect
     </property>
     <property name="show_sql">true</property>
   </session-factory>
 </hibernate-configuration>
```

Die Konfiguration liegt in Form eines XML-Dokuments vor. Eine systematische
Einführung in XML gibt es in Kapitel 22. Die Bedeutung der einzelnen Eigenschaf-
ten sollte uns als JDBC-Kennern klar sein oder sich von selbst aus dem Namen der
Eigenschaft ergeben. Wir testen unsere Konfiguration mit dem folgenden kleinen
Programm:

```
import org.hibernate.cfg.Configuration;
import org.slf4j.*;

public class TestConfiguration {
  public static void main(String[] args) {
    Configuration configuration=new Configuration().configure();
    Logger log=LoggerFactory.getLogger("TestConfiguration");
    log.info(
      configuration.getProperty("hibernate.connection.url"));
  }
}
```

Wieder erzeugen wir ein Objekt vom Typ Configuration, das – wie unschwer
zu erraten ist – für die Verwaltung der Konfiguration zuständig ist. Durch den
Aufruf der Methode configure führen wir dem Objekt die Daten aus der Datei
hibernate.cfg.xml zu. Damit das klappt, muss sich die XML-Datei im gleichen Verzeichnis befinden, wie die Klasse, die die Methode configure aufruft.

Die restlichen beiden Zeilen sind dazu da, den Wert des Konfigurationspa-
rameters hibernate.connection.url auszugeben. Wir könnten das auch
mit System.out.println machen. Wenn Hibernate uns aber schon profes-
sionelles Arbeiten ermöglicht, sollten wir das auch nutzen. Mit der Methode
getLogger besorgen wir uns einen Logger, dem wir als Argument den Text

`TestConfiguration` als so genanntes *Tag* übergeben. Jede Ausgabe des Loggers wird jetzt mit diesem Tag markiert. In der letzten Zeile geben wir unsere JDBC-URL als Meldung vom Typ `INFO` aus. Die letzte Zeile der Ausgabe unseres kurzen Tests sollte also

```
[main] INFO TestConfiguration - jdbc:h2:comics
```

lauten.

Das Grundgerüst für unsere Hibernate-Anwendungen ist damit fertig. Der Aufwand mag auf den ersten Blick recht hoch erscheinen, doch müssen wir diese Arbeiten nur ein einziges Mal ausführen und können sie dann weiterverwenden. In unseren JDBC-Beispielen in Kapitel 18 haben wir die URL sowie die Benutzerkennung in den Java-Quelltext eingetragen. Es ist natürlich viel flexibler und professioneller, hierfür eine Konfigurationsdatei zu verwenden: Wenn wir mit einem anderen RDBMS arbeiten wollen, passen wir *nur die Konfiguration* an und müssen den Quelltext nicht ändern oder erneut übersetzen.

Wir ergänzen die Konfigurationsdatei im folgenden Abschnitt noch geringfügig, um eine lauffähige Datenbankanwendung zu bekommen.

19.4   Ein einfaches Mapping

In diesem Abschnitt arbeiten wir mit einer Klasse `Reihen`, deren Objekte Informationen über Comicreihen enthalten. In diesem einfachen Fall wird der Klasse einfach eine Tabelle zugeordnet, und die Objekte entsprechen – ganz so, wie wir es in Abschnitt 19.1 gelernt haben – den Datensätzen.

Die Klassen, deren Objekte wir mit Hibernate persistieren wollen, sind nicht ganz beliebig. Es gibt einige einfach erfüllbare Voraussetzungen.

- Die Klasse muss einen parameterfreien Konstruktor haben.

- Für jede Tabellenspalte, auf die wir lesend zugreifen wollen, muss die zugehörige Klasse eine `getXX`-Methode enthalten.

- Für jede Tabellenspalte, deren Werte wir ändern wollen, muss es in der zugehörigen Klasse eine entsprechende `setXX`-Methode geben.

Der Platzhalter `XX` entspricht dabei der Spalte der Tabelle; dabei ist es üblich, dass dieser Name mit einem Großbuchstaben anfängt. Die folgende einfache Klasse genügt diesen Anforderungen offensichtlich:

```
public class Reihen {
    private int id;
    private String name;

    public Reihen(int id, String name){
        setId(id);
```

```
        setName(name);
    }
    public Reihen(String name){
      this(0, name);
    }
    public Reihen(){
      this(0, null);
    }
    public int getId() {
      return id;
    }
    public void setId(int id) {
      this.id = id;
    }
    public String getName() {
      return name;
    }
    public void setName(String name) {
      this.name = name;
    }
    public String toString(){
      return id + "\t" + name;
    }
  }
```

Die Konstruktoren sowie die `get`- und `set`-Methoden haben die Sichtbarkeit `public`; jede andere Sichtbarkeit ist aber auch möglich, da Hibernate die Konstruktoren und Methoden mit Hilfe der Reflection-API aufruft. In unserem Beispiel entspricht jede der `get`- und `set`-Methoden genau einem Attribut. Das ist nicht erforderlich: Vielleicht wollen wir nicht jedes Attribut persistieren; es muss auch nicht sein, dass die `get`- und `set`-Methoden die Werte – wie in unserem Beispiel – einfach durchreichen.

Aus den Methodenpaaren `getId` und `setId`, sowie `getName` und `setName` ergeben sich die Namen `id` und `name`. Hier wird der erste Buchstabe, der auf `get` und `set` folgt, wieder klein notiert. Es sei aber auch betont, dass die Namensgleichheit mit den Attributen der Klasse nicht zwingend ist.

Um Hibernate dazu zu bringen, eine Klasse auf eine Tabelle abzubilden, gibt es zwei Möglichkeiten:

■ den Einsatz von Java-Annotationen;

■ eine Konfigurationsdatei, in der die Eigenschaften der Abbildung definiert sind.

Wir lernen hier nur die zweite Variante kennen. Die Konfiguration wird in eine XML-Datei eingetragen, die sich im gleichen Verzeichnis wie die Quelldatei der Klasse befindet. Der Name der Datei setzt sich üblicherweise aus dem Klassennamen und der Endung hbm.xml zusammen; in unserem Fall ist das Reihen.hbm.xml. Für die einfache Klasse Reihen ist diese so genannte **Mapping-Datei** auch sehr einfach:

```
<?xml version="1.0"?>
<!DOCTYPE hibernate-mapping PUBLIC
  "-//Hibernate/Hibernate Mapping DTD 3.0//EN"
  "hibernate.sourceforge.net/hibernate-mapping-3.0.dtd">
<hibernate-mapping>
  <class name="Reihen">
    <id name="id">
      <generator class="native" />
    </id>
    <property name="name" />
  </class>
</hibernate-mapping>
```

Die Datei enthält Einträge für den Klassennamen sowie für jeden der beiden Namen, die sich aus den get- und set-Methoden ergeben. Interessant ist hier das Attribut id: Indem wir es in ein id-Tag einschließen, zeichnen wir die zugehörige Spalte als Primärschlüssel aus.

Durch die Verwendung des generator-Tags signalisieren wir Hibernate, dass wir uns nicht um die Verwaltung der Werte des Primärschlüssels kümmern wollen, sondern dies dem RDBMS überlassen. Egal, welches RDBMS wir verwenden, Hibernate erzeugt die richtigen SQL-Anweisungen.

In der Mapping-Datei *muss immer* ein Primärschlüssel definiert werden. Es ist zwar keine harte Anforderung an die Klassen, doch empfiehlt es sich immer, ein einziges ganzzahliges Attribut als Primärschlüssel auszuzeichnen. Hibernate wäre nicht Hibernate, wenn es nicht auch mit zusammengesetzten und nicht ganzzahligen Schlüsseln umgehen könnte, doch ist diese Variante deutlich aufwändiger umzusetzen.

Es gibt noch eine Vielzahl an Möglichkeiten, diese sehr einfache Konfiguration noch zu modifizieren. Wir werden gleich sehen, dass Hibernate aus den Konfigurationsdaten eine Tabelle namens reihen mit den Spalten id und name erzeugt. Soll die Tabelle aber etwa comicreihen heißen, müssen wir nur eine Zeile der Konfiguration anpassen:

```
<class name="Reihen" table="comicreihen">
```

So verwendet Hibernate beispielsweise für die *Typen* der Tabellenspalten eine Standardzuordnung zu SQL-Typen, die wir ändern können. Eine ausführliche Beschreibung der Konfigurationsmöglichkeiten findet sich in der Produktdokumentation[6], hier würde sie den Rahmen sprengen.

Es ist wichtig, dass wir auch die Mapping-Datei in der Konfigurationsdatei `hibernate.hbm.xml` bekannt machen, indem wir ein `mapping`-Tag zum Ende der beiden `session-factory`-Tags einfügen:

```
<session-factory>
  ...
  <mapping resource="Reihen.hbm.xml"/>
</session-factory>
```

Ob wir alles richtig gemacht haben, wissen wir, wenn wir das folgende Programm erfolgreich ausführen können:

```
import org.hibernate.cfg.Configuration;
import org.hibernate.tool.hbm2ddl.SchemaExport;

public class CRUDReihen {
  public CRUDReihen(){
    Configuration configuration=new Configuration().configure();
    SchemaExport export = new SchemaExport(configuration);
    export.create(false, true);
  }
  public static void main(String[] args) {
    new CRUDReihen();
  }
}
```

Nachdem sich Hibernate konfiguriert hat, werden die zugehörigen Tabellen mit der `create`-Methode des Typs `SchemaExport` in der Datenbank angelegt. Falls wir den zweiten Parameter von `create` auf `false` setzen, werden die Tabellen nicht erzeugt. Wenn der erste Parameter von `create` auf `true` gesetzt wird, werden die DDL-Anweisungen auf die Konsole ausgegeben. Wenn wir uns die Dateien unseres Verzeichnisses `ormapping` anschauen, sehen wir auch, dass es dort jetzt eine H2 Datenbank `comics.h2.db` gibt. Wenn wir uns in der H2-Console mit dieser Datenbank verbinden (und dabei in der JDBC-URL den vollständigen Pfad zur Datenbankdatei nicht vergessen), stellen wir fest, dass es in der Datenbank `comics` eine Tabelle namens `reihen` gibt.

---

[6] docs.jboss.org/hibernate/core/3.3/reference/en/html/session-configuration.html

Hinweis

Wenn wir uns in der H2-Console im Standardmodus mit der Datenbank verbinden, ist nur eine Verbindung je Datenbank zulässig. *Während* eine Verbindung von der H2-Console aus besteht, kann sich unser Programm First nicht verbinden, wirft eine Exception und steigt aus.

19.5 Daten einfügen und ändern

Im letzten Abschnitt haben wir mit Hibernate eine Tabelle reihen angelegt, die zu unserer Klasse Reihen passt. In diesem Abschnitt wollen wir Daten in die Tabelle einfügen. Dreh- und Angelpunkt für Operationen mit Hibernate sind Objekte vom Typ Session. Sie stellen Methoden zum Einfügen, Löschen, Ändern und Lesen von Daten zur Verfügung. Ferner verwalten Session-Objekte die Verbindungen zur Datenbank. Das geschieht transparent für den Entwickler. Zum Typ Session gibt es keinen Konstruktor; wir erhalten Session-Objekte vermöge eines Objektes vom Typ SessionFactory, das wir wiederum vom Configuration-Objekt erhalten:

```
import org.hibernate.*;
import org.hibernate.cfg.Configuration;
import org.hibernate.tool.hbm2ddl.SchemaExport;
import org.slf4j.Logger;
import org.slf4j.LoggerFactory;

public class CRUDReihen {
    private SessionFactory sessionFactory;
    private Logger log=LoggerFactory.getLogger(getClass());

    public CRUDReihen(){
        Configuration configuration = new Configuration().configure();
        SchemaExport export = new SchemaExport(configuration);
        export.create(false, true);
        sessionFactory = configuration.buildSessionFactory();
    }
}
```

Alle Methoden der Klasse CRUDReihen können sich jetzt bei dem Attribut sessionFactory bedienen, wenn sie Objekte vom Typ Session brauchen.

Im Rahmen dieser Vorarbeiten haben wir auch noch einen passenden Logger konfiguriert, den wir bei Bedarf für Ausgaben einsetzen. Wie aus unseren Objekten Datensätze werden, lernen wir anhand der folgenden Methode:

```
private void speichern(String[] names){
  Session session = sessionFactory.openSession();
  Transaction transaction = session.beginTransaction();
  for(String name : names){
    Reihen reihe = new Reihen(name);
    log.info("Vor save: "+reihe);
    session.save(reihe);
    log.info("Nach save: "+reihe);
  }
  transaction.commit();
  session.close();
}
```

Wir übergeben der Methode also einige Namen von Comicreihen, aus denen dann Objekte vom Typ Reihe erzeugt werden. Diese Objekte werden dann mit der Methode save in der Datenbank abgelegt. Bevor wir speichern genauer unter die Lupe nehmen, wollen wir sie einmal aufrufen und uns die Ausgabe ansehen. Dazu fügen wir die beiden folgenden Zeilen an das Ende des Konstruktors:

```
String[] namen={"Asterix","Lustiges Taschenbuch"};
speichern(namen);
```

und ergänzen eine einfache main-Methode:

```
public static void main(String[] args) throws Exception {
  new CRUDReihen();
}
```

Auf der Konsole erscheint – nach vielen anderen Ausgaben:

```
1499 [main] INFO CRUDReihen - Vor save: 0  Asterix
Hibernate: insert into Reihen (id, name) values (null, ?)
1536 [main] INFO CRUDReihen - Nach save: 1  Asterix
1536 [main] INFO CRUDReihen - Vor save: 0  Lustiges Taschenbuch
Hibernate: insert into Reihen (id, name) values (null, ?)
1537 [main] INFO CRUDReihen - Nach save: 2
Lustiges Taschenbuch
```

Gleich am Anfang der Methode speichern besorgen wir uns ein Session-Objekt und öffnen dann eine Transaktion. In einer Schleife werden die Objekte vom Typ Reihen erzeugt. Nach dem Ende der Schleife wird zunächst die Transaktion und dann die Session geschlossen. Interessant ist der Teil *in* der Schleife: Wir erzeugen das Objekt vom Typ Reihen mit Hilfe des einparametrigen Konstruktors. Im Konstruktor wird das Attribut id auf 0 gesetzt. Dem Attribut name wird im ersten Schleifendurchlauf der Text 'Asterix' zugewiesen. Daher erhalten wir eine Ausgabe wie

```
1499 [main] INFO CRUDReihen - Vor save: 0  Asterix
```

Der Ausgabe unseres Programms entnehmen wir auch, dass Hibernate offensichtlich Prepared Statements verwendet. Im ersten Durchlauf wird also

```
insert into Reihen (id, name) values (null, 'Asterix')
```

zum RDBMS geschickt.[7] Ab jetzt untersteht das Objekt `reihe` der Kontrolle von Hibernate. Das RDBMS vergibt den Wert 1 für den Primärschlüssel, den Hibernate anfordert und der Methode `setId` des Objektes `reihe` übergibt. Daher erhalten wir die Ausgabe

```
1536 [main] INFO CRUDReihen - Nach save: 1  Asterix
```

Wenn wir das Objekt `reihen` jetzt ändern und wieder der Methode `save` übergeben, erzeugt Hibernate keine `insert`-, sondern eine `update`-Anweisung. Wir probieren das mal aus, indem wir in die Schleife die beiden folgenden Zeilen einfügen:

```
reihe.setName(name+"-V2");
session.save(reihe);
log.info("Nach 2. save: "+reihe);
```

In der Ausgabe finden wir jetzt noch zusätzlich

```
1616 [main] INFO CRUDReihen - Nach 2. save: 1  Asterix-V2
```

und

```
Hibernate: update Reihen set name=? where id=?
```

Die Methode `save` erkennt also, ob sie eine `insert`- oder eine `update`-Anweisung erzeugen muss.

19.6   Daten lesen

Wenn wir aus persistierten Daten wieder Objekte machen wollen, funktioniert das am einfachsten über den Primärschlüssel mit Hilfe der Methode `get`:

```
private void lesen(int id){
   Session session = sessionFactory.openSession();
   Reihen reihe = (Reihen) session.get(Reihen.class, id);
   log.info("Gelesener Datensatz: "+reihe);
   session.close();
}
```

---

[7] Nicht ganz genau: Aufgrund der Entitätsintegrität würde die Anweisung fehlschlagen. Die Anweisung, die zu H2 geht, weicht vom protokollierten `insert` ab.

Wenn wir `lesen(1)` aufrufen, nachdem wir die Tabelle mit der Methode `speichern` befüllt haben, liefert uns Hibernate die folgende Ausgabe:

```
Hibernate: select reihen0_.id as id0_0_, reihen0_.name as
name0_0_ from Reihen reihen0_ where reihen0_.id=?
1554 [main] INFO CRUDReihen - Gelesener Datensatz: 1  Asterix
```

Wir sehen auch hier, dass Hibernate seine `select`-Anweisungen in Form von Prepared Statements absetzt.

Oft reicht der Zugriff über den Primärschlüssel nicht. Mehr Gestaltungsmöglichkeiten haben wir, wenn wir mit Objekten vom Typ `Query` arbeiten. Hibernate stellt uns in Form der *Hibernate Query Language (HQL)* eine für alle unterstützten RDBMS einheitliche Abfragesprache zu Verfügung. Ein einfaches Beispiel sehen wir hier:

```
private void lesen(String name){
  Session session = sessionFactory.openSession();
  Query query = session
    .createQuery("from Reihen where name='"+name+"'");
  List<Reihen> result = query.list();
  for(Reihen reihe : result)
    log.info("Gelesener Datensatz: "+reihe);
  session.close();
}
```

Das Ergebnis von `lesen('Lustiges Taschenbuch')` ist wie erwartet

```
Hibernate: select reihen0_.id as id0_, reihen0_.name as name0_
from Reihen reihen0_ where reihen0_.name='Lustiges Taschenbuch'
1808 [main] INFO CRUDReihen - Gelesener Datensatz: 2
Lustiges Taschenbuch
```

19.7 Komplexe Attribute

Bisher haben wir nur sehr einfache Klassen abgebildet. In diesem Abschnitt überzeugen wir uns anhand eines *etwas* komplexeren Beispiels, dass Hibernate weitaus mehr kann. Im folgenden Code-Fragment wird wieder die Klasse `Reihen` definiert. Doch kann ein Objekt vom Typ `Reihen` jetzt auch eine Liste von Alben enthalten. Die zugehörige Klasse `Alben` hat eine einfache Struktur. In den Definitionen der beiden Klassen repräsentiert der Text `'...'` die fehlenden `get`- und `set`-Methoden, sowie die Konstruktoren.

```
public class Alben {
  private String  titel;
  private int nr, jahr;
```

```
    private BigDecimal preis;
    ...
}

public class Reihen {
  private int id;
  private String name;
  private List<Alben> alben=new ArrayList<Alben>();
  public void setAlben(List<Alben> alben){
    this.alben=alben;
  }
  public List<Alben> getAlben(){
    return alben;
  }
  public void addAlbum(Alben album){
    alben.add(album);
  }
  ...
}
```

Das folgende XML-Dokument konfiguriert Hibernate so, dass die Daten, die zum Attribut `alben` gehören, in einer gleichnamigen Tabelle gespeichert werden. Neben den vier Spalten `nr`, `titel`, `jahr` und `preis` gibt es noch `id` als Fremdschlüssel für die zugehörige Reihe sowie die Spalte `seq`. Da die Alben, die zu einer Reihe gehören, in einer Liste organisiert sind, ist die *Reihenfolge* der Listeneinträge relevant. Über die Position eines Albums in der Liste führt die Spalte `seq` Buch. Es folgt auch, dass der Primärschlüssel aus den Attributen `id` und `seq` besteht. Die Spalte `id` referenziert die Tabelle `Reihen`. Die Tabelle `alben` mit beispielhaftem Datenbestand sehen wir auch weiter unten in Tabelle 19.1.

```
<hibernate-mapping>
  <class name="Reihen">
    <id name="id">
      <generator class="native" />
    </id>
    <property name="name" />
    <list name="alben">
      <key column="id"/>
      <list-index column="seq"/>
        <composite-element class="Alben">
          <property name="nr" />
          <property name="titel" />
          <property name="jahr" />
          <property name="preis" />
        </composite-element>
```

```
  </list>
  </class>
</hibernate-mapping>
```

Im folgenden Code-Fragment werden vier Alben definiert, die dann mit Hilfe der Methode `speichern` einer neuen Reihe namens `Lustiges Taschenbuch` zugeordnet werden.

```
Alben[] ltbs={
  new Alben(1,"Der Kolumbusfalter",new BigDecimal("2.50"),1967),
  new Alben(6, "Micky-Parade", new BigDecimal("2.80"), 1968),
  new Alben(23, "Ritter Donald ist der Beste",
    new BigDecimal("3.50"), 1973),
  new Alben(16, "Donald in 1000 und einer Nacht",
    new BigDecimal("3.00"), 1971)
};
speichern("Lustiges Taschenbuch", ltbs);
```

In der Methode `speichern` wird ein neues Objekt vom Typ `Reihen` erzeugt, zu dem dann alle Alben aus dem Array `alben` hinzugefügt werden. Der eigentliche Transfer zum RDBMS findet erst nach dem Ende der Schleife statt: Im Rahmen einer Transaktion wird das Objekt `reihe` in die Datenbank eingefügt und damit auch *automatisch* alle zugehörigen Alben:

```
private void speichern(String name, Alben[] alben){
  Reihen reihe=new Reihen(name);
  for(Alben album : alben)
    reihe.addAlbum(album);
  Session session = sessionFactory.openSession();
  Transaction transaction = session.beginTransaction();
  session.save(reihe);
  transaction.commit();
  session.close();
}
```

Der Inhalt der Tabelle `reihen` beschränkt sich auf einen Datensatz, dessen `id` den Wert 1 hat. Interessanter ist der Inhalt der Tabelle `alben`. Die Bedeutung der Spalten haben wir uns weiter oben klargemacht. Hier können wir erkennen, dass die Werte der Spalte `seq` die Reihenfolge der Alben im Array `ltbs` reflektieren.

19.8   Kein Allheilmittel

Hibernate ist keineswegs der einzige OR-Mapper. Die Java-Plattform bietet auch alternative Werkzeuge wie EclipseLink[8]; für .Net-Entwickler gibt es eine

---

[8] www.eclipse.org/eclipselink/jpa.php

Tabelle 19.1: Die Tabelle `alben` enthält Beispieldaten

id	nr	titel	jahr	preis	seq
1	1	Der Kolumbusfalter	1967	2.50	0
1	6	Micky-Parade	1968	2.80	1
1	23	Ritter Donald ist der Beste	1973	3.50	2
1	16	Donald in 1000 und einer Nacht	1971	3.00	3

Hibernate-Adaption namens NHibernate[9] oder die Microsoft-eigenen Mapper LINQ to SQL und ADO.NET Entity Framework.

Gerade in komplexen Anwendungen geht die Arbeit mit OR-Mappern alles andere als automatisch von der Hand. Für einfache Objektmodelle sind Werkzeuge wie Hibernate dagegen oft überdimensioniert: Wenn man sich nicht intensiv in ihre Funktionalität einarbeitet, wird man immer wieder überrascht. Hibernate etwa verfügt über einen eigenen Cache, der Datensätze verwaltet, die bereits eingelesen wurden. Änderungen werden zunächst nur im Cache vorgenommen. Wenn wir also zur Laufzeit unseres Programms mit einem SQL-Frontend Daten aus der Datenbank lesen, weicht der Zustand möglicherweise gravierend vom Datenbestand des Programms ab.

> **Hinweis**
>
> OR-Mapper sind komplexe Werkzeuge. Für einfache Objektmodelle ist der Einarbeitungsaufwand oft nicht angemessen. Erwägen Sie, das OR-Mapping in diesem Fall selbst zu implementieren.

Eine einfaches Mapping, bei dem wir jeder Klasse eine Tabelle zuordnen, haben wir uns bereits in Abschnitt 19.1 erarbeitet. Objekte lassen sich diesem Mapping entsprechend als **Active Records**[10] abbilden. Dazu reichern wir sie neben den Methoden zu Anwendungslogik um die parameterfreien Methoden `insert()`, `update()`, `delete()`, sowie um statische Methoden wie `findByName` oder `findById` an, die den Datenbankzugriff kapseln.

Produkte wie Hibernate können – trotz ihrer imposanten Fähigkeiten – den Impedance Mismatch zwischen der objektorientierten und der relationalen Welt bestenfalls überbrücken, aber keinesfalls auflösen. In Kapitel 21 sehen wir, dass eine Auflösung möglich ist, wenn wir bereit sind, uns vom relationalen Paradigma zu verabschieden.

---

[9] nhforge.org
[10] Diese Bezeichnung geht auf Martin Fowler [Fow02] zurück.

Alles klar?

■ Das objektrelationale Mapping ist ein Prozess, mit dem objektorientierte Programmierung und relationale Datenbanken zusammengeführt werden sollen.

■ Werkzeuge wie Hibernate unterstützen das OR-Mapping und nehmen dem Entwickler Routinearbeiten ab.

■ Hibernate unterstützt neben dem grundlegenden OR-Mapping auch Vererbung und Polymorphie.

■ Systemweite und klassenspezifische Konfigurationen werden in XML-Dateien vorgenommen.

■ Grundsätzlich können auch Entwickler ohne SQL-Kenntnisse mit Hilfe von Hibernate Java-Objekte persistieren.

Unter der Haube

Bisher haben wir das RDBMS als eine Blackbox genutzt und uns auf den beiden oberen Ebenen des ANSI SPARC-Modells bewegt. In diesem Kapitel machen wir einen Ausflug zur physikalischen Ebene des ANSI SPARC-Modells und verschaffen uns ein grundlegendes Verständnis der Architektur eines Datenbanksystems. Dabei erkennen wir, dass wir es – anders als in unseren ersten Versuchen in Abschnitt 1.9 – nicht mit einem einfachen Tabellenverwaltungsprogramm zu tun haben, sondern dass ein RDBMS vielmehr ein feinorchestriertes Zusammenspiel der Komponenten

- CPU,
- Arbeitsspeicher und
- Festplatte

in sich birgt. Im Client-Server-Betrieb wird dieser Dreiklang noch durch das Netzwerk erweitert. Die Architektur eines RDBMS ist sehr herstellerspezifisch, keinesfalls einheitlich und oftmals auch nicht öffentlich dokumentiert. Gegenstand dieses Kapitels ist eine Diskussion von Prinzipien, die – zumindest so ähnlich wie hier beschrieben – oftmals anzutreffen sind.

Am Ende des Kapitels werden wir unser neues Wissen auch nutzen, um einige Datenbankzugriffe spürbar zu beschleunigen.

20.1 Alles kann so einfach sein

Wie bei jeder anderen Software wird auch bei einem RDBMS die Verarbeitung der Daten von einem oder mehreren Hauptprozessoren (CPU) durchgeführt. Der Prozessor beschäftigt sich, den Anweisungen des RDBMS-Programmcodes folgend, mit einzelnen Datensätzen, prüft Prädikate oder sortiert Listen von Datensätzen. Das Material für seine Arbeit – also die Daten – findet der Prozessor im Arbeitsspeicher (RAM): er transportiert die erforderlichen Daten aus dem RAM in seine Register und kann sie dann verarbeiten.

Diese Vorgehensweise ist einfach und sehr effizient. Wir schauen uns ihre Möglichkeiten und Grenzen an.

Bei einigen RDBMS ist es möglich, die Datenbank vollständig im Arbeitsspeicher vorzuhalten, sofern der Speicher hinreichend groß ist. Wenn wir beispielsweise für die Verbindung zu H2 die folgende JDBC-URL (siehe Abschnitt 18.4)

```
jdbc:h2:mem:test
```

verwenden, dann legen wir eine neue Datenbank namens test im *Arbeitsspeicher* an und verbinden uns mit ihr. Da das RDBMS anders als bei einer URL wie `jdbc:h2:test` nicht auf der Platte herumkratzen muss, um Daten zu speichern, geht das auch deutlich zügiger. Wir können auch Tabellen mit vielen Testdaten erzeugen und uns davon überzeugen, dass das RDBMS seine Aufgaben bei so genannten In-Memory-Datenbanken deutlich flotter erledigen kann, als wenn die Daten auf der Festplatte abgelegt werden.

Einen Nachteil von In-Memory-Datenbanken erleben wir, wenn wir die Verbindung beenden und wiederherstellen: Alle Daten, die wir der Datenbank anvertraut haben, existieren nur so lange, wie wir mit der Datenbank verbunden waren, und sind jetzt verschwunden. Die sehr begrenzte Lebensdauer ist einer der Nachteile einer In-Memory-Datenbank. Trotz dieser gravierenden Einschränkung ist diese Datenhaltung im Arbeitsspeicher bei der Anwendungsentwicklung ganz praktisch und stellt eine Alternative zu einer eigenentwickelten Klassenbibliothek zur Datenverwaltung dar:

- Das RDBMS kann die Daten schnell verarbeiten.

- Mit SQL können wir Operationen auf Tabellen viel kompakter und eleganter als mit prozeduralen Sprachen wie Java oder C formulieren.

Für sehr große Datenmengen sind In-Memory-Datenbanken allerdings nicht geeignet: Die Grenze für die Größe unserer Datenbank ist durch die maximal mögliche Größe des Arbeitsspeichers vorgegeben. Diese umfasst einige Gigabyte, während wir mit Festplatten bequem im Tera- oder Petabytebereich arbeiten können. In der Praxis arbeiten wir in fast 100% der Fälle mit Datenbanken, die auf einer oder mehreren Festplatten abgelegt werden.

20.2   Die Festplatte

Wenn die CPU Daten verarbeitet, die auf einer Festplatte gespeichert sind, müssen die Daten zunächst in den Arbeitsspeicher transportiert werden – und das kann sehr lange dauern: Während der Datentransport *innerhalb* des Arbeitsspeichers keine hundert Nanosekunden dauert, braucht der Transport zwischen Hauptspeicher und Festplatte mehrere Millisekunden. Auch wenn sich der genaue Wert aus dem verbauten Material des konkreten Computers ergibt, liegen wir mit dem Faktor 100 000 für den Zeitunterschied nicht ganz daneben.

Um ein besseres Gefühl für diesen Unterschied zu bekommen, schauen wir uns mal ein einfaches Alltagsbeispiel an: Wenn wir an einem warmen Sommerabend Durst bekommen, können wir uns eine Flasche Sprudel aus dem Keller holen. Ist der Durst groß genug, geht das recht flott. Gehen wir mal von drei Minuten aus. Würden wir für diesen Transport 100 000 Mal so viel Zeit benötigen, dann zeigt uns eine einfache Rechnung, dass wir dafür etwa 200 Tage, also über ein halbes Jahr brauchen.

Hinweis

Der Datentransport zwischen Festplatten und Arbeitsspeicher ist sehr zeitaufwändig. Das RDBMS versucht die Anzahl der Festplattenzugriffe zu minimieren.

Wenn der Transport aber so lange dauert, ist es auch sehr vorausschauend, nicht nur eine, sondern gleich mehrere Flaschen Sprudel aus dem Keller zu holen. Ebenso ist es nur verständlich, dass wir unsere Getränke hüten und sparsam mit ihnen umgehen.

Eine ähnlich Vorratshaltung betreibt auch das RDBMS: Die Daten werden nicht Satz für Satz von der Platte angefordert, sondern gleich in größeren Einheiten.

Definition: Seite

Die kleinste Einheit von Daten, die zwischen dem Hauptspeicher und der Platte transportiert wird, heißt Seite (dt. für *page*).

Das RDBMS schreibt und liest die Daten also seitenweise. Die Größe einer Seite wird vom RDBMS festgelegt; typische Größen sind einige Kilobyte. In Abbildung 20.1 wird aufgezeigt, dass die Daten seitenweise in den Arbeitsspeicher transportiert werden. Die Daten einer Seite werden auf der Festplatte physikalisch zusammenhängend gelagert.

Selbstverständlich werden auch die Daten einer Datenbank immer seitenweise verwaltet. Insbesondere sind die Datensätze der Tabellen in Seiten eingelagert. In Abbildung 20.2 ist der folgende Sachverhalt dargestellt:

- ▪ Jede Seite enthält die Datensätze *einer einzigen* Tabelle.

- ▪ Da die Daten einer Tabelle in der Regel nicht auf eine einzige Seite passen, werden sie über mehrere Seiten verteilt.

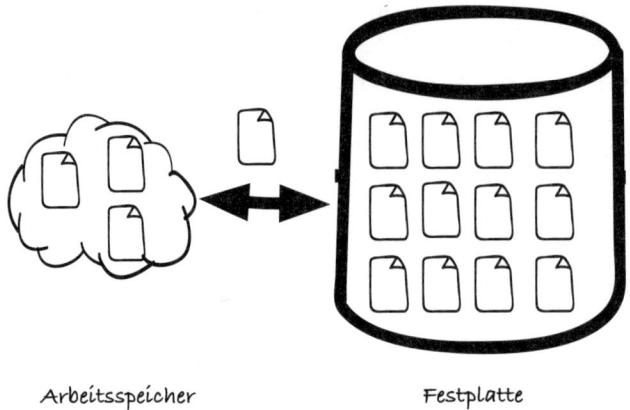

Arbeitsspeicher   Festplatte

Abbildung 20.1: Der Transport einer Seite

Auf der physikalischen Ebene besteht eine Tabelle somit aus einer Liste von Seiten. Innerhalb einer Seite gibt es aber nicht nur – wie in Abbildung 20.2 – die reinen Nutzdaten. So enthält eine Seite auch eine Liste von Zahlen, die die Position und die Länge jedes Datensatzes in der Seite enthalten. Wenn diese Liste also als dritten Eintrag das Paar (38, 16) enthält, dann bedeutet dies, dass der dritte Datensatz auf der Seite die Länge 16 hat und sein Anfang sich an Position 38 auf der Seite befindet. Mit Hilfe der Position in der Liste kann so jeder Datensatz innerhalb einer Tabelle identifiziert und gelesen werden.

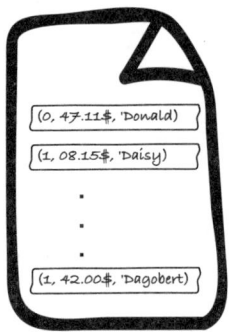

Abbildung 20.2: Tabellen auf physikalischer Ebene

Für alle Seiten gibt es ebenfalls ein gemeinsames Verzeichnis. Durch eine ID kann somit jede Seite eindeutig identifiziert werden. Die Kombination der beiden Identifikatoren, die auch als *record identifier* (RID) bezeichnet wird, ermöglicht es uns, jeden Datensatz innerhalb des RDBMS eindeutig zu adressieren. Mit (47,11) wird etwa der elfte Datensatz auf der Seite mit der ID 47 beschrieben. Wir können die

RID informell als Primärschlüssel für die Datensätze eines RDBMS interpretieren. Ein Zugriff auf die RID im Rahmen von SQL-Anweisungen ist jedoch im Allgemeinen nicht möglich. Diese einfache Form der Identifikation wird uns etwas später in Abschnitt 20.7 weiterhelfen.

20.3 Caching

Da der Transport vom Arbeitsspeicher zur Festplatte extrem lange dauert, meidet das RDBMS den Kontakt mit der Festplatte wie der Teufel das Weihwasser. Insbesondere werden Seiten, die das RDBMS häufig benötigt, auch lange im Arbeitsspeicher vorgehalten. Der Teil des Arbeitsspeichers, in dem das RDBMS die gelesenen Seiten lagert, bezeichnen wir als **Cache**, in der Literatur sind – im speziellen Kontext von Datenbanksystemen – aber auch die Begriffe Buffer-Pool oder Datenbankpuffer gängig. Die Größe ist bei den meisten RDBMS konfigurierbar. Bei H2 können wir die Größe (KByte) mit der Anweisung

```
select *
from information_schema.settings
where name = 'info.cache_max_size'
```

feststellen und mit

```
set cache_size
```

einstellen.

Paradiesische Zustände ergeben sich – ganz ähnlich wie bei In-Memory-Datenbanken –, wenn die Datenbank vollständig in den Cache passt. Abfragen können, nachdem sich das System eingeschwungen und alle Seiten der Datenbank im Cache abgelegt sind, allein durch Zugriffe auf den Arbeitsspeicher bedient werden.

In vielen Fällen verhindert die Größe der Datenbank allerdings ihre vollständige Einlagerung in den Cache. Im Vergleich zu In-Memory-Datenbanken werden unsere Daten aber persistiert. Weil der Datentransport zwischen Arbeitsspeicher und Festplatte sehr aufwändig ist, versucht das RDBMS diese Transporte durch eine sehr effiziente Strategie zu minimieren. Die Grundzüge dieser Strategie lernen wir jetzt kennen.

Solange im Cache genügend Platz vorhanden ist, ist die Vorgehensweise klar: Wenn das RDBMS Seiten benötigt, die sich noch nicht im Arbeitsspeicher befinden, bleibt dem System nichts anderes übrig, als die Seiten einzulesen. Sobald der Cache aber voll ist, muss das System entscheiden, welcher Seite es das Bleiberecht im Cache entzieht.

Bei dieser Verdrängung muss berücksichtigt werden, dass eine Seite geändert worden sein kann, seitdem sie im Cache eingetroffen ist; möglicherweise wurden einige ihrer Datensätze gelöscht oder mit einer `update`-Anweisung bearbeitet. Geänderte Seiten werden auch als *dirty*, unveränderte Seiten als *clean* bezeichnet. Der Inhalt einer geänderten Seite aus dem Cache stimmt also nicht mehr mit ihrem Inhalt auf der Festplatte überein. Um die Änderungen zu persistieren, schreibt das RDBMS die verdrängte Seite auf die Festplatte zurück, bevor es sie aus dem Cache entfernt. Unveränderte Seiten werden natürlich nicht zurückgeschrieben.

Jetzt wissen wir zwar, was mit verdrängten Seiten passiert, wir wissen aber noch nicht, wie sie ausgewählt werden. Oft wird dazu eine Least-Recently-Used-Strategie (LRU) verwendet, Dieses Verfahren führt Buch darüber, welche Seite am wenigsten verwendet wurde. Das RDBMS geht davon aus, dass Seiten, die in der Vergangenheit selten verwendet wurden, auch zukünftig selten genutzt werden und damit Platz für wichtigere Seiten machen können. Die Praxis bestätigt diese Heuristik; bei einem System, das bereits einige Zeit gelaufen ist und häufig genutzte Seiten somit bereits im Cache vorhält, kann sich das RDBMS in deutlich über 90% der Fälle aus dem Cache bedienen.

Die LRU-Strategie wird mit Hilfe einer Datenstruktur namens LRU-Queue implementiert. Jede Seite des Caches wird über einen Eintrag in der Seite referenziert. Immer dann, wenn auf die Seite zugegriffen wird, bewegt sich die zugehörige Referenz eine Position weiter an das Ende der Schlange. Das hat zur Folge, dass selten genutzte Seiten vorne und häufig genutzte Seiten hinten in der Schlange stehen. Wenn das RDBMS also eine neue Seite benötigt und alle Seiten den Zustand „dirty" haben, entnimmt es eine Seite vom Anfang der LRU.

20.4 Wenn's mal kracht

Das LRU-Verfahren, wie wir es soeben kennengelernt haben, sorgt zwar dafür, dass das RDBMS bei vertretbarem Aufwand mit der Festplatte koexistieren kann, gefährdet aber unseren Datenbestand: Um keine Änderungen zu verlieren, muss das System dafür sorgen, dass alle veränderten Seiten *irgendwann* aus dem Cache zurück auf die Platte geschrieben werden, bevor das RDBMS beendet wird.

Im störungsfreien Betrieb ist das alles kein Problem. Wenn es aber wegen eines Software- oder Hardwarefehlers zu einem ungeplanten Ausfall des RDBMS kommt, lässt sich diese abschließende Maßnahme nicht mehr durchführen. Weil die Änderungen niemals auf die Platte geschrieben wurden, sind sie verloren. Dramatisch dabei ist, dass wir nicht einmal wissen, *welche* Änderungen überhaupt verloren gegangen sind.

So ist das folgende Szenario möglich: Mehrere Seiten, die Daten der gleichen Tabelle enthalten, werden in den Cache geladen und im Rahmen einer `update`-Anweisung verändert. Einige der Seiten verbleiben – dirty, wie sie sind – im Cache, andere werden verdrängt und zuvor auf die Platte zurückgeschrieben. Wenn es zu einem Absturz des Systems kommt, sind einige der Datensätze, die wir im

Cache mit `update` geändert haben, auch auf der Festplatte geändert, andere aber nicht.

Noch schlimmer wird es, wenn

- Seiten mit Metadaten aus dem Systemkatalog (siehe Abschnitt 2.7) verändert, aber nicht auf die Platte zurückgeschrieben wurden *und*

- Seiten mit Datensätzen auf die Platte zurückgeschrieben wurden, zu denen diese Metadaten gehören.

In diesem Fall passen die Datensätze nicht mehr zu ihren Metadaten. Wir bezeichnen Konsistenzverletzungen, die sich aus Betriebsstörungen des RDBMS ergeben, auch als *physikalische Inkonsistenzen*. Wir unterscheiden sie damit von *logischen Inkonsistenzen*, die durch ein mangelhaftes Design der Datenbank entstehen.

Das Problem physikalischer Inkonsistenzen können wir lösen, indem wir – wie in Abschnitt 17.4 beschrieben – die letzte Sicherung der Datenbank einspielen und dann die Transaktionsprotokolle nachziehen. Doch kann dieser Vorgang – je nach Sicherungsmedium und Größe der Transaktionsprotokolle – mehrere Stunden oder Tage dauern.

Um diese inakzeptablen Wartezeiten zu vermeiden, führt das RDBMS gelegentlich einen so genannten **Checkpoint** durch: Alle veränderten Seiten aus dem Cache werden *zurück* auf die Platte geschrieben und verändern dadurch ihren Status von *dirty* zu *clean*. Bei großen Caches kann dieser Hausputz einige Zeit dauern, doch steht als Belohnung immerhin ein physikalisch konsistenter Datenbestand in Aussicht. In Abbildung 20.3 sind die Seiten markiert, die den Status „dirty" haben. Genau diese Seiten werden beim Checkpoint auf die Platte geschrieben.

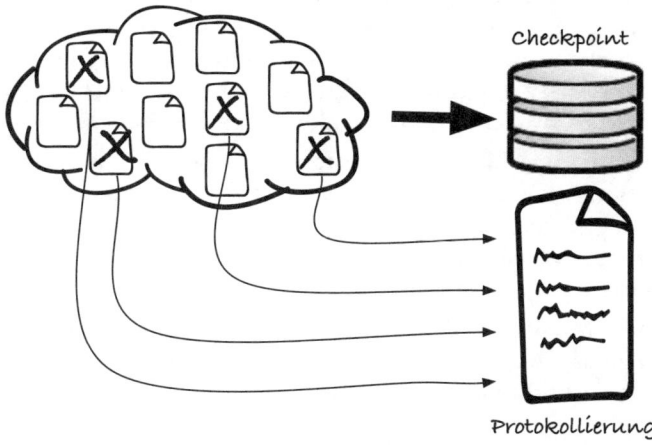

Abbildung 20.3: Verfahren, um physikalische Konsistenz sicherzustellen

Das System kann konsistente Zustände jederzeit wieder rekonstruieren, indem es den Zustand einer Seite zur Zeit des Checkpoints konserviert. Dazu schreibt es jede Seite aus dem Cache in eine Protokolldatei[1], *bevor* sie zum ersten Mal nach einem Checkpoint geändert wird. Dieses Protokoll führt also Buch über Seiten, die nach einem Checkpoint geändert wurden. Nach einem ungeplanten Ausfall des Systems liest das RDBMS beim Neustart alle Seiten aus diesem Protokoll und schreibt die Datenseiten dann auf die Platte. Der Zustand zum Zeitpunkt des letzten Checkpoints ist damit wiederhergestellt, und die Daten sind wieder physikalisch konsistent. Nach einem Checkpoint werden diese Protokolle nicht mehr benötigt.

Einige Transaktionsdaten fehlen möglicherweise noch, doch sehen wir gleich, wie wir diese aus dem Transaktionsprotokoll wiedergewinnen.

20.5   Das Transaktionsprotokoll

Das RDBMS stellt zwar beim Neustart einen physikalisch konsistenten Zustand her, doch sind alle Änderungen seit dem letzten Checkpoint verloren gegangen. Dass auch Änderungen verloren sind, die von abgeschlossenen Transaktionen herbeigeführt wurden, darf vor dem Hintergrund der Garantie von *Durability* einer Transaktion (siehe Abschnitt 17.4) nicht passieren: Abgeschlossene Transaktionen dürfen nicht verloren gehen. Die physikalische Konsistenz der Daten ist notwendig, aber noch längst nicht hinreichend für die logische Konsistenz. Wir sehen jetzt wie moderne Datenbanksysteme abgeschlossene Transaktionen rekonstruieren.

Die Protokollierung der Transaktionen verläuft weitgehend *unabhängig* vom Caching der Daten: Egal, ob das Ende einer Transaktion erreicht wurde, wenn das RDBMS Platz im Cache braucht, muss eine Seite verdrängt werden. Diese Seite wird, wenn sie den Zustand dirty hat, auf die Platte geschrieben. Es spielt dabei keine Rolle, ob die zugehörige Transaktion offen oder abgeschlossen ist.

Als Voraussetzung dafür, dass das RDBMS keine abgeschlossenen Transaktionen verliert, muss es Transaktionen sofort mit dem `commit` in des Transaktionsprotokoll schreiben. Diese Strategie wird auch als *write ahead logging* bezeichnet: Änderungen werden in das Transaktionsprotokoll eingetragen, bevor die zugehörigen Daten auf die Festplatte geschrieben werden.

Wenn das RDBMS etwa durch einen Absturz unterbrochen wird, müssen nach dem Neustart die „Transaktionsleichen" beseitigt werden, indem alle offenen Transaktionen rückgängig gemacht werden.

Wir können selbst nachvollziehen, dass selbst ein einfaches System wie H2 auch im Fehlerfall eine saubere Transaktionsverwaltung hat: Ganz ähnlich wie in Abschnitt 13.1 legen wir eine Tabelle an und fügen sehr viele Datensätze ein.

---

[1] Einige RDBMS verwenden dazu das Transaktionsprotokoll, andere führen eigene Protokolldateien.

```
create table konten(
  id int generated always as identity primary key,
  saldo decimal(10,2) check (saldo>=0)
);
insert into konten values(1, 100.00)
```

Die folgende Anweisung führen wir so lange aus, bis wir einige Millionen Datensätze haben:

```
insert into konten(saldo)
  select saldo from konten
```

Bei der Ausführung der Anweisungen hat `autocommit` noch die Standardeinstellung `on`. Jede der Anweisungen wird also im Rahmen einer Transaktion ausgeführt. Wir schalten den Autocommit-Modus jetzt aus und öffnen eine umfangreiche Transaktion:

```
set autocommit off;
update konten set saldo=0.00;
```

Die `update`-Anweisung gehört zu einer Transaktion, die wir selbst mit einem `commit` abschließen können. Das machen wir aber nicht in diesem Versuch. Wir suchen den zugehörigen Java-Prozess im Betriebssystem und beenden ihn. Unter Windows geht das bequem über den Task-Manager, unter Unix finden wir den Prozess mit Hilfe des Befehls

```
ps aux | grep java
```

Der Ausgabe entnehmen wir die Prozessnummer und beenden den Prozess mit

```
kill -9 <prozess>
```

Wir haben H2 jetzt so unvermittelt abgeschlachtet, dass für geordnete Aufräumarbeiten wie einen `rollback` sicher keine Zeit mehr war. Wenn wir H2 und die H2-Console jetzt wie gewohnt starten und uns mit der Datenbank verbinden, bemerken wir, dass es deutlich länger dauert, bis wir zur H2-Konsole geführt werden: Das RDBMS muss

1. wie in Abschnitt 20.4 beschrieben, zunächst einen physikalisch konsistenten Zustand herstellen;

2. einen logisch konsistenten Zustand herstellen. Die Transaktion umfasst zwar viele Änderungen, sie wurde aber nicht beendet. Alle Änderungen müssen daher rückgängig gemacht werden.

Nachdem der Neustart des RDBMS – wie eben beschrieben – abgeschlossen ist, befindet sich unsere Datenbank in einem physikalisch wie logisch konsistenten

Zustand. Der Neustart mag lange dauern, ist aber sicher schneller als das Einspielen einer Sicherung mit anschließendem Nachziehen aller Transaktionsprotokolle.

Das zugehörige Verfahren heißt „Algorithms for Recovery and Isolation Exploiting Semantics" (ARIES) und funktioniert wie folgt:

- Das RDBMS vermerkt den Zeitpunkt jedes Checkpoints im Transaktionsprotokoll.

- Wenn das RDBMS nach einer Störung neu startet, wird der Zeitpunkt des letzten Checkpoints anhand des Protokolls ermittelt.

- Wie in Abschnitt 20.4 beschrieben, wird anhand der Protokolldaten ein *physikalisch konsistenter* Zustand hergestellt. Das RDBMS hat jetzt den gleichen Zustand wie zum Zeitpunkt des letzten Checkpoints.

- Alle offenen Transaktionen werden aus dem Transaktionsprotokoll nachgezogen.

- Wenn der letzte Eintrag aus dem Protokoll abgearbeitet ist, können offene Transaktionen nicht mehr abgeschlossen werden.

- Das RDBMS rollt alle offenen Transaktionen zurück und bringt den Datenbestand so in einen *logisch konsistenten* Zustand.

20.6 Der Optimierer

In der Regel gibt es mehrere Möglichkeiten, eine SQL-Anweisung auszuführen. Bei einem Join[2] wie

```
select r.name, a.titel
from reihen r, alben a
where r.id=a.reihe and r.name='Asterix'
```

fallen uns gleich zwei Möglichkeiten für die Abarbeitung auf:

1. Wir können zunächst den natürlichen Join über `reihen` und `alben` bilden und anschließend daraus die Datensätze auswählen, die dem Prädikat `r.name='Asterix'` genügen.

2. Wir können erst die Datensätze aus `reihe` ermitteln, die dem Prädikat `r.name='Asterix'` genügen, und dann *nur diese* Datensätze mit der Tabelle `alben` verbinden.

In unserem Fall ist die zweite Variante die bessere, da die Spalte `r.name` als `unique` definiert ist und es somit maximal nur einen Datensatz in der Tabelle `reihen` gibt, der dem Prädikat genügt. Der Join muss viel weniger Datensätze verarbeiten als bei der ersten Variante.

---

[2] Die Tabellendefinitionen finden sich gleich am Anfang von Kapitel 13.

Auch wenn es uns vielleicht nicht ganz bewusst ist: Wir haben mit Hilfe der Relationenalgebra einfache Umformungen durchgeführt und außerdem die statistische Verteilung der Reihen in `reihen` berücksichtigt. Genauso verfährt der Optimierer, eine Komponente des RDBMS. Der Optimierer

- wertet statistische Informationen über den Datenbestand aus und

- führt mit Hilfe der Relationenalgebra Umformungen der SQL-Anweisung durch.

Das Ziel des Optimierers ist es dabei, einen möglichst schnellen und den verfügbaren Ressourcen angemessenen Weg zur Ausführung der SQL-Anweisung zu finden. Dieser Weg wird auch **Abfrageplan** genannt. Auch wenn die grundsätzliche Vorgehensweise eines Optimierers bekannt ist, wird ein erheblicher Teil der Funktionsweise von den Herstellern kommerzieller Datenbanksoftware nicht publiziert. Vielfach kann man dem Optimierer aber bei der Arbeit zuschauen, und H2 ist da keine Ausnahme. Nach einigen Vorbereitungen werden wir wieder selbst Versuche durchführen.

Wir legen in unserer Tabelle `konten` (siehe Abschnitt 20.5) eine neue Spalte an:

```
alter table konten add column zaehler int;
```

Der Spalte `zaehler` weisen wir die gleichen Werte wie dem Primärschlüssel zu:

```
update konten set zaehler = id
```

Wenn wir einige Millionen Datensätze in die Tabelle eingefügt haben, kann eine Anweisung wie

```
select * from konten where zaehler=4711
```

schon ein paar Sekunden dauern.

Den Grund dafür erfahren wir, wenn wir uns den Abfrageplan, der ein Teilergebnis der Untersuchungen des Optimierers ist, anschauen. In H2 erhalten wir einen sehr rudimentären Plan, wenn wir der `select`-Anweisung einfach das Schlüsselwort `explain analyze` voranstellen. Wenn unsere Tabelle 1.048.577 Datensätze enthält, dann sieht das Ergebnis der Anweisung

```
explain analyze
select *
from konten
where zaehler=4711
```

wie folgt aus:

```
select
    konten.id,
    konten.saldo,
    konten.zaehler
```

```
from public.konten
    /* public.konten.tablescan */
    /* scancount: 1048577 */
where zaehler = 4711
/*
total: 13496
konten.temp_table_5_0_data read: 13496 (100%)
*/
```

Neben der Wiederholung der `select`-Anweisung hat das RDBMS das Ergebnis der Optimierers und der Ausführung der `select`-Anweisung in Kommentaren zusammengefasst. Dem ersten Kommentar

```
/* public.konten.tablescan */
```

entnehmen wir, dass sich der Optimierer für einen Table-Scan entscheidet. Diese Strategie ist die einfachste und oft auch die einzig mögliche, um Daten in einer Tabelle zu finden:

■ Die Tabelle wird einfach Seite für Seite eingelesen.

■ Für jede Seite wird für jeden Datensatz geprüft, ob er dem Prädikat entspricht.

Die Untersuchung der Datensätze findet im Arbeitsspeicher statt und ist nicht sehr aufwändig, dramatischer ist der Transport Tausender Seiten von der Festplatte in den Arbeitsspeicher (siehe Abschnitt 20.2). Dem zweiten Kommentar entnehmen wir, dass H2 alle 13.496 Seiten von der Festplatte lesen musste, um zu dem Ergbnis zu kommen, dass es einen einzigen Datensatz gibt, der dem Prädikat `zaehler=4711` genügt:

```
/*
total: 13496
konten.temp_table_5_0_data read: 13496 (100%)
*/
```

Anders sieht die Sache aus, wenn wir im Prädikat nicht die Spalte `zaehler`, sondern den Primärschlüssel `id` verwenden:

```
explain analyze
select *
from konten
where id=4711
```

Die Abfrage wird spürbar zügiger bearbeitet als diejenige, in der wir mit dem Prädikat `zaehler=4711` gearbeitet haben. Der Abfrageplan sieht auch etwas anders aus. Hier ist nicht mehr von einem Table-Scan die Rede, sondern der entsprechende Kommentar lautet:

```
/* public.primary_key_1: id = 4711 */
```

Offensichtlich werden Primärschlüssel nicht wie andere Felder behandelt. Tatsächlich wird für einen Primärschlüssel ein so genannter **Index** angelegt, und dieser Index sorgt dafür, dass wesentlich weniger Seiten gelesen werden müssen und die Anweisungverarbeitung so deutlich an Geschwindigkeit zulegt. Was ein Index genau ist, sehen wir im folgenden Abschnitt, hier überzeugen wir uns aber zunächst von der Nützlichkeit.

Der zweite Kommentar zeigt uns, dass das RDBMS nur noch 5 Seiten lesen muss:

```
/*
total: 5
konten.primary_key_1 read: 3 (60\%)
konten.temp_table_5_0_data read: 2 (40\%)
*/
```

Beim Zugriff auf die nicht-indizierte Spalte wurden insgesamt 13.496 Seiten, also etwa 2.700 Mal so viele Seiten gelesen. Da der mit Abstand größte Zeitanteil für das Einlesen von Seiten verwendet wird, können wir auch davon ausgehen, dass in unserem Beispiel der Zugriff auf den Primärschlüssel etwa 2 000 Mal schneller als der auf die Spalte `zaehler` ist.

Für den Primärschlüssel legt das RDBMS selbstständig einen Index an, um natürliche Joins zu beschleunigen. Bei Spalten wie `zaehler` legen wir selbst Hand an:

```
create index idxctr on konten(zaehler)
```

Jedem Index geben wir, ähnlich wie bei einer Tabelle, einen Namen (`idxctr`), hinzu kommen noch die Tabelle und in Klammern die Spalte oder die Spaltenkombination, für die der Index erzeugt werden soll. Es dauert vielleicht eine Weile, doch nach diesem kleinen Eingriff ist unsere Abfrage

```
select * from konten where zaehler=4711
```

genauso schnell wie beim Zugriff über den Primärschlüssel. Der Abfrageplan hat sich auch geändert; jetzt wird bei dieser Abfrage kein Table-Scan mehr ausgeführt:

```
/* public.idxctr: zaehler = 4711 */
```

Es mag jetzt auch interessant sein zu sehen, wie der Abfrageplan unseres Joins vom Anfang dieses Abschnittes aussieht.

```
select
    r.name,
    a.titel
from public.reihen r
    /* public.constraint_index_8: name = 'asterix' */
    /* where r.name = 'asterix'
    */
    /* scancount: 2 */
```

```
inner join public.alben a
    /* public.constraint_index_3: reihe = r.id */
    on 1=1
    /* scancount: 6 */
where (r.name = 'asterix')
    and (r.id = a.reihe)
```

Der Abfrageplan gibt uns die beruhigende Gewissheit, dass wir in diesem Fall zu dem gleichen Ergebnis wie der Optimierer gekommen sind.

20.7 Der Index

Wenn wir in einem Buch nach einem bestimmten Begriff suchen, können wir es natürlich von vorne nach hinten durchblättern und jede Seite durchsuchen. Selbst für schnelle Leser ist das eine sehr ineffiziente Strategie. Wir verhalten uns wie das RDBMS beim Table-Scan: Seite für Seite wird angefasst und analysiert. Zum Glück gibt es, zumindest in den meisten Fach- und Sachbüchern, ein Stichwort-verzeichnis am Ende des Buches, das die wichtigsten Begriffe zusammen mit den Zahlen der Seiten verzeichnet, auf denen es um den gesuchten Begriff geht. Ganz ähnlich und ohne etwas über die Details zu wissen, haben wir auch die Daten unserer Tabelle mit der Anweisung `create index` indiziert. Ganz analog zum Stichwortverzeichnis im Buch definieren wir

Definition: Index

Ein Index ist eine redundante Datenstruktur, die die Suche nach Datensätzen beschleunigt.

Die Information im Index ist redundant, da sie sich nicht nur in der Indexstruktur, sondern auch in der Tabelle befindet. Nach der Anweisung

```
create index idxctr on konten(zaehler)
```

am Ende von Abschnitt 20.5 sind die Werte der Spalte `count` in der Tabelle und im Index. Wie ein Index aufgebaut ist und unter welchen Voraussetzungen die Suche schneller verlaufen kann, erfahren wir in diesem Abschnitt.

Wir erarbeiten uns die grundsätzlichen Eigenschaften eines Index in Analogie zum Stichwortverzeichnis. Wir wissen, dass

■ Datensätze einer Tabelle in Seiten auf der Festplatte gelagert werden;

■ der Transport einer Seite zum Arbeitsspeicher sehr aufwändig ist.

Ein Index kann den Zugriff also signifikant beschleunigen, indem er die Anzahl der Seiten reduziert, die von der Festplatte gelesen werden. Eine einfache Möglichkeit besteht darin, die Daten zu sortieren. Betrachten wir die folgende einfache Tabelle:

```
create table personen(
   id int generated always as identity primary key,
   name varchar(20),
   ort varchar(20)
)
```

Wenn wir die Daten jetzt auf der Platte etwa nach der Spalte `ort` sortieren, können wir annehmen, dass die Daten unserer Tabelle `personen` auf die Seiten $P_1, \ldots, P_n$ verteilt sind. Außerdem ist der Wert von `ort` für alle Datensätze aus der Seite P_i lexikographisch kleiner oder gleich den Datensätzen aus der Seite P_{i+1}. Innerhalb der Seiten sind die Datensätze ebenfalls sortiert. Für die Suche in einer *sortierten* Liste gibt es sehr effiziente Verfahren wie die binäre Suche (siehe auch [Knu98]), die wir uns jetzt genauer ansehen wollen.

Wenn das RDBMS etwa die folgende Abfrage ausführen soll:

```
select *
from personen
where ort='Entenhausen'
```

wird zunächst die Seite $P_{n/2}$ untersucht.

- ◼ Werden wir auf der Seite fündig, hat die Suche bereits ein Ende.

- ◼ Wenn der kleinste Wert der Spalte `ort` für die Datensätze dieser Seite kleiner als `'Entenhausen'` ist, untersuchen wir die Seiten $P_1, \ldots, P_{n/2-1}$.

- ◼ Wenn der größte Wert der Spalte `ort` für die Datensätze dieser Seite größer als `'Entenhausen'` ist, fahren wir mit $P_{n/2+1}, \ldots, P_n$ fort.

- ◼ Wenn keiner der drei Fälle eintritt, ist der Wert nicht vorhanden.

In diesen halbierten Seitenlisten machen wir genauso weiter: Wir betrachten die mittlere Seite und halbieren weiter, wenn wir nicht fündig geworden sind. Auch bei der binären Suche müssen Seiten in den Arbeitsspeicher gelesen werden, man kann aber nachweisen, dass die Anzahl gelesener Seiten proportional zu log n und damit weitaus geringer als n ist.

Das Verfahren hat jedoch zwei gravierende Nachteile, die es für den Einsatz im RDBMS disqualifizieren:

1. Die Daten können nur nach einer einzigen Spalte (oder einer Kombination von Spalten) sortiert werden. Weil die Daten nicht nach der Spalte `id` sortiert sind, müssen Abfragen wie

```
select *
from personen
where id=4711
```

nach wie vor mit einem Table-Scan bearbeitet werden.

2. Wenn Datensätze hinzugefügt werden, müssen die Seiten reorganisiert werden. Wenn der neue Datensatz der Reihenfolge der Orte entsprechend etwa zu Seite P_i gehört und P_i bereits voll ist, müssen Daten in der Seite P_{i+1} verschoben werden, um Datensätze aus der Nachbarseite P_i aufzunehmen. Möglich sind dann in Folge auch Reorganisationen von P_{i+2} bis P_n. Da diese Reorganisationen wieder Transporte zwischen der Platte und dem Arbeitsspeicher nach sich ziehen, können selbst einfache Einfügeoperationen dramatische Laufzeiten haben.

Wenn wir mit mehr als einem Index arbeiten wollen, nutzt das RDBMS nicht die Datenseiten, sondern extrahiert und kopiert die Werte, die es indiziert. Wenn wir also einen Index für die Spalte `ort` der Tabelle `personen` aufbauen, durchsucht das RDBMS *alle* Datensätze und kopiert die Werte der Spalte `ort`. Damit wir unsere Datensätze – ähnlich wie die Seiten im Buch – wiederfinden, wird der indizierte Wert zusammen mit der RID (siehe Abschnitt 20.2) gespeichert. In unserer redundanten Datenstruktur verwalten wir also Paare aus Werten und RIDs. Damit der Index nicht immer aufs Neue erzeugt wird, sollte er auf die Festplatte geschrieben werden. Die Paare werden zu so genannten **Indexseiten** zusammengefasst, die dann wie die Datenseiten zwischen Cache und Festplatte transportiert werden.

Wir können für die gleiche Tabelle mehrere Indexe anlegen; es kann einen für die Spalte `ort` und einen anderen für `id` geben. Jedem der beiden Indexe entspricht eine andere Menge von Indexseiten. Die Organisation der Datensätze wird davon nicht berührt.

Da die Indexseiten nur einen Teil der Informationen der zugehörigen Datensätze enthalten, referenzieren Indexseiten in der Regel erheblich mehr Datensätze, als in einer einzigen Datenseite enthalten sind. Bereits aufgrund dieser Eigenschaft werden bei der sequentiellen Suche im Index längst nicht mehr so viele Datensätze in den Arbeitsspeicher transportiert wie beim Table-Scan.

Wir können die Einträge in den Seiten eines Index jetzt auch sortieren und zu einem gesuchten Wert mit Hilfe der binären Suche in dieser sortierten Liste schnell passende Indexpaare und dann auch die zugehörigen Datensätze finden. Die Probleme bleiben aber die gleichen, wie bei einer Sortierung der Datenseiten: Sobald es Änderungen im Datenbestand gibt, muss der Index reorganisiert werden. Wenn ein neuer Datensatz eingefügt wird, muss der zugehörige Indexeintrag einsortiert werden. Wenn es auf der Indexseite, in die der Eintrag gehört, keinen Platz mehr gibt, muss ein Teil des Datenbestandes auf der Festplatte verschoben werden; unter Umständen eine langwierige Operation.

Für speicherresidente Daten gibt es eine Vielzahl von Datenstrukturen (siehe [Knu98]), die eine effiziente Suche ermöglichen. Bei Daten, die auf Festplatten liegen, sieht die Sache schon anders aus. Bayer und McCreight [Bay72] entwickelten Anfang der 1970er-Jahre mit dem B-Baum eine Datenstruktur speziell für externe

Speichermedien. Im Laufe der Zeit wurden einige Varianten entwickelt, deren bekanntester Vertreter der B⁺-Baum ist – bis heute die Standard-Datenstruktur zur Indizierung von Datenbeständen. Wie diese Art Baum aufgebaut ist und welche Algorithmen ein schnelles Suchen, Löschen und Einfügen ermöglichen, erfahren wir im folgenden Abschnitt.

20.8 B⁺-Bäume

Mit Hilfe der naiven Indizierungsverfahren, die wir bisher gefunden haben, können wir Daten zwar sehr schnell, also in $\log n$ Verarbeitungschritten *finden*, wenn es aber um das Einfügen neuer Datensätze geht, müssen wir im schlechtesten Fall damit rechnen, dass alle Indexseiten in den Arbeitsspeicher gelesen werden.

B⁺-Bäume sind eine Datenstruktur, bei der wir diese Kröte nicht schlucken müssen: Für jede der vier Operationen

- Suchen
- Ändern
- Löschen
- Einfügen

reichen garantiert $\log n$ Verarbeitungsschritte. Die Basis des Logarithmus ist dabei so groß, dass es in der Praxis reicht, eine Handvoll Seiten zu lesen oder zu schreiben. Wir analysieren zunächst die Struktur dieser Bäume, erarbeiten uns dann die Algorithmen zum Suchen und Einfügen von Einträgen und überzeugen uns an einem konkreten Beispiel von der Effizienz der Datenstruktur.

20.8.1 Idee

Einen ersten Überblick über die Struktur eines B⁺-Baumes gibt uns Abbildung 20.4.

Die Werte der indizierten Spalte finden wir sortiert in der untersten Ebene einer baumförmigen Struktur. Die Indexseiten, die zur untersten Ebene gehören, werden auch **Blätter** genannt. Die Abbildung repräsentiert die Wirklichkeit nur ungenügend, da eine typische Indexseite Hunderte von Einträge enthält. Die Einträge in einem Blatt sind sortiert. Jeder der Einträge referenziert – wie gehabt – einen Datensatz. In der Abbildung ist das exemplarisch für den Datensatz mit der ID 12 dargestellt. Der Pfeil zum zugehörigen Datensatz (12, 'Donald') repräsentiert die RID, die zusammen mit dem Wert 12 im Blatt steht. Uns fällt auf, dass die Blätter wie bei einer verketteten Liste miteinander verknüpft sind. Die Verkettung hilft dem RDBMS bei der Bearbeitung von Abfragen wie

```
select * from personen where id>=23 and id<=42
```

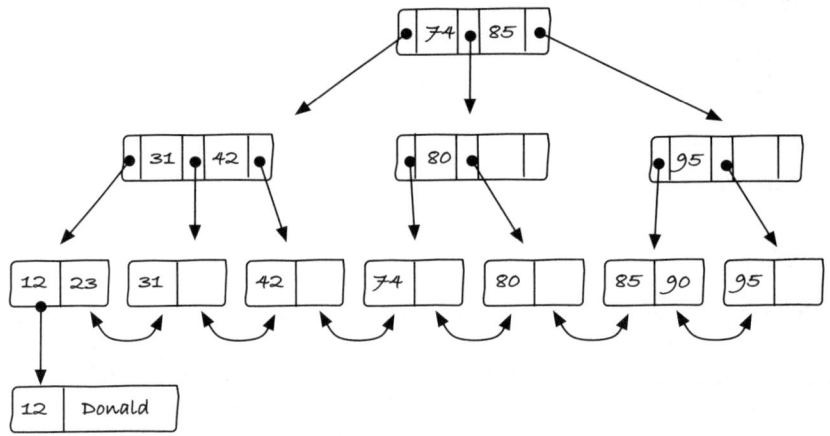

Abbildung 20.4: Beispiel für einen B$^+$-Baum

Wenn die Spalte `id` indiziert ist, muss nur der passende Einstiegspunkt in die verkettete Liste gefunden werden; in diesem Fall ist das der kleinste Eintrag in einer Indexseite, der mindestens den Wert 23 hat. Die Indexseiten können in der Reihenfolge ihrer Verkettung durchlaufen werden, solange das Prädikat `id<=42` erfüllt ist. So kann jeder Datensatz, der zu einem der indizierten Werte 23, 24, ..., 24 gehört, mit *einem* weiteren Zugriff gefunden werden.

Die nächste Ebene im Index indiziert die Blätter. Seiten, die keine Blätter sind, heißen **innere Knoten**. Jeder Eintrag in einem inneren Knoten enthält einen Wert v sowie eine Referenz auf eine Indexseite in Form einer RID. Die indizierten Werte *können* also mehrfach im Baum auftreten: einmal in den Blättern und einmal in einem inneren Knoten. Zum Wert v gehören im inneren Knoten zwei Referenzen auf eine Indexseite:

- Die Referenz links von v verweist auf ein Blatt, dessen Einträge alle kleiner als v sind.

- Die Referenz rechts von v liefert ein Blatt mit Einträgen, die alle größer oder gleich v sind.

Zu jedem Blatt gibt es also einen Eintrag in der untersten Ebene der inneren Knoten. Die Knoten dieser Ebene über den Blättern werden von der nächsthöheren Ebene indiziert. Auch wenn diese Ebene in unserem speziellen Fall aus genau einer Seite besteht, werden die Knoten trotzdem als innere Knoten bezeichnet.

Die Knoten der Ebene i verwalten die Knoten der darunterliegenden Ebene i+1. Dieses Spielchen treiben wir so weit, bis die ganze Ebene nur noch aus einem einzigen Knoten besteht. Dieser Knoten wird auch als **Wurzel** bezeichnet.

20.8.2 Beispiel

In einer Tabelle wie `personen` könnten wir Informationen über alle rund 80 Millionen Bundesbürger sammeln. Auch wenn die Primärschlüsselspalte nur den Typ `int` hat, reicht ihr Wertebereich leicht aus, um 80 Millionen Datensätze eindeutig zu identifizieren. Wenn wir davon ausgehen, dass wir für die Einträge in den Blättern des Index

■ vier Byte für den Wert der `id` und

■ vier Byte für die RID

benötigen, dann passen auf jede 4KByte-Seite insgesamt 4096/8=512 Einträge. Da jede Seite neben den eigentlichen Nutzdaten auch immer einige Verwaltungsinformation enthält (siehe Abschnitt 20.2) und nicht zuletzt, weil es sich besser rechnen lässt, können wir von 500 Einträgen je Blatt ausgehen. Für unsere 80 Millionen Bundesbürger brauchen wir dann 80 000 000/500 = 160 000 Blätter. Um eine Indexseite zu referenzieren, benötigen wir neben dem kleinsten Wert auch den Identifikator der Indexseite; also auch etwa 8 Byte je Indexseite, so dass eine Indexseite 500 andere Indexseiten verwalten kann. Um alle unsere Blätter zu verwalten, reichen somit 160 000/500, also 320 Indexseiten. Die Referenzen zu diesen 320 Knoten passen bequem in einen einzigen Wurzelknoten.

Unser B⁺-Baum enthält also insgesamt drei Ebenen. Zur vorgegebenen ID einer Person müssen wir also nur drei Indexseiten und eine Datenseite, also insgesamt vier Seiten, von der Festplatte lesen, um alle wichtigen Informationen zu finden.

Um ein Gefühl für den Unterschied zum Table-Scan zu bekommen, ermitteln wir die Anzahl der Datenseiten, die gelesen werden müssten. Wenn wir für den realistischen Fall – sparsam geschätzt – von 100 Byte großen Datensätzen ausgehen, dann passen 40 davon in jede 4KByte große Datenseite. Wenn wir alle Datensatz durchmustern müssen, dann werden im schlimmsten Fall etwa 80 000 000/40=2 000 000 Datenseiten gelesen – ein beachtlicher Unterschied.

20.8.3 Regeln

Auch wenn wir schon eine einigermaßen klare Vorstellung von der Struktur eines B⁺-Baumes haben, sind im Folgenden die definierenden Eigenschaften zusammengefasst. Klarer werden sie vielleicht, wenn wir versuchen, sie uns anhand von Abbildung 20.4 klarzumachen.

Definition: B⁺-Baum

1. Zu jedem B⁺-Baum gehört eine natürliche Zahl m, die als **Ordnung** des Baumes bezeichnet wird.

2. Jeder Knoten enthält maximal 2m Werte.

3. Bis auf die Wurzel enthält jeder Knoten des Baumes mindestens m Werte.

4. In jedem inneren Knoten gibt es zu jedem seiner Werte v zwei Referenzen auf andere Knoten im Baum, die wir als seinen linken und rechten **Nachfolger** bezeichnen. Alle Werte des linken Nachfolgers sind kleiner als v, alle Werte des rechten Nachfolgers sind größer oder gleich v, insbesondere ist v auch im rechten Nachfolger enthalten.

5. Bis auf die Wurzel wird jeder Knoten von genau einem anderen Knoten – seinem **Vorgänger** – referenziert.

6. Die Werte sind in allen Knoten in aufsteigender Reihenfolge sortiert.

7. Wenn in einem inneren Knoten der Wert w auf den Knoten v folgt, dann sind der rechte Nachfolger von v und der linke Nachfolger von w identisch.

8. Ein innerer Knoten mit p Werten hat genau p+1 Nachfolger.

9. Jeder Wert eines Blattes referenziert genau einen Datensatz über seine RID.

Die letzte Regel wird wichtig, wenn wir in den folgenden Abschnitten die Algorithmen beschreiben, mit denen der B⁺-Baum durchsucht, verkleinert und vergrößert wird.

Das Beispiel in Abbildung 20.4 ist ein B⁺-Baum der Ordnung 1. Jeder Knoten enthält somit maximal zwei Werte. Im ersten Knoten der mittleren Ebene folgt der Wert 42 dem Wert 31; der rechte Nachfolger von 31 ist in diesem Knoten der linke Nachfolger von 42.

Hinweis

Die Ordnung eines B^+-Baumes wird in der Literatur nicht einheitlich definiert. Teilweise bezeichnet die Ordnung die maximale Anzahl von Einträgen je Knoten, gelegentlich auch die Anzahl der Nachfolger.

20.8.4 Suchen

Bei der Suche in einem B^+-Baum ist ein Wert gegeben. Die Suche ist erfolglos, wenn der Wert in keinem Blatt des Baumes gefunden wird. Wenn es ein Blatt gibt, das den Wert enthält, dann war die Suche erfolgreich, und ihr Ergebnis besteht aus dem zugehörigen Datensatz.[3]

Mit der Suche nach einem Wert k fangen wir in der Wurzel des B^+-Baumes an. Da die Werte in den Knoten aufsteigender Reihenfolge sortiert sind, können wir leicht den größten Wert v suchen, der kleiner oder gleich k ist. Für den Ausgang dieser Suche gibt es zwei Möglichkeiten:

- Wenn die Suche in der Wurzel erfolgreich und k im Baum vorhanden ist, dann gehört k zu dem Teilbaum, dessen Wurzel der rechte Nachfolger von v ist.

- Die Suche ist in der Wurzel genau dann erfolglos, wenn k kleiner als alle Werte der Wurzel ist. Wenn k sich überhaupt im Baum befindet, dann nur in dem Teilbaum, dessen Wurzel der linke Nachfolger des minimalen Wertes der Wurzel ist.

Der erste Fall tritt im Beispiel aus Abbildung 20.4 ein, wenn wir den Wert 80 suchen. Der passende Wert in der Wurzel ist 74. Wenn 80 also im Baum enthalten ist, dann in dem Teilbaum, der zum rechten Nachfolger der 74 gehört. Der zweite Fall greift, wenn wir etwa den Wert 25 suchen. Da alle Werte in der Wurzel größer als 25 sind, wählen wir den linken Nachfolger von 74.

Auf diese Weise haben wir einen Teilbaum ermittelt, in dessen Wurzel wir mit dem *gleichen* Verfahren weiter suchen können. Wenn wir das Verfahren fortsetzen, kommen wir irgendwann zu einem Blatt. Falls wir k dort finden, können wir auch auf den zugehörigen Datensatz zugreifen. Wenn k sich nicht im Blatt befindet, ist er sicher nicht im Baum vorhanden.

Eine vollständige Suche machen wir uns ebenfalls an Abbildung 20.4 klar. Wenn wir den Wert 90 suchen, folgen wir in der Wurzel dem rechten Nachfolger der 85 und dann in der nächsten Ebene dem linken Nachfolger der 95. Wir landen im Blatt mit den Werten 85 und 90 und finden den Wert, dessen zugehörige RID uns zum gesuchten Datensatz führt.

Da wir jede Ebene des Baumes nur einmal besucht haben, ist die Anzahl der gelesenen Seiten wieder sehr gering.

---

[3] Natürlich können auch mehrere „Treffer" gefunden werden. Der Algorithmus ändert sich aufgrund dieser Möglichkeit aber nicht.

Im Folgenden wird noch beschrieben, wie wir Werte in einen B^+-Baum einfügen und löschen können. Beide Verfahren beinhalten auch den soeben beschriebenen Suchalgorithmus.

20.8.5 Einfügen

Wenn wir den Wert, den wir einfügen wollen, mit dem im vorherigen Abschnitt beschriebenen Verfahren suchen, finden wir selbst bei der *erfolglosen* Suche dasjenige Blatt, in das er eingefügt werden muss.

Wenn wir im Beispiel aus Abbildung 20.4 den Wert 36 einfügen wollen, dann führt uns die Suche zu dem Blatt, das 31 als einzigen Wert enthält.

Wenn in diesem Blatt noch Platz für den Eintrag ist, fügt das RDBMS den Eintrag dort an die richtige Stelle ein. Wir beachten, dass es *innerhalb* des Blattes in der Regel zu einer Verschiebung kommt. Da diese Reorganisation aber vollständig im Arbeitsspeicher ausgeführt wird, können wir den Aufwand vernachlässigen.

Der spannende Fall tritt ein, wenn im passenden Blatt P_i kein Platz mehr ist: Wenn m die Ordnung des Baumes bezeichnet, haben wir 2m Plätze für 2m+1 Werte. In diesem Fall erzeugen wir ein neues Blatt P und verändern die Referenzen, mit deren Hilfe die Blätter geordnet wurden so, dass P in dieser verketteten Blattliste zwischen P_i und P_{i+1} liegt. Dieser Anordnung entsprechend, werden die m größten Einträge des Blattes P_i nach P verschoben. Beide Blätter, P_i und P, enthalten jetzt $m + 1$ und m Einträge und erfüllen somit Regel 3.

Der neue Knoten P hat jetzt auf der untersten Ebene der *inneren* Knoten keinen Vorgänger. Wir nehmen den Vorgänger von P_i und versuchen dort den kleinsten Wert von P zusammen mit einer Referenz auf P einzufügen. Das klappt bestens, wenn in diesem inneren Knoten genügend Platz ist. Anderenfalls geht das Spielchen wieder von vorne los: Es wird ein neuer Knoten erzeugt, der die Hälfte der Werte aus dem vollen inneren Knoten aufnimmt.

Natürlich muss auch bei der Zerlegung eines inneren Knotens die Buchführung der nächsthöheren Ebene wieder in Ordnung gebracht werden. Wenn es ganz dumm läuft, wird die Reorganisation bis zur Wurzel kaskadiert. In diesem Fall wird die Wurzel geteilt, und es entsteht eine neue Ebene. Der Baum ist gewachsen.

Der Wert 87 kann beispielsweise nicht in das volle Blatt mit den Werten 85 und 90 eingefügt werden. Der Knoten wird zerlegt. Es ergibt sich, wie in Abbildung 20.5 dargestellt, ein Blatt mit den Werten 85 und 87 sowie eines mit dem Wert 90. Diese Änderung wirkt sich nur auf den unmittelbaren Vorgängerknoten aus, der ebenfalls angepasst wird.

Wir beachten, dass der Baum zwar geändert wird, wenn wir einen Wert einfügen, die Änderungen aber selbst im schlimmsten Fall jede Ebene genau einmal betreffen.

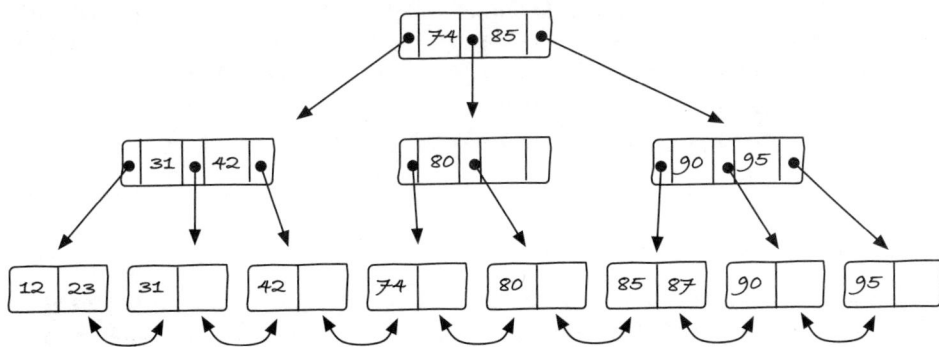

Abbildung 20.5: Einfügen in einen B⁺-Baum

20.8.6 Löschen

Daten werden in Blätter eingefügt und wieder aus den Blättern gelöscht. Der Wert, der gelöscht werden soll, wird wie in Abschnitt 20.8.4 gesucht und aus seinem Blatt P entfernt.

Möglicherweise war der gelöschte Wert der kleinste im Blatt. In diesem Fall müssen wir den Wert seines Vorgängers im übergeordneten Knoten ersetzen. Unter Umständen kaskadiert diese Änderung bis zur Wurzel, aber es ist wie beim Einfügen je Ebene nur eine Operation erforderlich.

Es kann aber auch passieren, dass plötzlich zu wenige Werte im Blatt P stehen und Regel 3 verletzt ist: Möglicherweise haben wir die Mindestanzahl m – die Ordnung des Baumes – von Werten in einem Knoten unterschritten. Wenn dieser Fall eintritt, versuchen wir es erst einmal im Guten und inspizieren die beiden Nachbarn, die den gleichen Vorgänger wie P haben. Wir entnehmen dem linken Nachbarblatt P_{i-1}, und wenn das nicht reicht, dem rechten Nachbarblatt P_{i+1} einen Eintrag, *sofern* wir dadurch die Mindestanzahl von Einträgen in diesen Blättern nicht unterschreiten. Wenn wir uns bei einem Nachbarn bedient haben, müssen wir unter Umständen seinen Vorgänger in der nächsten Ebene anpassen.

Wenn wir den Mangel im Blatt P_i so ausgleichen konnten, ist die Operation – nachdem wir die Vorgänger nachjustiert haben – abgeschlossen. Wenn das alles nichts nützt und wir P_i nicht halb voll bekommen, befinden sich *alle drei* Blätter P_{i-1}, P_i und P_{i+1} am Rande des Existenzminimums. Wir verteilen die Inhalte der drei Blätter auf zwei Knoten. Wenn vorher alle drei Blätter knapp halb voll waren, sind die beiden Blätter, die den Bestand aufnehmen, zu etwa 75% gefüllt und genügen somit Bedingung 3. Durch die Umverteilung wird der Vorgänger von P_i überflüssig und muss gelöscht werden. Der Vorgänger des rechten Nachbarn wird den neuen Gegebenheiten angepasst.

Wenn wir im Beispiel aus Abbildung 20.4 den Wert 42 entfernen, ist das zugehörige Blatt leer. Da beide Nachbarn nur einen Wert enthalten, können dort keine Werte „geborgt" werden. Wir verschmelzen also das leere Blatt und das Blatt mit dem Wert 31 zu einem einzigen und passen die Verkettung der Blätter an. Den Wert 42 entfernen wir aus dem Vorgängerknoten. Es ergibt sich der Baum aus Abbildung 20.6.

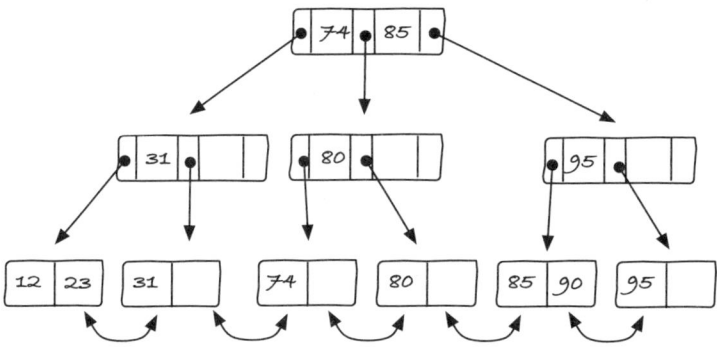

Abbildung 20.6: Löschen aus einem B$^+$-Baum

Wie beim Einfügen kann es auch vorkommen, dass das Löschen bis zur obersten Ebene kaskadiert. Dies ist der Grund dafür, dass Regel 3 eine Ausnahme für die Wurzel enthält: Als einziger Knoten darf sie auch weniger als halb voll sein. Bei allen Teiloperationen, die beim Löschen und der möglichen Kaskade durchgeführt werden, sind in jeder Ebene maximal drei Knoten betroffen, so dass die Anzahl der Transporte zwischen Festplatte und Arbeitsspeicher proportional zur Höhe des Baumes ist.

20.8.7   Wie schnell ist das?

Die Algorithmen zum Ändern des Baumes sorgen dafür, dass er niemals ins Ungleichgewicht gerät. Sowohl beim Einfügen als auch beim Löschen haben wir außerdem gesehen, dass in jeder Ebene maximal drei Änderungen durchgeführt werden. Die Laufzeit der Operationen ist somit von der Höhe des Baumes – also der Anzahl der Ebenen – abhängig. Man kann berechnen, dass die Höhe eines Baumes logarithmisch von der Anzahl der Werte im Baum abhängt. Somit haben sämtliche Operationen logarithmische Laufzeiten. Die Praxis zeigt, dass aufgrund der vielen Werte, die in einer Indexseite Platz haben, es selten zu Bäumen mit einer Höhe von mehr als 5 Ebenen kommt. Wir haben von der Plausibilität dieser Eigenschaft bereits in Abschnitt 20.8.2 überzeugt. Von sehr „breiten" Indexwerten, wie sie beispielsweise zu Spalten gehören, die den Typ `varchar(100)` haben, können wir also davon ausgehen, dass wir mit einer konstanten Zahl an Operationen Werte in B$^+$-Bäume suchen, löschen und einfügen können.

20.9   Indizierung mit SQL

Das RDBMS hat zunächst eine Menge zu tun, wenn wir mit `create index` einen Index anlegen. Im SQL-Standard sind zwar keine Regeln für die Organisation eines Index hinterlegt, es handelt sich aber eigentlich immer um einen B^+-Baum oder eine seiner zahlreichen Varianten. Aufgrund seiner Struktur ist dieser Index bestens geeignet, um Datensätze zu ermitteln, die Prädikaten genügen, die Vergleichsoperatoren wie =, > oder < enthalten. Wenn wir in Prädikaten aber mit anderen Operationen arbeiten, kann das RDBMS den Index nicht nutzen. Enthält unsere `select`-Anweisung etwa im `where`-Teil den Ausdruck

```
name like '%bert'
```

ist es dem RDBMS nicht mehr möglich, im Baum zu navigieren; es muss die Tabelle sequenziell durchsuchen.

Gelegentlich findet man Entwickler, die bei Textvergleichen grundsätzlich mit dem `like`-Operator arbeiten und Prädikate wie das folgende definieren:

```
name like 'Donald'
```

Ein cleverer Optimierer sollte hier zwar erkennen, dass das Textmuster überhaupt keine Platzhalter enthält, und daher trotzdem den Index nutzen – aber wer weiß, auf welche Systeme die Anweisung im Laufe ihres Lebens trifft.

Wollen wir komplexere Textmuster verwenden und dabei auch eine zügige Suche ermöglichen, benötigen wir spezielle Textindexe, wie sie einige RDBMS zur Verfügung stellen.

Denkbar sind auch ganz andere Prädikate, wie etwa

```
where similar(bild, '/home/Sonnenuntergang.jpg')
```

Es soll untersucht werden, ob die Inhalte einer `blob`-Spalte Ähnlichkeit mit einem Bild haben, auf dem offensichtlich ein Sonnenuntergang abgebildet ist. Auch hier gibt es RDBMS-Produkte, die die `blob`-Daten so indizieren können, dass passende Bilder rasch gefunden werden. Die Syntax der `create index`-Anweisung haben die Hersteller dazu – natürlich herstellerspezifisch – angepasst.

Kommen wir aber zurück zum Standardindex. Mit

```
create index idxctr on konten(zaehler)
```

haben wir einen Index für die Spalte `zaehler` angelegt.
Mit

```
create index idxctr on konten(saldo, zaehler)
```

könnten wir einen Index auf die Kombination zweier Spalten anlegen, wenn etwa Bedingungen wie

```
saldo=47.11 and zaehler=42
```

zügig bearbeitet werden sollen. Den Index können wir sogar mit einer Integritätsregel kombinieren. Die Anweisung

```
create unique index idxctr on konten(zaehler)
```

verhindert, dass Dubletten in die Spalte `zaehler` eingefügt werden können.
Wenn die Tabelle bereits solche Dubletten enthält und dennoch ein Index angelegt werden soll, dann schlägt die `create index`-Anweisung fehl.

Wir haben bereits in Abschnitt 5.6 mit einem `unique`-Index gearbeitet, bevor wir
ihn kannten: Für jeden Primärschlüssel und für jede `unique`-Constraint wird implizit ein `unique`-Index angelegt. So kann die Eindeutigkeit in den betroffenen
Spalten oder Spaltenkombinationen sehr effizient sichergestellt werden.

Wir haben uns experimentell und analytisch davon überzeugt, dass ein Index den
lesenden Zugriff auf Daten erheblich beschleunigt. Wie aber sieht es mit Änderungen am Datenbestand aus? Zunächst stellen wir fest, dass ein Index tief in der
physikalischen Ebene lebt, seine Existenz also für die Benutzer transparent sein
muss. Wenn es in unserem System so etwas wie physikalische Datenunabhängigkeit geben soll, darf insbesondere der Anwender nicht für die Pflege des Index
zuständig sein. Bei jedem `insert`, `update` oder `delete` führt das RDBMS also
die geeigneten Arbeiten am Index aus, wie wir sie etwa für den B⁺-Baum kennengelernt haben. Das hat aber zur Folge, dass diese drei SQL-Anweisungen aus-
gebremst werden: Neben den Änderungen am Datenbestand müssen auch Änderungen am Index durchgeführt und natürlich noch im Transaktionsprotokoll
aufgezeichnet werden. Wie so oft im Leben ha alles seinen Preis. Vielleicht können wir mit dem Index schneller lesen, Änderungen dauern dafür länger.

Hinweis

Wenn es eine Kunst ist, für die Tabellen einer Datenbank die geeignete
Indizierung zu finden, dann eine ziemlich dunkle.

Es müssen viele Faktoren berücksichtigt werden. So benötigen auch Indexseiten Platz im Cache und verdrängen dazu möglicherweise Datenseiten (siehe Abschnitt 20.3), die vielleicht schon bald wieder gebraucht und dann aufwändig von
der Platte gelesen werden müssen. Es gibt durchaus Szenarien, in denen sich
durch eine ungeeignete Indizierung nicht nur der ändernde, sondern auch der
lesende Zugriff verlangsamt. Darüber hinaus sind die Wege des Optimierers oft
nur schwer ergründbar. Nur weil es einen Index gibt, heißt das noch lange nicht,
dass das RDBMS ihn auch nutzt. Wenn eine Tabelle etwa nur aus einigen wenigen
Seiten besteht, kann es wirtschaftlicher sein, die Tabelle komplett in den Cache
einzulagern, als den Index zu Rate zu ziehen.

Besonders schwierig wird die Indizierung dadurch, dass jeder Hersteller einen eigenen Optimierer hat und jeder Optimierer Indexe individuell behandelt.

Alles klar?

- Die meisten RDBMS lagern Daten auf Festplatten und transportieren sie zur Verarbeitung in den Arbeitsspeicher. Die kleinste Einheit, die ein DBMS zwischen Festplatten und Arbeitsspeicher transportiert, wird Seite genannt.

- Festplattenzugriffe sind aufwändig und werden daher so selten wie möglich ausgeführt.

- Spätestens mit ihrem `commit` müssen die Aktivitäten einer Transaktion im Transaktionsprotokoll erfasst werden.

- Alle anderen Seiten werden beispielsweise in LRU-Queues verwaltet und unabhängig von Transaktionsgrenzen bei Bedarf persistiert.

- Die verlässliche Protokollierung ermöglicht es auch, dass ein RDBMS nach einem Ausfall mit Hilfe des ARIES-Algorithmus wieder in einen Zustand gebracht werden kann, in dem keine abgeschlossene Transaktion verloren gegangen ist.

- Der Optimierer ist eine Komponente, die für SQL-Anweisungen die effizienteste Möglichkeit für die Bearbeitung der Anweisung sucht. In den meisten RDBMS kann man die Arbeitsweise des Optimierers zumindest teilweise nachvollziehen.

- Tabellen können indiziert werden, um einen schnellen Zugriff auf ihre Daten zu ermöglichen. Dabei werden Daten in einer Datenstruktur wie dem B^+-Baum teilweise redundant vorgehalten. Die Indizierung erfolgt mit der SQL-Anweisung `create index`.

Teil V

Es muss nicht immer relational sein

21

Objektdatenbanken

Die Kapitel 18.3 und 19 haben uns gelehrt, dass wir Objekte aufgrund des Impedance Mismatch nur über Umwege in relationale Datenbanken speichern können. Sie müssen dazu möglicherweise in viele Einzelteile zerlegt werden, um dann mit Hilfe komplexer select-Anweisungen wieder zusammengesetzt zu werden. Doch gibt es so genannte Objektdatenbanksysteme (ODBMS), die Objekte auch ohne weitere Zerlegung als Objekte verwalten und persistieren. Dieser Ansatz wirkt für objektorientierte Datenbankanwendungen sehr natürlich. Bereits in den Kindertagen der relationalen Systeme gab es erste ODBMS, und zeitweilig wirkte es so, als ob diese Variante eines DBMS sich mindestens wie relationale Systeme verbreiten könnte. Warum das nicht geschehen ist, erfahren wir, nachdem wir die Grundkonzepte eines ODBMS gelernt und einfache praktische Erfahrungen gesammelt haben.

21.1 Das Manifest

Grundsätze für ODBMS, die ein wenig an das Coddsche Regelwerk erinnern, wurden bereits Ende der 1980er-Jahre – also etwa 10 Jahre bevor objektorientierte Sprachen populär wurden – im „Object-Oriented Database System Manifesto" [Atk89] zusammengetragen. Die Anforderungen an Objektdatenbanken, die wir im Manifest finden, können eingeteilt werden in solche, die ihre Wurzeln im objektorientierten Paradigma haben, und solche, wie wir sie in Kapitel 1 für allgemeine DBMS diskutiert haben.

ODBMS müssen also die objektorientierte Denkweise und insbesondere die folgenden Konzepte unterstützen.

Abstraktion: Der Anwender eines ODBMS muss die Möglichkeit zur Abstraktion haben. Er kann ähnliche Objekte zu selbstdefinierten Typen wie zum Beispiel

Klassen zusammenfassen. Die Komplexität der Typen und ihrer Objekte darf nicht begrenzt sein. Objekte haben einen Zustand und ein Verhalten. Der Zustand wird durch Attribute, das Verhalten durch Methoden definiert. Es kann gleichnamige Methoden mit unterschiedlichen Parameterlisten geben.

Vererbung und Polymorphie: Es muss muss möglich sein, Typen hierarchisch zu strukturieren. Der Typ hat einen umso spezialisierteren Charakter, je tiefer er in der Hierarchie angesiedelt ist; er erbt Eigenschaften und Verhalten seiner übergeordneten Typen. In Java finden wir etwa an der Spitze der Hierarchie den allgemeinen Typ `Object`. Ein Typ wie `Button` befindet sich dabei sehr tief im Geäst der API-Hierarchie. Methoden können in untergeordneten Typen überschrieben werden. Die Polymorphie sorgt dafür, dass zur Laufzeit erkannt wird, zu welchem Objekt eine bestimmte Methode gehört.

Kapselung: Die Attribute eines Objektes sind Implementierungsdetails und können verborgen werden. Der Zugriff auf die Attribute erfolgt indirekt, etwa mit Hilfe von Methoden. Bei Änderungen der Typdefinition können Attribute entfernt oder ersetzt werden, ohne dass sich an der Anwendung des Typen etwas ändert. Dieses Konzept ist mit der logischen Datenunabhängigkeit vergleichbar, die wir in Kapitel 1 kennengelernt haben.

Objektidentität: Jedes Objekt hat eine eigene Identität. Mit dieser Identität können wir für zwei Objekte feststellen, ob sie übereinstimmen. In Java wird die Identität beispielsweise mit dem ==-Operator verglichen:

```
Object o1=new Object();
Object o1Same=o1;
System.out.println(o1Same==o1);
```

liefert `true`, weil `o1` und `o1Same` das gleiche Objekt referenzieren; dagegen gibt

```
Object other=new Object();
System.out.println(other==o1);
```

den Wert `false` aus. Diese Eigenschaft von Objekten ist im Zusammenhang mit Datenbanken umso bemerkenswerter, als sie uns von Primärschlüsseln befreit. Wir können jedes Objekt anhand seiner Identität von allen anderen Objekten unterscheiden und müssen keine eigenen künstlichen Schlüssel definieren oder uns gar auf die Suche nach natürlichen Schlüsseln machen.

Neben diesen aus der objektorientierten Entwicklung bekannten Eigenschaften werden auch Eigenschaften eingefordert, wie wir sie bereits kennen. Es muss möglich sein,

■ Daten zu persistieren und zu indizieren, ohne dass der Anwender die physikalische Ebene des ODBMS kennen muss;

■ parallele Zugriffe zu synchronisieren und

■ das ODBMS nach einem Ausfall wieder in einen konsistenten Zustand zu bringen.

Anders als bei relationalen Systemen wird keine Abfragesprache wie SQL gefordert. Vielmehr ist die Rede von „a simple way of querying data". Dies kann aber auch eine graphische Schnittstelle mit Abfragemöglichkeiten sein.

Ein weiterer Unterschied zum RDBMS ergibt sich auch aus der unbegrenzten Abfragekomplexität eines ODBMS. Wir erinnern uns (siehe Abschnitt 4.9), dass die Möglichkeiten der relationalen Algebra dagegen begrenzt sind. Es gibt Probleme, die nicht mit Hilfe von Ausdrücken der Algebra (und dementsprechend auch nicht mit dem Teil von SQL, den wir hier kennengelernt haben) gelöst werden können.

Diese Charakteristika eines ODBMS klingen vielversprechend: Wir können in objektorientierter Denkweise mit unseren Daten arbeiten, müssen uns um Primärschlüssel und Fremdschlüssel und Normalisierung keine Gedanken machen und können alle erdenklichen Abfragen für unsere Daten formulieren.

Am Beispiel von db4o lernen wir jetzt ein in den letzten Jahren zunehmend beliebter gewordenes und leicht anwendbares ODBMS kennen.

21.2 db4o

Zum ODBMS db4o[1] gibt es, bei gleicher Funktionalität und praktisch identischen Schnittstellen, Implementierungen für die Java-Plattform und solche für den .Net-Framework.

Es kann – wie H2 – kostenlos genutzt werden und sowohl im Client-Server-Betrieb als auch im Embedded-Modus betrieben werden. Wir wählen hier die bequeme zweite Variante. Dieser Abschnitt zeigt uns die wesentlichen Merkmale eines ODBMS, ohne db4o vollständig zu beschreiben. Für weiterführende Literatur sei auf [Roe06], [Pat06] oder auch das db4o-Tutorial[2] verwiesen. Auf unserem Streifzug werden uns wieder Comicreihen und Alben begleiten. Wir fangen mit der einfachen Definition des Typen Album an:

```
public class Album {
  private String titel;
  private int band, jahr;
  private BigDecimal preis;
  public Album(int band, String titel, BigDecimal preis, int jahr){
    this.band = band;
    this.titel = titel;
    this.preis = preis;
    this.jahr = jahr;
```

---

[1] www.db4o.com

[2] developer.db4o.com/Documentation/Reference/db4o-8.0/java/tutorial/

```
    }
    public String getTitel() {
      return titel;
    }
    public int getBand() {
      return band;
    }
    public int getJahr() {
      return jahr;
    }
    public BigDecimal getPreis() {
      return preis;
    }
    public String toString() {
      return band + " " + titel + " " + jahr + " " + preis;
    }
  }
```

Die Klasse ist sehr einfach, weist bis auf einige `get`-Methoden und eine
`toString`-Methode keine Funktionalität auf und ist daher für unsere ersten Versuche bestens geeignet.

21.2.1 db4o kann so einfach sein

Die Installation von db4o besteht darin, ein Archiv auszupacken. Da wir hier im
Embedded-Modus arbeiten, werden wir einfache Java-Programme schreiben, sie
übersetzen und ausführen. Wichtig ist auch hier, dass wir die Umgebungsvariable
`CLASSPATH` richtig setzen (siehe Abschnitt 18.3). Die JVM muss insbesondere die
`jar`-Datei `db4o-7.12.156.14667-all-java5.jar` finden. Ein Teil des Da-
teinamens ist dabei natürlich von der db4o-Version abhängig.

Im folgenden Code-Fragment erzeugen wir zunächst ein Objekt vom Typ `Album`
und öffnen dann die Datei, die unsere Datenbank beherbergen soll. Wenn es die
Datei noch nicht gibt, wird sie von db4o erzeugt. Auf das resultierende Objekt
vom Typ `ObjectContainer` wenden wir seine `store`-Methode an, um unser
Objekt zu persistieren.

```
Album asterix =
  new Album(25, "Der grosse Graben", new BigDecimal("5.00"), 1980);
ObjectContainer odb= Db4oEmbedded.openFile("comics.yap");
odb.store(asterix);
```

Ein `ObjectContainer` kann Objekte auf verschiedene Weisen bei db4o abfragen. Hier machen wir es uns zunächst einfach und nehmen die Methode
`queryByExample`. Wir werden uns diese Methode noch genauer anschauen. In

diesem Beispiel übergeben wir das zum Typ `Album` gehörende `Class`-Objekt und erhalten alle Objekte vom Typ `Album`, die in der Datenbank erfasst sind:

```
ObjectSet<Album> results=odb.queryByExample(Album.class);
System.out.println(results);
odb.close();
```

Selbstverständlich schließen wir die Datenbankdatei, wenn wir sie nicht mehr brauchen.

Im folgenden Code-Fragment gehen wir etwas anders vor, speichern dasselbe Album zweimal ab und schauen, was passiert.

```
odb.store(asterix);
odb.store(asterix);
ObjectSet<Album> results=odb.queryByExample(Album.class);
System.out.println(results.size());
```

Tatsächlich erkennt db4o, dass es sich um zwei identische Objekte handelt, und speichert nur eines. Die Ausgabe ist daher 1. Wir prüfen jetzt, ob das auch klappt, wenn die Objekte zwar gleich, aber nicht identisch sind:

```
Album asterix =
  new Album(25, "Der grosse Graben", new BigDecimal("5.00"), 1980);
Album other =
  new Album(25, "Der grosse Graben", new BigDecimal("5.00"), 1980);
ObjectContainer odb = Db4oEmbedded.openFile("comics.yap");
odb.store(asterix);
odb.store(other);
ObjectSet<Album> results=odb.queryByExample(Album.class);
System.out.println(results.size());
System.out.println(results.get(0)==results.get(1));
```

Die Objekte `asterix` und `other` enthalten zwar die gleichen Daten, sind aber – anders als im letzten Beispiel – nicht identisch. Die Ausgabe lautet daher:

```
2;
false
```

Es ist höchst beeindruckend, mit wie wenig Aufwand wir db4o sofort einsetzen können. Wir müssen keine Tabellen definieren oder XML-Dateien anlegen und verfügen über eine einfach durchschaubare API.

21.2.2 Query By Example

Wenn wir die folgende Klasse zusammen mit `Album` nutzen, können wir ein ähnliches Szenario wie in den Kapiteln 10 bis 14 entwickeln.

```
public class Reihe {
  private String name;
  private Album[] alben;
  public Reihe(String name, Album[] alben){
    this.name=name;
    this.alben=alben==null? null :(Album[]) alben.clone();
  }
  public Album[] getAlben(){
    return alben;
  }
  public String getName() {
    return name;
  }
  public String toString(){
    return name+ "   " + Arrays.toString(alben);
  }
}
```

Im folgenden Beispiel betten wir einen Teil der Alben und Reihen, die in Tabelle 10.1 dargestellt sind, in Objekte ein und speichern sie in unserer neuen Objektdatenbank.

```
Album[] frankaAlben={
  new Album(1, "Das Kriminalmuseum", new BigDecimal("8.80"), 1985),
  new Album(2, "Das Meisterwerk", new BigDecimal("8.80"), 1986)
};
Reihe franka=new Reihe("Franka", frankaAlben);
ObjectContainer db = Db4oEmbedded.openFile("comics.yap");
db.store(franka);
```

Wir gehen im Folgenden davon aus, dass wir den Datenbestand aus Tabelle 10.1 mit db4o erfasst haben. db4o kennt drei Arten, um Daten abzufragen, von denen wir in diesem Kapitel zwei kennenlernen. Die Variante Query-By-Example (QBE) beruht auf Ideen, die schon für relationale Systeme eingesetzt wurden: Der Anwender gibt ein Muster vor, und das DBMS findet die dazu passenden Daten. Mit einem sehr allgemeinen Muster, das alle Objekte einer bestimmten Klasse beschreibt, haben wir bereits weiter oben gearbeitet:

```
odb.queryByExample(Album.class)
```

Mit dem noch allgemeineren Aufruf `queryByExample(null)` erhalten wir alle Objekte, die sich in der Datenbank befinden. Das Ergebnis enthält eine Überraschung: Nicht nur die Objekte vom Typ `Reihe` sind in der Datenbank abgelegt, sondern auch die darin eingeschachtelten Objekte vom Typ `Album` und `BigDecimal`. Diese sehr allgemeinen Muster sind aber weniger interessant. Schauen wir uns das folgende Beispiel an:

```
Album example = new Album(0, "Asterix der Gallier", null, 0);
ObjectSet<Album> results = db.queryByExample(example);
System.out.println(results);
```

Wir definieren als Beispiel ein Album, mit dem Titel „Asterix der Gallier". Die Datenstruktur vom Typ `ObjectSet`, die uns die Methode `queryByExample` für das Beispiel liefert, enthält genau ein Element. Die Ausgabe lautet:

```
[1 Asterix der Gallier 1968 2.80]
```

In Beispielobjekten berücksichtigt db4o nur jene Teile des Objektzustandes, die ungleich einer `null`-Referenz und ungleich dem numerischen Wert 0 sind. Das ist zwar eine bequeme Konvention, zeigt aber schon die engen Grenzen der ansonsten intuitiv anwendbaren Methode `queryByExample` auf: So können wir beispielsweise nicht abfragen, ob es in unserer Sammlung ein kostenloses Album gibt. Bei der Arbeit mit db4o können wir QBE zwar nur für sehr einfache Prädikate verwenden, doch kann QBE auch überraschen. Im folgenden Listing formulieren wir eine komplexere Abfrage. Wir wollen alle Reihen ermitteln, die mindestens ein Album enthalten, das 1974 erschienen ist.

```
Album albumExample = new Album(0, null, null, 1974);
Reihe reiheExample = new Reihe(null, new Album[] { albumExample });
ObjectSet<Reihe> results = db.queryByExample(reiheExample);
for(Reihe reihe : results)
  System.out.println(reihe.getName());
```

Es ergibt sich

```
Gespenster Geschichten
Asterix
```

Auch wenn das Array mit `Album`-Objekten nur ein Element enthält, wird trotzdem die umfangreiche Reihe der Asterixalben gefunden. QBE lässt offenbar geschachtelte Muster zu; sobald wir aber wissen wollen, welche Reihen auch Alben aus den 1970er-Jahren enthalten, kommen wir mit QBE nicht weiter.

21.2.3 Native Abfragen

Weitaus umfangreichere Möglichkeiten als QBE bieten uns so genannte native Abfragen: Die Prädikate werden mit Hilfe eines generischen Typs `Predicate<T>` definiert und dann einer Methode namens `query` übergeben. Der Typ `Predicate` enthält dabei nur die folgende Methode:

```
public boolean match(T sample)
```

Die Methode `query` ermittelt dann alle Objekte, die dem Prädikat genügen. Im einfachsten Fall sind dies alle Objekte:

```
ObjectContainer db = Db4oEmbedded.openFile("comics.yap");
Predicate<Reihe> predicate = new Predicate<Reihe>() {
  public boolean match(Reihe reihe) {
    return true;
  }
};
List<Reihe> results = db.query(predicate);
System.out.prinrln(results);
db.close();
```

Im Objekt `predicate` liefert die Methode `match` immer den Wert `true`, so dass `query` dem Ergebnis auch alle Objekte vom Typ `Reihe` hinzufügt, die es in der Datenbank findet. Etwas interessanter ist die folgende Abfrage, die die Reihe „Franka" finden soll:

```
Predicate<Reihe> predicate = new Predicate<Reihe>() {
  public boolean match(Reihe reihe) {
    return reihe.getName().equals("Franka");
  }
};
List<Reihe> results = db.query(predicate);
```

Da wir bei der Gestaltung der `Predicate`-Objekte freie Hand haben, können wir natürlich alles nutzen, was uns die Java-API zur Verfügung stellt. Das folgende Beispiel ist da noch harmlos:

```
Predicate<Reihe> predicate = new Predicate<Reihe>() {
  public boolean match(Reihe reihe) {
    for (Album album : reihe.getAlben())
      if (album.getTitel().contains("Kleopatra"))
        return true;
    return false;
  }
};
```

Die Alben jeder Reihe werden durchgemustert. Dabei liefert `matches` für eine Reihe genau dann `true`, wenn sie ein Album enthält mit dem Text `Kleopatra` im Titel. Wir haben hier mit der Methode `contains` gearbeitet, die zum Typ `String` gehört. Da Java auch reguläre Ausdrücke kennt, hätten wir hier nach komplexen Textmustern suchen können.

Mit QBE konnten wir Prädikate nicht mit den Booleschen Operatoren verknüpfen. Das ist bei nativen Abfragen alles kein Problem. Das folgende Prädikat prüft, ob ein Album in den 1970er-Jahren erschienen ist:

```
Predicate<Album> predicate = new Predicate<Album>() {
  public boolean match(Album album) {
```

```
        return album.getJahr()>=1970 && album.getJahr()<1980;
    }
};
```

Die beiden Methoden `queryByExample` und `query` gehören zur API von db4o. Eine mit SQL vergleichbare Abfragesprache gibt es nicht. Im folgenden Abschnitt stellen wir db4o in einen allgemeineren Kontext und sehen, dass db4o in dieser Hinsicht kein Einzelfall ist.

21.3   Warum nicht gleich objektorientiert?

Scherzhaft wird gelegentlich behauptet, dass wir eine Objektdatenbank wie eine Garage nutzen können: Wir fahren mit dem Auto in die Garage und steigen aus. Später setzen wir uns in unser Auto und verlassen die Garage. Arbeiten wir mit relationale Datenbanken, ist es hingegen so, als ob wir das Auto in Einzelteile zerlegen, nachdem wir in die Garage gefahren sind, und dann die Einzelteile in Regale legen, um sie vor dem Verlassen der Garage einzusammeln und wieder zu einem Auto zusammenzusetzen. Und in der Tat erscheinen Systeme wie db4o auf den ersten Blick als bequemes und mächtiges Werkzeug. Doch sollten wir auch einige Schwachstellen kennen:

- Mit Hilfe der Methode `matches` können wir zwar beliebige Prädikate definieren, doch wissen wir nicht, wie db4o sie ausführt. SQL bietet uns hier nur seine bescheidene Ausstattung an Operatoren und Funktionen, doch können wir uns sicher sein, dass die Vergleichsoperatoren etwa mit Hilfe eines Index sehr schnell verarbeitet werden können. Bei den vielen Möglichkeiten für native Abfragen wissen wir im Einzelfall nicht, ob der Optimierer einen Index verwendet oder den ganzen Datenbestand sequenziell durchsucht.

- Aggregate sind derzeit in db4o unbekannt. Was in relationalen Systemen mit den Standardfunktionen aus SQL oft schnell berechnet werden kann, bleibt bei db4o dem Client überlassen: Er muss die Ergebnismenge verarbeiten und die Aggregate selbst ermitteln – und bei großen Datenvolumina braucht das seine Zeit.

In den vergangenen Jahrzehnten wurde immer wieder versucht, Standards für die verschiedenen ODBMS zu finden. Diese Bestrebungen wurden durch die Object Database Management Group[3] (ODMG) vorangetrieben. Ergebnisse sind die Object Definition Language (ODL) und die Object Query Language (OQL). Beide Sprachen haben sich in der Welt der ODBMS aber nie zu einer Lingua franca entwickelt, wie es SQL bei relationalen Systemen ist. Zwischenzeitlich hat sich die ODMG aufgelöst. Die Hersteller der ODBMS scheinen nicht mehr das Erfolgsmodell SQL adaptieren zu wollen, sondern orientieren sich eher an den Program-

---

[3] www.odbms.org/odmg/

miermodellen für Datenbankanwendungen, wie der JPA im Java-Umfeld oder LINQ (siehe auch Abschnitt 18.2) für das .Net-Framework.

Darüber hinaus mangelt es Objektdatenbanken an einer formalen Grundlage, wie sie das relationale Modell für relationale Datenbanken ist. Die Frage, ob dieses Defizit tatsächlich praktische Relevanz hat, bleibt unbeantwortet. Ein Problem in der Praxis gibt es allerdings mit der Integration einer Objektdatenbank in die DBMS-Landschaft eines Unternehmens, die weitgehend von relationalen Systemen dominiert wird. Einzelne ODBMS wie Caché von InterSystems[4] bieten hier auch SQL als Abfragesprache für ihr ODBMS an.

Einige der objektorientierten Eigenschaften wie Abstraktion und Vererbung wurden – sofern überhaupt möglich – in die relationale Welt übertragen. SQL3 enthält einige objektorientierte Konzepten, die in der Praxis aber wenig Beachtung finden. Insgesamt stellen ODBMS projektbezogen für einzelne Anwendungen, die in kein bestehendes Datenbankuniversum eingebunden werden müssen, eine sehr attraktive Alternative zu einem RDBMS dar.

Alles klar?

- ■ Objektdatenbanksysteme unterstützen das objektorientierte Paradigma.

- ■ Die Standardisierung hat sich im ODBMS-Bereich nicht im gleichen Maße wie bei RDBMS durchgesetzt.

- ■ Für objektorientierte Entwickler ist die Datenhaltung in einer Objektdatenbank deutlich einfacher als in relationalen Datenbanken.

- ■ Das Datenmodell muss nicht mehr vom Objektmodell getrennt werden, sondern lässt sich integrieren.

- ■ Moderne Objektdatenbanken fügen sich in gängige Plattformen wie Java oder .Net ein und unterstützen deren Programmiermodelle.

- ■ Durch die Objektidentität werden Primärschlüssel überflüssig.

- ■ Die referenzielle Integrität ist implizit im Objektmodell enthalten und muss nicht eigens definiert werden.

---

[4] www.intersystems.com/cache/

XML-Datenbanken

Wenn Menschen mit Computern arbeiten, fallen auch logisch zusammengehörige Daten, wie Bestellungen oder Produktdokumentationen, in Form von *Dokumenten* an. So wie es viele Arten von Dokumenten gibt, gibt es auch eine Vielzahl von Möglichkeiten, Dokumente zu speichern. Als Formate kommen einfache unstrukturierte ASCII-Dateien ebenso in Frage wie proprietäre Binärformate, wie wir sie von Microsoft Office kennen.

XML (Extensible Markup Language) ist ein weiteres dieser Formate, das sich bereits vor seiner Standardisierung im Jahr 1998[1] schnell verbreitet hat. Heute gibt es sehr viele Anwendungen, die Dokumente im XML-Format ablegen und verarbeiten. In der Software-Entwicklung sind Konfigurationsdateien oder Dokumente zur Layout-Beschreibung wie in der Windows Presentation Foundation bekannte Anwendungsfälle. Aber auch für ganz alltägliche Dokumente wie Briefe, Präsentationen oder Tabellenkalkulationen verwenden populäre Systeme wie OpenOffice oder die neueren Microsoft-Office-Versionen kein binäres und proprietäres Format mehr, sondern das für Menschen lesbare XML.

Um die Inhalte dieser Dokumente zu persistieren, für Auswertungen verfügbar zu machen und ihre Inhalte zu aggregieren, wurden spezielle XML-Datenbanksysteme mit eigenen Abfragesprachen entwickelt. Zunehmend adaptieren die Marktführer von RDBMS diese Technologien und integrieren sie in ihre eigenen Produkte. Datenbanksysteme für XML-Dokumente sind Inhalt spezieller Monographien wie [Kle02]. Wir wollen uns in diesem Kapitel einen Überblick über XML verschaffen, der aber keinesfalls umfassend ist. Vielmehr lernen wir die grundsätzlichen Probleme kennen, die sich bei der Abbildung eines XML-Dokuments auf Tabellen ergeben und arbeiten uns in XQuery, einer Abfragesprache für XML, ein. Abschließend sehen wir exemplarisch am RDBMS DB2 von IBM

---

[1] siehe auch www.w3.org/TR/2008/REC-xml-20081126/

wie der Impedance Mismatch (siehe auch 18.1) zwischen Hierarchie und Relation überwunden werden kann.

22.1   Eine ganz einfache Syntax

Wie alle anderen formalen Sprachen, hat auch XML eine Syntax. Wir wollen uns hier auf die grundlegenden Strukturen der Sprache beschränken und erkennen das einfache Prinzip, das hinter XML-Dokumenten steht. **Elemente** bilden das Grundgerüst eines XML-Dokuments. Jedes Element hat einen Namen und wird durch zwei **Tags** begrenzt. So wird ein Element mit Namen `alben` durch die beiden Tags `<alben>` und `</alben>` begrenzt. Der *Inhalt* eines Tagpaares kann aus

- weiteren Elementen und
- Text

bestehen. In der Wahl des Elementnamens sind wir frei, sieht man von einigen Sonderzeichen ab. Für den Spezialfall der leeren Tag-Paare ist die alternative Syntax `<alben/>` möglich. Ein Beispiel für ein einfaches XML-Dokument sehen wir in Listing 22.1.

Listing 22.1: Ein einfaches XML-Dokument

```
<reihe>
  <name>
    Asterix
  </name>
  <alben>
    <band>1</band>
    <band>2</band>
  </alben>
  Bis jetzt sind ueber dreissig Baende erschienen
</reihe>
```

Die Einrückungen sind optional und dienen – wie in einer Programmiersprache – der besseren Übersicht. Jedes Element kann außerdem mit **Attributen** versehen werden, die in das Anfangstag eingefügt werden:

```
<band nr="1" titel="Asterix der Gallier"/>
```

Anstatt die Bandnummer als (freien) Text darzustellen, haben wir sie in das Attribut `nr` integriert. Der Frage, ob eine Informationn besser in ein Attribut oder in ein Tagpaar eingebettet werden soll, wollen wir hier nicht weiter nachgehen.

Da die Definition der XML-Syntax rekursiv ist, haben XML-Dokumente eine *hierarchische* Struktur:

Jedes Element kann

■ Attribute,

■ Texte und

■ weitere Elemente

enthalten.

Zwar gibt es noch andere Sprachelemente, doch spielen sie im Vergleich zu diesen grundlegenden Strukturen eine eher untergeordnete Rolle. Jedes Dokument, das diesen einfachen Regeln genügt, heißt **wohlgeformt**. Wohlgeformte XML-Dokumente sind nichts anderes als syntaktisch korrekte Dokumente. Ein weiteres Beispiel für ein wohlgeformtes Dokument sehen wir hier in Listing 22.2:

Listing 22.2: Ein XML-Dokument mit Attributen

```
<reihen>
  <reihe>
    <name>
      Asterix
    </name>
    <alben>
      <band nr="1" titel="Asterix der Gallier" />
      <band nr="2" titel="Asterix und Kleopatra" />
    </alben>
  </reihe>
</reihen>
```

Nicht wohlgeformt sind etwa Dokumente, die unvollständige Tagpaare, also nur ein Anfangs- oder ein End-Tag enthalten:

```
<name>
  <alben>
  <alben>
</name>
```

Die Elemente namens `alben` enthalten zwei offene Tags, also ein Anfangstag ohne passendes Ende. Syntaxfehler ergeben sich des Weiteren, wenn es in der Struktur, die das Dokument repräsentiert, zu „Verklemmungen" kommt:

```
<reihe>
  <name>
    Asterix
    <alben>
  </name>
    </alben>
</reihe>
```

Innerhalb des `name`-Elements haben wir ein `alben`-Element geöffnet, es aber erst *nach* dem Ende des `name`-Tags geschlossen. Es ist klar, dass *innerhalb* eines Tags alle untergeordneten Tags geschlossen werden müssen.

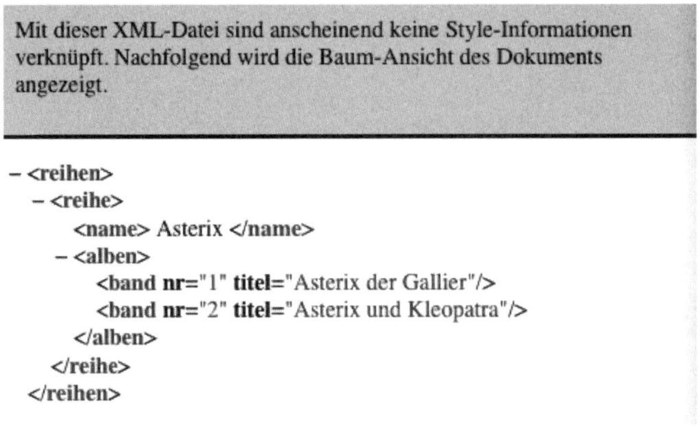

Mit dieser XML-Datei sind anscheinend keine Style-Informationen verknüpft. Nachfolgend wird die Baum-Ansicht des Dokuments angezeigt.

```
– <reihen>
  – <reihe>
      <name> Asterix </name>
    – <alben>
        <band nr="1" titel="Asterix der Gallier"/>
        <band nr="2" titel="Asterix und Kleopatra"/>
      </alben>
    </reihe>
  </reihen>
```

Abbildung 22.1: Darstellung eines XML-Dokuments im Browser

Ob ein Dokument wohlgeformt ist, können wir von einem XML-Parser prüfen lassen. XML-Parser gibt es in Bibliotheken für alle gängigen Programmiersprachen zusammen mit zahlreichen instruktiven Beispielen zu ihrer Verwendung. Diese Parser brechen ihre Analyse ab, sobald sie einen Fehler entdeckt haben. Wir müssen aber kein Programm schreiben: Um zu erfahren, ob unser Dokument wohlgeformt ist, öffnen wir es in einem der gängigen Web-Browser, die eigentlich alle einen integrierten XML-Parser haben. Der Screenshot aus Abbildung 22.1 zeigt uns etwa die Ansicht des XML-Dokuments aus Listing 22.2 im Firefox-Browser. Mögliche syntaktische Fehler im Dokument stellt der XML-Parser des Browsers fest.

22.2   Selbstdefinierte Regeln

Die XML-Syntax lässt uns offenbar sehr viele Freiheiten für die Gestaltung unserer Dokumente. Wir können Tags und Attributen praktisch beliebige Namen geben und sie im Rahmen der Hierarchie frei anordnen. Sprachen wie HTML, mit der ja bis heute Webseiten gestaltet werden, sind hier weitaus restriktiver: Für die Elementnamen gibt es ein begrenztes Vokabular. Die Tags haben Namen wie `body`, `head` oder `table`. Dabei ist noch zu bemerken, dass HTML zwar ebenso wie XML auf ML endet, aber den Syntax-Regeln von XML *nicht* genügt. So können wir mit `<br>` einen Zeilenumbruch in ein HTML-Dokument einfügen, obwohl dieses Tag überhaupt kein Ende-Tag besitzt. Ein weiterer Unterschied zu XML besteht darin, dass die *Semantik* eines HTML-Dokuments festgelegt ist: In `<b>` und `</b>` eingebetteter Text wird fettgedruckt dargestellt.

Diese Form der Semantik fehlt in XML-Dokumenten. So ist in der Spezifikation des XML-Standards nicht festgelegt, welche Bedeutung etwa ein Element namens `alben` hat. Auch die Toleranz von XML- und HTML-Parsern ist sehr unterschiedlich: XML-Parser stellen ihre Arbeit beim ersten Fehler im Dokument ein, HTML-Parser versuchen *in aller Regel*, selbst noch so inkorrekte Dokumente zu interpretieren.

In vielen Fällen ist Wohlgeformtheit eine zu schwache Anforderung an XML-Dokumente. Meistens wollen wir das Vokabular und die Struktur eines Dokuments vorgeben und dem Anwender dann je nach Anforderungsprofil viel oder wenig Freiheiten lassen.

Als ein „sauberes HTML" wurde der Dialekt XHTML definiert. Es genügt der Syntax von XML und hat die gleiche Semantik wie HTML. In Listing 22.3 finden wir ein kurzes Beispiel dafür.

Listing 22.3: Ein einfaches XHTML-Beispiel

```
<html>
  <head>
    <title>Die Bewohner von Entenhausen
    </title>
  </head>
  <body>
    <p>Die folgenden <i>Figuren</i> bevoelkern <b>Entenhausen</b>
    </p>
  </body>
</html>
```

Zwar gibt es zu XHTML eine Spezifikation.[2] Doch was nutzt die ganze Spezifikation, wenn jeder XHTML-Autor nach Belieben eigene Tags in die Dokumente einfügen kann und Parser somit auch Dokumente durchgehen lassen, die nicht der Spezifikation entsprechen?

Damit das nicht passiert, besteht die Möglichkeit, eine strengere Syntax zu formulieren, als dies alleine mit der Wohlgeformtheit möglich ist. DTD (Document Type Definition) und XML-Schema sind zwei gängige Sprachen, um XML-Dokumente zu beschreiben. Beide Schemasprachen haben ihre Stärken und Schwächen, doch dominiert das mächtige XML-Schema.

Hier wollen wir einen Blick auf die einfachere und weniger komplexe DTD werfen. Dazu formulieren wir ein Beispiel für eine DTD, die XML-Dokumente beschreibt, die unserem Beispiel aus Listing 22.2 ähneln. In der folgenden Schemadefinition aus sehen wir, dass es, der hierarchischen Struktur wohlgeformter Dokumente entsprechend, genau ein Wurzelelement gibt. In unserem Fall ist dies `reihen`.

---

[2] Siehe www.w3.org/TR/xhtml11/

Listing 22.4: Beispiel für eine einfache DTD

```
<!DOCTYPE reihen [
<!ELEMENT reihen (reihe)*>
<!ELEMENT reihe (name, alben*)>
<!ELEMENT name (#PCDATA)>
<!ELEMENT alben (band)*>
<!ELEMENT band EMPTY>
<!ATTLIST band nr CDATA #REQUIRED>
<!ATTLIST band titel CDATA #REQUIRED>
]>
```

Der Deklaration

```
<!ELEMENT reihen (reihe)*>
```

entnehmen wir, dass dem Wurzelelement beliebig viele Elemente mit dem Namen reihe untergeordnet sein können. Das Zeichen * wird hier, wie so oft, als Muster für beliebig viele Repräsentanten interpretiert. Jedem Element reihe

- muss genau ein Element namen und

- können beliebig viele Elemente alben

untergeordnet sein. Die Elemente namen können ihrerseits Texte enthalten. Dies wird wie folgt durch PCDATA (parsed character data) ausgedrückt:

```
<!ELEMENT name (#PCDATA)>
```

Bis auf den Text sind keine weiteren Elemente vorgesehen. Das Element band ist als EMPTY markiert. Hier darf kein freier Text zwischen das Tag-Paar eingetragen werden. Dafür hat das band-Tag zwei Attribute namens nr und titel, die ihrerseits auch einfachen Text enthalten. Wie Attribute in XML-Dokumenten aussehen, haben wir bereits in Listing 22.2 gesehen.

Diese kurze Beschreibung der DTD ist keinesfalls umfassend, bereitet uns aber hinreichend auf den Rest des Kapitels vor. Den XML-Dokumenten *kann* eine Schemadefinition zugeordnet werden, und XML-Parser prüfen dann, ob das Dokument dem Schema entspricht. Diesen Vorgang bezeichnet man auch als **validieren**. Ob ein Dokument valide ist, kann nicht ganz so bequem festgestellt werden wie die Wohlgeformtheit, da die meisten gängigen Browser nicht beliebige Dokumente validieren. Dennoch müssen wir nicht extra ein Programm schreiben oder ein Werkzeug installieren, sondern können die Validierung für einfache Tests auch online durchführen lassen.[3] Wenn wir die Inhalte aus den Listings 22.2 und 22.4 zusammenführen, sollte das Ergebnis erfolgreich validiert werden.

---

[3] Siehe etwa www.xmlvalidation.com/

Ein Validierungsfehler ergibt sich, wenn wir die DTD aus Listing 22.4 unverändert lassen und uns am XML-Dokument zu schaffen machen, indem wir etwa das Element `reihe` durch `serie` ersetzen.

22.3 XML und relationale Datenbanken

XML-Dokumente teilen wir in zwei Kategorien ein:

- **Datenzentrierte** Dokumente sind stark strukturiert und genügen immer den gleichen einfachen Regeln. In vielen Fällen liegt auch eine Schemadefinition in Form einer DTD oder eines XML-Schemas vor. Das Dokument aus Listing 22.2 ist so ein Beispiel. Wir können uns vorstellen, dass es viele derartige Dokumente gibt und haben selbst bereits eine passende DTD formuliert.

- **Dokumentenzentrierte** XML-Dateien haben eine unregelmäßige Struktur und genügen keinen einfachen Regeln. Sie entsprechen eher dem, was wir uns landläufig unter einem Dokument vorstellen. Das XHTML-Dokument aus Listing 22.3 ist so ein Beispiel. Textelemente können überall etwa mit `<b>`- oder `<i>`-Elementen durchsetzt sein. Wenn es überhaupt eine Schemadefinition gibt, ist sie meistens kompliziert. In der DTD für dokumentenzentriertes XML trifft man häufig so genannten *mixed content* der Form (`#PCDATA | element1 | element2)*` an: Elemente und Text können hier also in beliebiger Reihenfolge auftreten.

Die Grenze zwischen diese beiden Arten von Dokumenten kann nicht klar gezogen werden. Es gibt auch Fälle, für die wir diese Zuordnung nicht eindeutig durchführen können. In den nun folgenden beiden Abschnitten untersuchen wir, wie wir diese beiden Arten von XML-Dokumenten auf Tabellen abbilden können.

22.3.1 Datenzentriertes XML

In der Literatur (siehe etwa [Bru00]) werden immer wieder Verfahren angegeben, um Tabellen zu finden, die zu einer bestimmten Klasse von XML-Dokumenten passen. Man kann Faustregeln formulieren, wie etwa die, dass Elemente auf Tabellen und Attribute auf Spalten abgebildet werden. Da geschachtelte Datentypen aber im relationalen Modell nicht vorgesehen sind, kommen wir bereits bei einer geringen Schachtelungstiefe in Schwierigkeiten. Hier können uns Schlüssel- und Fremdschlüsselbeziehungen weiterhelfen, um die Hierarchie abzubilden. Eine Umsetzung der DTD aus Listing 22.4 könnte so aussehen:

```
create table reihe(
   id int generated always as identity primary key,
   name varchar(20) not null
);
create table alben(
```

```
     id int generated always as identity primary key,
     reihe int not null references reihe
);
create table band(
     id int generated always as identity primary key,
     nr int not null,
     titel varchar(20) not null,
     album int not null references alben
);
```

Die Elemente werden hier in Form von Tabellen dargestellt. Weil das name-Element im Element reihen verbindlich vorgesehen ist, haben wir es als not null markiert. Da es im name-Element nur den Text und keine weiteren Elemente gibt, sind wir von der Faustregel abgewichen und haben name einfach auf eine Spalte der Tabelle reihe abgebildet. Die Elemente alben und band setzen wir mit Tabellen, die Attribute nr und titel mit Spalten um. Weil wir die Tabelle band nicht in die Tabelle alben einbetten können, verknüpfen wir beide Tabellen mit einer Schlüssel-Fremdschlüssel-Beziehung.

Uns fällt auf, dass die Tabelle alben, bis auf etwas Verwaltungsinformation, keine weiteren Daten enthält. Sie ist daher verzichtbar und kann mit der Tabelle band fusioniert werden:

Listing 22.5: Tabellen für spezielle XML-Dokumente

```
create table reihe(
   id int generated always as identity primary key,
   name varchar(20) not null
);

create table alben(
   id int generated always as identity primary key,
   nr int not null,
   titel varchar(20) not null,
   reihe int not null references reihe
)
```

Die Erfahrung zeigt indes, dass jedes noch so komplexe Regelwerk, mit dem wir ähnlich wie in diesem Beispiel XML-Dokumente auf Tabellen abbilden,

- ▪ nur eine Annäherung an die XML-Dokumente liefert;
- ▪ früh an seine Grenzen stößt.

Für einfache, datenzentrierte Dokumente können wir weitgehend äquivalente Tabellen finden. Sobald die Komplexität zunimmt, sind immer wieder Dokumente möglich, deren Daten nicht ohne Weiteres in Tabellen eingefügt werden können. In den meisten Fällen können wir für datenzentrierte Dokumente auch auf ein

komplexes Regelwerk verzichten und durch sorgfältige Analyse einen geeigneten
Tabellenentwurf finden.

22.3.2 Dokumentenzentriertes XML

Die Grenzen für Verfahren, wie wir sie im vorhergehenden Abschnitt kennengelernt haben, sind für dokumentenzentriertes XML erreicht, das möglicherweise
noch Mixed Content enthält. Grundsätzlich können wir Hierarchien aber auch
durch *Rekursion* realisieren. In Abschnitt 6.5 haben wir schon gesehen, wie wir
durch Selbstbezüge eine Hierarchie modellieren. Wir diskutieren jetzt, wie wir
uns diese Vorgehensweise für XML nutzbar machen.

Mit Hilfe der folgenden Tabellen können wir die Daten aus jedem beliebigen
XML-Dokument abspeichern, das dem Teil der XML-Syntax genügt, den wir uns
in diesem Kapitel erarbeitet haben. Der Einfachheit halber haben wir dabei auf
Attribute verzichtet.

Listing 22.6: Tabellen für eine relationale XML-Datenbank

```
create table elementnames(
   id int generated always as identity primary key,
   name varchar(20) not null unique
);

create table elements(
   id int generated always as identity primary key,
   element int references elementnames,
   parent int references elements,
   ord int not null,
   unique(parent, ord)
);

create table textcontent(
   id int generated always as identity primary key,
   name varchar(20) not null,
   parent int not null references elements,
   ord int not null
);
```

Für die Elementnamen ist die einfache Lookup-Tabelle elementnames vorgesehen. Ihr Inhalt ist entsprechend einfach gehalten. Wenn wir die Tabelle mit den
Elementnamen der DTD aus Listing 22.4 füllen, ergibt sich Tabelle 22.1.

Etwas komplexer ist dagegen die Tabelle elements. Für jedes Element aus dem
Beispieldokument in Listing 22.2 gibt es einen Eintrag in dieser Tabelle. Die Spalte

Tabelle 22.1: Elementnamen in einer Lookup-Tabelle

id	name
1	reihen
2	reihe
3	name
4	alben
5	band

- `element` referenziert den Namen des Elements;
- `parent` referenziert das übergeordnete Element und ist `null` beim Wurzelelement;
- `ord` ist die laufende Nummer des Elements in seiner Hierarchieebene.

Die Spalten `parent` und `ord` sind gewissermaßen die Koordinaten der Elemente und somit eindeutig. Für das Beispieldokument ergibt sich der Datenbestand aus Tabelle 22.2. Der letzte Datensatz in der Tabelle repräsentiert etwa einen `band`-Knoten, der einem `alben`-Knoten untergeordnet ist.

Tabelle 22.2: Beispielhafter Inhalt der Tabelle `elements`

id	element	parent	ord
1	1	null	1
2	2	1	1
3	3	2	1
4	4	2	2
5	5	4	1
6	5	4	2

Ein Element kann außer untergeordneten Elementen auch Text enthalten. Für Texte haben wir die gleichen Koordinaten `parent` und `ord` wie für Elemente. Im Fall des Beispieldokuments enthält sie nur einen Datensatz:

Tabelle 22.3: Textknoten eines XML-Dokuments

id	name	parent	ord
1	Asterix	3	1

Es ist jetzt nicht mehr schwer, auch XML-Attribute oder weitere Komponenten der XML-Syntax in die Datenbank zu integrieren. Auf den ersten Blick ergibt sich eine befriedigende, generische Lösung. Bei genauerer Betrachtung sind aber auch hier Probleme möglich.

Das Design dieser generischen Lösung ist akzeptabel, aber sicher nicht perfekt: Texte können in XML-Dokumenten beliebig lang werden. In unseren Tabellen `elementnames` und `textcontent` haben wir sie auf 20 Zeichen begrenzt.

Inkonsistenzen sind möglich: Das Design der Tabellen erlaubt es etwa, einem Element und einem Text die gleichen Koordinaten zu geben. Dies ist eine Konsequenz aus der mangelnden Unterstützung des relationalen Modells für Vererbung. Workarounds sind zwar möglich, doch gibt es keine befriedigende Lösung.[4]

Das Hauptproblem besteht aber in der Formulierung von Abfragen. Das machen wir uns am folgenden Beispiel klar: „Wie viele Asterix-Bände gibt es in unserer Datenbank?"

Für die Tabellen aus Listing 22.5 liegt die Lösung auf der Hand:

```
select count(*)
from reihe r, alben a
where r.name='Asterix' and r.id=a.reihen
```

Ganz andere Geschütze müssen wir selbst für diese einfache Abfrage auffahren, wenn wir mit der generischen Lösung aus Listing 22.6 arbeiten:

```
select count(*)
from  textcontent tc, elements e, elements e2,
elements e3, elementnames en
where tc.name='Asterix'  and tc.element=e.element and
tc.ord=e.ord  and e2.parent=e.parent and
en.name='band' and e3.element=en.id and e3.parent=e2.id
```

Nicht nur die Formulierung der Abfragen fällt schwer und ist fehleranfällig. Da für jede Hierarchieebene mindestens ein Join nötig ist, wird die Verarbeitung auch mit wachsender Ebenenzahl rasch langsamer werden.

Auch wenn wir die beiden Ansätze nicht bis in das letzte Detail diskutiert haben, sollte klar geworden sein, dass eine Verwaltung von XML-Dokumenten in relationalen Datenbanken nur in speziellen Fällen praktikabel ist.

22.4 XPath – eine Abfragesprache für XML

In den folgenden Abschnitten lernen wir Abfragesprachen für XML-Dokumente kennen. Als Beispiel für unsere Abfragen verwenden wir das folgende einfache Dokument:

---

[4] Außer den Teilen von SQL, die wir kennengelernt haben, gibt es seit SQL3 auch die Möglichkeit, mit Vererbung zu arbeiten. Damit könnten wir eine etwas bessere Lösung entwickeln.

Listing 22.7: Ein XML-Beispiel

```
<alben>
<album reihe="Asterix">
  <number>1</number>
  <titel sprache="de">Asterix der Gallier</titel>
</album>
<album reihe="Asterix">
  <number>2</number>
  <titel sprache="de">Asterix und Kleopatra</titel>
</album>
<album reihe="Tim und Struppi">
  <number>19</number>
  <titel sprache="de">Tim in Tibet</titel>
  <preis>9,00</preis>
</album>
<album reihe="Yoko Tsuno">
  <number>19</number>
  <titel sprache="de">Rheingold</titel>
  <beschreibung>Yoko an Bord des legendaeren Eisenbahnzuges
  </beschreibung>
</album>
</alben>
```

Die hierarchische Struktur eines XML-Dokuments können wir übersichtlich mit Hilfe eines Baumes visualisieren. Abbildung 22.2 zeigt uns den *Ausschnitt* aus dem Beispieldokument, der zum Album „Asterix der Gallier" gehört.

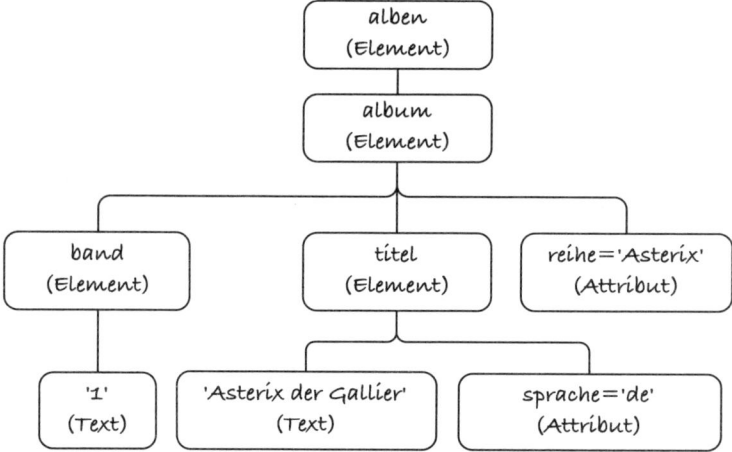

Abbildung 22.2: Ein Ausschnitt aus dem Beispieldokument

Zu jeder XML-Komponente, die wir bisher besprochen haben, finden wir hier einen Knoten. Die Blätter des Baumes bilden die Texte und die Attribute. Ganz ähnlich wie in Dateisystemen können wir einzelne Elementknoten durch Pfade beschreiben. Der Pfad, der uns etwa zu allen Titelelementen führt, lautet:

Listing 22.8: Ein einfacher XPath-Ausdruck

```
/alben/album/titel
```

Wenn wir diese Pfade mit Hilfe von `select`-Anweisung formulieren wollen, die auf den Tabellen aus Listing 22.6 aufbauen, dann bedarf dies einiger Joins. Es gibt jedoch Datenbanksysteme, die XML-Dokumente so speichern, dass sie *schnell* auf Pfade zugreifen können. Die zugehörige Abfragesprache nutzt dann auch Ausdrücke, die so aussehen können wie die aus Listing 22.8. Da diese Datenbanksysteme nicht den Umweg über Tabellen gehen, sondern für die Speicherung Datenstrukturen wählen, die der hierarchischen Natur von XML Rechnung tragen, werden sie auch als **nativ** bezeichnet.

Um auf Inhalte von XML zuzugreifen, hat das W3C die Abfragesprache **XPath** spezifiziert.[5] Die meisten XML-DBMS können nicht nur XML-Dokumente verwalten, sondern ihre Inhalte auch über XPath-Abfragen verfügbar machen. Ein solches System ist BaseX[6], dessen Benutzerschnittstelle wir in Abbildung 22.3 sehen. Unter den vielen XML-Datenbankensystemen[7] zeichnet sich BaseX durch einfache Installation und Handhabbarkeit aus. Eine andere Möglichkeit, XML-Daten zu persistieren, wird noch in Abschnitt 22.6 aufgezeigt.

Zum XPath-Ausdruck aus Listing 22.8 findet BaseX für das Beispiel aus Listing 22.7 das folgende Ergebnis.

```
<titel sprache="de">Asterix der Gallier</titel>
<titel sprache="de">Asterix und Kleopatra</titel>
<titel sprache="de">Tim in Tibet</titel>
<titel sprache="de">Rheingold</titel>
```

Neben vollständig qualifizierten Pfadausdrücken, wie dem aus Listing 22.8, können wir mit

```
//titel
```

auf *alle* Elemente namens `titel` zugreifen, die *irgendwo* im Dokument stehen. Da es außer den Elementen auch Attribute und Textknoten in XML-Dokumenten geben kann, bedarf es dafür einer eigenen Abfragemöglichkeit. Die beiden folgenden XPath-Ausdrücke

```
/alben/album/titel/text()
```

---

[5] Siehe www.w3.org/TR/xpath20/

[6] siehe basex.org/

[7] Eine umfassende Übersicht zu XML-Datenbanken ist unter www.rpbourret.com/xml/XMLDatabaseProds.htm zusammengestellt.

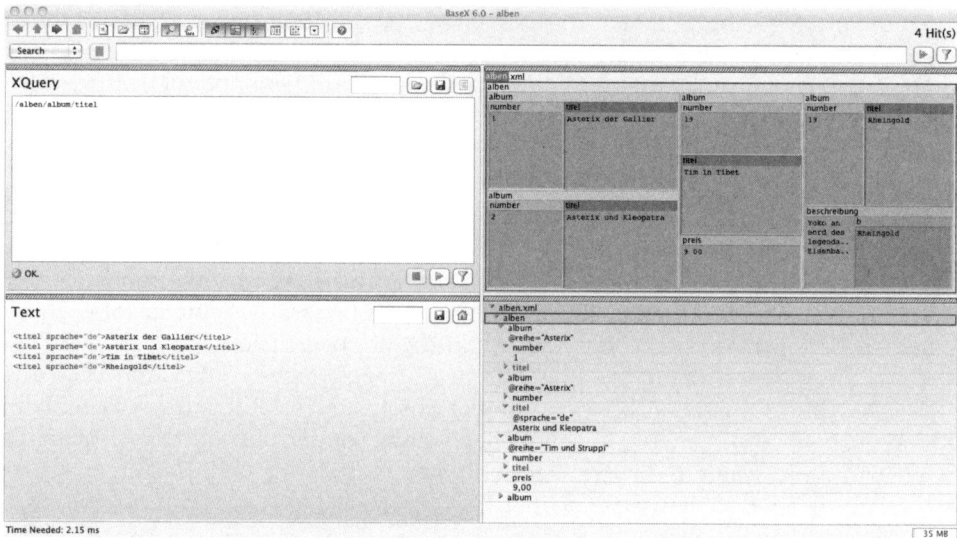

Abbildung 22.3: Die Benutzerschnittstelle von BaseX

```
/alben/album/titel/@sprache
```

liefern uns

```
Asterix der GallierAsterix und KleopatraTim in TibetRheingold
```

sowie

```
sprache="de" sprache="de" sprache="de" sprache="de"
```

als Ergebnis. Wie wir Informationen aus XML-Dokumenten formatieren, sehen wir in Kürze. Ähnlich wie mit der `where`-Komponente der `select`-Anweisung können wir auch in XPath-Ausdrücke Prädikate einfügen und die Ergebnisliste so weiter einschränken.

Sämtliche im Dokument enthaltenen Asterix-Alben liefert uns die Anweisung

```
/alben/album[@reihe='Asterix']
```

Alle Alben, deren Titel den Text „Tim" enthalten, ergeben sich durch die Nutzung der Funktion `contains`:

```
/alben/album/titel/contains(text(),'Tim')
```

Neben dieser Funktion gibt es in XPath noch zahlreiche weitere Funktionen. Wenn wir etwa alle Alben haben wollen, die mindestens einmal ein Element namens `beschreibung` enthalten, können wir mit der Funktion `count` arbeiten.

```
/alben/album[count(beschreibung)>0]
```

Ganz ähnlich wie bei SQL können wir mit XPath sowohl interaktiv als auch programmatisch über eine API Daten aus unseren Dokumenten abfragen.

22.5 XQuery – fast wie zu Hause

Wir können XPath

- zur Navigation innerhalb eines Dokuments und

- zur Extraktionen von Teilen eines XML-Dokuments

benutzen. Auch wenn XPath bereits einige Merkmale einer Abfragesprache aufweist, ist die Sprache doch weit davon entfernt allen für die Praxis wichtigen Anforderungen zu genügen. So können wir – anders als bei SQL – mit XPath nur auf Daten aus *einem einzigen* Dokument zugreifen. Ferner fehlt die Möglichkeit, Daten zu aggregieren. Wenn wir beispielsweise wissen wollen, wie viele Alben in unserem Beispieldokument aus Listing 22.7 verzeichnet sind, ist das mit XPath nicht möglich. Einen wesentlich mächtigeren Sprachumfang bietet XQuery, das seit Dezember 2010 ein Recommendation des W3C[8] ist. Es baut sehr stark auf XPath auf und enthält SQL-ähnliche syntaktische Strukturen.

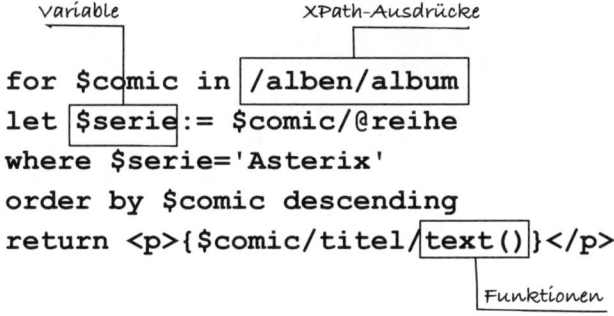

Abbildung 22.4: Einige Sprachelemente von XQuery

Ein erster Eindruck zu XQuery ergibt sich aus Abbildung 22.4. Neben den dort verzeichneten Funktionen, Variablen und XPath-Ausdrücken fallen auch die Schlüsselworte

- `for`
- `let`

---

[8] Siehe www.w3.org/TR/xquery/

■ `order by`

■ `where` und

■ `return`

auf. Aufgrund der Anfangsbuchstaben dieser Schlüsselworte werden XQuery-Anweisungen oft auch wohlklingend als FLOWR-Ausdrücke bezeichnet.

In der `for`–Komponente werden der Variablen `$comic` iterativ alle Werte zugewiesen, die der XPath-Ausdruck `/alben/album` findet.

In der `let`–Komponente wird der Variablen `$serie` jeweils das Resultat des XPath-Ausdrucks `$comic/@reihe` zugewiesen; damit enthält `series` eine Liste von Knoten.

Variable, die im Rahmen der `for`-Komponente vereinbart wurden, enthalten immer nur einen Knoten, die mit `let` definierten können hingegen mehrere Knoten enthalten.

In der `return`–Komponente wird das Ergebnis der Abfrage aus den mit `for` und `let` vereinbarten Variablen konstruiert. Die `return`-Komponente entspricht am ehesten der Projektion aus der `select`-Anweisung. Hier werden die Ergebnisse noch mit Hilfe von Funktionen angepasst und formatiert.

Analog zu SQL können außerdem Knoten mit Hilfe von Prädikaten in der optionalen `where`–Komponente ausgewählt werden. Die Ergebnisknoten können dann mit der `order by`-Komponente sortiert werden.

Wer mit XPath und SQL vertraut ist, für den wartet XQuery nicht mehr mit vielen Überraschungen auf. Im Folgenden wollen wir einige ausgewählte Eigenschaften der Sprache genauer unter die Lupe nehmen.

Wir haben gesehen, dass XQuery in der vorliegenden Form kein wohlgeformtes XML erzeugt. Anders als SQL ist XML unter den Operationen von XQuery nicht abgeschlossen. Um die Wohlgeformtheit müssen wir uns, wie im folgenden Beispiel aufgezeigt, selber kümmern:

```
<asterixalben>{
   for $comic in /alben/album
   let $serie:= $comic/@reihe
   where $serie='Asterix'
   order by $comic descending
   return <p>{$comic/titel/text()}</p>
}</asterixalben>
```

In der `return`–Komponente sind beliebige Literale möglich. Der XQuery-Anteil wird im Beispiel einfach in geschweifte Klammern gesetzt. Das Ergebnis der `return`-Komponente besteht aus den Ergebnissen des XPath-Ausdrucks `$comic/titel/text()`. In das Wurzelelement `asterixalben` betten wir dann den ganzen XQuery-Ausdruck ein.

Jetzt sehen wir, wie wir unser Beispieldokument mit anderen Dokumenten verknüpfen, und definieren dazu ein weiteres XML-Dokument `reihen.xml`, das
spezielle Informationen zu Comicreihen enthält:

```
<reihen>
  <reihe name='Asterix'>
    <erstausgabe jahr='1968' />
  </reihe>
  <reihe name='Tim und Struppi'>
    <erstausgabe jahr='1929' />
  </reihe>
</reihen>
```

Die beiden Dokumente `reihen.xml` und `alben.xml` unterscheiden wir dabei
mit Hilfe der Funktion `doc`. Um uns etwas Schreibarbeit zu ersparen, nutzen wir
die Möglichkeiten von XML und vereinbaren zwei praktische Variable:

```
let $d_reihen := doc("reihen.xml")
let $d_alben := doc("alben.xml")
```

Die erste Möglichkeit, die Dokumente miteinander zu verbinden, ist ähnlich wie
eine geschachtelte Abfrage in SQL formuliert:

Listing 22.9: Eine XQuery-Abfrage mit Daten aus zwei Dokumenten

```
for $reihen in $d_reihen/reihen/reihe,
$comics in $d_alben/alben/album[@reihe=$reihen/@name]
return $reihen
```

Es werden nur diejenigen Alben in die Knotenliste `$comics` aufgenommen, deren Reihe auch in `reihen.xml` verzeichnet ist. Das Ergebnis sieht wie folgt aus:

```
<reihe name="Asterix">
  <erstausgabe jahr="1968"/>
</reihe>
<reihe name="Asterix">
  <erstausgabe jahr="1968"/>
</reihe>
<reihe name="Tim und Struppi">
  <erstausgabe jahr="1929"/>
</reihe>
```

Die Alternative zum Abfragemuster aus Listing 22.9 sieht ähnlich wie der Join bei
`select`-Anweisungen aus:

```
for $reihen in  $d_reihen/reihen/reihe,
$comics in $d_alben/alben/album
where $comics/@reihe=$reihen/@name
```

```
return $reihen
```

Die beiden voneinander unabhängigen Variablen `$reihen` und `$comics` werden im `where`-Teil mit Hilfe des Prädikats

```
$comics/@reihe=$reihen/@name
```

miteinander verglichen.

XQuery verfügt zwar über keine Schlüsselworte wie `group by`, um Daten zu gruppieren, doch reichen die Bordmittel, die wir bereits kennengelernt haben, um Ergebnisse wie das folgende zu generieren:

```
<p name="Asterix">
  <titel sprache="de">Asterix der Gallier</titel>
  <titel sprache="de">Asterix und Kleopatra</titel>
</p>
<p name="Tim und Struppi">
  <titel sprache="de">Tim in Tibet</titel>
</p>
```

Jeder in der `for`-Komponente gefundene Knoten definiert eine Gruppe, deren Mitglieder in der folgenden `let`-Komponente in einer Variablen abgelegt werden.

```
for $reihen in  $d_reihen/reihen/reihe
let $comics := $d_alben/alben/album[@reihe=$reihen/@name]
return <p>{$reihen/@name}  {$comics/titel}</p>
```

Mit Hilfe der Funktionen `sum`, `avg`, `max`, `min` und `count` können wir auch Aggregate über diese Gruppen bilden:

```
for $reihen in  $d_reihen/reihen/reihe
let $comics := $d_alben/alben/album[@reihe=$reihen/@name]
return <p>{$reihen/@name}  {count($comics/titel)}</p>
```

Das Ergebnis ist

```
<p name="Asterix">2</p>
<p name="Tim und Struppi">1</p>
```

Auch wenn der Bestand an XML-Dokumenten in vielen Unternehmen zunimmt, so sind die Daten, die in relationalen Datenbanken liegen, immer noch von zentraler Bedeutung. Die Daten aus XML-Dokumenten spielen daher eine eher untergeordnete Rolle. Gerade aus diesem Grund ist es wichtig, dass Datenbanken für XML-Dokumente keine Insellösung sind, sondern sich in das relationale Gefüge des unternehmensweiten Datenbestandes integrieren. Eine Umsetzung dieser Integration ist Gegenstand des folgenden Abschnitts.

22.6 Der hybride Ansatz

Wir erfuhren in Abschnitt 22.3, dass das relationale Modell alleine nicht ausreicht, um Daten aus XML-Dokumenten geeignet zu verwalten. In den letzten beiden Abschnitten haben wir mit BaseX einen Vertreter der so genannten nativen XML-DBMS kennengelernt. In diesem Abschnitt sehen wir, dass es eine Mischform aus beiden Paradigmen gibt. Seit der Version 9 des RDBMS DB2 von IBM können parallel zu relationalen Daten auch XML-Dokumente *nativ* abgelegt werden. Die Beispiele in diesem Kapitel wurden mit der Version 9.7 der DB2[9] entwickelt und getestet. Grundsätzlich bieten aber auch andere Hersteller eine Synthese aus relationaler und nativer XML-Technologie.

Wir definieren zunächst zwei einfache Tabellen:

```
create table kontakte(
        id int not null primary key,
        name varchar(20)
);
create table sammlungen(
        id int not null primary key,
        besitzer int references kontakte,
        inhalt xml
);
```

Die Tabelle `kontakte` ist für stark vereinfachte Personendaten vorgesehen. Wir fügen die folgenden Beispieldaten ein:

```
insert into kontakte values(0, 'Donald');
insert into kontakte values(1, 'Asterix');
insert into kontakte values(2, 'Angela');
```

In der Tabelle `sammlungen` verwalten wir Information über alles, was Menschen so sammeln können. Da wir die gesammelten Gegenstände nicht weiter eingrenzen, können wir dazu auch kein passendes Schema formulieren. Briefmarkensammlungen haben etwa andere Charakteristika als CD-Sammlungen. Für die Beschreibung der Sammlung verwenden wir den Datentyp `xml`. In Spalten vom Typ `xml` können wir XML-Dokumente mit der gleichen Syntax wie Texte vom `char` oder `varchar` einfügen:

```
insert into sammlungen values(0, 0, null);
insert into sammlungen values(1, 1, '<briefmarken />');
insert into sammlungen values(2, 2, xmldokument);
```

Das Wort `xmldokument` im letzten Datensatz repräsentiert den Text, der zur Comicsammlung aus Listing 22.7 gehört. Auf den ersten Blick sieht es so aus, als ob

---

[9] DB2 Express kann etwa von www.ibm.com/software/data/db2/express/download.html kostenlos heruntergeladen werden.

die Dokumente unstrukturiert in Textform abgelegt werden. Tatsächlich werden sie aber auf physikalischer Ebene ihrer Struktur entsprechend *nativ* gespeichert, so dass DB2 schnell auf einzelne Komponenten der Dokumente zugreifen kann.

Diese Architektur ermöglicht auch eine effiziente Verarbeitung von XQuery-Abfragen:

```
xquery
db2-fn:xmlcolumn('SAMMLUNGEN.INHALT')//album
```

Die Dokumente werden mit der Funktion `db2-fn:xmlcolumn` aus den Spaltennamen `sammlungen.inhalt` ermittelt und untersucht. Die XQuery-Syntax, wie wir sie in Abschnitt 22.5 kennengelernt haben, wird unterstützt[10]:

```
xquery
<sammlung>{
for $artikel in
 db2-fn:xmlcolumn('SAMMLUNGEN.INHALT')//titel/text()
return <artikel> {$artikel} </artikel>
}</sammlung>
```

Weil die Tabelle nur ein einziges Dokument mit `titel`-Tags enthält, liefert die Abfrage das folgende Ergebnis:

Listing 22.10: Das Ergebnis einer XQuery-Abfrage mit DB2

```
<sammlung>
  <artikel>Asterix der Gallier</artikel>
  <artikel>Asterix und Kleopatra</artikel>
  <artikel>Tim in Tibet</artikel>
  <artikel>Rheingold</artikel>
</sammlung>
```

Weitere Anwendungen ergeben sich durch die Integration der XML-Dokumente in den relationalen „Rest" der Datenbank. Die folgende Abfrage bezieht sich nicht auf alle Dokumente, sondern nur auf diejenigen Sammlungen, die dem Kontakt „Angela" angehören. Das Ergebnis entspricht ebenfalls dem aus Listing 22.10.

```
xquery
for $artikel in db2-fn:sqlquery(
  'select inhalt
  from kontakte k,  sammlungen s
  where k.name=''Angela'' and k.id=s.besitzer'
  )//titel/text()
return <artikel> {$artikel} </artikel>
```

---

[10]Für Tabellen- und Spaltennamen spielt die Groß- und Kleinschreibung in SQL-Anweisungen keine Rolle. Im vorliegenden Fall handelt es sich aber um einen Text.

Die untersuchte Dokumentenmenge haben wir dabei durch die Funktion `db2-fn:sqlquery` mit Hilfe einer `select`-Abfrage eingeschränkt. Wir können aber nicht nur `select`-Anweisungen in übergeordnete XQuery-Ausdrücke einbetten, sondern auch mit XQuery und der Funktion `xmlexists` Prädikate für `select`-Anweisungen formulieren. Die folgende Anweisung ermittelt die Namen derjenigen Personen, zu denen es Sammlungen gibt, in deren Beschreibung ein Element namens `album` auftritt. Anders formuliert, sollen die Comicsammler identifiziert werden.

```
select k.name
from kontakte k,  sammlungen s
where  k.id=s.besitzer
and xmlexists('$inhalt//album' passing s.inhalt as "inhalt")
```

Wie erwartet, ergibt sich

k.name	s.id
Angela	2

Mit Variationen dieser Abfrage lassen sich weitere interessante Informationen aus der Verknüpfung von Relationen und XML-Daten gewinnen. Mit der folgenden `select`-Anweisung erfahren wir etwa, ob es auch Kontakte gibt, deren Namen im Titel eines Albums einer Sammlung auftauchen:

Listing 22.11: Eine Abfrage mit SQL- und XQuery-Anteilen

```
select k.name
from kontakte k, sammlungen s
where  xmlexists(
  '$inhalt//album/titel[contains(text(),$name)]'
  passing s.beschreibung as "inhalt",
          k.name as "name"
  )
```

Als Ergebnis erhalten wir eine Tabelle mit einem Datensatz:

k.name
Asterix

Auch wenn die Speicherung der XML-Dokumente einen effizienten Zugriff auf seine Komponenten zulässt, müssen etwa in der Abfrage aus Listing 22.11 für jeden Kontakt *alle* Dokumente durchgemustert werden. Bei umfangreichen Dokumententabellen kann dies das Tempo der Abfrage dramatisch reduzieren. In rein relationalen Abfragen wird hier mit einem Index gearbeitet. Das RDBMS ermittelt die passenden Werte dann über die Indexstruktur und nicht mit einer sequentiellen Suche. DB2 bietet die Möglichkeit, einzelne Pfade zu indizieren. In der Anweisung aus Listing 22.11 benötigen wir oft Informationen aus dem Knoten /alben/album/titel, die wir wie folgt indizieren können.

```
create index titelindex on sammlungen(beschreibung)
generate key using xmlpattern '/alben/album/titel'
as sql varchar(50)
```

Dieser kurze Überblick über einige ausgewählte Features eines kommerziellen RDBMS gibt uns einen Einblick in die Möglichkeiten, die sich gerade aus der Verbindung von relational und hierarchisch organisierten XML-Daten ergeben.

Alles klar?

- ■ XML ist ein textbasiertes Format, mit dem sich hierarchisch strukturierte Dokumente formulieren lassen.

- ■ Tags, Attribute und korrekt geschachtelte Elemente sind die Basis wohlgeformter XML-Dokumente.

- ■ Die freie Struktur eines XML-Dokuments kann durch Schemasprachen eingeschränkt werden.

- ■ Für datenzentrierte XML-Dokumente gibt es oft passende Tabellen, in denen die Daten verlustfrei abgelegt werden können.

- ■ Für dokumentenzentrierte Dokumente gibt es zwar generische Tabellenstrukturen, doch ist die Verwaltung in relationalen Datenbanken problematisch.

- ■ Native XML-Datenbanken tragen der hierarchischen Struktur beliebiger XML-Dokumente Rechnung und verwalten sie in geeigneten Datenstrukturen.

- ■ Für XML-Dokumente gibt es die standardisierten Abfragesprachen XPath und XQuery, die viele XML-DBMS unterstützen.

- ■ Die etablierten Anbieter relationaler Systeme bieten auch Möglichkeiten, um XML-Dokumente nativ zu verwalten und sie mit Tabellen zu verknüpfen.

NoSQL

Relationale Datenbanksysteme haben sich in den vergangenen 40 Jahren zu *dem* Standard für die Datenhaltung entwickelt. Entwicklungen, wie wir sie etwa in Form von Objekt- oder XML-Datenbanken kennenlernten, konnten daran nichts ändern. Auch wenn nicht-relationale Technologien heute erfolgreich genutzt werden, kommen sie nicht aus ihrem Nischendasein.

23.1 Das Kreuz mit dem Schema

Die Grenzen relationaler Datenbanken sind erreicht, wenn das starre Tabellenschema hinderlich wird. Wenn wir beispielsweise zu einer einfachen Tabelle personen, die Spalten wie id, name und telefon enthält, die Spalte titel hinzufügen wollen, gehen damit einige Probleme einher:

■ Die Änderung wird mit der Anweisung alter table durchgeführt. Je nach eingesetztem Produkt kann dies zu erheblichen Reorganisationen auf physikalischer Ebene führen. Sämtliche Datensätze der Tabelle personen, deren Struktur um das Attribut titel erweitert wird, sind für die Dauer der Bearbeitung gesperrt. Wenn es sich um eine sehr große Tabelle handelt, kann die Änderung lange dauern, so dass die Sperren lange gehalten werden müssen. Die Endanwender können unter Umständen stundenlang nicht mit den Daten arbeiten. Hinzu kommt, dass die alter table-Anweisung möglicherweise im Rahmen einer Transaktion durchgeführt und Datensatz für Datensatz protokolliert wird. Weil die Protokollierung Zugriffe auf die Festplatte nach sich zieht, wird die Laufzeit der Anweisung und damit die Dauer der Sperren verlängert. Wenn es sehr viel zu protokollieren gibt, reicht der für das Transaktionsprotokoll zur Verfügung stehende Platz nicht, und das RDBMS muss, um die ACID-Garantien zu gewährleisten, seine Arbeit einstellen.

■ Ein Attribut wie `titel` hat in weit über 90% der Datensätze den Wert `null` und bläht den Platz auf, den die Daten auf der Festplatte einnehmen. Weil sich dadurch die Transportzeiten von der Festplatte zum Hauptspeicher verlängern, müssen wir auch hier mit Performance-Einbußen rechnen.

Hier bieten sich auch XML-Datenbanken an. Es müssen nicht zwingend XML-Dokumente im engeren Sinne sein, die in einer solchen Datenbank abgelegt werden. Es ist auch denkbar, dass wir Daten, denen die Struktur einer statischen Tabelle fehlt, in ein XML-Dokument einbetten und in einer XML-Daten ablegen.

23.2 Gewaltige Datenmengen

Eine weitere Herausforderung für moderne DBMS besteht darin, dass Anwendungen aus dem Web-2.0 Umfeld

■ Daten im Petabyte-Bereich generieren und

■ potenziell von Millionen von Anwendern genutzt werden.

Dazu zählen soziale Netzwerke wie Twitter oder Facebook oder ein Versandhaus wie Amazon. *Eine* Maschine reicht hier bei Weitem nicht aus, um die Daten bereitzustellen. Es wird notwendig, den Datenbestand über viele Computer zu verteilen. Die Daten müssen natürlich an jedem Ort der Welt erreichbar sein. Doch sollten die Maschinen idealerweise so über die Welt verteilt sein, dass Daten aus geographischer Sicht in der Nähe ihrer Anwender sind, um die Transportzeiten über das Netzwerk zu minimieren.

Wenn ein Unternehmen Dienstleistungen über das Internet anbietet, dann können sich aus dem Ausfall eines DBMS erhebliche Umsatzeinbußen ergeben. Die Verfügbarkeit des Systems hat somit eine sehr hohe Priorität. Ein Versandhandel wie Amazon will, dass seine Kunden *immer* Produkte kaufen können.

Auch die RDBMS der etablierten Hersteller bieten die Möglichkeit,

■ Daten auf mehrere Knoten zu verteilen (*data sharding*), oder

■ Replikate der Daten auf mehreren Knoten zu halten und so eine nahezu beliebig hohe Verfügbarkeit zu erreichen.

Gerade diese Produkteigenschaften sind bei den RDBMS-Herstellern bereits seit Jahren ein Hauptgegenstand der Forschung und Entwicklung. Für die DB2 wurden bereits um das Jahr 2000 Benchmark-Szenarien mit mehreren Hundert Knoten aufgebaut. Diese hochwertige RDBMS-Software geht allerdings auch mit Lizenzgebühren einher, die sich bei der Verteilung auf viele Knoten entsprechend vervielfachen.

23.3   Nicht immer das Gleiche

Unternehmen wie Facebook, Twitter, Amazon oder Ebay setzen nicht ausschließlich relationale Systeme ein, sondern greifen zu einer Art von DBMS, die in den letzten Jahren unter dem Schlagwort NoSQL (Not Only SQL) bekannt geworden ist.[1] Es ist nicht einfach, hier gemeinsame Charakteristika zu identifizieren, doch sind dies häufig die bereits diskutierten Punkte:

- Schemalosigkeit
- Sharding
- Replikation
- kostenlose Lizenz

23.4   Schemafreie Datenbanken mit MongoDB

Wir wollen in diesem Kapitel anhand von MongoDB[2][3], einem der bekannteren NoSQL-DBMS, ein Gefühl für die Möglichkeiten und Grenzen dieser vergleichsweise neuen Technologie bekommen.

Die Installation und der Start eines MongoDB-Systems verlaufen sehr geschmeidig: Die Software wird beim Hersteller heruntergeladen und ausgepackt. Das Hauptverzeichnis der ausgepackten Software enthält ein Unterverzeichnis `bin`, in dem die MongoDB-Software enthalten ist. Den absoluten Pfadnamen des `bin`-Verzeichnisses können wir zur Umgebungsvariablen `PATH` hinzufügen. Alternativ können wir natürlich auch (ähnlich wie in Abschnitt 2.5) auf der Kommandozeile in das `bin`-Verzeichnis wechseln. Anschließend erzeugen wir selbst ein Unterverzeichnis namens `data`, das wir für die Daten unserer Datenbank nutzen wollen. Dann führen wir auf der Kommandozeile[4] die Anweisung

```
mongod --dbpath ./data
```

aus. Das DBMS ist hochgefahren und kann genutzt werden. Wir verbinden uns mit MongoDB

```
mongo
```

Das System sollte die Verbindung aufbauen und eine Rückmeldung geben, die der folgenden ähnelt:

---

[1] Unter der Kategorie NoSQL werden auf www.nosql-database.org derzeit über 100 verschiedene DBMS aufgeführt.

[2] www.mongodb.org

[3] Der Name MongoDB geht zurück auf das Wort *humongous* (engl. für gigantisch, riesig).

[4] Wir unterscheiden hier nicht mehr die Unix- und Windows-Notation. Die geringfügigen Unterschiede wurden bereits in Abschnitt 2.5 erklärt.

```
MongoDB shell version: 1.8.1
connecting to: test
>
```

Wir sind mit einer Datenbank namens `test` verbunden, wollen aber mit unserer eigenen arbeiten. Eine Datenbank wird implizit erzeugt, sobald wir sie verwenden:

```
use firstdb
```

Am folgenden Dialog erkennen wir, dass unser MongoDB-Client eine Shell ist, der wir interaktiv JavaScript-Anweisungen zur Ausführung übergeben können.

```
> v=2;
2
> w=3
3
> v+w;
5
```

Mit Hilfe der Anweisung `db.help()` überzeugen wir uns aber rasch davon, dass wir in der Shell auch auf Objekte und Methoden Zugriff haben, die mit MongoDB interagieren.

Jede Datenbank kann mehrere so genannte *Collections* enthalten. Das sind Sammlungen von möglicherweise uneinheitlich strukturierten Datensätzen, die konzeptionell mit Tabellen verwandt sind. Im Folgenden fügen wir einige Datensätze in die Collection `personen` ein:

```
db.personen.insert({name: "Dagobert", ort: "Entenhausen"})
db.personen.insert(
   {name: "Dagobert", titel:"Onkel", ort: "Entenhausen"})
db.personen.insert(
   {name: "Donald", ort: "Entenhausen",
    neffen: ["Tick", "Trick", "Track"]})
```

Die Collection `personen` wird implizit erzeugt und kann sofort verwendet werden. Das Format der Datensätze wird als BSON[5] bezeichnet und ist der bekannten *JavaScript Object Notation* (JSON) sehr ähnlich. Tatsächlich steht der Name für Binary JSON. Jeder Datensatz wird in geschweifte Klammern gesetzt und enthält eine Liste von Paaren der Form

```
schluessel : wert
```

Die Datensätze werden oft auch als **Dokumente** bezeichnet und MongoDB entsprechend als dokumentenorientiertes DBMS. Für die Werte gibt es ein Typsystem, das auch nicht-normalisierte Typen wie Listen der Form `["Tick",`

---

[5] bsonspec.org/

"Trick", "Track"] umfasst. Anders als beim relationalen Modell entfällt die Anforderung, dass alle Daten atomar sein müssen. Neben den Listen sind auch BSON-Objekte zulässige Werte. So können wir, ähnlich wie bei XML-Dokumenten, eine hierarchische Struktur aufbauen. Aufgrund der Schemafreiheit können zwei Datensätze der gleichen Collection ganz verschiedene Schlüssel[6] enthalten. Möglich wäre also auch

```
db.personen.insert({u : 3, v : 4, w : 5})
```

Datensätze wählen wir mit der Methode find aus:

```
db.personen.find()
db.personen.find({titel:"Onkel"})
```

Die erste Anweisung liefert uns alle Datensätze der Collection, die zweite nur diejenigen, die einen Schlüssel titel enthalten, der den Wert "Onkel" hat.

Ein Schlüssel oder eine Kombination von Schlüsseln kann indiziert werden. Wir versuchen einmal den Schlüssel name aus der Collection personen mit einem eindeutigen Index (siehe Abschnitt 20.7) zu versehen:

```
db.personen.ensureIndex({name: 1}, {unique: true});
```

Die Indizierung schlägt fehl, weil der Name Dagobert doppelt auftritt. Nachdem wir einen Dagobert erfolgreich gelöscht haben

```
db.personen.remove({titel : "Onkel"});
```

gelingt die Indizierung. Das Dokument {titel : "Onkel"} ist hier ein Prädikat; es werden alle Dokumente ermittelt, die dem Prädikat genügen. Der Schlüssel _id existiert in jedem Dokument und identfiziert das Dokument innerhalb seiner Collection eindeutig. MongoDB indiziert diesen Identifikator implizit.

Die Möglichkeiten der JavaScipt-Shell können wir auch nutzen, um Datensätze innerhalb einer Schleife zu erzeugen:

```
for(var i=1; i<=20; i++) db.personen.insert({x:i, name:'Mickey'})
```

Da wir so aber den gleichen Wert Mickey mehrfach für das Attribut name setzen, muss zuvor noch der Index gelöscht werden:

```
db.personen.dropIndex({name : 1})
```

Die eindeutige Indizierung stellt übrigens – neben der Wahl des geeigneten Datentyps – die einzige Möglichkeit dar, um MongoDB über die Integrität unserer Daten wachen zu lassen. Die Prüfung der logischen Konsistenz eines Dokuments muss von der Anwendung durchgeführt werden. Insbesondere gibt es keine Möglichkeit, referenzielle Integrität zu gewährleisten.

---

[6] Für die Paare eines BSON-Objektes hat sich die Bezeichnung *key/value* etabliert. Der Schlüssel eines solchen Paares hat nichts mit den Schlüsseln zu tun, wie wir sie aus dem relationalen Modell kennen!

Ebenso gibt es kein Gegenstück zu verschachtelten Abfragen oder Joins. Die Dokumentation[7] zu MongoDB beschreibt diese Eigenschaft sehr treffend:

> *„Relational purists may be feeling uneasy already, as if we were violating some universal law. But let's bear in mind that MongoDB collections are not equivalent to relational tables; each serves a unique design objective. A normalized table provides an atomic, isolated chunk of data. A document, however, more closely represents an object as a whole."*

Wir haben gesehen, dass die Verarbeitung der Daten mit Methoden wie `insert` oder `find` ausgeführt wird. Eine Abfragesprache wie SQL existiert nicht.[8] Dafür gibt es aber Treiber für sehr viele Programmiersprachen, mit deren Hilfe wir über eine API mit MongoDB arbeiten können.

23.5   Gruppieren und Aggregieren mit MapReduce

Komplexere Anweisungen, wie sie etwa der Aggregierung von Daten in Verbindung mit `group by` und `having` entsprechen, bietet die Methode `mapReduce`. Dieser Methode werden zwei Funktionen `map` und `reduce` übergeben, die wie folgt arbeiten:

- Jedes Dokument wird von `map` verarbeitet, alle für das Endergebnis relevanten Daten werden hier extrahiert und gegebenenfalls einer Berechnung unterzogen.

- Die Methode `reduce` hat zwei Parameter: einen Schlüssel und eine Liste mit zugehörigen Werten, die typischerweise das Ergebnis einer `map`-Funktion sind. Die Werte der Liste werden aggregiert.

Wir wollen beispielsweise wissen, wie oft jede Person in unserer Collection `personen` auftritt. Dazu definieren wir eine `map`-Funktion, die aus jedem Dokument den Namen extrahiert und als Wert die 1, die wir zum Zählen der verschiedenen Namen brauchen, hinzufügt.

```
m = function() {
   emit( this.name, 1 );
}
```

Wenn wir diese Funktion auf das Dokument (name: `"Dagobert"`, ort: `"Entenhausen"`) anwenden, ergibt sich das Paar (`"Dagobert"`, `1`). Dann definieren wir die zugehörige `reduce`-Funktion, der ein Name zusammmen mit einer Liste von lauter Einsen übergeben wird. Wir zählen einfach diese Einträge:

---

[7] www.mongodb.org/display/DOCS/MongoDB+Data+Modeling+and+Rails

[8] In der Dokumentation (www.mongodb.org/display/DOCS/SQL+to+Mongo+Mapping+Chart) findet sich eine Tabelle, in der aufgezeigt ist, wie einige einfache SQL-Anweisungen äquivalent mit MongoDB umgesetzt werden.

```
r = function(key, values) {
  return values.length;
}
```

Sobald sie vereinbart sind, werden beide Funktionen der Methode `mapReduce` übergeben; ihr dritter Parameter enthält das Ergebnis der Berechnungen:

```
db.personen.mapReduce(m,r, {out: "distinctPersons"})
```

Nach Ausführung der Anweisung werfen wir einen Blick auf das Ergebnis:

```
db.distinctPersons.find()

{ "_id" : null, "value" : 1 }
{ "_id" : "Donald", "value" : 1 }
{ "_id": "Mickey", "value":{"name": "Mickey", "count": 21}}
```

Wie erwartet, enthält ein Dokument unserer kleinen Collection `personen` den Schlüssel `name` gar nicht. Donald tritt einmal und Mickey insgesamt 21 Mal auf.

Auf den ersten Blick erscheint das MapReduce-Verfahren sehr umständlich. Tatsächlich wird es von sehr großen Internet-Firmen genutzt, wurde bei Google entwickelt [Dea08] und dort auch eingesetzt. Viele der NoSQL-DBMS verwenden den Algorithmus, um Daten zu aggregieren. Auch wenn man aus SQL-Sicht nur den Kopf schüttelt, wie kompliziert man doch die Anweisung

```
select name, count(*)
from personen
group by name
```

ausdrücken kann, besteht der Vorteil darin, dass das Verfahren hochgradig parallelisierbar ist und somit auf vielen Knoten gleichzeitig ausgeführt werden kann.

Wir haben schemafreie Daten in eine MongoDB eingefügt, einzelne Dokumente mit Prädikaten wie `name : "Dagobert"` ausgewählt und Daten aggregiert. Auch wenn wir insbesondere die Optionen zur Gestaltung von Abfragen noch nicht vollständig kennen, können wir uns bereits ein erstes Bild von den Möglichkeiten und Grenzen dieser Technologie machen.

23.6 Sharding mit MongoDB

Interessant sind natürlich noch die Replikation und das Sharding von Daten. Auch hier soll keine vollständige Diskussion stattfinden,[9] sondern exemplarisch aufgezeigt werden, wie einfach ein Cluster aus zwei Knoten aufgesetzt werden kann, in dem die Daten automatisch und gleichmäßig auf beide Knoten verteilt werden.

---

[9] Eine umfassende Einführung in MongoDB erfährt man in den beiden Büchern [Cho10] und [Cho11].

In Abbildung 23.1 sehen wir die beiden Shard-Server, auf die die Dokumente verteilt werden. Die Verteilung soll für den Anwender transparent sein; er erteilt nur die Anweisungen zur Verarbeitung der Dokumente und muss sich nicht auf die Suche nach dem richtigen Shard-Server machen. Dazu gibt es den Config-Server, der dafür zuständig ist, die Dokumente auf die Shard-Server zu verteilen und wiederzufinden. In Abhängigkeit von einem bestimmten Wert, kann der Config-Server schnell ermitteln, zu welchem Shard-Server gesuchte oder neue Daten gehören. Wenn die Dokumente etwa in Abhängigkeit vom Schlüssel `name` verteilt wurden, dann ermittelt der Config-Server für die Anweisung

```
db.personen.find(name: 'Dagobert')
```

den Shard-Server, auf dem dieses Dokument liegt. Sharding kann also auch ein Instrument zum Performance-Tuning sein: Es muss nicht mehr die ganze Collection durchsucht werden, sondern nur noch ein einzelner Shard. Damit der Config-Server nicht zum Engpass wird und um das Risiko eines Ausfalls zu reduzieren, können wir in einem MongoDB-Cluster mehrere Exemplare betreiben.

Der Anwender verbindet sich nicht direkt mit dem Config-Server, seine Schnittstelle ist ein so genannter Router. Es kann beliebig viele dieser Router geben. Ihre Aufgabe besteht darin, Rücksprache mit einem der Config-Server zu halten und den Anwender dann mit dem richtigen Shard-Server zu verbinden.

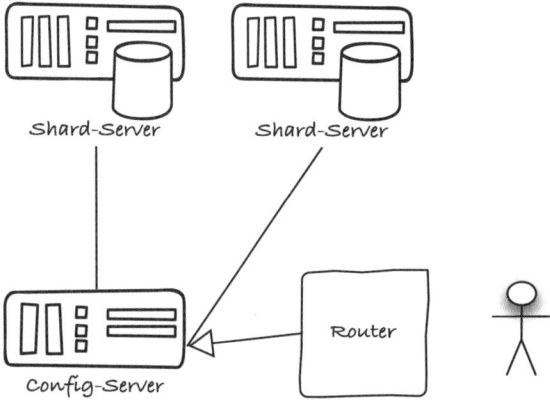

Abbildung 23.1: Komponenten, die am Data-Sharding beteiligt sind

Im Produktivbetrieb werden zumindest die Shard-Server auf getrennten Maschinen betrieben. Um die Funktionsweise des Sharding mit einfachen Mitteln zu erleben, starten wir vier Server, nämlich

- zwei Shard-Server
- einen Config-Server sowie

■ einen Router

auf der gleichen physikalischen Maschine.

Da sowohl die Shard-Server als auch der Config-Server ihre eigene Datenhaltung haben, legen wir für jeden der drei Server ein eigenes Verzeichnis an. Hier im Beispiel sind es `./data/shardA` sowie `./data/shardB` und `./data/config`.

Die Shard-Server und der Config-Server werden ganz ähnlich wie ein einzelner „normaler" MongoDB-Server in Betrieb genommen:

```
mongod --shardsvr --dbpath ./data/shardA --port 4711
mongod --shardsvr --dbpath ./data/shardB --port 4712
mongod --configsvr --dbpath ./data/config --port 4243
```

Die Option `--dbpath` zeigt auf das zugedachte Datenverzeichnis. Weil die drei Server die gleiche Maschine nutzen, dürfen sie nicht alle auf dem Standard-Port 27017 von MongoDB lauschen – jedem Server wird daher sein eigener Port zugewiesen.

Da wir uns nicht direkt mit unseren Shard-Servern verbinden wollen, benötigen wir noch einen Router, der uns nach Rücksprache mit dem Config-Server den oder die passenden Sharding-Server zuweist. Mangels Hardware läuft auch dieser Server auf der gleichen Maschine wie seine „Kollegen":

```
mongos --configdb localhost:4243
```

Wir beobachten, dass der Router nicht mit `mongod` gestartet wird und daher auch kein Verzeichnis für seine Datenbanken benötigt. Der Router hat keine eigenen Datenbanken, sondern führt uns zu Shard-Servern, die über Daten verfügen. Selbstverständlich muss der Router den Config-Server kennen. Wir machen ihn über die Option `--configdb` bekannt. Da wir dem Router keinen Port explizit zugewiesen haben, lauscht er auf dem MongoDB-Standard-Port.

Sollte `mongos` fehlerhaft beendet werden, lauscht möglicherweise noch ein alter MongoDB-Server auf diesem Port. Dieser Server muss natürlich beendet werden, bevor wir `mongos` starten. Anschließend verbinden wir den MongoDB-Client mit dem Router

```
mongo
```

Da beide Shard-Server noch unabhängig sind, müssen wir sie zunächst beim Config-Server bekannt machen. Dazu wechseln wir in die `admin`-Datenbank des Config-Servers

```
use admin
```

und registrieren die beiden Shards. Dazu reicht jeweils die Kombination aus Hostname und IP-Adresse:

```
db.runCommand({addshard: "localhost:4711", allowlocal: true})
db.runCommand({addshard: "localhost:4712", allowlocal: true})
```

Anschließend aktivieren wir das Sharding für die Datenbank `mydb` und in dieser Datenbank für die Collection `numbers`. Jetzt fehlt nur noch das Kriterium, welches Dokument in welchen Shard gehört. Hier entscheiden wir, dass die Datensätze in Abhängigkeit vom Schlüssel `col1` auf die Shards verteilt werden sollen:

```
db.runCommand({enablesharding: "mydb"})
db.runCommand({shardcollection : "mydb.numbers", key : {col1:1}})
```

Die Wahl des richtigen Shard-Key ist dabei ein komplexeres Thema, als es zunächst scheint. Hier sind folgenreiche Fehler möglich, von denen einige in [Cho11] beschrieben werden.

Wir wechseln jetzt zu der Datenbank, für die wir soeben das Sharding aktiviert haben, und erzeugen mit JavaScript *sehr viele* Datensätze:

```
use mydb
for(var i=1; i<=20000000; i++){
  db.numbers.insert({col1:i, col2:4711})
}
```

Wir beobachten jetzt das Wachstum der Dateien in den Verzeichnissen `ShardA` und `ShardB`. Zunächst wächst nur eines von beiden, und es scheint, als ob das Sharding gar nicht aktiviert ist. Es dauert vielleicht einige Minuten, bis man sieht, dass auch Daten im anderen Verzeichnis abgelegt werden. Ab jetzt beobachten wir, wie MongoDB so genannte Chunks von Daten zunächst in das eine Verzeichnis, dann in das andere Verzeichnis einstellt. So wird eine Verteilung erreicht, die sicher nicht 100% gleichmäßig, dafür aber sehr effizient ist.

Es ist leicht, ein Sharding-Szenario für den Testbetrieb zu entwickeln, aber auch für den Produktivbetreib sind nicht wesentlich mehr Schritte erforderlich. Ähnlich einfach ist es, ein hochverfügbares System mit Hilfe von *Replikation* aufzusetzen. Beide Skalierungstechniken können kombiniert werden. Wenn jeder Shard-Server mindestens einmal repliziert wird, reduziert sich die Wahrscheinlichkeit dafür, dass Daten nicht mehr verfügbar sind, dramatisch. Etablierte RDBMS bieten diese Möglichkeiten in unterschiedlichem Umfang, doch können hier – wie schon erwähnt – erhebliche Lizenzgebühren anfallen.

In diesem Kapitel haben wir MongoDB nicht zuletzt darum vorgestellt, weil die Ideen, die hinter diesem DBMS stecken, noch mit relationaler Denkweise greifbar sind. Andere NoSQL-Systeme erlauben nicht einmal den Zugriff auf einzelne Datensätze mit Hilfe von Prädikaten; hier ist nur der sequentielle Zugriff möglich.

23.7 Drum prüfe, wer sich bindet

Auch wenn die Schemalosigkeit oder der Einsatz mehrerer Knoten interessante neue Lösungen für geeignete Anwendungsfälle eröffnen, ergeben sich auch Probleme, deren Konsequenzen in Betracht gezogen werden sollten, bevor man sich entschließt, diese Technologie in größeren Projekten einzusetzen:

- Software-Entwickler arbeiten in der Regel seit Jahren mit SQL und relationalen Datenbanksystemen. Wenn NoSQL-Systeme eingesetzt werden, müssen die Mitarbeiter ausgebildet werden. Dabei wird es einige Zeit dauern, bis ein Erfahrungsreichtum wie für relationale Datenbanken aufgebaut wurde.

- Es gibt bei den meisten NoSQL-Systemen keine nennenswerte Möglichkeit, Integritätsregeln zu definieren. Um bessere Laufzeiten zu erzielen, wurden Regeln etwa zur Plausibilitätsprüfung der *Anwendung* überlassen. Wenn mehrere Anwendungen auf die gleichen Collections zugreifen, müssen auch beide die gleichen Integritätsregeln implementieren: eine Redundanz, die Probleme in der Wartung nach sich ziehen kann.

- Abfragesprachen wie SQL sind in praktisch allen NoSQL-Systemen unbekannt. Abfragen werden mit den Objekten und Methoden einer proprietären API formuliert. Dies bringt uns auf einen Stand, wie er um 1970 vor der Entwicklung von SQL gängig war. Nicht umsonst wurde SQL seinerzeit begrüßt. Schließlich sind die Vorteile, die eine eigene Abfragesprache mit sich bringen, unstrittig. Auch Mitarbeiter ohne Programmierkenntnisse können komplexe Abfragen formulieren. Die immanente Logik einer SQL-Anweisung ist bestechend und kann – wie wir gesehen haben – oft nur sehr umständlich mit API-Aufrufen abgebildet werden.

- Transaktion sind in einigen NoSQL-Systemen möglich, selbstverständlich ist das keineswegs. MongoDB verfügt beispielsweise über keinen Transaktionsmanager, so dass dieses System für Anwendungen in vielen Bereichen nicht in Frage kommt.

- Der Datenbestand eines Unternehmens ist sein Kapital. Gehen die Daten verloren, sind erhebliche Einbußen bis zum Ruin der Firma die Konsequenz. Die gängigen NoSQL-Systeme gibt es noch nicht sehr lange. Sie haben erst wenige Release-Zyklen hinter sich. Etablierte RDBMS weisen hingegen einen deutlich höheren Reifegrad auf. Das Risiko eines Datenverlustes wird somit dramatisch reduziert.

- Wenn die DBMS-Landschaft eines Unternehmen homogen ist, hat das den Vorteil, dass es einen einheitlichen Zugriff auf die Daten gibt. Daten einer Datenbank können mit Daten aus anderen Datenbanken über geeignete SQL-Anweisungen verknüpft werden. Wenn ein Teil der Daten indes von NoSQL-Systemen verwaltet wird, bedarf es eines so genannten Gateways, um auch diese Daten in den unternehmensweiten Datenbestand zu integrieren. Wenn es dieses Gateway nicht gibt, befinden sich diese Daten auf einer schwer erreichbaren Insel.

In [Cho10] finden wir – speziell für MongoDB – interessante Szenarien, in denen diese Probleme nicht auftreten oder nicht relevant sind, doch müssen die Vor- und Nachteile beim Einsatz von NoSQL-Systemen im Einzelfall sorgfältig abgewogen werden. Eine Übersicht über den aktuellen Stand der NoSQL-Technologie findet man in [Edl10].

Alles klar?

- In modernen Anwendungen, etwa aus dem Web-2.0-Umfeld, können große Datenbestände entstehen, die oft keine einheitliche Struktur haben.

- Relationale Datenbanken mit ihren statischen Schemata sind nicht immer geeignet, um diese Daten aufzunehmen.

- NoSQL-Datenbanken sind dynamischer und oft schemalos.

- Der Zugriff auf die Daten erfolgt vielfach über eine API und nicht über Abfragesprachen wie SQL.

- Viele Systeme bieten außerdem durch Replikation eine erhöhte Ausfallsicherheit.

- Einige NoSQL-Systeme ermöglichen auch das so genannte „Data Sharding", also die Verteilung des Datenbestandes über mehrere Rechner.

Literaturverzeichnis

[Atk89]   ATKINSON M.; BANCILHON F.; DEWITT D.; DITTRICH K.; MAIER D.; ZDONIK S.: The Object-Oriented Database System Manifesto. In: *Proceedings of the First International Conference on Deductive and Object-Oriented Databases*, 1989, S. 223–240

[Bay72]   BAYER R.; MCCREIGHT E.M.: Organization and maintenance of large ordered indexes. In: *Acta Informatica* 1 (1972), Jul, Nr. 3, S. 173–189

[Bee07]   BEEGER R.F.; HAASE A.; ROOCK S.; SANITZ S.: *Hibernate: Persistenz in Java-Systemen mit Hibernate und der Java Persistence API*. Dpunkt-Verlag, 2007

[Bru00]   BRUNDAGE M.; DENGLER P.; GABRIEL J.; HOSKINSON A.; KAY K.; MAXWELL T.; OCHOA M.; PAPA J.; VANMANE M.: *Professional XML Databases*. Wrox Press, 2000

[Buf88]   BUFF H.: Why Codd's Rule No. 6 Must be Reformulated. In: *SIGMOD Record* 17 (1988), Nr. 4, S. 79–80

[Buf03]   BUFF H.: *Datenbanktheorie*. Books on Demand GmbH, 2003

[Cel99]   CELKO J.: *Joe Celko's Data and Databases: Concepts in Practice (The Morgan Kaufmann Series in Data Management Systems)*. Morgan Kaufmann, 1999

[Cel10]   CELKO J.: *Joe Celko's SQL for Smarties, Fourth Edition: Advanced SQL Programming (The Morgan Kaufmann Series in Data Management Systems)*. Morgan Kaufmann, 2010

[Che76]   CHEN P.P.S.: The entity-relationship model–toward a unified view of data. In: *ACM Transactions on Database Systems (TODS)* 1 (1976), Nr. 1, S. 36

[Che02]   CHEN P.P.S.: Entity-relationship modeling: historical events, future trends, and lessons learned. In: *Software Pioneers: Contributions to Software Engineering* (2002), S. 100–114

[Cho10] CHODOROW K.; DIROLF M.: *MongoDB: The Definitive Guide*. O'Reilly Media, 2010

[Cho11] CHODOROW K.: *Scaling MongoDB*. O'Reilly Media, 2011

[Cod70] CODD E.F.: A relational model of data for large shared data banks. In: *Communications of the ACM* 13 (1970), Nr. 6, S. 387

[Cod85a] CODD E.F.: Does Your DBMS Run By the Rule? In: *ComputerWorld* (1985), Nr. October 21st

[Cod85b] CODD E.F.: Is Your DBMS Really Relational? In: *ComputerWorld* (1985), Nr. October 14th

[Cod90] CODD E.F.: *The Relational Model for Database Management, Version 2*. Addison-Wesley, 1990

[Dat90] DATE C.J.: NOT Is Not "Not"! (Notes on Three-Valued Logic and Related Matters). In: *Relational Database Writings 1985–1989*, Addison Wesley, 1990

[Dat03] DATE C.J.: *An Introduction to Database Systems (8th Edition)*. Addison Wesley, 2003

[Dea08] DEAN J.; GHEMAWAT S.: MapReduce: simplified data processing on large clusters. In: *Commun. ACM* 51 (2008), Nr. 1, S. 107–113

[DeC07] DECANDIA G.; HASTORUN D.; JAMPANI M.; KAKULAPATI G.; LAKSHMAN A.; PILCHIN A.; SIVASUBRAMANIAN S.; VOSSHALL P.; VOGELS W.: Dynamo: amazon's highly available key-value store. In: *SOSP*, 2007, S. 205–220

[Edl10] EDLICH S.; FRIEDLAND A.; HAMPE J.; BRAUER B.: *NoSQL: Einstieg in die Welt nichtrelationaler Web 2.0 Datenbanken*. Carl Hanser Verlag, 2010

[Fow02] FOWLER M.: *Patterns of Enterprise Application Architecture*. Addison-Wesley Professional, 2002

[Kar10] KARWIN B.: *SQL Antipatterns: Avoiding the Pitfalls of Database Programming (Pragmatic Programmers)*. Pragmatic Bookshelf, 2010

[Kle02] KLETTKE M.;MEYER H.: *XML Datenbanken. Konzepte, Sprachen und Systeme*. Dpunkt-Verlag, 2002

[Knu98] KNUTH D.E.: *The Art of Computer Programming 3. Sorting and Searching*. Addison-Wesley Longman, Amsterdam, 1998

[Kul07] KULKARNI M.; WALTER B.; RAMANARAYANAN G.; BALA K.; CHEW L.P.: Optimistic parallelism requires abstractions. In: *Proceedings of the 2007 ACM SIGPLAN conference on Programming language design and implementation*. New York, NY, USA : ACM, 2007 (PLDI '07), S. 211–222

[McJ97]   McJONES P.: The 1995 SQL Reunion: People, projects and politics. In: *SRC Tech. Note* 18 (1997)

[Pat06]   PATERSON J.; HORNING H.: *The Definitive Guide to Db4o*. Springer Verlag Gmbh, 2006

[Roe06]   ROEMER P.; VISENGERIYEVA L.: *db4o. schnell + kompakt*. Entwickler.Press, 2006

[Win05]   WINSLETT M.: Bruce Lindsay speaks out: on System R, benchmarking, life as an IBM fellow, the power of DBAs in the old days, why performance still matters, Heisenbugs, why he still writes code, singing pigs, and more. In: *SIGMOD Record* 34 (2005), Nr. 2, S. 71–79

Stichwortverzeichnis

HANSER

Funktionale Programmierung revisited

Piepmeyer
Grundkurs funktionale Programmierung mit Scala
302 Seiten
ISBN 978-3-446-42092-2

Funktionale Programmierung erlebt eine Renaissance - viele Programmiersprachen nutzen inzwischen Ideen der funktionalen Programmierung, etwa zur Parallelisierung von Software. Und es gibt jetzt auch eine neue, moderne funktionale Programmiersprache: Scala. Sie ist mit Java kompatibel und genießt nicht zuletzt deshalb große Aufmerksamkeit. Ausreichend Gründe also, um sich mit den Grundlagen der funktionalen Programmierung auseinanderzusetzen.

Dieser Grundkurs führt Sie in die funktionale Programmierung ein. Sie lernen die Besonderheiten dieses Programmierparadigmas zunächst an Java kennen. Im nächsten Schritt steigen Sie auf die Sprache Scala um. Am Beispiel von Scala erklärt Ihnen der Autor die typischen Elemente funktionaler Sprachen und zeigt, wie Sie sie in der Praxis anwenden können.

Mehr Informationen zu diesem Buch und zu unserem Programm
unter **www.hanser.de/computer**

HANSER

Die neue Lehrbuchgeneration

Hoffmann
Theoretische Informatik
2. aktualisierte Auflage
432 Seiten. 295 Abb.
ISBN 978-3-446-42639-9

Das Buch führt umfassend in das Gebiet der theoretischen Informatik ein und behandelt den Stoffumfang, der für das Bachelor-Studium an Universitäten und Fachhochschulen in den Fächern Informatik und Informationstechnik benötigt wird. Die Darstellung und das didaktische Konzept verfolgen das Ziel, einen durchweg praxisnahen Zugang zu den mitunter sehr theoretisch geprägten Themen zu schaffen. Theoretische Informatik muss nicht trocken sein. Sie kann Spaß machen und genau dies versucht das Buch zu vermitteln. Die verschiedenen Methoden und Verfahren werden anhand konkreter Beispiele eingeführt und durch zahlreiche Querverbindungen wird gezeigt, wie die fundamentalen Ergebnisse der theoretischen Informatik die moderne Informationstechnologie prägen.

Das Buch behandelt die Themengebiete: Logik und Deduktion, formale Sprachen, Automaten-, Entscheidbarkeits-, Berechenbarkeits- und Komplexitätstheorie. Die Lehrinhalte aller Kapitel werden durch zahlreiche Übungsaufgaben komplettiert, so dass sich die Lektüre neben der Verwendung als studienbegleitendes Lehrbuch auch bestens zum Selbststudium eignet.

Mehr Informationen zu diesem Buch und zu unserem Programm
unter **www.hanser.de/computer**

HANSER

Wissen, wie's geht

Schreiner
Computernetzwerke
Von den Grundlagen zur Funktion
und Anwendung
3., überarbeitete Auflage
320 Seiten
ISBN 978-3-446-41922-3

Viele Anwender suchen oft nach einer kompakten Einführung in die Grundlagen moderner Computernetzwerke, die trotzdem alle wesentlichen Aspekte präzise behandelt. Mit diesem Buch endet die Suche. Der Autor liefert darin fundiertes Know-how zu verschiedenen Bereichen des Networkings: vom OSI-Modell über die TCP/IP-Protokollfamilie, VLANs, VPNs und Funknetzen bis hin zu Steckern und Kabeln. Informationen zu Netzzugang, Routing, Sicherheit und Fehlerbehebung kommen ebenfalls nicht zu kurz. Ergänzt wird die Darstellung durch Repetitorien und Übungen, mit denen das Erlernte im Sinne einer Erfolgskontrolle überprüft werden kann. Das Konzept basiert auf jahrelanger Erfahrung des Autors als Netzwerkverantwortlicher: Nur verstandene Grundlagen ermöglichen einen problemlosen Aufbau von Computernetzen. Im Vordergrund steht daher nicht das »So«, sondern das »Wie«. Die Neuauflage wurde komplett durchgesehen und überarbeitet und um neue Abschnitte zu Netzzugang, Standards und Verfahren erweitert.

Mehr Informationen zu diesem Buch und zu unserem Programm
unter **www.hanser.de/computer**

HANSER

Programmieren lernen leicht gemacht!

Ratz/Scheffler/Seese/Wiesenberger
Grundkurs Programmieren in Java
711 Seiten
ISBN 978-3-446-42663-4

Dieses Lehrbuch können Sie verwenden, um sowohl Java als auch das Programmieren zu lernen. Es setzt keinerlei Vorkenntnisse aus den Bereichen Programmieren, Programmiersprachen und Informatik voraus. Alle Kapitel sind mit Übungsaufgaben ausgestattet, die Sie zum besseren Verständnis bearbeiten können. Denn: Man lernt eine Sprache nur, wenn man sie auch spricht!

Von den Grundlagen der Programmierung und den elementaren Sprachelementen über die Objektorientierung bis hin zu Threads und Datenströmen und zur Entwicklung von Anwendungen in Netzen lernen Sie alles, was Sie für den erfolgreichen Einstieg in die Programmierung benötigen.

Mehr Informationen zu diesem Buch und zu unserem Programm
unter **www.hanser.de/computer**

HANSER

Java 7: Praxisnah und kompakt

Jobst
Programmieren in Java
405 Seiten
ISBN 973-3-446-41771-7

Sie möchten sich Java von Grund auf aneignen? Dieses Standardwerk
hat schon Tausende von Einsteigern zu Java-Profis gemacht. Kompakt, aktuell
und präzise bietet es alles, was für die Programmierung in Java wichtig ist. Für
die 6. Auflage wurde es grundlegend überarbeitet und konzentriert sich darauf,
Ihnen den Einstieg in die Programmierung mit Java 7 möglichst einfach zu
machen. Von Anfang an nutzt es dafür die leistungsfähige und komfortable
Entwicklungsumgebung Eclipse. Von den elementaren Ausdrucksmöglichkeiten in
Java und den Grundlagen der Objektorientierung bis hin zur Nebenläufigkeit,
Programmierung in Netzwerken und Anbindung von Datenbanken finden Sie hier
alle Themen, die für Einsteiger wichtig sind. Zahlreiche Beispiele und Aufgaben in
allen Kapiteln – von elementaren Übungen bis hin zu kleinen Projektarbeiten –
helfen Ihnen, Ihr Wissen praktisch umzusetzen und zu festigen.

Mehr Informationen zu diesem Buch und zu unserem Programm
unter **www.hanser.de/computer**

HANSER

Konzentrieren Sie sich auf das Wesentliche!

Hunt/Thomas
Der Pragmatische Programmierer
331 Seiten.
ISBN 978-3-446-22309-7

Der Pragmatische Programmierer veranschaulicht zahlreiche Best Practices der Softwareentwicklung mit Hilfe von Anekdoten, Beispielen und interessanten Analogien.

Wer dieses Buch liest, lernt,
· die Anwender zu begeistern,
· die echten Anforderungen zu finden,
· gegen Redundanz anzugehen,
· dynamischen und anpassbaren Quelltext zu schreiben,
· effektiv zu testen,
· Teams von Pragmatischen Programmierern zu bilden und
· durch Automatisierung sorgfältiger zu entwickeln.

Mehr Informationen zu diesem Buch und zu unserem Programm
unter **www.hanser.de/computer**

GUT AUFGELEGT
ICH BLEIBE OFFEN LIEGEN ;-) DANK SPEZIAL-
FORMAT UND PATENTIERTER BINDUNG

Kösel FD 351 · Patent-No. 0748702